中国饭店集团发展蓝皮书（2014）

BLUE BOOK OF
CHINA HOTEL GROUP DEVELOPMENT（2014）

主编：张润钢　　副主编：许京生　　执行主编：谷慧敏

北京·旅游教育出版社

责任编辑:果凤双

图书在版编目(CIP)数据

中国饭店集团发展蓝皮书.2014 / 张润钢主编. -- 北京：旅游教育出版社,2014.10

ISBN 978-7-5637-3034-6

Ⅰ.①中… Ⅱ.①张… Ⅲ.①饭店业—企业集团—企业发展—白皮书—中国—2014 Ⅳ.①F719.2

中国版本图书馆 CIP 数据核字(2014)第 214861 号

中国饭店集团发展蓝皮书(2014)

主编:张润钢

副主编:许京生

执行主编:谷慧敏

出版单位	旅游教育出版社
地　　址	北京市朝阳区定福庄南里1号
邮　　编	100024
发行电话	(010)65778403 65728372 65767462(传真)
本社网址	www.tepcb.com
E - mail	tepfx@163.com
印刷单位	北京京华虎彩印刷有限公司
经销单位	新华书店
开　　本	787 毫米×1092 毫米　1/16
印　　张	24.25
字　　数	357 千字
版　　次	2014 年 10 月第 1 版
印　　次	2014 年 10 月第 1 次印刷
定　　价	52.00 元

(图书如有装订差错请与发行部联系)

前言

中国饭店业经过几十年的快速发展，取得了令人瞩目的成绩。在不断克服困难、解决问题、不断创新的过程中，中国饭店业已迈上了一个新的台阶。同时，在现今经济、政策、科技等方面发生着巨大变化的形势下，中国饭店业集团也面临着新的机遇和问题。中国旅游饭店业协会以维护饭店业共同利益为宗旨，秉持着为行业服务、为会员服务的理念，汇聚行业精英，从2004年起每年一届举办中国饭店集团化论坛，距今已历十一届。论坛为饭店业的从业者和研究者提供了互相交流的良好平台，对促进整个饭店业的良性发展起到了非常积极的作用。

在2014年6月份举办的第十一届中国饭店集团化论坛上，仲量联行叶枫先生、希尔顿陈贵芬女士、世贸地产集团沈峰先生、开元旅业陈灿荣先生、首旅酒店集团张润钢先生、华住酒店集团季琦先生、桔子水晶酒店集团吴海先生分别做了主题演讲，喜达屋酒店及度假酒店集团钱进先生、万达酒店及度假村管理有限公司成尔骏先生、雅辰酒店集团黄德利先生、香格里拉集团文志平先生、金陵酒店管理公司陈雪明先生、碧桂园凤凰国际酒店管理公司戴玉女士、山东蓝海酒店集团丁德杰先生、广州岭南国际企业集团李峰先生、温德姆酒店集团刘紫馨女士，海航酒店（集团）有限公司白海波先生，杭州住友酒店管理有限公司朱晖先生，阿里巴巴集团蔡永元先生，杭州西软科技有限公司总经理王敏敏女士，易宝支付宁福生先生参加了圆桌会。与会嘉宾围绕着成本管控、节能减排、移动互联网等话题展开了讨论，既有共识，亦有交锋。可以说，本次论坛是对当下饭店业面临诸多问题的一次回应。对于在"转型中国"这个大背景下稍显迷茫的饭店业从业者来说，这次论坛既是强心剂，又是指南针。

论坛同时发布了2013年中国饭店集团60强名录，此次发布的榜单加入了经济型和国际品牌酒店，更为全面地反映了现今中国饭店行业的新变化、新特点，同时也反映了行业发展到一定阶段的需要。众多民族品牌的上榜，对传统民族品牌饭店起到了激励作用，而经济型连锁酒店的名列前茅则体现了市场消费需求的期望。饭店集团60强榜单的权威性和指导性对推进业态创新和行业良性发展具有重要意义。

有鉴于此，本书编委深感有必要对此次论坛的成果做出全面的展示，特将第十一届中国饭店集团化论坛实录和中国饭店集团60强的相关介绍集结成册，为饭店行业的从业人员和研究人员更加全面地了解饭店业的现状提供一条捷径，以期促进饭店行业的发展和创新。

本书在编写过程中得到了诸多行业人士的帮助和指导，他们是：格林豪泰酒店管理集团徐曙光、开元酒店集团雷元胜和戴玲隽、君澜酒店集团王建平、上海锦江杨卫民、蓝海酒店集团丁德杰和李鹏明、八方连锁酒店集团张勇、白天鹅酒店管理公司陈晞、湖南华天国际酒店管理有限公司唐元炽和李章、陕西旅游饭店管理（集团）股份有限公司茹明亮、深航酒店管理公司言恂、世纪金源酒店集团兰洋、四川锦江武国强、维也纳酒店集团黄德满、驿家365连锁酒店高树军、玉渊潭酒店集团关艳丽、中州国际酒店管理集团有限公司王志、中青旅山水酒店投资管理有限公司蔡海洋（排名不分先后）。此外，中国旅游饭店业协会的马伟平、高敬敬女士等为本书的编写提供了诸多帮助。北京第二外国语学院酒店管理学院的部分教师、研究生以及本科生为酒店介绍的编写收集工作整理了大量的资料，他们是：王雁楠、丁昕、展敏、江国冬、郭颂、汪恒惊、孙冬梅、李响、赵亚星、王璐瑶、李橙、张曼、童时萍、闫宇、王硕。其中赵亚星和李响还负责了部分校对的工作。在此一并表示感谢。

另外，本书的编写受"北京市财政专项：专业发展与教育教学改革创新实验区项目"和"本科生培养—人才培养模式创新实验项目"资助，在此一并表示感谢。

编者
2014年9月

目 录
CONTENTS

第一篇　第十一届中国饭店集团化发展论坛实录

第十一届中国饭店集团化发展论坛嘉宾致辞 …………………………………… 2

《中国饭店市场城市景气分析报告（2013年刊）》解读 ………………………… 5

陈贵芬：为业主和投资者提供更多回报 ………………………………………… 8

沈峰：如何通过能源管理有效降低能耗 ………………………………………… 16

陈灿荣：饭店人力资源有效管理 ………………………………………………… 19

张润钢：互联网思维与饭店变革 ………………………………………………… 25

季琦：移动互联时代的品牌塑造 ………………………………………………… 32

吴海：互联网技术与饭店运用 …………………………………………………… 37

圆桌会：逆境中的应对之策 ……………………………………………………… 42

圆桌会：如何通过有效管控降低成本 …………………………………………… 52

圆桌会：互联网思维与产业未来 ………………………………………………… 62

第二篇　中国饭店集团60强

第一章　家由心生
——如家酒店集团 …………………………………………………………… 72

第二章　成就美好生活
——华住酒店集团 ·············· 78

第三章　构筑体验消费品牌圈
——铂涛酒店集团 ·············· 84

第四章　"超值"服务　铸就酒店长远发展
——格林豪泰酒店管理集团 ·············· 90

第五章　全球布局　跨国经营　锦江品牌　走向世界
——上海锦江国际酒店(集团)股份有限公司 ·············· 95

第六章　制胜之道
——洲际酒店集团 ·············· 102

第七章　屡获殊荣，引领创新
——温德姆酒店集团 ·············· 108

第八章　企业文化创造内在凝聚
——喜达屋饭店与度假村国际集团 ·············· 113

第九章　希尔顿酒店管理(上海)有限公司 ·············· 119

第十章　雅高酒店集团 ·············· 125

第十一章　我们是绅士和淑女，为绅士和淑女服务
——万豪国际集团 ·············· 130

第十二章　本土规模优势明显　持续创新强化产品服务质量
——开元酒店集团 ·············· 138

第十三章　从一颗星火到燎原整个酒店市场
——青岛尚客优城际酒店管理公司 ·············· 143

第十四章　绅士般的品位，淑女般的亲切
——维也纳酒店集团 ·············· 148

第十五章　金陵酒店管理公司的经营管理之道 ·············· 153

第十六章　建设百年品牌　创造世纪经典
　　——山东蓝海酒店集团 ………………………………………… 159

第十七章　北京首旅酒店(集团)股份有限公司 ………………… 165

第十八章　城市便捷　让你爱上城市
　　——城市便捷酒店 ……………………………………………… 169

第十九章　铸造"凤凰"品质,树立民族品牌标杆
　　——碧桂园凤凰国际酒店管理公司 …………………………… 174

第二十章　港中旅酒店有限公司 …………………………………… 180

第二十一章　凯悦酒店集团 ………………………………………… 184

第二十二章　殷勤好客亚洲情
　　——香格里拉酒店集团 ………………………………………… 190

第二十三章　智能服务,创新营销
　　——杭州住友酒店管理有限公司 ……………………………… 194

第二十四章　秉承中华礼仪　超越至善期望　创造尊崇体验
　　——万达酒店及度假村管理有限公司 ………………………… 198

第二十五章　敢拼则赢,智搏则胜
　　——山东银座旅游集团有限公司 ……………………………… 202

第二十六章　用情服务　用心做事
　　——海航酒店集团 ……………………………………………… 207

第二十七章　做强特色优势　加快升级转型
　　——华天酒店集团股份有限公司 ……………………………… 211

第二十八章　岭南集团——广州岭南国际酒店管理有限公司 …… 217

第二十九章　和一之韵
　　——记湖南和一集团发展之路 ………………………………… 222

第三十章　根植中国文化　创建中国酒店业民族高端品牌
　　——君澜酒店集团 ……………………………………………… 227

3

第三十一章 成就梦想,创造传奇
——中州国际酒店管理集团有限公司的发展之路 ………… 231
第三十二章 康年国际酒店管理集团 ………………………… 236
第三十三章 北京国宾友谊国际酒店管理有限责任公司 ……… 238
第三十四章 凯莱酒店集团 …………………………………… 242
第三十五章 雷迪森旅业集团有限公司 ……………………… 248
第三十六章 德诚于中、礼形于外
——粤海(国际)酒店管理集团有限公司 …………… 252
第三十七章 绿地国际酒店管理集团 ………………………… 257
第三十八章 贝斯特韦斯特(北京)国际酒店管理有限公司 … 262
第三十九章 濯蜀锦之清江 扬千帆行万里
——四川锦江旅游饭店管理有限责任公司 …………… 267
第四十章 雅阁酒店管理集团(澳大利亚) ………………… 273
第四十一章 服务创造价值,品质铸就经典
——浙江南苑控股集团有限公司 ……………………… 278
第四十二章 明宇集团游文洲:"酒店+地产+金融"支撑形成驱动力
——明宇酒店集团 ……………………………………… 282
第四十三章 强化管理 筑百年品牌根基创新变革 寻持续突破发展
——世纪金源酒店集团 ………………………………… 287
第四十四章 含蓄、高雅、时尚与众不同
——桔子酒店集团 ……………………………………… 293
第四十五章 品牌绽彩 疾步前行
——白天鹅酒店集团有限公司 ………………………… 298
第四十六章 上海衡山饭店管理公司 ………………………… 303
第四十七章 创造价值 实现共赢
——驿家365连锁酒店发展之路 ……………………… 307

第四十八章　跨越十年，品质铸就辉煌
　　——陕西旅游饭店管理集团 …………………………………… 311

第四十九章　阳光酒店管理集团有限公司 …………………………… 316

第五十章　服务从心开始
　　——浅谈八方连锁酒店异军突起之路 ………………………… 320

第五十一章　华侨城国际酒店管理公司 ……………………………… 324

第五十二章　东方礼　尊茂情
　　——尊茂酒店集团 ……………………………………………… 328

第五十三章　坚持主题个性并不断创新的品牌探索之路
　　——深航酒店管理公司发展报告 ……………………………… 333

第五十四章　传承、出新、致远
　　——福建中旅饭店管理有限责任公司 ………………………… 343

第五十五章　像"竹子"一样生长
　　——远洲酒店集团 ……………………………………………… 347

第五十六章　恒大酒店管理集团 ……………………………………… 353

第五十七章　北京天伦国际酒店管理有限公司 ……………………… 358

第五十八章　中青旅山水酒店投资管理有限公司 …………………… 364

第五十九章　勇往直前不忘初心
　　——城市名人酒店集团 ………………………………………… 369

第六十章　不凡的历程　腾飞的玉渊潭
　　——玉渊潭酒店集团 …………………………………………… 372

附录：2013 年度中国饭店集团 60 强排行榜 …………………… 377

第一篇
第十一届中国饭店集团化发展论坛实录

第十一届中国饭店集团化发展论坛嘉宾致辞

2014年6月26日,由中国旅游饭店业协会、香港理工大学主办的"第十一届中国饭店集团化发展论坛暨第八届酒店品牌建设国际论坛"在港中旅所属的南京维景国际大酒店隆重召开。论坛以"突破现实困境,构建产业未来"为主题,来自全国饭店集团、饭店、旅游院校及新闻媒体的300多位代表和嘉宾参加了会议。

江苏省旅游局副局长周旭先生,中国旅游饭店业协会副会长、金陵酒店集团董事长汤文俭先生,香港理工大学酒店及旅游业管理学院院长田桂成先生出席会议并致辞。

——以下是详细文字记录——

周旭:尊敬的秘书长、各位会长、尊敬的香港理工大学田桂成先生、各位企业家、专家、同志们、朋友们,第十一届中国饭店集团化发展论坛暨第八届中国酒店品牌建设国际论坛今天在南京举行,这是中央八项规定以来,我国饭店业为应对危机、求得发展的理论盛会,是饭店集团化品牌化建设的思想盛宴,也是中国旅游饭店业协会这个全国饭店业最高层次的社团组织勇于负责和担当的体现。借此机会,我谨代表江苏省旅游局,代表齐局长向论坛的举行表示热烈的祝贺,向远道而来的海内外嘉宾表示诚挚的欢迎,向为江苏饭店业发展做出贡献的各位专家表示衷心的感谢!

饭店业集团化和品牌化是企业永续发展的基础,是当前中国饭店业力量不断发展壮大的见证和支撑,是中国饭店人在充分吸收本土文化营养基础上,学习国外优秀管理经验的丰硕成果。集团化的本质是摒弃单体酒店的弱势,增强抗击市场风险的能力,加大发展壮大的马力和稳定性。品牌化的本质是品质,是物质和精神的等值享受,饭店业集团化和品牌化的过程既有丰厚回报的喜悦,也饱尝了艰辛和压力,既是追求利润最大化的过程,更是培养和造就中国饭店业优秀精英和管理人才的过程。这样的过程投射了全国饭店人的伟大理想,蕴藏了大量丰富的理论信息,含有金子般的思想能量和火花,值得今天的我们理性梳理、深入探讨,认清饭店业面临的有利形势和困境,找出一条饭店业发展的康庄大道。江苏五星级酒店目前已经近50家,位居全国第二。在江苏饭店业发展的征程中一直得到在座的呵护、关心和帮助,在反对公款消费的大潮下饭店业如何转型升级、迎来新生，是我们面临的严峻课题，本次饭店业高峰论坛在江苏举办，正好把敏锐、深刻、多彩的思想成果在我们的家门口汇聚和展现，对江苏是难得的宝贵机会，是传经送宝的机会，我们争取率先把会议的丰硕成果运用到江苏饭店业当中去，同时也恳请各位企业家、专家把你们对江苏饭店业的宝贵意见留下来，我们一定认真、诚恳地加以改进和提高，为展示美好江苏新形象，为中国饭店业的发展做出贡献！

预祝第十一届中国饭店集团化发展论坛暨第八届中国酒店品牌建设国际论坛圆满成功，谢谢！

汤文侥：各位嘉宾、各位代表，今天由中国旅游饭店业协会、香港理工大学主办的第十一届中国饭店集团化发展论坛暨第八届中国酒店品牌建设国际论坛在南京维景国际大酒店召开。在此，我谨代表中国旅游饭店业协会向与会的各位嘉宾和代表表示诚挚的欢迎和问候！同时，感谢江苏省旅游局和旅游协会对论坛的支持，感谢新华社、中国旅游报、迈点网对会议的支持。

本次论坛将紧密围绕突破现实困境、构建产业未来的主题，呈现几大亮点。一是独家发布专题报告，即2013年度中国饭店集团管理公司发展报告和中国饭店市场城市景气分析报告（2013年）；二是首次发布中国饭店集团60强榜单并举行授牌仪式；三是共同探讨中国饭店集团生存和发展中的热门话题；四是考察南京的威斯汀酒店和南京金奥费尔蒙酒店，了解其运作的先进理念；五是开展中国饭店微电影的展播，引导和推动行业学习并且运用微营销。

本次论坛将国内外领军人物汇聚一堂，通过精彩的演讲、权威的报告，多角度思考和构思中国饭店业的发展现状与前景，全面分析中国饭店业集团化发展的机遇与挑战，共同探讨中国饭店集团化的可持续发展战略与举措。总之，通过大会的研讨、交流和表彰等活动，使大家对中国饭店业的未来发展更加充满信心，我坚信只要我们全行业的同人共同努力，中国饭店业集团化发展和品牌建设的明天一定会更好。谢谢大家！

田桂成：尊敬的张会发会长，尊敬的汤会长、周局长、许秘书长、各位嘉宾、先生们、女士们，首先请允许我欢迎各位来到第十一届中国饭店集团化发展论坛暨第八届中国酒店品牌建设国际论坛，香港理工大学酒店及旅游管理学院非常荣幸今天能够又一次和中国旅游饭店业协会共同举办这一酒店业盛会，我相信我们又一次把这两个论坛合二为一，对于酒店业的发展具有重大意义。我们的酒店业正在经历快速的发展和变革，同时我们的周边环境也变得越来越复杂和具有竞争性，因此我认为持续的创新是我们保持发展的重要基础。

我想借这个机会向大家简单介绍一下，我们学校在酒店创新方面的实践，特别是我们在香港的酒店，正如在座各位所知道的和参观的，香港理工大学投资3亿元创建了这座酒店。对学校来说，投资这样一个由自己独立经营，并且需要同时兼顾经济效益和教学、科研效益的酒店，在当时是一个非常大的举措。事实上当时来自于酒店业界和其他学界的质疑声不少，但是事实证明我们很快就将其打造成了香港最成功的酒店之一，在香港的570家酒店中长期位列第二。我们之所以能做到这一点，根本原因是我们一直以来在酒店的设计、经营和管理各个方面长期坚持创新。

我很高兴地看到今年的大会将围绕提升酒店管理效益及互联网思维这两大主题，对一系列关于创新的话题展开讨论，我相信在座的各位领导与业界精英们会充分利用这次机会，和大家一起充分交流、互相学习，共同提升酒店业的业绩表现，推动行业的进步。

最后再一次感谢大家来参加这次大会，衷心希望大家都会有很好的收获，谢谢，谢谢大家！

《中国饭店市场城市景气分析报告(2013年刊)》解读

2014年6月26日上午,仲量联行酒店及旅游地产投资咨询部中国区首席代表叶枫为《中国饭店市场城市景气分析报告(2013年刊)》做了专业细致的解读。

——以下是详细文字记录——

叶枫:尊敬的各位领导、各位嘉宾、各位饭店业同人,我在此代表仲量联行向大家做汇报。我的汇报分四部分,首先是介绍调研成果,然后做结论分析,之后会对我们市场前景进行分析,最后做一个总结。

2014年第一季度我们发出了这个调查问卷,总共得到了269家饭店及饭店管理公司的回复。调查范围囊括55 528间客房,所调查的饭店66.3%为业主自主经营,49.2%为国有性质,39.4%为私营企业,11.4%为合资或其他所有制形式。49.6%为五星级饭店,33.2%为四星级,11.4%为三星级。从我们的调研结果来看,中国饭店业的客源构成还是以商务散客为主,这个比例在2013年度进一步提高,接近40%。休闲散客比例也比2012年进一步提高;商务团队2013年比2012年有一个明显的比例上的下降,主要是由于宏观政策的影响。按地区来分,五个地区中华北区域预期入住率下降最明显,从2012年的65.6%下跌到64.5%,在2014年可能会下跌到不足60%,中部地区平均房价下跌到大约300元的水平。

从收入构成来看,2013年到2014年预期下降最明显的还是餐厅酒吧部分的收入占比,而客房和宴会部分的收入占比将会进一步上升。如果按星级来分,星级越高的酒店它的客房收入占比越高,同时也可以看到五星级饭店在餐饮方面的收入比例预期下降是非常明显的。再来看一下对未来预期调查,超过59%的受访饭店,在入住率方面有所提升,对平均房价预期也有所上升,但是他们中的38.3%的酒店预计今年饭店的经营成本压力将会非常大。我们再来看一下这些受访饭店经营成本的构成比例,从2013年来看劳动力成本仍然比例最高,接近35%,除此之外是食品、能源和其他。从外部的竞争环境来看,有接近90%的受访饭店认为未来的竞争压力将会是巨大的。

从对饭店的需求驱动力调研可知,我们的饭店对大型会议会展活动所能带来的客源还是非常看重的,有超过30%的受访企业选择了这一项。除此之外,还包括一些重点的旅游项目,以及新开辟的高新技术开发区。我们可以看到比例有所下降的是交通枢纽这个选项,我们认为是由于一些新的交通枢纽的启用,会缩短差旅时间,从而使当天往返变成可能,所以有可能会降低酒店的一些入住需求。从酒店或者饭店对政府的期望来看,有超过50%的受访饭店希望从政府的层面对所在城市的旅游进行大力的宣传,从而提高城市的知名度,进而吸引更多的商务和旅游的游客。此外,还希望政府能加大对饭店行业的政策扶持力度,包括引进更多会议会展的项目,引进一些招商引资的项目,等等。

从经营挑战来看,与我们前面解读的是非常一致的,主要是市场需求不足和市场供应过剩,这在我们来看本质上是一致的,因为目前整个中国市场上客房供应量的增速其实是远远超过我们的旅游人数增速的,或者说饭店客源需求方面的人数增速。对于未来的预期,有接近四分之三的受访饭店业主表示还是比较乐观的。

在问卷总结方面,2013年饭店整体表现下滑,虽然市场环境从中期看预计未来会得到改善,但2014年对饭店业主而言形势仍然严峻。目前商务散客在整体需求中所占比例最高,并且该趋势有望持续。2013年经营成本持续增加,客房需求不足是饭店面临的最大挑战,其次是供应过剩和成本上涨。调查结果显示,多数饭店对我们整个市场的未来是比较乐观的,这与我们2013年的调研结果有明显的区别。

根据仲量联行发布的"中国新兴城市50强",选取了国内41个主要城市,对其饭店的供、需双方进行深入分析。从整体上来看,中国未来饭店业的发展主要由以下几个因素来推动,包括行业管理持续改善、中国各地在国际上知名度提升、饭店需求更加多样化、社会保障日趋完善、国内富裕阶层以及中产阶层人群的扩大,以及国内在政府政策层面上大力促进国内旅游消费等,这些因素都推动了对饭店业需求的发展。

再看一下具体的数据,从2013年来看,中国GDP实际增长率达到7.7%,根据预测,中国GDP在接下来的十年每年约按照7%的速度增长。2013年国内旅游人次约达32.60亿人次,相比2012年增长10.3%,2013年中国房地产投资额达到86 010.3亿元人民币,比2012年增长了19.8%。从需求来看,商务客源是最重要的一个需求,我们给目前国内一、二线城市甲乙级写字楼的存量做了一个表格,预计到2016年底,深圳市场的甲级办公楼的存量将会超过广州,排到中国的第三名。存量是一方面,另一方面它的空置率也反映了有多少企业在我们的办公楼中办公。尽管说无锡预计在2016年空置率有所下降,但还是有接近50%的比例,像西安、长沙等城市,预计2016年的空置率将保持在比较高的水平。

再看一下优质产业园区,目前上海排名第一位,达到730万平方米,排名第三的是杭州,这也可以从侧面反映出有多少的商务旅游需求。再看会议会展,这也是一个重要的需求来源,从国际会议数量而言(我们所讲的国际会议是指每年都会举办且会轮流在不同国家举办的国际性会议),北京、上海依然是国际会议的首选地,但是2012年相比2011年的数量是有所下降的。2012年在中国一共举办了311场国际会议,北京上海会议数量下降的主要原因是像武汉、厦门、广州这些2011年没有举办国际会议的城市,在2012年举办了很多会议。从全球看,2012年有很明显的涨幅,大约有11 000场的国际会议在全球各地举办。从休闲旅游来讲,目前在银川、兰州、西安等城市,它们的旅游人数增长幅度是最大的,且主要是西部的城市,也显示出西部旅游的发展潜力,旅游总收入增长幅度也排名靠前,而一、一点五线城市的城市总收入排名靠前。

我们再看一下饭店供给方面的问题,这里我们提到一些资本和投资的机会。尽管中央政府实施了一系列抑制房地产过热的举措,但是饭店作为城市的配套,仍然受到政府的鼓励。随着饭店进入供给的集中开业期,饭店投资买卖将进入新时代,同时市场上仍有非常多的活跃的饭店投资的资本和机会存在。

看一下2010年到2013年我们统计的国际品牌饭店客房供应量的变化,上海、北京、广州是排名靠前的,上海以超过5万间的客房量排名第一。就未来三年而言,可以看到成都未来的供应量将会有一个比较大的增长,预计在2016年之后将成为继北京、上海、广州之后,第四个拥有超过5万间客房的城市。这也是预计未来增幅比较高的城市,可以看到海口以超过50%的增长速度排名第一,之后是昆明、西宁和郑州。

对前面的解读做一个总结,回顾市场业绩表现下滑,主导的客源依然是大型的会议活动,包括一些重点旅游项目,包括商务客源。饭店的成本压力持续升高,竞争的压力也是在不断地加强。展望市场业绩,我们判断未来将会有一个适度的改善,需求的驱动力仍然是商务散客为主,经营挑战是市场需求竞争比较大,对中、远期的展望还是比较乐观的。

我们再从四个纬度来看一下市场目前的情况。政府层面,我们希望政府继续加大对旅游的宣传,加大政策方面的扶持力度并引进更多会议会展项目,以及有利于整个城市发展的招商引资。饭店业层面,在市场需求不足、供应过剩、成本增加的情况下,在大的宏观政策下,应如何应对?饭店更多地应该控制成本,如今越来越多的饭店管理公司开始积极地引入更多的品牌,特别是涉足了一些以前没有进入的细分市场,比如说精品饭店,比如说服务式公寓。此外,饭店管理公司开始越来越多地关注三四线城市,开始与开发商形成战略合作模式,共同开发项目。开发商层面,应该适度调整对酒店运营的预期,包括应该更重视资产管理,可以考虑创立一些自有的品牌。同时我们也看到越来越多的开发商在建酒店的过程中开始缩减单个酒店的开发规模,更偏向于精品酒店,同时也开发服务式公寓。

陈贵芬：为业主和投资者提供更多回报

6月26日下午，希尔顿全球技术部高级总监陈贵芬女士做了题为"为业主和投资者提供更多回报——希尔顿酒店设施设备运营的有效管控"的演讲。

——以下是详细文字记录——

陈贵芬：非常感谢也非常荣幸今天有机会在这里参加这样一个盛会，借这个机会跟大家分享一下希尔顿酒店集团在中国运行将近30年，在酒店运营能源管理方面的一些经验。我上台是很有压力的，因为刚刚沈总说他不是搞技术的，我确实是一个搞技术的，但是我觉得沈总已经帮我讲了宏观层面的一些做法理念，接下来我就跟大家分享一下，我们希尔顿酒店管理公司在酒店运营当中有关能源可持续性发展方面所建立的一些系统、理念，或者说微观层面的一些具体做法。

首先借这个机会跟大家介绍一下我们希尔顿酒店集团在中国，尤其是中国内地发展的一些历史和现状。为什么要这样说呢？因为如果说到大中华区，希尔顿酒店第一个酒店应该不是在内地，是原来的香港希尔顿酒店，是1986年在香港和李嘉诚合作的，但是这个酒店在1994年已经拆除了，现在在这个原址上是李嘉诚集团的总部。所以我们严格说是中国内地的第一家酒店，也就是我从业的第一个酒店上海静安希尔顿酒店，是1988年开业的。我们虽然很早进入中国内地市场，但是这之后将近20年的时候我们才在上海重新建立了希尔顿全球大中华区集团总部，至今已经有47家酒店。我们在北方区有以北京为代表的最新开业的一大批希尔顿、康拉德等。内地第一家是在上海外滩，我相信很多同仁们都已经去过，这些是比较有名的案例。在上海我们除了静安希尔顿酒店之外，最近也开业了一些，比如上海昆山希尔顿酒店。在中西部我们还有希尔顿重庆等，加上北方的大连希尔顿、大连康拉德酒店，我们一共40多家了。在海南也已经开业了3家酒店，还有几个星级酒店在建。这是我们大中华区的一个地图，大家可以看到目前为止希尔顿酒店集团在大中华区已经建立了6个品牌，有奢华型的，这个是康拉德酒店，然后我们有豪华五星，如果再加上正在设计建造的，以希尔顿品牌命名的有七十几家酒店。今年1月我们在深圳开业了第一家四星级的酒店，这个品牌目前受到了业主的大力追捧，最近大半年时间已经开业30多家。从希尔顿的发展历程，尤其在中国的实践中我们得到了很深的体会。在代业主管理运作这些酒店的过程中，我们体会到酒店的规模越庞大，越需要过硬的运营经验和运营管理系统，需要一个有文化有系统的酒店管理公司才能驾驭。

我们曾经和一些合作伙伴，尤其是那些世界著名的能源管理公司做过一个类似的讲座，当中有过一个分析，就是包括酒店在内的建筑全生命周期中的成本分析，这里面有两个数据对我们大家都有参考作用，就是初期建设的成本可能只有19%，但是运营管理阶段的成本要达到81%。另外最近在上海我听说金茂大厦现在的管理运营成本与原来的建造成本比例可能是1∶3，也就是说投资是1的话，现在需要3才能维护维持这座大楼。

正如刚刚沈总所说的，目前来讲能源是一个比较严重的问题，尤其像我们中国这样的大国，需求市场很大，希尔顿酒店这几年和其他各个国际品牌一样，面临很大的发展机遇，但是我们也看到一些不同的品牌酒店，在设计建造的时候确实遇到能源的挑战，因为这是一个关注的聚焦点。我们面临的一个现状是，在酒店运营多年，都知道在酒店日常运营管理中，我们还有很多酒店在以很低效的手工抄表方式工作，还有很多营运团队困扰于没有办法见证节能效果。有时候新的系统最终要上市的时候，业主、发展商包括管理公司会质疑节能效果如何鉴别。所以这方面特别需要帮助。同时还可以看到一旦有新的技术，新的系统，在应用的时候它的执行力好坏也是关键。同一个系统在不同酒店可能运行效果不尽一致，甚至有时不够理想，这也是我们现在面临的一个很现实的问题。但同时我们看到酒店要解决能耗这个大问题，也有一些现成的方法或者说系统，比如说分布式的能源设施，我们最近在上海召开会议的时候也提出这样一个设想，我们希尔顿集团最近在苏州的一个案例，是政府的一个项目，我们最近刚刚开会讨论了能不能做一个能源中心的概念，因为它是一个开发的项目、是一个综合体，在这个综合体当中我们考虑做一个能源中心，这样用起来可能更实惠一点。希尔顿酒店是全球的公司，有很多成熟的经验，尤其在发达国家已经实践和积累了10年、20年甚至30年的经验，我们可以拿到这边来分享。尽管在中国区我们分享的时候需要做一些本地化的调整。我们还有一些比较好的经验，比如在同属亚洲区的日本、韩国，我们很多的酒店已经在做能源的这些概念，在韩国也有很多节能的方法，在中国也可以实现，就是需要有一个本地化的方案和路径。

作为一个有100多年酒店管理经验的公司，希尔顿能为酒店的业主做些什么呢？聚焦于酒店的可持续发展和能源管理这块，我们从三个方面阐述。第一个方面，大家都知道在规划设计阶段，我们可以帮业主作更合理的酒店系统的前期设计，正如刚刚沈总所说的,现在国内有很多标准,可能设计院在审批申报的时候,需要引用很多本地的规范。在这当中,我们作为酒店管理公司,有自己很成熟的一套酒店建造和设计的标准。希尔顿集团在进入中国区这个大市场以后,我们也及时地调整了我们的标准的实施力度,尤其是现在希尔顿建造和设计的标准都是双语的,有中文版,我们把中国的标准和国外的标准同时做一个比较。希尔顿大中华区有专门的工程团队,可以帮助业主做这些前期的优化设计,可以选择最经济最实惠的一个系统,这样的话就可以从源头上把控。我们在酒店生命周期的起步阶段,可以有预见性地告诉业主,如果执行这样的一个设计方案,我们将来的运营成本是可控的,是在一个合理范围的。我觉得这是非常重要的一步,在项目前期做一个系统的优化设计。

第二个方面,我们在酒店投入运营期有更合理的能源管理系统,我们希尔顿集团在全球有一个可持续发展的项目,一个管理系统,我们叫LightStay,它的数据库是共享的,我们每个月都记录下自己使用的能耗并及时上传到数据库里面,这个系统会做一个系统的分析。它基于大数据的理论概念,通过一些软件在美国做一个集中的分析和反馈,再反馈到我们每个酒店里面,哪些做得很好,哪些做得还不够,哪些需要做改进。关于这个系统我们可以看一下,给在大中华地区70多个酒店做的一个评估。

第三个方面,我们会帮业主在能源管理方面获得更好成效。希尔顿在能源管理当中一直强调2个M,第一个M就是计量,第二个M就是管理,我们在设计方面有一个很经典的说法就是没有计量就没有有效的管理。这个计量有很大一部分,在先期酒店设计建造阶段,我们告诉业主哪些需要加一些计量表,是一个很具普适性的数据表,在每一个项目实际设计的时候,我们还可以量身定做。在前期设计的时候就已经把这些问题都提出来了,这样在将来安装这些计量表以后,酒店运营团队可以有的放矢地进行计量和管理。其实这也涉及刚刚第一个发言的陈总裁所说的,目前酒店管理公司面临的巨大挑战就是人力资源成本的压力,人力资源成本偏高其实从某种程度上来讲也是反逼我们在酒店设计建造的时候更多地考虑一些自动化的系统,或者可以用机器设备来代替人力的系统。

另外,我们在让业主知道我们可以做什么的基础上,还有专门的运营团队给酒店第一线的管理团队传授基本的能耗管理理念。其中第一就是我们要做好酒店的能源使用及消耗记录,这个很重要。但是我们看到很多管理公司到最后在具体落实执行上都有偏差。回到我们刚刚说的,计量表是计量的一部分,但是有了计量表以后,数据的记录、收集和管理也是非常重要的。

我们希尔顿酒店还有一个100多年来比较强的方面,就是我们采取的预防性保养措施,这在国际品牌酒店中应用比较多,坚持做到这一点——对酒店最后的能耗管理,对于实现有效能源管理是非常重要的。酒店设备中机电设备是耗能大户,而对这些耗能大户进行预防性保养,可以从根本上来减少这些设备的耗能。刚刚沈总也说到空调设备在酒店耗能中占很大一部分,其实空调运行比较简单,但是需要清洗需要保养,这些就需要提前做一个预防性的计划。每个设备我们都会建立一个病历卡,在这个设备的病历卡上有安装的日期和参数,注明每次重大保养和修理的记录,还包括平时维保的记录。我们去酒店进行审核或审计的时候,如果酒店有这种病历卡,我们就能看到这些历史数据,它们现在很多都已经上传到电脑,因为有这些方面的软件可以运行。能在数据库里调出数据的,你可以看到它其实在预防和保养上是下了工夫的,这对直接降低能耗起到很大的作用。

另外一点,酒店运营其实是一个很灵活的运营,比如像今天各位在一个大宴会厅,举行这样一个会议,我们可能需要这个场地的一个空调箱开足马力给大家供冷,但是一旦这个会议结束了,可能这个空调箱就需要处于关闭的状态。这个运营谁来主管——酒店的工程团队,他们需要做这方面的记录,由于电脑系统以及管理软件的普及,这方面的数据可以联网,所以可以及早地知道这些大型的宴会活动、会议活动,这对于酒店工程运营团队来说可以及时做好运营操作。同时在酒店淡季的时候,或者说比如现在的大会期间,到晚上需要清扫的时候,它可能是一个清扫的状态,这是一个灵活的日常运营。至于旺季和淡季,酒店的灵活操作就更频繁更普遍了。比如说淡季有一些酒店客房整理关闭做大清洁,这个时候你不需要做百分之百的运营,我们可以跟业主说酒店空冰箱的耗电是很大的耗能。我们通过变频可以在不同的运营状态下降低不同的能耗,可以控制不必要的消耗。

回到我们刚刚说的没有计量就没有有效的管理,下面这个案例是我们在美国的一个酒店,某一段时间它安装了一个各项计量表,得出来一个能耗的分析。由于这个酒店的业态可能跟我们中国某些酒店不尽相同,因为在它所在的区域,酒店的功能性定位不尽相同,因而可能大家觉得缺少可比性,但是它最起码给当地的酒店管理方管理团队提供了一个很详细的参数,可以作实时的,比如说同比或环比的比较。大家可以看到它的客房能耗占到当季全部能耗的31%。我们一般都笼统统计餐饮,但是它把餐饮还分两个区域,一个是餐饮一个是厨房,因为厨房也是比较大的一个区域,这个餐饮可能就包括餐厅跟宴会,加上厨房也要占到27%。我们看到另外一个大头就是洗衣房,洗衣房也占到了当季能耗的14%,还有一个就是游泳池,游泳池占到它当季酒店总能耗的3%。所有这些其实给管理方一个很明确的方向,我们可以通过对比历史数据，或者对比耗费这些能耗的时候有多少营收，有多少客房率，我们就能找到一个管理需要改进的方向，所以这方面的数据我们是非常看重的，也给我们作判断提供了一个比较科学的依据。

刚刚沈总也提到他们公司推出的一些节能举措，我们从酒店管理角度提出要提高改进酒店设备与系统的效率，这是我们越来越感到非常重要的一点。因为随着技术的发展，设备的效率越来越容易改善。一个新酒店开业，设备是不是达到了一个最佳的状态，这个很重要。在新添了很多设备的情况下，如果这些设备没有经过好的调试，没有经过一个好的试运行的话，可能它们的效率就达不到预期，也就是达不到设计效率。另外我们现在普遍在用的一个光源，就是LED，这也给新设计的酒店，以及现有酒店提供了很大的节能空间。在这方面再次提醒大家，我们在设计和运营管理酒店的时候，提高酒店设备的效率，利用比较新的技术，都是能发挥很大潜力的方面。

下面谈谈从管理角度出发，减少酒店能源负荷的问题。当酒店设计建造完成之后，其实作为运营管理方来讲还有很多事要做，我们并不是说一旦酒店建好以后就没有作为了。如果作为管理团队我们有足够的经验和智慧，我们还有很多事情可以做。当然我这里也要提到在国内用得很多的，我们的节水坐便器、节水淋浴龙头、Low—E玻璃、遮阳玻璃天棚的乃至直流变频马达的客房风盘等类似的技术手段。现在酒店风盘如果用直流变频马达的话，效率会提高很多，同时它又有另外一个好处，就是降噪，噪音也非常低，所以我们在成都的项目已经使用了这一款马达。在国内，我知道别的品牌的酒店也在用这方面的设备，所以随着它的成本的慢慢降低，这会成为一个大趋势。

我们还需要使用一些重复使用和热回收之类的技术，我们的热回收系统在空调系统里面做得比较多也比较成熟。30年前在香港我们的中国第一家酒店就用了热回收系统，最近在北京开业的还在用这个技术，但是这个技术跟30年前的技术不能同日而语，这个技术有了很大的改进，给运营团队带来了很大的便利和方便。酒店运营团队觉得用起来不舒服或者很麻烦的时候，它会不用，会抱持一些负面看法，但是一旦技术改进，让运营团队感到很好用的话，效果就会不一样。我们今年在北京开业的正好是冬天，1月份特别冷的时候，在开业前人家说陈工你走了我马上就拆下来不用，因为20年前我就用过，不好用，我就笑着说你可以试一下，后来他说很好用，有很好的数据证明效果很理想。作为设计和建造团队的一个成员，我听了也非常地欣慰。这方面技术用得好，确实也给我们的后期管理带来很大便利，但是最关键的是它给业主和投资者带来最大的回报。我们知道中水系统在中国已经使用很多年了，我们在北方区也已经用了这个技术,希尔顿集团非常赞成这方面的投资和运用,所以我们北方区的中水系统运用得非常成熟。作为酒店来讲,需要重视能耗管理和可持续发展,能耗会涉及成本控制,而可持续发展会反映得更多一点,这里面也包括我们对社会的责任。

刚刚提到在酒店设备不需要使用时减少运行时间,我们也确实一直在做,这么多年在希尔顿的酒店管理公司里面,这种模式从来没有间断过,包括停车库的照明时间控制、无人区的声控、酒店办公室的设备在晚间运行节能模式、复印机全天处在节能模式或关闭模式,等等。在日本能源控制非常严格,这方面实践迄今已有30年的历史了,我们也收获很大,技术上是成熟的,也给了我们一个很大的信心,我们相信在中国内地将来也会逐渐推行这些措施。

另外就是采用低成本的能源,比如电力和燃气,当然电力也有一个潜在的风险,因为在中国的北方区慢慢可能发电从煤到燃气,所以我们也关注社会的大趋势。我们现在还是燃气燃油两用的,30年前我们在上海希尔顿用的燃油锅炉非常先进,但是当油价不断上涨会面临成本的压力,所以我们又回到燃油和燃气两用的,这样给业主和运营团队一个比较好的选择。

跟大家分享一下关于管理理念方面一些实践案例,这是我们拿大连希尔顿做的一个比较。我们想告诉大家这组数据说明了通过酒店管理公司的有效管理,能耗控制的成果是可以体现的。这个管理就是我们前面说的一系列理念和方法。大连希尔顿是在2011年底2012年初开始正式运营的,你看2012年初能耗非常高,但是有它的原因,我们在中国发展这么多年发现新酒店开业第一年普遍存在这个问题,所以我们需要很好的调试运营,通过管理公司实践各种管理手段,你看第二年第三年能耗就降下来了,我相信今年它可以做得更好。

接下来我花点儿时间给大家介绍一下我们集团在全球可持续发展方面的一个最新实践,我们叫LightStay,它是用于全球希尔顿酒店的管理手段,我们把它放在每个酒店的电脑系统里面,这个系统是强制执行的,从2009年开始是部分酒店试运行,然后在北美地区首先推出,到2012年亚太地区也最后加入,所以全球已经联网。这个系统的价值就在于业主无须增加成本的情况下,可以让业主获得额外的经济回报,就是走各种可持续发展的路径,尤其是能耗管理。我们全球4000多家,希尔顿旗下的酒店都在这个系统内,它跟我们另外一个系统,希尔顿服务系统同样重要,是我们对业主和客人的一个承诺。在2009年的时候当年为希尔顿酒店的业主节省了2900万美元,那是一个不小的数目,因为当时我们还没有4000家酒店,因而当时在北美地区的推广也是非常成功的。

具体到客房部,其实现在国内酒店也很熟悉这些环保举措了,包括放提示牌,如果客人不需要,床单可以在他走后再换,浴巾在客人没有使用的情况下也可以不更换。这些是酒店发挥主动性,鼓励酒店的客人一起参与到这种绿色节能的方式中。另外我们这个项目还关注实体废弃物怎么处理,化学用品怎么储存,以及水和空气的质量管理。水和空气的质量管理还牵涉到一个安全问题,这也是我们非常重视的一个方面。

这个系统的推出和这个项目在全球的推广,是因为希尔顿酒店知道业主对酒店管理公司是有期望的,业主聘请我们管理酒店是带着期望来的,我们也知道业主需要我们控制酒店运营成本,业主还需要我们进行不断的计量从而改进我们的管理方式和管理手段。具体怎么来反馈管理团队做得好与不好呢?我们这里就介绍一个从公司全球总部网站上选取的某个地区7家希尔顿酒店品牌在2011年和2012年的能源以及其他可持续项目的数据采集和可持续性分析的案例。

首先还是一个用电量的计算,用电量有用立方米计算的,有用客流量计算的,通过各种方式计算,能够比较全面地反映用电方面做得好还是需要进一步改进。这个是千瓦·时,基于平方米的报表,这个是千瓦·时基于每个房间的报表,这个是千瓦·时比较得出的一个数据报告,通过这样一个用电量2011年和2012年的用电情况就比较出来了。接下来这边是燃气,也是这样的一个比较,但是燃气跟用电不一样,它没有房间数了,就是餐饮的卖出数跟燃气数来比。还有一个是水的消耗量,立方米的指标,用水量和立方米的指标,然后是总的营业额和立方水的指标。我们对酒店废弃物还有一个报表,因为它里面涉及的东西多一点,所有希尔顿品牌酒店要尽可能朝这个标准去收集数据,来反映运行情况。这个数据是每个月的,会给大家作一个评分,所以我们每个酒店的总经理对这个报表非常在意,他们会非常注意这个参数,水电气,跟以往的统计,每月的一个总量的统计可能还不一样,这个要更直观地反映出他们的完成度跟改进度。

另外在每一个酒店我们都会问一下你有没有可持续发展的改进、提高项目的规划?这里面就包括节能方案或者节能改造,我们这些酒店也有,水电气都会有。所以从希尔顿酒店在中国区将近30年的运营经验来讲,我们深切地感受到酒店的日常运营中能耗以及跟能耗有关的各项系统的管理,是酒店日常管理一个非常重要的部分。当然时代在前进,技术在发展,以前很多需要员工、需要运营团队手工去操作的,现在已经有了更好的方式,比如云技术、大数据这样的技术。所以我们也在不断地和一些在节能方面做得比较好的大公司,在建立全球的一个合作伙伴的项目,跟他们及时进行沟通,希望把这些技术尽早地运用于前期设计阶段,如果是现成的就用于改造项目里,总之一切的目的就是把这些酒店重要的运营部分管理好运营好。我们和这些全球知名的公司合作,以及希尔顿酒店内部不停地开发新系统,也是为了提高酒店运营效率,这也是对酒店的投资者或者酒店的业主们最好的一个回报。

我们在大中华区自2012年到现在运行了这个项目以后,大家能真切感受到管理方式上的变化,所以我们觉得作为酒店管理公司需要有这个层面的基础架构,或者要有这方面系统的建议,这样下面的运营团队才会有目标,才会有更好的手段去帮助业主来管理好运营好我们的酒店。

最后在这里跟大家分享,刚刚前两位演讲者也提到了成本的一个百分比,比如说能源。陈总的演讲中提到国内很多酒店的能耗占总营收的比例大概在12%,刚刚沈总也提到世茂旗下的酒店也有做到百分之六点几五点几的,希尔顿酒店是定位在4%~6%,在这之间我们认为你的管理是符合集团总的指标的。因为地区不同,4%~6%可能在北美和欧洲地区实现得比较好,到目前来讲他们一直在这个范围内。我们最近统计了在华的酒店能耗比,我们基本上普遍是在6%~8%,但是我们也没有超过8%,这个数据还是比较可靠的。但是我们公司就这个项目来说,还是希望最终能耗比能够回归到4%~6%,这也是给我们酒店管理公司在大中华区目前运营的40多家酒店定下的目标,当然我们可以通过各种技术手段把这个系统做得更好,在市场运营中管理节能取得成功。我们在实践当中认为5%~15%的提高是可以的,当然这方面我们还需要更多的实践。

沈峰:如何通过能源管理有效降低能耗

6月26日下午,世贸地产集团副总裁沈峰先生做了题为"如何通过能源管理有效降低能耗"的演讲。

——以下是详细文字记录——

沈峰:我们做能源管理做了很长时间,从去年开始就做相关的研究,从去年年底开始逐步实施,到目前为止已经做了三个酒店的能源改造,其中有两个已经投入运行,还有一个大概在今年9月投入运行。

之前我们的酒店能耗是蛮高的,后来我们做完了之后感觉到确实是有了一个比较大的下降幅度,我们仔细分析原因有相当一大部分跟早期设计有关,后面我会再谈到。现在的酒店设计往往都是考虑到安全系数问题,或者考虑到一个保障问题,都做得容量非常大,特别是中国的酒店容量做得非常非常大,所以说要做到计算合理的容量是大了一倍。我们现在来看一下酒店能耗到底高不高。我这里有一个图表,从表中看来,酒店是在各种建筑形态里能耗最高的一种,表中计算口径是一样的,这里面有一个很重要的区别,只有酒店和医院是24小时、全年365天全部开放,计算的时候这里面是有一个口径的,看起来酒店能耗非常非常高,而且酒店对于各种舒适度保障的要求也高于其他的建筑形态。

从表中我们看到酒店差不多占到51,我们做的是全国的,甚至包括一些经济型酒店,但是作为五星级饭店来说,尤其是大型酒店,我们的单位是73.5。基本上将酒店的总能耗折算成标准煤,12~18年消耗的标准煤体积等同于酒店建筑的大小,所以说酒店并非环保型的。还有一个就是在我们酒店的财务体系里能耗是固定成本,因此不管你的住房率是高是低,其实能耗是差不多的,真正的变量无非是房间里水消耗和客房里的电消耗,而这个消耗相对于中央空调来说占的规模很小。到底是什么原因造成了这么高的能耗?我们认为一个很重要的原因就是现在的设计规范和现在真实的技术发展有一个很大的滞后。我们在进行设计的时候发现,有相当一部分最新规范是2009年版的,现在已经是2014年了,落后了5年,而就现在的科技进步速度来说,5年的时间可以有多大的变化?早上在说微博微信,5年前谁知道有微信?

问题是现在的设计院尤其是我们本土的那些设计院必须按照我们的规范来进行设计，要大量的验收，大量的环保验收，对设计院来说用一个现行的设计规范来做更简单更容易，因此他没有动力来采用新的工艺来进行设计，所以从这点来讲设计院不具备这方面的动力和积极性，因而我们从设计的源头上就出现了问题。很多人问我你们现在搞改造，为什么不在设计阶段搞呢？没法搞，因为那时候设计院通不过，现在我搞改造爱怎么改怎么改，所以这是一个很滑稽的现象。

我们看看降低能耗的价值，现在我给大家看的图表上统统是我们的实际数据，这是我们其中一家酒店。它的实际数据，入住率跟人员收入的走势是一样的，但是能耗的费用就不一样，从这里可以看得很清楚，它是很规律的，冬天和夏天是能耗的高峰期，因为一制冷一制热，平时是很平的一条线，而这个一冬一夏恰恰是酒店入住率的高峰时期。你看无论是上海也好、南京也好，其他地方也好，年底都是旺季，夏天也是旺季，就是一春一秋，尤其刚入秋的那段时间稍微冷淡一点。我们还发现如果加上能耗的曲线，能耗费用与营业收入的反向趋势被放大，营业收入越高能耗费用越低。而且现在国家还有政策，还可以有补贴，这个东西百分表一看就清楚，现在对成本越来越重视，说明在成本上面的控制力度越来越大。

这是我们统计下来的，在我们酒店里各种能耗的占比，从这里面看电费是最高的，而电费最大的支出点在于什么？这个不用细说大家都很清楚，在座的各位老总都知道，空调能耗是占比最大的，其次是燃气，再次是水，其实水只占到3.9%。尽管是说节水对环保很重要，但是对酒店经营来说其实水的占比没那么大，因为你再往下减，减到2.9%、1.9%，对我的整个费用降低的贡献很小，但是如果把用电和燃气量降低节省就很大了，所以降低用水量社会效益很高，但是经济效益有限。再看酒店分项能耗费用与OCC及季节的关系，可以看到夏天空调用电是电费的主要开支项，冬季采暖在燃气消耗总量中占比较高，热水耗用的燃气量很大。

根据我们之前的研究分析，我们请了专业的节能公司来做这项工作，因为对于业主来讲，他前面的钱都花了，就不想再另外拿出一大笔钱来做改造，将近一千万的改造费用。于是我们请一家专业公司，我们分成，这样的话对我们来说唯一的问题就是有没有一个合理的分成。我们主要的技术手段，首先就是改变能源使用结构，尽量用电来代替燃气，为什么用电代替燃气呢？我们从这几年的物价来看，燃气的上涨幅度和上涨趋势要大于电，这是第一个原因。第二个原因，比较用电制热和用燃气制热来看的话，同样金额的电和同样金额的燃气，用电效率要高得多。这两条线是燃气和电的涨价幅度和趋势，从这个趋势来看，我们认为燃气价格未来上升的趋势会陡一点，所以说使用燃气较使用电来说预期成本明显更大。此外,电力是更加高效的能源,以制热为例,比较单位金额的能源费用,使用燃气产生的热水量仅相当于电力产生热水量的60%。从这个图同样可以看出谷底的电价和峰值时的电价比差不多是4倍,什么是峰什么是谷什么时候是平,这个政府有明确的规定,早上7点到中午11点这是峰时价,中午11点到晚上9点是平价,晚上9点到11点是峰价,晚上11点到早7点是谷价。我们可以考虑在平价电的时候开足马力烧热水,到晚上高峰期用,这是我们认为最经济的方式。

下面谈谈能源系统的优化,怎么做到呢?降低系统的损耗,以这个为基础来进行优化。我们发现在设计的时候由于酒店建筑形态不同,建筑形状不同,地下管道可能很长,从而导致热衰减。如果我降低这个长度就可以降低损耗。还有优化设备组合,比如我们的锅炉系统。我们有一个酒店是3台8吨的锅炉,现在看来极其浪费,实际上我们现在怎么处理的呢?在原有3台8吨锅炉基础上增加1到2台1吨的,夏天的时候就用1吨的,到冬天的时候用1到2台1吨加上1台8吨的就行了,这种方式既可以降低能耗又可以降低温室气体排放。利用缩短能源供给路径的方式降低系统损耗,还利用洗衣房原蒸汽系统,通过长度超过150米的管道从锅炉获取蒸汽,利用在洗衣房附近新增更高效的蒸汽发生器为洗衣房提供蒸汽,有效降低管道损耗。更加直接的功能包括除湿、空调制冷等,不仅节省了我的设备投资,更是降低以后的能耗。比如说绍兴皇冠做完以后生活热水完全是免费的,过去我要计算热水需要多少能耗,现在完全不用。余能回收方面,包括锅炉烟气回收、酒店排风热能回收、冷却水热能回收、热泵冷能回收,热凝水和锅炉蒸汽凝结水的冷热回收。

再一个就是更高效的技术设备和更低价能源的应用,比如太阳能的应用,以LED为主的高效光源的应用,LED远远优于我们的传统光源,因此我们觉得除了能耗的降低以外,灯泡更换周期的大大延长也使得人力成本大大降低。皇家艾美酒店是我们做的第一家酒店,总面积达到178 000平方米,拥有770间客房。虽然能耗占比并不高,但单位面积能耗和总能耗费用都不低。我们根据实际能耗结构,目前主要做了几个方面的节能改造。下面这个图是我们整体系统改造的图,预计全年一共是382万,从前5个月的情况看可能还会超,因为现在上海还没有进入真正的旺季。由此可以看出,酒店的节能不仅仅是从某一方面的节能,是全系统集成化的,从电气等各方面都在做,甚至下一步我们连厨房的燃气灶也要去更新,换成热性能更好的燃气灶。

这种能源管理通常要签5年甚至更长时间的合约,所以手续上比较复杂但相信随着这种节能改造的大趋势进一步普遍,相信各管理公司也会意识到这个问题,会简化这方面的手续。我今天讲的主要内容就这么多,谢谢大家!

陈灿荣：饭店人力资源有效管理

2014年6月26日下午,中国旅游饭店业协会副会长、开元旅业集团总裁陈灿荣先生做了题为"饭店人力资源有效管理"的演讲。

——以下是详细文字记录——

陈灿荣:各位领导、各位同仁,大家下午好!今天非常高兴到我们协会自己的论坛来谈有关人力资源的问题。众所周知,从2013年底开始中国酒店业收入明显下降,整个经营态势也不容乐观,造成这个情况的主要是两个原因:一方面是"十八大"以后限定了公款消费的内容,消费者的消费行为也有很大的改变,另外一方面是宏观经济趋势,对酒店消费也起到了很大的制约作用,消费能力受到了制约。我认为过去的一年多时间我们中国旅游饭店业所经历的波折,毫无疑问将对我们中国饭店业的发展带来深远的影响。其中主要有三点值得我们思考:

第一点,就是我们中国酒店目前是否存在产能过剩的问题,我们知道今年中国酒店第一季度的数据:五星级酒店平均房价678元,出租率49.08%;四星级酒店平均房价341元,出租率48.68%。从数据我们可以看出,我们酒店的出租率很低,不到50%,第二季度即使再好一点可能也不会达到58%以上。根据2013年工信部对工业产能过剩的调查,它的平均产能利用率也有78%,我们的社会更多关注的是工业产能过剩,而对我们旅游业的产能过剩问题没有提到一个真正的高度来认识。

第二点,我觉得主要是中央的政策对减少公款消费的影响,其发挥的作用仍将持续下去。我们可以这么认为,2013年由于中央政策对公款消费的抑制以及我们经济增长方式的改变,使得我们的酒店产业发生了一个明显的变化,这是既定的事实。日渐增长的公民化常态化的旅游毫无疑问将作为支撑中国未来旅游市场的基础,所以我们这几年都在提转型升级、提质增效等,这些问题非常迫切。

第三点,我觉得酒店行业将不可避免地迎来洗牌、分化和重组,我预计最近几年将出现更多的酒店资产转让和并购以及业态的调整,酒店投资和经营更加趋于理性。我认为一些企业把酒店卖掉也是十分明智的选择,开元旅业集团也在做一些重大的资产重组。此外,由于商务酒店及精品酒店领域国际资本介入明显,因而资产的重组、并购将成为常态化的事情。

回顾我们中国酒店30年的发展历程,我认为中国的酒店发展是神速的,中国酒店的规模也是急剧扩大的。而中国酒店这30年的发展也并非是一帆风顺的,我们可以回忆在亚洲金融危机期间,1998年以后连续三年整个行业每年亏损30个亿以上。欧债危机期间全行业又是亏损,去年全行业也是亏损,今年我们能否产生利润,从目前的情况来看也是不容乐观。所以在目前情况下,协会能够组织这个会议进行探讨是非常必要的。

今天由于是人力资源方面的探讨,因此下面我就将正式转入正题,前面是我对中国酒店一些大的框架方面的思考。

酒店在人力资源方面所暴露出的一些问题,我觉得也是需要高度重视的。这张表是浙江旅游饭店协会给我的浙江以及全国饭店的有关经营数据的统计,从这张表当中我们可以明显看到最重要的三个问题。第一个问题就是全国酒店的平均人工成本占比是30.8%,这是非常高的数字,如果加上能源的费用,加上经营费用,加上餐饮的成本,酒店要想赚取利润已经难上加难。所以我们如何把它降到合理的范围内是个大问题。也许你会问,很多的境外酒店,它的人员成本也可以占到35%,但是我们同时必须关注酒店收入结构的百分比。对我们大部分中国酒店而言,我们的餐饮收入大都是占到50%以上的,客房收入比例甚至不到40%,人工成本却在30%,这样几乎不可能见到利润。所以这个30%,我觉得在酒店当中其实也是一个非常有趣的数字,我经常说作为国内酒店,人员成本30%是最高限,最好能够控制在25%以下。酒店GOP一定要在30%以上,我觉得土地价格也不能占到整个投资的30%以上,这些数据其实在酒店的投资经营管理当中还是有一定的指导意义的。

第二个问题是2013年员工平均流失率达到57%,一个酒店超过一半的人员在进和出,这会给我们的酒店保证服务质量,保证员工素质,提升企业品牌,以及酒店的发展造成很大的影响。在去年年底国家旅游局工作会议小组发言中我也提了这个问题,毫无疑问超过50%的员工流失率不是一个产业能够健康发展的有利条件,如何降低我们的员工流失率,其实是一个非常复杂的问题,涉及方方面面的很多因素。

第三个问题,就是我们员工的平均薪酬低,平均每月是2375元。酒店行业原来是所谓的"高大上"的行业,现在已经连续多年被列为行业地位倒数第二位,最后一位是农林牧渔业,我们只比他们稍稍好一点,这跟我们旅游酒店业在社会上发挥的作用完全是不一致的。所以我觉得确实需要花大力气来解决这方面的问题。

产生这些问题的原因,是我们行业过度扩张和竞争,社会对服务价值认识不足,以及酒店自身定位的偏差，此外还有我们在制定流程标准的过程当中产生的一些偏差及用工效率不高。

关于人力资源有效管理，我整理了五个方面的对策供探讨。

第一方面，就是说我们必须建立战略性的人力资源管理模式，或者树立战略性人力资源管理的思想，战略性人力资源管理的核心理念就是将人力资源作为企业获得竞争优势的首要资源，强调通过人力资源的规划、政策及具体实践，建立一个战略管理系统。在具体的工作当中有以下几个要点来和诸位探讨：第一，就是要关注人力资源的战略性，在企业的人力资源管理系统中，总有一些拥有特殊的知识、技术和能力，在企业关键或重要岗位发挥重要作用的人力资源，他们的作用是无法取代的，或者是我们企业专用的，这样的人员可以是我们的饭店总经理，也可以是我们的厨师，他们对我们企业的发展可以产生很大的作用。这些人力资源是我们企业发展的源泉，一定要对这一点加以认识，对他们加以保护。一定要把我们人力资源的管理纳入企业管理的战略之中。如果我们是一个管理公司，那么可以输出的管理人员就是公司的竞争力所在。如果是一个单纯的倡导优质服务的酒店，那么能够提供高水准服务的人员，就是酒店的核心竞争力。第二，就是我们管理的系统性，就是要把我们的人力资源管理的政策、制度、实践、系统以及方法、手段，构成一个战略系统。也就是说在我们人力资源管理实践过程当中，在招人、育人、用人和留人四大环节中都必须要有明确的理念、目标、计划、措施。第三，就是有目标的导向性，我们通过人力资源的管理，使企业的效益最大化。

第二方面，就是围绕我们市场的需求变化，完善人力资源配置。我们都知道酒店用人多少取决于企业组织的框架、组织的配置，而组织配置又取决于我们酒店的定位和产品、流程，所以若想降低人员成本，提高人员效率，首先要通过职位调整和职位优化，来提高组织效能。这里也有四点值得与大家共享的经验，第一就是业态的调整，在未来几年中国的酒店产业或许需要做出很大的调整，如果我们一家酒店通过努力调整以后还难以为继的话，我觉得不妨把这家酒店做根本性的业态调整。我们是不是可以把这个酒店当成写字楼，或者作为单身公寓来考虑，或者我们甚至可以把这个酒店改成养老院，改成培训中心，等等，所有这些调整都是可以接受的。我估计未来的几年当中把酒店调整成其他产业也会成为常态化，开元已经把旗下的一家酒店改成养老院。通过一年的观察，我们发现做养老院可以比酒店更有利润，我觉得未来几年把酒店改成养老院是非常好的建议。去年我去过日本，日本很多20世纪70年代、80年代创办的酒店现在在做养老院。中国已进入老龄化社会，今年我们的老龄化程度已经差不多达到15%,到2020年会达到百分之十六七。当然如果你立志做酒店,我们也希望共同努力来做好酒店。第二就是产品结构的调整,我觉得主要在两个方面。其一就是餐饮与客房结构的调整。我们能否适当地降低餐饮比例,开元现在的餐饮收入比例也是在50%左右,所以我们也需要根据目前的状况有所调整,餐饮比例要适当下降。其二就是要更加有效地利用我们的建筑空间。据我观察,很多酒店的行政酒廊、商务中心、西餐厅、康体中心等虽然在经营,但是产出是非常少的。还有些酒店,有大量的闲置空间,我们每浪费一千平方米的利用价值,就是浪费了上千万的资金。总经理下班了可以回家,但是一千万资金的利息二十四小时都在计。第三就是产品标准与流程的调整。最新的星评标准其实已经在考虑这个因素,但是实际上仍然有很多产品、流程,相对于我们的收费其实是不匹配的。这方面我觉得还是有很多挖掘空间的,以便使我们的产品配置更加符合酒店的定位,更加符合酒店的收费标准。前几个月开元做了一项很有意义的调查,对6000个客人做了问卷采访,比如他们的保险箱使用率多少,小冰箱使用率多少,等等,我觉得这些调查非常有趣。客人当然是方方面面的,酒店也有商务或者是度假型酒店之分。调查结果显示不用西装衣架的占到43%,用一个衣架的22%,用两个衣架的27%,你可以看到放第三个衣架第四个衣架使用率仅为3%到4%。额外的附加服务也不一定能够提高顾客的使用价值,不一定带来额外的收费,但一定增加了成本。所以我觉得我们对产品和标准的很多思考还是十分有用的。第四就是人员结构的调整。我觉得也主要在两个方面,一是我们酒店普遍用人太多,大部分国内酒店可能是1∶1.5的客房服务人员配置。我们必须承担30%多的人工成本,能否通过我们的改革把我们的人员成本下降到比如说1∶1.2,当然我们社会的服务功能要充分发挥。通过我们用战略性的思考方式,改变原来的固有人员配置,应该完全可以做得到。二是我们管理人员与员工的配置比例,很多酒店都在15%左右。管理人员工资很高,相对而言,国内酒店总经理的工资其实比国外总经理的工资要高得多,因为我们国内总经理的工资几乎是员工平均工资的20倍,但在西方,总经理工资可能只是员工的3到4倍。所以通过机构扁平化,压缩管理人员编制已经十分迫切。我觉得管理人员最好能控制在8%左右。

第三方面是人力资源的开发。人力资源开发的核心任务是对现有人力资源进行系统的开发与培养,在数量上和质量上保证我们公司的战略发展需求,能够分层次地建立系统的培训体系,能够建立清晰明确的职业生涯规划。在人力资源开发方面,也有几个想法或者说是建议。首先我们必须更加关注内部员工的培养和提拔。斯塔特勒曾对服务有过精辟的描述——服务是一个雇员对顾客谦恭的、有效的关怀程度。我们的酒店是礼仪行业，在企业中员工的文化认同、理念明确、热情投入、执行到位是最重要的。所以酒店培养人才也是人品第一、态度第二、能力第三。其次就是我们要做好员工职业生涯的规划工作。最主要是对员工有一个科学的评估与指导，使你更加了解员工的状态和他的真实想法。对员工的职业生涯规划，我觉得每年要分两次来做这个工作，包括填写员工的个人评估表，面谈记录表。我认为我们的员工需要更多的鼓励与指导，缺乏鼓励与指导的企业不可能生产出优质的产品。我可以提以下三个建议供大家参考：第一就是要求我们的管理人员每个星期在正确的时间用正确的语言与正确的人做几分钟的工作交流，这个方法非常有用，持之以恒会产生非常明显的效果。第二就是我们每个管理人员或者每个老员工都带两个下属或同事，建立一个职业指导的金字塔。第三就是通过三级人才培养计划挖掘发现培养人才，这是我们开元做了十多年的工作。现在做的是3+1的人才培养模式，三级人才培养模式主要是针对总经理的高管培养计划，针对总监经理的中层接班人计划，还有针对基层管理人员的未来之星计划，还有对每年招进来的大学生的选拔开展管理培训生计划。最后就是校企合作模式，让我们的企业能够打开渠道，吸收更多的优秀毕业生，提高培训效率，降低培训成本。

第四方面是科学评估员工价值，完善人力资源的评价体系，对员工的素质能力和绩效进行客观评价。这一方面是保证公司的战略目标与员工绩效能得到有效结合，另一方面是为公司激励和提拔员工提供可靠的决策依据。注重绩效沟通与反馈，确保员工绩效与企业绩效相互促进，形成螺旋式上升。对考核方面，我也有四个建议：一是划小经营考核范围。我们划小考核单位，就是让我们每个经营单位都能够有明确的数字来体现它是盈利还是亏损。打个比方，酒店游泳池，很多单位都把它当成配套设施，但是运行得好的话，一个游泳池每年至少有500万到800万的进账。采购中心也可以变成一个利润中心。另外就是目标化的能源计量考核，我们以前做绿色酒店，就讲究生产更多的绿色产品，并尽可能减少污染物的排放。二是打破常规的考核方法。只要符合公司的价值观，你就应该让管理人员按照他认为适合的方式，自由地使用其掌握的资源。三是通过考核实现管理指引，酒店强调什么，就用考核来实现什么样的目标。开元每年9月都会做次年的指标设定，集团在今年3月又提出了有关企业减少成本费用的计划，即每项费用成本再节约2%。2%的数字很小，我相信我们每个管理人员都能做得到，但是对一个公司来讲，一年下来就能减少开支一个多亿。我觉得更加重要的就是管理人员要勤于思考，要善于发现问题。我们要通过考核指引管理重心，从而解决出现的问题。还有一个重要的理念，就是我们的管理人员很多都是以行业的平均值为参照,他们只看到行业的平均值,但是我们要知道优秀企业是由极值来推动的。在每个平均值的背后,都有几个出色的亮点和一大堆平庸与糟糕的表现。管理人员就是要分清哪些是亮点,哪些是糟糕的,哪些是平庸的。四是效率工资的"534"理念,就是五个人的岗位,让三个人来做,拿四个人的薪酬。在企业的定位之下,可以尝试这个方案。

第五方面就是对员工人力资源的激励,最主要的目的就是降低员工的流失率。我关注了一下,导致员工流失的原因主要有以下几个方面:一是迷失愿景。二是缺乏使命感。三是分配不公,造成对员工心理的伤害。四是丧失同理心。五是看不到未来。最后一个就是员工觉得工作没有乐趣。我觉得对员工流失的管理是要花很大心思的,这也是我们高层管理者的综合管理能力的体现。

针对酒店行业员工流失严重的现象,我有以下几个应对的方案供同行参考:第一就是我们必须建立动态化的薪酬体系。我们要有在行业内更加领先的薪酬水平,更重要的是必须建立动态的薪酬体系,以保护我们前面提到的战略性人力资源。第二,如果我们有条件也可以进行一些长期的股权激励。因为股权激励可以把员工的利益和企业的利益紧紧地捆绑在一起,让员工有更大的动力为企业服务。第三就是我们要充分注重文化的作用。这里所讲的文化对外就是我们企业外部品牌的理念,包括公司的使命、经营理念、核心产品、目标客户等;对内就是我们的企业文化,包括我们的物质文化、行为文化、制度文化和精神文化。我觉得品牌的理念与企业文化是一个事情的两个方面。我们作为一个企业管理者,更需要把我们的企业品牌理念与企业文化作更好的结合,将其传递给我们的所有员工,传递给我们的顾客。只有这样才能在我们的企业经营管理过程当中,让我们的员工甚至客人能够在同一个舞台上扮演好各自的角色,为企业的发展贡献更大的力量。

由于时间紧,我的演讲就谈到这里。以上观点并不一定全部正确,仅供大家讨论参考。谢谢各位的聆听!

张润钢：互联网思维与饭店变革

6月27日上午，中国旅游饭店业协会会长、首旅集团董事、首旅酒店集团董事长张润钢先生做了题为"互联网思维与饭店变革"的演讲。

——以下是详细文字记录——

张润钢：各位会议代表大家上午好！刚才严总作为主持人讲了一句话，他说他是互联网外行，实际不仅仅是他，今天我们协会上午安排的这个论坛中绝大多数要讲话的，包括我在内，都是互联网的外行。但是我觉得可喜的是我们一批长期做酒店的人，现在开始关心互联网，研究互联网，说明我们这个行业还有希望。昨天我来了以后，接触了我们很多会议代表，大家对这次会议的质量还是做了比较好的评价，特别是我们确定了讨论的题目，还有发言的质量。我们觉得除了会议的组织者认真精心的准备以外，这次会议应该讲和我们整个行业所面临的局面，和我们行业所处的时代背景，有着密切的关系，也使得我们可以有机会有前提把这次会议做得更加深入。

从这个意义上讲，过去的2013年我想无疑会成为中国饭店史上里程碑式的一年，在过去的2013年有两件事情值得我们关注，一个是中央八项禁令的出台，导致了行业的供求关系发生了历史性的变化。这个不用我讲，大家都深有体会。第二个就是互联网，特别是移动互联网在2013年的飙升创下了有史以来的纪录。所以我今天上午的演讲，就从2013年的互联网讲起，在2013年的11月3日，中央电视台《新闻联播》头条播了一条新闻，就是互联网思维带来了什么，今天时间有限，我不把这段视频再放给大家。中央电视台的《新闻联播》能够作为头条播出这个新闻，这个新闻的价值是可想而知的，也就是从去年的11月3号我看了这条新闻以后，我开始关注互联网，开始思考互联网和整个产业到底应该做什么样的衔接。我们可以简单回顾一下2013年在移动互联网发生了什么，一个是小米的估值达到100亿。第二个是在国际市场上发生了两件事情，一个是微软吞并了诺基亚，一个是谷歌收购了摩托罗拉。

另外我们现在暂时把移动互联网放下，再回头看一下我们自己的饭店业。中国饭店业30多年的发展历程，大体上可以分成三个十年，第一个十年就是极度辉煌的20世纪80年代。在80年代中国饭店业有两件事情是值得我们一提的，一个就是国务院撰文要求行业学习建国饭店经验，当时国务院发这个文，我们认为他所推广的已经不仅仅是饭店的管理和发展模式，建国饭店作为中国第一家涉外饭店产生了非常深远的影响。另外一件事情就是在1988年国家出台了星级酒店的标准，后来这个标准就成为整个中国经济社会的一个更加宽泛的标准，比如我们一说星级的概念，大家马上反应的是质量的代名词，我们一说五星级的概念，大家马上反应的是品质最高的一批服务产品，所以后来我们就有了所谓的五星级列车，甚至还有五星级的厕所。除了这两件事情以外，80年代还有一个很重要的值得我们一提的，就是80年代的中国饭店业集聚了中国当代最杰出的一批精英。我们知道那时很多中央高层领导人的子女都在饭店工作，现在一些身居高位的领导，都在那个年代从事过饭店工作。所以大家可想而知，如果一个行业能够把这个社会中最杰出的一批青年集结起来，这个行业一定是一个前瞻水平。

后来十年是90年代，中国饭店业开始褪去光芒。在新世纪我们注意到两个现象，一个是经济型饭店的崛起，也就造成了传统的星级饭店在新的世纪更加辉煌，所以我们简单地回顾中国饭店业在过去30年基本上完成了从极度的辉煌到极度边缘化的历史性转变。为什么会发生这种转变呢？我们做饭店的人，特别是我们做传统星级饭店的这批人需要反思自己；一个是20年来，我们传统的饭店业几乎没有像样的创新，基本上是处于一个故步自封的状态。我们这些年看到有一个红极一时的收益管理，而收益管理的创始者并不是一批饭店人，而是饭店人从航空业剽窃来的。我前面讲的去年11月3号中央电视台《新闻联播》的报道，报道用很长的篇幅在谈海尔应用互联网思维来进行企业的制度创新和产品创新。所以我们看到在传统行业，今年4月份张瑞敏在北京中关村讲话，他说踏不准时代节拍将被时代淘汰，他列举了几个例子都是在告诉人们思维习惯改变未来。娃哈哈的老板讲了一句话，说我不会做互联网，但是我仍然会关注这个时代的改变。从20世纪90年代互联网出现以后，我们看到一些先知先觉的人都纷纷嗅到商机，马化腾嗅到社交媒体，恰恰这20年来我们饭店人基本上没有在互联网中获得突围和发展，我们没有嗅到任何东西。

现在我回头来看，我发现互联网已经改变了社会的经济形态，但是中国的饭店业，我主要讲的是传统的星级饭店业却没有跟上节拍，这是我们对于互联网发展和中国饭店业最近20年的发展得出的一个初步结论。我看到一本书讲了这样一句话，我还是蛮受启发的。他说在这个世界上只有两个知识最具有稳定性，一个是基于人性趋利的人本哲学，第二个是脱离了人的因素只研究物的因素的实证科学。基于这个问题，我们得出人性与科技的结合正是互联网产品设计和营销的基本趋势，这个问题比较宽泛,我们今天没有时间展开。我们看到互联网使虚拟世界与现实世界的互动变得非常简单,这为住宿业革命提供了土壤。回头再来看互联网饭店,应该说最近这20年饭店人对于互联网技术应用的意识和实践还是有的,但是我们缺乏对于最前沿的互联网技术和IT技术的了解和应用,什么意思?就是说最近这20年我们还是比较自觉去应用一些互联网的技术,比如我们现在大家谈的智慧酒店或者叫作智能酒店,比如我们的大众点评网,还有我们各种各样的其他的互联网的手段,这些都反映出我们对互联网的技术是有意识的,但是我们缺乏对最前端技术的应用和了解。

同时我们也看到对传统饭店人来讲,实际上我们最缺乏的是用互联网思维来重新认识和理解饭店,什么意思呢?就是互联网,特别是移动互联网在最近急剧发展的过程中,对很多传统业态产生了颠覆性的影响,其中也包括饭店业。在移动互联网发展的背景下我们需要用一种更新的理念去重新认识理解饭店行业,重新认识和理解我们所提供的服务和产品,就这一点来讲我们饭店人是远远落后的。

关于互联网思维的概念我不想给大家作介绍,因为现在不管是在网上还是在书店里都可以找到很多关于互联网思维的书籍,这些书籍对互联网思维做了很多具体的解释,形成了四大部分,比如说专注、极致、口碑、快,在这些内容下又形成了很多很具体的互联网思维。比如说互联网思维有一个很重要的观点叫作痛点思维,就是人反复使用一个产品的过程中,会把各种不满的感觉积累下来,同时讲人花钱主要为两件事情,一个是寻找快乐,第二个是消除痛苦。按照互联网思维中的痛点思维的逻辑,这个痛点思维的概念大家可以回去再做一些了解和学习,我们也应该可以对目前我们饭店所提供给消费者的各种产品中所产生的痛点,做一些最基本的梳理,比如说饭店的基本功能,比如说饭店用品的品质,比如说饭店的服务效率。谈到服务效率,我们了解到很多消费者对饭店服务效率最大的投诉是拆套时间过长导致长时间等待等。所以我们说30年来中国人的家居品质发生了翻天覆地的变化,但是大部分饭店的起居品质还是八九十年代的标准,这就构成了一大痛点。第二大痛点是同质化的问题,星级饭店在中国饭店的发展史上对行业发展起到了积极的作用,我们是怎么评价也不过分的,但是放到今天这个时代,个性化需求极度膨胀的时代,星级标准同质化的问题也开始显现出来。但是不管怎样讲,中国饭店特别是星级饭店严重同质化,产品的同质化、服务的同质化确实构成了目前饭店的痛点。另外是机械式服务,我们把服务变成了执行标准的工具,比如说我们过分地把服务的热情和服务的品质划等号,结果我们在饭店服务过程中出现了很多让客人感觉并不舒服的热情服务,极大地降低了客人的住宿和消费的意愿。

还有一个很重要的思维叫粉丝思维，关于粉丝思维，我想给大家介绍现在在北京两个很引人注目的餐饮品牌，一个叫皇太极煎饼，一个叫雕爷牛腩，这两家餐厅是完全意义上的互联网概念的餐厅，对于目前他们的追捧者，就是他们的粉丝而言，似乎可以得出这样一个结论，就是一家餐厅是否成功和餐食好吃与否竟然没有必然的联系，这算是现在80后和90后的一批新崛起的消费者的消费理念也好，消费习惯也好，是需要我们重视的。

接下来我们的问题是如何培育饭店业粉丝。前面我们谈到八项禁令的颁布悄无声息地改变了市场结构，原来在我们所熟悉的消费需求中占有很大比重的公款消费已经完全消失了，由此传统的饭店业受到了前所未有的冲击，但与此同时一些时尚的餐厅却出现了门庭若市的景象，一些精品酒店也始终坚挺，这里面大多是年轻的面孔，80后现在支撑起了消费市场的一片繁荣，他们现在已经成为消费市场的主力军。

现在我们发现这份20世纪70年代的研究还是极具前瞻性的，研究者在70年代的一本著作中提出人类文明的发展将经历前喻文化、并喻文化、后喻文化，所谓前喻文化是老年文化，年轻一代要向老一辈学习基本的生存技能，对生活的理解、公认的生存方式及简拙的是非观念。后喻文化则是年轻一代将知识文化传递给后辈的过程。在互联网思维中还有一些很重要的观点值得大家去研究和学习，比如说价值观营销，价值观营销的这个理念和方法，和我们熟悉的传统营销手段是完全不一样的，这点由于时间关系我们就不做介绍了。另外，价值观营销和粉丝的培育，包括企业粉丝、产品粉丝的培育，是有着密切关系的。

我们所熟悉的小米和360的杀毒软件，实际上他们所采用的策略都是价值观营销，过程漫长，但是一旦形成，商业价值是巨大的。另外需要我们注意的是，现在在互联网时代提出的价值后移的理念，比如说低成本，小米用低成本的硬件获得用户，通过游戏、阅读、桌面获得收入。360杀毒通过免费杀毒，再通过游戏、导航赚钱。另外还有一个就是在互联网思维的背景下，我们要研究如何用互联网思维来指导我们饭店产品再造，实际上这个过程是让互联网思维在我们传统饭店落地的过程。我们前面讲的那么多东西，很多还是虚无缥缈的，最后这些东西要变成指导我们饭店经营管理，甚至指导我们重新做市场定位、做战略梳理的一种指导思想、一种方法论，最终是要让这些东西落地，变成产品形态和商业模式体现出来，在这个过程中我们要注意互联网思维中的一系列思维，比如说标签思维，比如说尖叫点思维，比如说简约思维，等等。在这些思维下我们要考虑未来的客房样板间模式会不会遭遇颠覆，比如批量生产样板间可能不再重复。大家知道现在一部智能手机完全可以实现客人从智能手机上选择饭店，然后手机支付再到离店以后所有的后续跟踪,在这种背景下一部智能手机可以提供足够的需求,可能未来会朝着个性化差异化的方向发展。技术的进步导致我们饭店的服务模式和服务产品一定要做调整,这就表现为线上的技术和线下的产品衔接,这个衔接怎么完成?特别是线下这一块,我们怎么去重新梳理和打造,重新构思,这是我们饭店人要考虑的问题。

另外差异化有可能既体现在视觉效果上,也更多地体现在饭店的功能上,比如说简约思维可能使得饭店客房仅剩下三个基本的功能,黄德利黄总他们现在做一个新的品牌,他前一段时间给我看,我也蛮受启发的,这几张图全是从他给我的图上截下来的,他的五星级客房现在只剩下十六七平方米,完全是一种颠覆性的变化。这种颠覆性的变化,我不知道设计者是不是有意采用了互联网思维,但是不管有意还是无意都和互联网思维倡导的简约思维不谋而合。客房面积逐步变小会不会成为一种模式也是我们要思考的,客房模式多样化也会为我们提供一定的实践空间,我们不能说客房都变成小的,又变成一种同质化的产品。我前面讲到一定是差异化的,这种差异化有可能使得我们同是五星级的饭店,既有四五十平方米的客房,也会有十几平方米的客房。另外比如说我们客房的面积在缩小,或者说客房的功能在发生转化,客人对于饭店公共区域的需求也会发生潜移默化的变化。如果说狭小的客房将客人赶到公共场所,那么现在我们饭店千篇一律的客房公共区域的模式,显然难以满足客人的需求了,饭店公共区域又该如何重新界定,这是我们需要考虑的。

还有就是随着互联网的发展产生了一个新名词叫"碎片时间",住在饭店的客人有大量的碎片时间,传统饭店如何迎合客人的碎片时间,也是我们在产品塑造方面可以研究的一个领域。

我想重点讲一讲移动互联网时代饭店产品的标签,最近我一直在考虑这个问题,也做了很多研究,我认为可以归结到这几个方面,一个是艺术饭店,一个是自助功能,一个是个性化,还有一个是用心服务。我觉得我们在未来用互联网思维打造饭店的时候要考虑以上这几方面。乔布斯说:"我构思苹果手机的时候,考虑的就是两件事,一个是艺术,一个是高科技,最终我的成功是把艺术和高科技做到了完美的结合。"另外我们最近看到了很多非常受市场追捧的产品,实际上在这里面都融入了大量的艺术元素。联想的总裁在讲到设计联想电脑和相关联想产品的时候,说了这么一句话,他说设备不是人类的附属品,而是人类的延伸,它需要艺术的成分,要追求人与设备之间更加流畅的交互和分享。

第二个是自助。我们的客人现在在使用饭店的时候有太多的无奈,比如客人讲我家里的家具都是自己购置的,饭店的家具都是饭店强加给我的,饭店有各种各样的规则和惯例都迫使客人去遵守。当然这不一是说我们的惯例和规则都是不合理的,但是这个时代在变化,我们要考虑我们的规则要给客人更多的权利和自主选择的空间。所以在自助方面,我们大家最熟悉的现在还是我们的自助餐。实际上在自助的理念下,我们可以开发出更多的自助产品。我们还回到移动智能手机。现在移动智能手机已经完全可以实现手机的支付,未来饭店的大堂功能可能会逐步地消失,比如说我们现在不一定都要到前台去完成付款。在这个背景下哪些产品我们还可以提供更多的自助选择,比如我们的早餐现在有高度同质化的自助餐,未来是否可以开发出更多不同的人性化的自助选择,我们还可以进一步研究。

还有就是寻求个性化与标准化的和谐统一。我们制定了那么多的服务标准和SOP,但它们现在已经不能够完全适应移动互联网时代消费者的需求。在这些标准和SOP 的基础上我们需要更加人性化的、个性化的服务;而这种个性化的服务,一定是在标准的基础之上产生的。但是如何使个性化的服务和标准之间产生有机的联系,让它融为一体,这是我们未来在产品打造中要研究的一个非常重要的方面。

下面讲一下移动互联网时代的组织生态。我最近注意到移动互联网界的大腕,以及其他行业如张瑞敏这种大腕,他们谈论移动互联网时代组织生态的内容开始增加。比如说张瑞敏提出了人单合一的概念,人指的是员工,单指的是客户。这个概念的提出,反映了张瑞敏的一种全新理念。马云说一个是钱没给到位,第二是员工心里憋屈,他讲了很多关于员工的问题。马化腾从任正非那里引进了一个企业恢宏的概念,其中马化腾谈到柯达的破产,由此产生了互联网的生态,互联网的生态和互联网思维是紧密联系的,又提出了警惕绿色沙漠的概念。严光庆最近讲了一句话,他说创新不仅仅是技术和产品,还包括战略、模式、流程、体制和机制。创业的公司组织宜扁平化,好协同、掉头快。大公司则要不断复盘、折腾以保持创新力。这个人是得过诺贝尔奖的,企业战略和组织机构,企业能否成功就取决于此,当我们正常往前走的时候,发现方向要调整,我们的头调整过来了,但是我们有些企业方向并没调整,所以歪着头在向前走,这是非常危险的局面。海尔是采用倒三角组织结构,领导是给一线的员工配置资源。所以在互联网时代,我们的企业必须以员工为中心,树立这样的管理理念和管理模式,其中有很多要注意的问题,比如说员工传递市场信息、解决实际问题的工作机制,管理层的服务与支持意识及措施,专业崇拜、才尽其用的组织生态环境。最后我们看一下三分天下的中国饭店业,一个是我们所熟知的国际品牌,一个是我们大家现在觉得创新力最强的经济型品牌,还有一个就是我们这些传统的饭店。从国际品牌来看,它们的市场空间有限,成本高昂,另外在互联网时代他们的大企业病现在表现得非常突出。经济型酒店是中国目前住宿业中创新力最强的一个群体,也是最有希望的一个群体,但是经济型饭店在获取资源上还是有着非常大的局限性。我们这些传统的星级饭店目前的状态不用我说,大家都非常清楚,我想过去20年里没有踏住时代的节拍,重点讲的就是这个群体。就像马云讲的不是我们多厉害,也不是中国市场大,是原来中国的商业基础太差,中国整个超市商场太糟糕,我们就一下子起来了。

在这个背景下我们看到了一定的历史机遇,就是互联网时代为中国本土饭店集团提供了难得的弯道超车的历史机遇。机遇出现了我们如何把握?最后我想做这么几个总结性的提示。前一段时间研究互联网,很多人在讲感到对此还是比较麻木的,说移动互联网可以颠覆金融,可以颠覆商业,因为它要重新整合,但很难颠覆饭店业,因为饭店业是实实在在的实体,凭几个计算机不可能把大楼颠覆。我们如何理解颠覆?我自己的理解是互联网颠覆不了饭店的物业,但是可以颠覆社会和产业分工体系,在重塑后的体系中我们的话语权和博弈能力将被严重挤压。而互联网与饭店业的重构,我们需要注意的是什么?第一,我们要更加深入研究互联网技术,特别是最前端的技术,通过互联网技术来提高我们的管理效率和服务效率。第二,我们要深入研究互联网思维,通过互联网思维的应用,来优化我们的产品。第三,就是要用互联网的基因来促使传统企业获得新生。怎么样获得互联网的基因?这个可以通过各种各样的方式,比如说通过资本,通过战略合作,通过互联网思维和互联网技术的全面应用。我觉得中国的传统饭店业现在除了技术层面和思维层面以外,我们要逐渐改变我们的基因,即核心竞争力。只有这些问题或者说只要这些问题解决了,中国的传统饭店业搭上中国移动互联网的这趟车,我们还是有希望的。

季琦：移动互联时代的品牌塑造

6月27日上午，中国旅游饭店业协会副会长、华住酒店集团董事长季琦先生做了题为"移动互联时代的品牌塑造"的演讲。

——以下是详细文字记录——

季琦：上次在ITG的年会上我在前面发言，雷军在后面发言，我说我要做一辈子的事业，当时我自己挺感动的，下面听的人也挺感动的。第二个故事，严庆光离开美国之前，他的老板凯悦集团CEO问他一个问题，说我们酒店做了几十年了，挣到了100亿美金左右，有一个公司叫Airbnb，仅仅用四至五年时间在资本市场融资时的价值已经是100亿美金，上市的话估计市值会是1000亿美金以上的规模。这些问题，不管是雷军的小米，还是新兴的公司，我们这些酒店业的人才，包括我自己也在想一个问题，就是说未来的十年我们酒店集团会是什么样子？再过十年我们酒店的生态链是什么样子？我觉得这些问题如果我们集团的老总做战略没想明白，我们不会有未来。在十多年前我做携程的时候，当时没钱做广告，就想用互联网这个噱头来做广告，发言的时候也喜欢所谓的哗众取宠。当时我讲了一句话，我说携程将是传统旅行社的掘墓人，其实也只是为了博取大家的注意力而已。许多旅游业大佬不以为然，但十年过去了，传统旅行社尽管还在，但他们的影响力大家可想而知。尤其是70后、80后、90后现在订房、订票大部分是找携程。如果说这句话我十年前讲得有道理，他们听我这些话能够做一些反省，今天他们就不会输得这么惨。

中国的酒店行业目前的状态，第一个是经济型酒店，加盟非常踊跃，我们选择加盟商的比例，拒绝的和同意的比例一样高，我每年的加盟数和开业数应该在全球也是前一前二的，每年做到400多家。雅高也有很多经济型酒店，一年全球大概200家。中档很火热，去年也是润钢请我去广州，我认为未来五年中国酒店业的一件大事就是中档酒店的发展，过去的一年中档火热，但高档寒冷。

对很多单体酒店来说，我觉得在目前这个状态下生存特别特别困难，一个是我们后起的这些经济酒店大大分流了各个城市客源，经济形势低迷。OTA这个时候并没有说寒冬到了，我们打个折，他们还想借这个机会攻城略地。现在都在搞什么互联网思维，搞平台战略，在那边搞一个APP，我们不担心没人下载我们的APP，但是很多下载后又删除了。单体酒店在这样的形势下很困难。我在思考，第一个OTA趋于整合。大家可能听到谣言，谣言我们也不能传，上网一搜就有了，一会儿传谁收购谁，一会儿传谁投资谁，后来很多变成了真事，但是有一个趋势是肯定的，就是整个OTA行业趋于整合。携程在互联网有很多投资，很多企业不知道携程的投资，这个趋势我判断是OTA的整合，国外情况也大多如此。第二个是客户黏度提升，你们用过携程的APP吗？大部分人都用过。我第一次用的时候是去太原出差，我订了凯宾斯基饭店，订了一张机票，订了一个出租车，你们如果没用过一定要用用，用完之后我回到公司做的第一个决策就是加大APP投入。原来我们是外包，后来把整个团队买过来了。第三个渠道能力不断地增强。我们过去在携程大概是5%，今天是8%，未来可能是10%左右，我觉得有点多了。在座的各位我估计四星五星超过20%是正常的，30%的我看也很多。另外一个是去品牌化。顾客上网去搜，搜什么？是搜整个用户价格排名、星级品牌排名，实际上是去品牌化。我们用了这么多年的工夫建品牌，但互联网把品牌化淡化了。这四个特点，并不是说OTA好还是不好，我觉得OTA与我们行业的发展是唇齿相依的关系，移动互联网使得这个趋势更加明显。马云说阿里巴巴让天下没有难做的生意，我觉得可以改几个字，阿里巴巴让天下没有不做的生意。原来说马云投资电影公司，最近听说他弄了一个足球俱乐部。马云是一个天马行空的人，就包括酒店业。有可能哪天听说酒店协会会长变成马云了，不好说。

新技术和多变的宏观环境，我们怎么适应怎么应付？另外是酒店的同质化，我今天住这个酒店叫维景，一个很洋气的酒店，不错，服务也非常好，但是原来是希尔顿，其实都一样，产品的同质化非常明显。我们怎么混下去？我们不是要活着，我们要有尊严地活着，我们要伟大地活着。包括BATX、AIRBNB等，对我们的影响有多大？这个不知道。我说老实话也挺担心，也挺焦虑的。我们不知道未来是什么样的，未来朝哪儿走。我有一些基本的想法，想跟大家来分享。IT是个老词，当初我们做携程的时候说用IT精神打造传统产业，现在改成互联网，用互联网精神打造酒店集团。我觉得这里要用互联网精神，而不是用互联网本身，这是我们华住对互联网的思考。一般人都讲O2O，像大众点评网是非常典型的，它通过线上的点评，线上的流量，然后再去跟餐馆谈怎么赚钱，返点或者来点儿广告费。大部分企业现在都是用O2O，用线上的手段、目的、方法来赚取、控制甚至是绑架线下的资源。我利用O2O，下面两个O。我们做实体经济的人也要O2O，我们的基础是线下，要达到高度必须借助于在线的手段和方法，包括思维方式，这是我三个O的意思，不混淆现在O2O的说法。这是八个词，应该是互联网比较流行的八个词,没有边界、开放、分享、免费、高速、人气、口碑和强关系。关于无边界我想说一说,现在边界正变得模糊,你说阿里巴巴原来是做黄页的,从一个做黄页的网站今天演变到无所不做的公司,是淘宝,是支付宝,还是投资人,还是什么产业的?阿里巴巴已经变得模糊了,这个模糊的概念不单单牵涉到商业界,也包括人际关系变得模糊。在这个变化的时代坚守不变的东西就是客户,我认为在任何时代我们不能忘记客户,不能去忽略。从顾客的角度出发,我们做好三件事,一件事是产品。北京有三个店很牛,一个卖牛腩,一个卖蛋卷,还有一个是卖性用品,这是北京三个最牛的实体店。我去亲自考察,那个蛋卷我觉得不好吃。那个成人用品店,卖一些情趣用品。我没去逛过,打电话给老总说你能不能陪我去逛一逛看一看,他说你别来了。我觉得任何的时代任何的行业,尤其是我们酒店行业产品是非常非常重要的。我跟黄太吉在一个台上做过一个讲座,我说你们今天做的事我在1999年就做过,我看当时好多人自己把自己给感动了,然后把它卖了。我觉得顾客人性的东西不会变的,他们希望安全,希望得到美好的生活,快乐幸福,这些东西不会变的,随便你什么技术,什么90后、00后,所以说产品是非常非常关键的。我们公司很多事我不管,但是产品,每一个细节我都会参与,我都会去决策,比如床垫用的是哪个公司品牌的床垫,我得亲自谈,亲自试睡,我们的枕头我亲自睡。产品我认为是根本,在一个变动的时代,不变的是产品创新。

再一个是平台。携程就是一个平台,我们企业这么牛,我认为也是平台,围绕客户把产品和平台做好,我觉得是我们对O2O思考的一个落脚点。今天的用户不见得说性价比,说这个维景是800元,金陵是1000元,维景性价比就比金陵要高。现在的年轻人他有情感,他觉得这个爽、觉得这个挂画很漂亮、觉得这种装修很符合他的心理、他的价值取向,满足了情感的需求,多200就多200。我们全季在上海可能超过旁边的银河,为什么?就是很多客户为了设计而来。他觉得去银河或去虹桥跟到其他酒店去没什么不一样,都是非常标准的服务,到我们这儿来可能觉得很有意思,这是目前很大的一个变化。第三件事,加盟商。加盟商是我的客户,加盟商挣钱是天经地义的。我觉得很多人没有给予加盟商应有的重视。尤其中国人认为老子有钱了,你必须尊重我,老子有没有钱你也得尊重我。加盟像孙子一样,得排队,要请客要送礼,开业要回扣。在我们这儿如果是查实了我就一样送司法,所以不能让加盟商不被尊重。我认为产品要像被子一样贴身,要像无线一样便利,像淋浴一样知冷暖。

在平台这一块我们正在做,也不断地开拓新的领域,我们希望华住这个平台能做成一个世界级的。我参加过几个论坛,发现我们现在的中国酒店业还在说中国的事,我认为我们今天做任何事都要站在全球的角度来思考、来考量,你的这种实力、能力、可靠性、先进性都应该是以世界级为目标的,而不仅仅是中国级的。

下面我花一点点时间做一下我的小广告。华住好多人不知道,我们实际上是一个全品牌的集团,最强的当然是汉庭,全季是一个创新,喜玥是一个小小的创新。目前华住的会员总数超过两千万,有效活跃会员数有约一千万,这些会员都有手机。目前华住的会员入住率约占90%,我把这个数据说给国外的一个集团老总听,他不太相信,我说我们还有的会员卡是要付钱买的,这就是我们的全球化平台。我们这个平台体系要能拿到国际上去跟他们竞争、去衡量,目前我们华住的在线预订量超过50%,这其中绝大多数是APP预订。我们的WiFi选择的是思科的,思科的东西比较贵,但是比较稳定,我们所有的酒店包括卫生间、电梯里都有无线覆盖。这是一个基本服务,我在考虑取消汉庭的电话,因为电话没有什么用处了。云端,现在云很时髦,我们所有的数据都是在我们总部的服务器上。如果在本地放个服务器也可以,但是如果一年我开50个店,我就要到50个地方去装服务器,光这个培训和安装的费用就是很高的。另外一个,大数据。所有数据,你做数据管理数据分析都是在一个数据库,非常方便。目前真正做到云端的可能"7天"是可以了,"如家"好像没有。

刚刚润钢说到"痛点",我也是这么认为。最讨厌就是客人很累了堵在酒店里在那儿排队。我们希望最好别看到排队,一个是客人累,一个是我不希望看到。当然身份证上传我们基本做到,还有0秒退房。我们不要退房,你进来的时候就把钱交了。我总结了一下"连锁时代"和"互联网时代"的两种语言。连锁时代用得比较多的叫"集约管控""标准化复制""大兵团作战""部署兵力调整"。在互联网时代换了词,这些词是"迭代创新",这个产品只是一个产品,我们可以不断地迭代,可能再过俩礼拜我的沙发换了,再过一个月大堂总台就换了,不断迭代,我强大的采购平台是可以支撑的。我们在很多细的方面都可以做快速迭代。"内部竞争",过去内部是协调,价值观统一之类的。我们强调的竞争就是像藏獒一样,小团队自主管理。我们做了很多新品牌,马上还有一个非标的经济型酒店品牌。我们还有一个星程,这个是新产品,这个新产品我们推出一个五年计划,这个五年做成了就相当于上市了,上市就有期权,赚个几千万是可能的。让小团队自主管理,他们自己就是团队的CEO。我只做战略规划,战略团队只做年度预算,我不再做任何管理,当然可以咨询,可以顾问,可以当老师。在这个变动的年代唯一不变的就是变化。

最后,我还是想感谢中国旅游饭店业协会。我们这些人都不是酒店管理科班出身的,进来的时候都很胆怯,进来之后我发现可以把马云的话拿过来放在这儿说一说。

马云有一句话说,不是我们太能干,是中国的商业基础太薄弱。我自认为不是聪明人也不是能干的人,而是中国酒店这几年确实缺乏创新,缺乏人才的激励机制,更多的就是在那儿比豪华比高档,高档的看不起中档的,中档的看不起低档的。如果这个时代要往前走的话,我们必须打破原来的枷锁,放下身份的包袱。我们中国旅游饭店业协会也在变化,而且变化非常大。去年的十大酒店排名,我们、如家、7天一个都没有上榜。虽然我们规模小点儿,档次低点儿。但是,今年我看到如家排第一,华住排第二,7天排到第三,锦江排到多少,作为我们行业协会有这个胆魄这么做,我觉得非常开心,至少看到了希望,不是在那儿自娱自乐,是一个公正的平台。尤其目前我们经济形势这么不好,我们在变。我对中国酒店行业充满希望。昨天和今天我碰到一批酒店的精英,原来这些人我不太了解,我不太懂酒店行业的人,而他们的思考、他们的为人、他们的胸怀我觉得非常了不起,我觉得这个行业有希望。

最后,我想用首诗来表达我现在的心情:这黎明前的夜……最黑、最暗、最冷!是飞蛾扑火还是凤凰涅槃,是迎着朝阳去死,抑或伴着温暖重生。我们当然希望今天在这里大家一起去迎着黎明重生。谢谢大家!

吴海：互联网技术与饭店运用

6月27日上午，桔子水晶酒店集团CEO吴海先生做了题为"互联网技术与饭店运用"的演讲。

——以下是详细文字记录——

吴海：尊敬的各位酒店前辈，我们是一家小公司，今天有幸在这儿讲一下我们的酒店，希望有些内容对大家有所帮助。下面我结合互联网，讲一下互联网时代商家的卖法，酒店怎么卖。

第一，其实我很赞成季总关于新名词的观点，互联网思维带来了新名词。就是最近这些年，记得季总跟我讲快鱼吃慢鱼，小鱼吃虾米，一天相当于七天等，还有很多新名词，蓝海战略、微创新。其实我后来想想，为什么有这些名词呢？道理是比较简单的，那些成功人士需要有高度的理论，实际他还是在卖，卖理念，就是创造一些理论性的东西，互联网思维，等等，还有叫互联网分析师，他们要没有名词就没饭吃了，所以这些名词层出不穷，我觉得这些实际上是换汤不换药的东西。所以大家谈这个事的时候，没底气的时候，觉得有问题要找出一个答案的时候，我们往往就提到互联网思维。我觉得没错，我们需要成功的理论来壮胆，也需要流行术语来装饰，要不然在台上讲什么。大家都对互联网有一定了解，新的只是变换花样的地方。

新东西的本质在于，人总是不满足，人总是想偷懒，就不断发明新东西；新东西的本质，在于任何的新东西都能带来社会的进步，新东西都是机会。如果互联网是新东西的话，互联网就是新的机会，这些新的东西我觉得可以让我们的产品卖得更好。从酒店这个角度来说，一个是提高客户体验，提高服务效率，提高能效效率，降低成本。实际上我仔细想想，在互联网出现之前，酒店就使用了计算机系统，现在跟以前的那种模式不一样，效率也在提高。社会技术一直在进步，如果过多少年之后，再回头看我们今天谈的互联网思维，也许也只是当它为当年红极一时的过去式。

实际上我觉得所有的东西都是可以抄袭的，你酒店设计得好我可以抄袭，我真没做过酒店，刚开始做这个酒店的时候不知道怎么做，就抄吧，把如家的，高端的拿过来，这些网上都可以找到，把大家的东西拿过来综合综合一改，再加上自己的想象就抄出来了。实际上我觉得有一样东西不能抄,创新是永远抄不出来的,我觉得这个东西是最重要的。我一直觉得互联网思维不是本质的成功思维,而创新是唯一的思维。所以我觉得创新这一块是没法抄的,人家做了你再去做能怎么样?我不知道。我见过很多人跟他们聊,包括黄太吉,包括马佳佳,如果光做这一行一点戏都没有。其实创新分很多层面,我认为有的是用不同的方法做不同的事情,有的是用不同的方法做相同的事情,有的是用相同的方法做不同的事情。经济型酒店在中国做创新,有部分是用不同的方法做不同的事情,更多的是用不同的方法做相同的事情。仔细想想实际上创新主要来自市场的创新,比如说小米,你认为小米手机是很大的创新吗?老实说我认为华为比小米好多了,但是华为不会嚷嚷。小米懂得怎么样运用互联网工具,在互联网上营销,华为产品做得比小米好,但是确实不如小米会嚷嚷。我觉得创新最重要的还是从产品创新做起,产品创新是基础。实话实说,如果黄太吉的烧饼真的不好吃,你认为他能成功?产品没有创新,大家不喜欢你,你一定死,包括酒店也一样。如果说你会品牌建设,让大家知道你,但如果产品真的不行的话,大家试过之后品牌打得再响也没什么用。所以我觉得互联网思维这里面有很多好的东西,一个是产品方面的创新,一个是市场营销创新。就互联网来说,我觉得在营销创新上是值得我们学习和利用的,当然在效率提高方面也是可以利用的。如何利用互联网工具提升客户体验,做市场营销,做品牌建设,我觉得这是最重要的东西。

互联网时代我们怎么卖?我有点技术背景,所以有的东西我们觉得是比较容易的。如果是跟互联网相关的,花钱可以做到的、抄到的和买到的我们觉得是比较容易的事情,比如开发个APP,包括基于互联网的硬件,整合各种资源,整合互联网营销,这些东西对我们来说实现是比较容易的。但是这个事情同时也是属于比较难做到的事情,虽然这些东西花钱能够做到,但是往往不容易做好。我们说一个简单的APP,如果酒店做APP你觉得有戏吗?十有八九有戏。季总那么多会员那么多家酒店,我出差住在他的酒店的概率非常之高,我今年一年出差100次50次,我基本上会去季总的酒店,我会使用他的APP,因为更方便。但是如果只有一家酒店,你用APP你觉得人家会用你的吗?我一年就出差一两次,我会为一两次用你的APP吗?这里面有一帮人专门住他的,因为他的品质。所以从单体酒店来说做APP真的是没戏,你做好一点都没戏。搞个微信开个微博这个太容易了,你真把微博营销做起来太难了,真的不是那么容易。包括我做互联网营销,说起来很容易,但是做起来很难。我一直觉得这个时代,尤其是互联网出现之后,市场营销都没有那么好做,换句话说基本上是产品经理绝迹了。产品经理或者市场营销人员,在这个时代能生存的只有顶尖的没有最好的。因为互联网的出现，大家获得信息的渠道方式也发生了变化。如果我说花一百万让大家知道这个品牌，同时定位也让大家知道，你花一百万让 FA 公司去做，谁做得好？基本上 FA 一点戏都没有。我一直觉得做一个东西，实际上是把握两个 P，一个是生理（Physical），一个是心理（Psychology），你满足人的心理需求，然后满足人的生理需求。五星级酒店要做好，需要思考如何更好地满足人的心理需求。就像港旅，它的硬件跟很多五星级都差不多，但成功了，为什么？因为它满足了另外一群人的心理需求。所以我觉得我们需要了解用户心理需求的人，也就是说让一个心理学家来帮你做你的产品。比如百度也好，阿里巴巴也好，淘宝也好，它最值钱的不是干技术的，最牛的是经济学家心理学家，应该是这样的。如果说他们没有经济学家或者心理学家，我相信他们不可能做大。刚开始有的人可能不挂这个头衔，或者不是这方面出身的，但是他对这方面非常敏感。

现在获得信息的渠道太多了，今天这个是潮流，比如三星是潮流，你赶紧去做三星，等你出来的时候潮流过去了，所以我们需要对大众心理有研究的人，你才能真正跟上市场。首先要清楚地知道自己的卖相，因为人往往是自我陶醉，就像季总刚才说的，枕头自己试，床单自己试，但是有人喜欢这种，有人喜欢那种。所以我们要清楚地知道自己的卖相，有没有市场，绝对不能自我陶醉，我们这儿有什么有什么，而是要清楚用户想要什么需要什么，还要真的知道客户喜欢你的什么。我以前经常举个例子，比如说口碑传播，我要是去香港，有维景、香格里拉等几家酒店，东西都一样新，和我的距离也一样，价格都一样，当我让我的朋友推荐一家酒店，他一定会说你住维景吧，维景的菜比较好吃，或者说你住香格里拉吧，香格里拉的装修比较漂亮。他一定会根据我的特点。他介绍这个产品的时候就知道我喜欢什么样的。你企业要传播出去的一定是这一点与众不同的地方，你一定要知道客人喜欢的东西，你把这个喜欢的东西作为一个卖点。因为我们今天是比较新的酒店，可能好办一点，对于前辈们而言你们做的时间比较长，可能面临的压力比我大一点。还有我觉得最难的事情是用创新的思想来重新审视和梳理所有的事情。这是一个非常难的事情，也就是说自我革命。人否定自己永远是最难的事情，但是我们要看到一个现实，就是说有人做得还不错，我做得不如他，我肯定有不好的地方，我能不能否认自己？而不是说经济型酒店算什么东西？赚钱的就是东西，不赚钱就不算什么东西。我跟"7 天"聊天时我问"你们一间房花多少钱"，"7 天"反问"你那一间房多少钱"，我说我 20 万，"7 天"刚开始可能 4 万 5 万 6 万，东西不一样。最后我想，花 20 万的不如只花五六万的挣钱，牛什么。

互联网让营销和品牌建设模式彻底改变，传播方式发生了变化，传播内容也发生了变化。我的想法不一定对,我觉得品牌首先就是一种文化,在大家脑子里形成一种印象式的东西,但是什么是文化呢?我觉得这个东西大家都想错了,可能大家不研究这方面的东西。以前经常有人说吴总你不是设计酒店吗,你应该让酒店更有文化一点。怎么有文化?中国的茶,或者是书,或者是瓷器,弄得中国风一点。我觉得是错的,北京建了很多剧院,那个真的不叫文化。没人看的剧院那不叫文化,一本没人读的书那一定也不叫文化。所谓的文化是一个种族或者一个群体对一个东西形成了价值观。我们做的酒店也好,人家写的书也好,或者你的剧院也好,或者说你的演出也好,只是外在的表现,文化最重要的就是受众怎么看这个东西,这个就叫文化。比如说我们现在社会上有很多阴暗的东西,这叫文化吗?绝对是文化,只不过是阴暗的文化。所以品牌也一样,我们想象这个品牌应该是什么样的,然后还需要大家不断认可。比如说你觉得自己很漂亮在外面人家也说你很漂亮,先生也说你很漂亮,但是最后客户觉得你真的不漂亮,所以这个东西真的不在于你怎么想,而在于人家怎么看你。所以说品牌建设,从深层次来讲,品牌是个脸谱,肯定是你描述不清楚。比如说我们两个人见面往往生成第一感觉,这个感觉就是品牌的一部分,这个品牌是由很多很多点组合起来的,形成一个综合的印象和感觉。所以实际上品牌就是你对这个东西的感觉,包括很多部分,形成了综合的一个品牌。

营销和品牌建设这方面,我们的想法是,无创意不营销,就是说你没有创意别干事,除非你傻有钱傻有钱,到中央电视台去买广告,没创意没这个钱就别干这个事。我们的想法无创意不营销,现在回头看我们确实做得比较成功,在微电影史上或者视频传播史上,酒店行业内自主制作的,我们可能是中国最成功的或者是全球最成功的。从性价比来说,我们一共投了60多万。当时我在合适的时候做了合适的事情,现在你说怎么没动静,是因为我们没创意,没创意我们就不去搞。我印象很深,当时微博这个新事物出现的时候,我就发现大家议论比较多的是星座,有点小情色的话,能够帮助传播,所以当时我们市场部就找人写了一个剧本,我看里面有些内容不好,我搁了三个月,后来我觉得想那么多干吗,你现在什么也不是,有这个想法就做了。运气比较好,最后有四千万至五千万的观看人次,但是如果今天把同样的视频拿出来效果就不会那么好。所以我们就说无创意不营销,然后有创意别怕事,你想来想去想太多说白了真的会误事。其实从品牌角度来说,知道最多的品牌永远是最大的品牌,什么品牌是赢的品牌,让最多人知道的永远是赢的品牌,别太负面就行。所以我觉得传播方面别想太多,就想着我怎么让人知道,只要别太负面,让人知道你品牌的个性。比如当年我们做这个东西的时候运气比较好,当时大家愿意流传是觉得这东西比较有意思比较有创意,它折射出来的就是这个品牌是比较有创意的品牌。所以这个我觉得可以值得借鉴一下,但是我现在很难做出这样的事情来,对社会心理还需要进一步把握。创新永远是最重要的,无论是互联网时代,还是更新的时代,一定要有一颗不安分的心。如果公司比较小,不安分的心是必需的;如果公司比较大,可能牵涉的利益比较多。另外永远是成王败寇,别人都是故事。要有信心,别觉得国际品牌很牛,如果华住比你挣钱华住就比你牛,这就是成者王侯败者寇的事。别人的案例不是你的案例,别人的故事都是过去式,到你身上真的能发生吗?桔子水晶做星座电影,你再去试试看看?只有创新致远,我也是酒店业的新星,在这里跟大家分享一点经验,讲得不对的地方请大家海涵。谢谢大家!

圆桌会:逆境中的应对之策

2014年6月26日上午,论坛首场圆桌会的主题为:逆境中的应对之策。由香港理工大学肖曲博士主持,喜达屋酒店及度假酒店集团副总裁钱进先生,万达商业地产股份有限公司副总裁、万达酒店及度假村管理有限公司总裁成尔骏先生,雅辰酒店集团大中华区总裁黄德利先生,港中旅酒店管理有限公司总经理孙武先生,世贸君澜酒店集团总裁王建平先生参加了圆桌讨论。

——以下是详细文字记录——

主持人: 各位嘉宾、领导们、同志们,大家早上好!非常有幸担任第一个圆桌会的主持人,今天坐在这里的各位嘉宾大家都非常熟悉,我们在座的各位协会的副会长、各位领导们大家都非常熟悉,我就不对他们的背景作一一介绍了,相信他们在与大家分享的过程中都会有所涉及。

今天我们整个大会的主题,是逆境中的应对之策,这是一个非常实际的也是大家非常关心的话题。因为时间的关系,我建议我们直奔主题。我先抛出一个话题,首先各位嘉宾同不同意现在整个行业处于逆境之中?大家对逆境的理解是怎么样的?如果同意的话,要避免失败,什么是最需要克服的,什么让我们夜不能寐?首先请离我最远的钱总谈一谈,好不好?

钱进: 其实"逆境"这个词我感觉不太同意,我感觉现在是一个很成熟的市场,从经济学角度上说它还有周期,4至5年来一次,所以我感觉是一个常态,我认为明年、后年形势会好一点。同时作为我们的管理者,可能看到的挑战是自己怎么样解决当前的问题,长远来看,这可能是一个持续发展的传动机。第二个问题,让我晚上睡不着觉的是什么问题呢?由两个方面考虑,一个是管理,另一个是想经营,同时作为酒店品牌,我们也考虑到品牌的持续增长力,所以需要照顾到各方面的情况。总的营业收入在下降,这当中如何去提高人才培养质量,强化内功,这些都是我们考虑的问题。

主持人: 钱总非常言简意赅,在这里喜达屋是最大的品牌之一,坐在钱总旁边的万达酒店及度假村的总裁成尔骏先生,您来说几句吧。

成尔骏: 各位上午好!我跟钱总的意见有一点点不同之处,我认为这个回调的时间会持续更长,我同意钱总说的是一个常态,也就是说供应进一步增加,消化一部分上涨的需求,也有压力,同时我们一定是顽强上升。营销费用和维保费用短暂的一两年消减是有可能,但不能长期维持,因此从这个角度来讲,我们经营的压力会非常大。我们跟其他的公司不太一样,我有三个大的事情,第一,是完成任务,因为我们是以执行力著称的公司,所以叫完成任务,也就是说完成预算,完成开业,不能不完成,也不允许不完成,如果你不完成别人就完成,所以我们首要是完成任务。第二,我们现在做的公司双轮驱动,一方面我们委托国际的公司还有其他的品牌帮我们打理品牌,我是做资产管理。第三,我们也做自己的品牌。因此对我来讲,70个酒店,今年不但要效益,不但要完成任务,同时我们也在顽强地做自己的品牌,这样的话相对来说业务内容就比较多元比较复杂,给大家汇报一下。

主持人:谢谢成总。这里还有曾做运营做拓展,让世界上最大的酒店集团成为在中国发展最好的国际酒店集团,现在又在做新的中西合璧的新品牌新集团的黄德利黄总,您对这个问题怎么看?

黄德利:首先感谢大家,我也借用我们谷教授讲的观点,2013年是行业发展发生巨大变化的一年,2013年对我个人来讲也是发生巨大变化的一年,我离开了工作25年的洲际集团,依依不舍,开始了爬山的过程。好几个关心我的业界朋友,问黄总你头发怎么这么白,要当心身体。以前在洲际的时候我是染发,现在我不染,这是真的,以前是假的,所以谢谢大家关心。我想我的体会真的是很深很深,对我来讲对目前这个变化,对中国的发展我是很有信心的。实际上国八条颁布以后,迫使我们回归到最根本,讲到对未来的观望与展望,我很同意刚才钱总的话,包括之前仲量联行也说对未来是很乐观的。英国的一个商业公司是做调研比较领先的,2014年他们预测中国市场商旅支出是16.5%的增长,这是以两倍GDP的速度在增长,2015年他们预计商旅消费要达到3090个亿。所以我想再稍微讲一讲,1989年酒店业比较萧条,谁也没想到1993年我们做到毛利率64%,1996—1998年的时候又是东南亚经济危机,由此大家可以看到酒店市场周期一般四五年,最多是五六年的周期,我个人还是比较乐观的。抓住市场机会,再加上你要超越自己,改变自己,不要操心那些你没办法改变的事。

主持人:孙总同样是业界和官员双重身份,您对这个问题怎么看?

孙武:首先说一个小插曲,黄总刚才说身体很好,我能证明一小部分,昨天晚上喝酒他还是很厉害,喝到很晚,所以身体看来确实不错。在说之前,首先还是代表港中旅欢迎各位代表,南京维景是我们接管的第一家,是我们在全国的旗舰店,所以感谢各位的莅临。刚才说到逆境，其实从两个角度来说，作为投资人和业主，逆境也是机会，有很多在资产、在资本，或者在整合过程中的机会，你带来了很多你可以在大浪淘沙中去挖宝的机会，这是从投资人的角度来说，因为每逢一个经济的周期会带来一些机会，危机危机，危和机是并存的。从另一个角度来说，其实现在不能叫逆境，我也更愿意用一部电影的名字《回归》来描述，其实现在中国的经济也好，包括五星级酒店的消费，确实走到了需要回归的一步，它真的不同于以往每年。我八几年入行，反复地讨论这个问题，如何走出困境，如何走出危机，以前都很快可以恢复，现在我比较同意刚才说的会有一个较长期的过程，但真的是一个理性的回归，这个过程中正好让自己去做本来应该做好的事情，就是尽自己的能力去做好。这是我对危机的一些看法，待会儿其他嘉宾还会有更多的诠释。至于夜不能寐的问题，最近看足球倒是睡不着觉，昨天在酒吧还在看足球，但是想问题想得睡不着觉，确实想得更多的问题是发展问题，就是怎么发展，怎么健康持续有质量的发展，这个确确实实是考虑得最多，当然其他的也会想，但这些会考虑得更多一些。

主持人：谢谢孙总，坐在我旁边的是我们历年来集团化论坛大家最熟悉的嘉宾之一，今天王总坐在这里身份不同，以前王总做我们行业的领导者，今天王总是下海弄潮者。您现在运作这么大的酒店集团，能不能对我们说的逆境发表一些见解？

王建平：谢谢，首先还是表达一个谢意，感谢多年来在座的各位领导以及各位专家同人们对我的厚爱、关心与帮助，也期待以后大家一如既往地给我更多的帮助。刚才谈到逆境这样一个概念，我的理解现在是一个低迷的状态，现在这种低迷的状态，我们放眼看过去是一个普遍的现象，除了互联网之外的其他行业多数都处于相对低迷的状态。所以对饭店业而言我觉得关键一点是我们这个行业怎么来认识这样一个状态，我觉得这是一个问题。就我自己而言，这一转型过程中对行业也有了新的认识。我觉得现在这样一个格局，我们必须去适应它，中国经济从高速增长到相对平稳增长，这是一个没法回避的现实。我们需要思考的是在这样一个宏观形势下如何做到可持续发展。第二，我觉得我们的政策层面推出了限制公款消费、控制高端消费的举措，对我们的消费模式也会产生巨大的冲击，饭店的经营模式也要求改变。所以我们作为经营者来说，作为饭店人来说，需要思考在这样一个背景下，从高端奢华消费到一种理性的消费，饭店人如何去适应。第三，我觉得改革开放这么多年，饭店业在持续快速发展这么多年之后，不可能永远高速增长下去。所以这种发展的模式慢慢放缓，作为经营者来说如何建立一个市场经济背景下的经营模式，是需要去思考的。我个人觉得这种低迷状态是客观存在的，对我们饭店业来说，关键是如何去认识这种状态，怎么去克服它的发展规律,抓住它的机遇。我认为饭店也可能会走入一个调整期,一个比较深度的调整期。

主持人:谢谢王总。看起来我们这个题目是非常吸引人眼球的,坦白地说,在座的各位领导实际上从不同的层面、不同的角度阐述了自己的观点,但是有一个共识是虽然我们可以把它叫作逆境,但是逆境不是完全悲观负面的一种环境,不管是宏观层面、政策层面、还是经济发展走势层面,包括行业的发展,这些都是有一定必然性和偶然性的,但是更合适的一种说法是处在调整期,这种调整期是必然的,不管在什么样的社会环境下。关键是下一步怎么来调整,怎么来适应经济发展的规律,我们的酒店怎么在这个调整期做深度、理性的调整,这是一个趋势。从这个角度,我们能不能就下面的问题,请几位嘉宾对这个趋势作更深入的分析,并就我们如何做好这一转型期的工作,提出自己的建议和观点。

在我请嘉宾发言之前,我想跟大家说一下,我们在座的五位嘉宾都一致同意,非常欢迎大家提问。大家手上都有纸和笔,如果大家有任何问题可以随时写下来,请工作人员送到我这边来。大家可以针对某一位或者所有嘉宾进行提问,都没有问题。在我拿到各位的问题之前,这一轮先就趋势进行分析,然后提出趋势的应对方向。

王建平:关于这个问题的认识我觉得非常关键,我自己有些判断。第一个判断,从行业趋势来说,从中国国内饭店来说我觉得有两个转变是需要关注的,第一个转变是改革开放这么多年我们由涉外饭店为主的时代转入高端饭店为主的时代。现在我认为在这样一个调整期,可能会面临一个以高端饭店为主向以大众饭店为导向的转变,或者说面向大众需求背景下的多样化发展格局,这个格局我觉得从行业来说是应该转变的方向。我们一起探讨。

第二个,我觉得在发展了这么多年以后,一个城市的饭店合理的格局就像一片合理的森林,这片森林有小树有大树,有灌木有草地,这才是合理的森林。但我们现在很多城市的饭店只是一片一片的树,高端的树,中端的树,低端的树,没有完全形成合理的商业生态,所以我觉得在这样一个过程中正是形成合理的商业生态的过程。从行业的角度来说,我觉得我们还是要去寻找发展,我们既要考虑我们各自现有类型饭店的发展,还要从其他各类饭店中寻求发展。其实我们这个集团也不算一个大的集团,我们也是一个民营的机制,这样一个市场背景中,这样一个调整格局中我们有自己的策略。我们从两个角度去推动我们的发展,第一个角度,我们着力做好君澜的品牌性格,主要是以中国文化来塑造君澜品牌性格特征,形成自己的市场地位。我们的饭店,应该有自己的个性,应该有自己的品牌特征。所以我们想通过中国文化的内涵来体现,包括中国文化的形,中国文化的产品,中国文化的经营核算体系,中国文化的专属服务。第二个角度,我们尽量做一个时代的饭店集团,没有成功的企业,只有时代的企业。这个企业能不能跟上时代,决定着你的成败。所以从君澜的角度来说是要去抓住时代的特征,去做强我们的品牌,提升自己的竞争力。我们分析中国改革开放三十年来的主流消费,比如说改革开放前15年,我们觉得主流消费可能主要在吃穿日用上,后15年主要是住和行——房产汽车。最关键的是今后15年,我们觉得有三类会是主流消费:第一是人们对满足自己健康需求的消费,第二是子女的教育,第三是随着人们生活方式的转变,人们会塑造一种更爱自己的生活方式,更健康的生活方式,由此形成的消费。所以我们君澜品牌也在围绕未来的主流消费提炼自己的特征,分析主流消费者的消费习惯和心态。如果主流消费者有一天的空闲时间他去做什么,如果他有两三天的空闲时间他可能去做什么,一个礼拜呢?从我们产品设计来说,我们君澜现在有三个品牌,都尽量按照这样一个思路去塑造时代特征,按照这样的时代特征,去打造自己的特点,去形成自己的竞争力。我觉得通过这样的调整去找到自己的市场位置,去形成自己的核心竞争力,可能是比较关键的。讲得不一定对,可能也显得比较空泛,请大家多指正,谢谢!

主持人:王总很谦虚,但实际上恰恰相反,宏观和君澜具体到微观层面的重点在很短的时间内都讲清楚了。

孙武:我简单说一下,消费者方面的趋势是理性的,因为从国家经济三驾马车,基本上从2012年开始中国进入消费时代,应该说未来是国民消费成为绝对主流的时代,但是消费者越来越理性,他回归到自己的消费理性。第二个,酒店的经营者也是理性的,因为他知道现在要充分关注人力成本,充分关注我们的能源消耗,充分关注我们的核心竞争力,充分关注客人的感受和体验,自己把自己从神坛上拉下来。第三个是投资者的理性,未来五年疯狂的时代可能要趋于平缓,伴随着政府的推动力和地产的推动,很多玩酒店的说很多酒店的业主也是越来越理性,从过去追求一个绝对的大牌,派一个老外的人去做总经理,到慢慢他知道怎样盈利,谁能为他赚钱,我们见过太多这样的业主,现在都处于这样的一个局面。所以说主观趋势未来就是两个字,理性。对我们来讲我就想做成一个在中高星级酒店里面最能赚钱的企业,为此目标我们也推出了一系列的举措,打造核心竞争力,这里就不一一展开来说了。谢谢大家!

主持人:谢谢孙总。

黄德利:我离开洲际以后组建这个新公司,从无到有,公司现在已经注册好了,大概有三个品牌,第三个品牌是精品酒店,是个合资公司。我就长话短说,我是一个做了

30多年酒店的人,和从来没做过酒店的人创造一个酒店的品牌,他们都是零售商,他们知道货架上哪个东西周转最快,能够给我带来更多的效益。我说真的,我在大公司也做得时间蛮长,所以要问我这个体会,无论你做超豪华酒店,还是你做个经济型酒店,抑或是做精品酒店,我相信大家都同意我的观点,这个权利在客人那儿。我觉得在酒店行业要创品牌要做自己的企业,客人感受最重要,要把这个做好,不要想着什么都要,这个要,那个也要,不现实,一定要目标明确和清晰。第二方面,我在洲际讲得最多的是,你没有必要绕啊绕的,我以前说过这是非理性对不对?到最后还是三个字,ROI(投资回报率)。当然也有到最后的时候,像半岛的业主,我跟他开玩笑,我说你这个酒店投资永远收不回来,但是每个业主有每个业主的打算,总有这样的人。但是绝大部分的酒店到最后你必须考虑怎么样把这个做好,而且首先说服你自己,你在说服你自己之前不要去说服别人。所以这是我体会很深的地方,通过这次与一帮不是做酒店的人交流,真的学到了。包括我在上海,原来洲际的COO他做过洲际13年大中华区的老总,他说到中国来把房间变大。我在上海做个样板房,我是看懂了他们的模式,我说我一定是按照他们的模式,我在中国本地化的时候慢慢地去调整。第三个体会很深的就是我这一帮人,才五六个酒店,他得到的奖,他这帮人。我在洲际做过,全球4600个酒店,很大的PR公司帮我们做这方面的事情,所以科技对我们的影响,IT对我们的影响还是很大的。前两天看到搞小米手机,这些真的是变化很大。你做哪个市场一定要把它做好,投资回报要做好,不要忽视科技对我们的影响,谢谢!

主持人:谢谢黄总,下面请成总就这个问题发言。

成尔骏:对行业的一点点观察跟大家分享一下,第一个可能是留学和下乡,本土的管理公司跟国际品牌的传统的管理公司,大家正好在背道而驰,所有的国际管理公司都在下乡,在向三线四线的市场纷纷推出五星四星服务,等等。进入这个市场,我把它形容为下乡,这个市场非常强劲,但是的确会遭遇到巨大的挑战,因此这个战场上的厮杀到底怎么样,现在大家是可以去期待的。除了这个,相对应的就是留洋,最近的一年到两年时间,各大地产开发商为主的投资集团纷纷宣布在国际上的主要城市目的地,包括一些旅游目的地的建酒店计划。留洋自然有巨大的挑战,包括政策和工会限制,它跟我们是完全不同的概念,法律方面的关系,还有其他方面,比如对于本地市场的认识。因为你开这个大酒店,不可能仅仅靠每周的两三个中国旅行团来喂饱你,你能不能在伦敦、纽约或是法兰克福生根存活,这对我们本土品牌是一个巨大的挑战。我没做精细统计,我印象当中看到的已经宣布的实实在在的有投资有开业计划的公司,有六到七个比较主要的投资集团,其中以地产为驱动,这很正常,地产有需要,同时外国政府外国地区也同样欢迎高端五星的酒店品牌。我们公司也已经宣布在海外重要的城市设立我们第一家旗舰店,在2018年初。最近希望大家关注一下万达官网,我个人认为这也是一个更大的挑战,你在中国两三年就整到纽约伦敦去了,行吗?要是我们不行,别人来完成,我还是这句话,资产管理回报率始终是我的第一考量要素,其次才是其他的考量要素,长期稳定的市场规划,这是我们的根本所在。

第二点,我还想跟大家分享的是,我同时观察到多品牌战略成为国际国内所有公司的选择。大家可以稍微回忆一下,国内前五大六大管理公司,在中国目前的发展速度,最近的三到四年纷纷把在美国、英国甚至只是某个小镇上的一个品牌,也许它在国外有30家、50家,但绝对是地区性的、地方性的东西,通过亚太区和中国区高调宣布引入中国,再加上一些中国元素。原因一个是审美疲劳,人总是有尝鲜的冲动。第二是抢占更多的市场,适应更多不同业主需求的细分市场需要,有的人一定要超豪华的,哪怕知道投资回报率永远回不来。我最近做的一个项目,居然有的做到六十几年,还有做到更久八九十年的,都是亚太区数一数二的咨询公司帮我们做的。我看了以后想到,百年老店,百年收不回的老店。我的同事也在现场,我们尽管是资本驱动发展,由资本带动品牌,由资本来驱动,但也靠运营积累人才,同时推动品牌。一开始我们搞了几个月,一下子注册三个品牌,全部注册成功,最近在海外也在推出更多的酒店,还没到时候宣布。我观察到多品牌战略,不仅仅是国际管理公司创造新需求,满足更多细分市场的需要,它居然也成了我们国内绝大部分公司的一个必然选择。我们最强大的经济型连锁酒店公司,一个重要的就是租赁经营。由于房租的压力,转向特许经营,必然是延伸到自己这个领域最熟悉的地方,别人能干我也能干。的确,可能很多人说不管是资本驱动型的大鳄还是经济型的,大家都推三星四星五星能行吗?我相信只有战略和执行不犯大的错误,最终才能成功地在这个市场当中生存下去,多品牌战略对国际国内的公司都成为普遍的追求。

第三点体会,我还是坚持我的观点,面对2013年带来的行业巨变,要有长期持久的准备,我们从业人员要有苦行僧般的精神追求。如果说我们原来没准备好,市场已经告诉我们,市场将持续地告诉我们,我们必须要以苦行僧的精神来练内功,一边是增长乏力,竞争过度,同时另一边大量的开发商由于各种各样的需求,在开发品牌。像能源、人力等成本在持续上升,所以一定要有苦行僧的精神来做好准备,一定要给业主投资人合理的回报,所以投资者、管理公司和我们从业人员,都要做好自己的事情,都要调整好自己,或者定位好自己,在一个新的竞争格局里面找到我们各自的生存空间。谢谢!

主持人：谢谢成总，我们最后一位钱总。

钱进：我讲几句话，第一点就是现在大家都知道是逆境，可以说这种逆境，主要是持续发展的问题，我给大家一句话，不要看媒体标题，看发展趋势，我感觉尤其在当今这个状态下，中国的变化太大，环境的变化大，市场的变化大，我们的客人变化也很大。所以我们在这个当中，一定要借机。这个标题文章看过就过，有些新闻三天就过，但是机遇是很长时间，所以这是我的一个观察，这句话不是我讲的，是美国以前的总统克林顿讲的。

第二点，就是我们要研究我们客人的生活方式，把你的品牌和生活方式推向市场。我讲的研究生活方式是要纵向研究，但是这个品牌要横向地去打造，所以纵向和横向要结合在一起。看未来的趋势，对我们来说是乐观的，今天我们为中国的旅游行业60强企业发了奖，我感觉这60强过不了几年就是90强可能一百强，这个对我们来说是很幸运的事情。有很多的发展商，有很多的品牌走向世界，我们去年年底已经有1亿人次走向世界各地，我们要把品牌做好。我刚才跟汤总裁交流这个问题，我们应该做什么，我们是做事业，中国的旅游事业，中国的饭店事业，我们在这个阶段尽量去减少我们之间的竞争，应该坐在一起讨论怎么把我们的事业做好，为我们中国国人或者几亿人提供酒店服务。另外，我感觉要建立内联内通，中国为了长远发展搞了几十年计划生育，对我们来说要长期持续的发展，需要人才的培养，而且我们要更注重80后，我们这些人才，我们的培训是不是按照以前的传统培训，以后让更多的员工利用自己的时间、自己喜欢的方式去进修。微信现在很流行，我个人感觉手机短信可能在一两年以后就成为历史，大家可以看一下有多少时间是在用微信，这个改变我认为是生活方式的改变，而且是先进的IT的改变，给酒店带来一个革命性的变化。所以我们作为搞旅游饭店或者饭店行业的专业人士，我们要考虑到这个变化。

第三点，我感觉就是在管理和经营当中，我们要很好地考虑，不管这个形势怎么样，周期怎么样，要把管理和经营很好地结合好。按照集团的战略目标，我感觉应该是先考虑到战略层面，然后往下推，才考虑到战术问题，这是我们国内集团的老总需要研究的一个问题。

第四点，品牌。品牌在变化，昨天我在重庆迎来了我们全球品牌的两百佳，这是我们威斯汀的神话，最近我们又提出了六点，比如：健身，吃得好，睡得好，工作好，玩得好等。我感觉品牌就在于此。我以前讲过创新是一个品牌的持续性，哪一天你不创新，你这个品牌就走到尽头。不管你是国内的品牌还是国际的品牌，我认为我们需要花时间去了解研究我们的品牌。

最后一句话送给大家,讲客人的语言,不是说你会讲中文就知道华人的生活方式等,这个问题很重要,尤其是对我们搞服务行业的,你要知道客人的兴趣,知道他在想什么,他的要求,他的需要,他希望的是什么。谢谢各位!

主持人:谢谢钱总,谢谢五位嘉宾对这一趋势以及各自应对的方法做的深入阐述。我们还有一点点时间,大家可以看到送了很多问题,我选一个比较有共性的,而且是各位嘉宾沟通时有不少都涉及的。既然是讲到形势调整,讲到方向性的问题,这里有一个具体的问题,有一个是问王总,但是也问到其他各位嘉宾:您对目前有人提出五星级饭店应该转变经营策略如何看?这实际上是一个很重要的客源转变的问题,既然这个问题在纸面上首先是问的王总,我们先请王总比较简单地谈一下自己的看法,再请各位补充。

王建平:这个问题确实是一个非常敏感,也是一个需要去回答的问题,当然高星级酒店如何多样化发展,高星级酒店在大众理性消费的背景下如何去调整自己的战略和策略,一定是个问题。至于说高星级酒店要不要走亲民路线,这不能一概而论,而要从市场和企业的实际情况认真研究。从经营者角度来说,要考虑在这样一个背景下如何实现经营效益的最大化;作为管理者来说,要考虑一个空间价值如何最大化,比如说现在越来越多的人在思考客房只是用来住宿的吗;从业主的角度就要考虑如何实现资产价值的最大化。从不同的角度来考虑其方向和结果都是不一样的。这个问题也不是一句话两句话能够说清楚的,所以我想我就谈这么一点。

孙武:说到五星级这个事,我先说一个前提,之前包括国家旅游局在北京做了一次调研,说开会不能到五星级酒店,这是不合理的,这把五星级酒店妖魔化,五星级酒店就不能为人服务了?这是一个谬论,那天开会我就这样说的,我说五星级酒店本来也是符合国家的标准和要求,体现了很好的质量和服务。第二个,说亲民,20年前谁敢进五星级酒店,现在五星级酒店很多都已经是国民消费了,应该由市场来调节,由市场自己来选择,不是规定,不能说做包子就是亲民,不能为亲民而亲民,要综合考虑,要实事求是。

黄德利:我就不重复了,这个最终是市场来决定,所以刚才我已经讲过了由客人来选。这个东西你不能说我要做亲民就亲民了,对于酒店经营者来说需要思考怎么样创收,怎么样顺应现在的这种趋势。我去欧洲考察,现在都是移动互联网世界,几乎所有产品都有二维码,所以现在很多情况下,客人在实际感受之后,他可以通过二维码下订单。我去看了一个酒店,它们那里客人普遍都可以"合理享受奢华",酒店变成了展示中心、客人体验中心,客人体验好,他马上可以下单。我不是这个方面的专家,但是我的感觉是这个年代酒店从业人员要不断地学习,移动互联网让我们感觉到顾客是上帝,此外没有满意的员工就没有满意的客人。

钱进:在当今的环境下,一个是政府层面,现在有政策影响,还有一个大家都知道我们讲的是散客,还有一块是会议展销,另外还有一个就是宝宝百日、周岁等,这是我们中国的文化。再如对老人肯定尊重,老人要花多少钱我们都会花,小孩子要花多少钱我们都会出,这个就是我感觉亲民政策要照顾到的。你一旦了解了这个,你的市场营销,你的经营,你对市场的细分和对细分市场的生活方式生活需求的了解就有了牢靠的依据。不管外部的变化多大,你都能够深层次地了解客人的心态和他的心理,我认为你已经得到了经营政策。

主持人:谢谢,各位领导、各位嘉宾的观点非常鲜明,说得非常清楚,我不做过多的总结。虽然我们事先并没有去约定,但是实际上我们这个环节说到最重要的一点,就是战略方向的确定。基于对趋势的分析,有人建议说要干货,我们这里又有湿的又有干的。今天下午是关于更好的组织性的层面,我们如何在调整期提升经营效益。明天更多的是互联网思维,"互联网"这三个字,这两年我们酒店业听起来津津乐道。明天看互联网思维这个环节里面,我们酒店怎么来应对,他们的干货是什么。我也非常感谢在座五位嘉宾为我们整个会议指明了一个方向,打下了很好的基调。同样我相信大家跟我一样非常期待今天下午和明天听到更多干货的东西,请大家再次掌声。

圆桌会：如何通过有效管控降低成本

2014年6月26日下午，论坛第二场圆桌会主题为：如何通过有效管控降低成本。由洲际酒店集团大中华区首席发展官孙健先生主持，香格里拉集团区域副总裁兼南京香格里拉大酒店总经理文志平先生、金陵酒店管理公司总裁陈雪明先生、碧桂园凤凰国际酒店管理公司戴玉女士、山东蓝海酒店集团运营总裁丁德杰先生、广州岭南国际企业集团有限公司副总经理李峰先生参加了圆桌会。

——以下是详细文字记录——

主持人：这是今天压轴的一个话题。这里有很多老朋友，也有一些新朋友，给他们一个机会，做一下自我介绍，让大家更好地认识他们。有请各位介绍一下自己。

戴玉：我是碧桂园凤凰国际酒店管理公司的总经理戴玉，在2011年我就加盟到碧桂园凤凰国际，在这之前我在广州中国大酒店工作，从业大概有二十三四年了，谢谢各位！

文志平：我叫文志平，从担任青岛香格里拉总经理到大连香格里拉总经理再到广州香格里拉总经理，现在回到南京，回到我的老家，筹备开业南京的香格里拉酒店。现在也负责江浙地区、南京地区的香格里拉的运营工作，谢谢大家！

陈雪明：大家好，我是从上海到南京来打工的陈雪明，像孙总占领了上海，我就到南京来打工了，现在在南京从事酒店管理工作。从1977年进酒店，到现在什么都不会，只能老老实实在酒店干。我们公司是给业主干活的，"收人钱财，替人消灾"的公司。

丁德杰：大家好，我来自山东蓝海酒店集团，我姓丁叫丁德杰，在集团分管酒店的运营工作，在这里也感谢协会的领导，感谢各位同人，给我们提供这么一次非常好的机会和大家交流。同时也欢迎在座的各位同人有机会到我们蓝海集团的酒店去做客，谢谢！

李峰：非常感谢协会给我们这个机会可以参加这个论坛，我叫李峰，来自广州岭南国际企业集团，我跟戴总以前是同事，我也是从1988年入行酒店业。对于岭南集团大家可能会比较陌生，岭南集团是广州的一个中小企业，业务范围包括酒店、旅游、食品、会展等,其中在酒店方面有广州的花园酒店、中国大酒店、东方宾馆各种类型品牌的酒店,谢谢大家!

主持人:谢谢各位嘉宾的自我介绍,他们非常谦虚,其实这五位嘉宾非常有特点。我还要透露一下,这里还有一对同学,同班同学,陈雪明和文志平同学,可以想象一下他们曾经的青春韶华,而且汤文俭跟他们也是同学,这里只有丁总是从山东来的,文总曾经在青岛工作,所以跟山东也有渊源。有同事帮也有同学帮,我相信下面的内容会非常精彩。回到今天的主题——如何通过有效管控降低成本,本来想从宏观的角度再过渡到微观角度,因为时间的关系以及我们的会议要求,请各位嘉宾总的谈一下如何通过有效的管控来降低成本。

戴玉:好吧,由我先开始。其实大家对碧桂园的了解是从房地产开始。碧桂园凤凰国际从2011年成立,现在是地产加酒店的发展模式,在当前大环境下也会受到种种的影响,所以我们都在思考如何管控成本,把这个影响降到最低。我们主要有三个举措。一是我们控制发展速度。我们现在已开业酒店有45家,本来今年我们到年底铁定是60家,还有15家要开业,但我们做了一个调整。决定今年减少到52家。目的就是尽量在这种环境下,首先让我们已开业的酒店能够健康地发展,所以我们不会因为追求速度而降低发展的质量,这是第一个举措。

二是控制采购成本。大家都知道一个大集团的运作通常都是集团化的采购,但是在当前情况下我们会采取集团化的采购加放开化的采购,就是各个酒店有相对独立的采购权,这样让他们能够把成本降到最低。因为我们如果是集团式采购,这个运输成本会很大。比如我们总部在广东,我们很多东西要往全国各地去运送的话,这个成本非常高,所以我们是大件采购集团化,但是一些日常用品我们采取酒店自主采购。举例讲,我们的饮用水,集团本来是用雀巢,但是雀巢在广东,如果运到内蒙古的话,就从原来的0.8元可能会达到1.8元,所以我们现在就分区域了,我们会有三种品牌的饮用水,从而减少我们的运输成本,就是降低我们的费用成本了。

三是控制人力成本。我主要有几个方法,首先就是管理公司要精简高效,我们的管理公司在整个酒店体系中占1.1%,就是我们的管理人员一定要高效,我们会为各个酒店都制定一个淡旺季人员的定编。其次我们控制后勤部门人员的数量,要保障一线人员用工的质量。再次就是我们不同类别的酒店有不同类别的人员配置标准,比方我们总部的用人标准是达到1:1:2,但是有一些偏远地区的或者是中餐外包的,我们就会达到1:1,也就是说我们公司不是一刀切,会进行一些调整,根据不同的区域不同的经营条件去进行人力资源的调配和安排。

最后,我们会使用一些固定的实习生、校企联合、劳务派遣还有临时工,多种形式并用,让我们尽可能地减少我们的用工成本。

我就简单谈这么几点,因为下面还有很多嘉宾,他们会把他们更好的经验拿出来跟大家分享。谢谢!

主持人:谢谢戴总,碧桂园一直是以速度取胜,在戴总的带领下要让碧桂园以酒店质量取胜。我们可能想听听文总怎么说,您回到了南京来筹备南京的香格里拉,我相信您肯定有非常非常多的实践,而且我本人也特别感兴趣。文总是我职业生涯当中重要的一位导师,我第一份工作是在金陵饭店,后来为了文总去了苏州,后来加盟了黄总这边。我今天心情特别忐忑,文总您作为香格里拉第一个中国人,做到了区域总经理,而且香格里拉在南京曾经有过一段历史,现在您在香格里拉是背水一战。您怎样把南京香格里拉做成像所有香格里拉旗舰店一样,以对得起您自己职业生涯的好名声?我是学生挑战老师。

文志平:这个压力很大。他把我和黄总的长处汲取于一身,所以这个问题不好回答。香格里拉主要的业态是自己投资自己管理的这样一种发展模式,到今天为止在中国已经正式开业的有三十几个酒店,还有十几个酒店将陆陆续续开业,这些酒店几乎都是全额投资。目前这样一个大的市场环境我们压力很大,早上我们几位老总同仁在分享他们的这些观点的时候也讲到对投资公司来说,ROI非常非常的关键,我们作为经营管理的团队,和一般的管理公司不同的地方,是不光对运营负责,也要对投资回报负责,我们都要做分析,最后要对回报负责任。经过一年两年把你的投资回报预测和你的运营效果来做一个对比,来考核你在这个公司当中项目的成功率有多高,这是从投资的角度上来讲。

从经营管理的节流这方面来说,上午和下午大家讨论了很多这样的话题,前面开元和希尔顿的老总讲得很好,很多方面都已经代表了节流方方面面所要考虑的因素。对香格里拉这个公司来说我们一直致力于也很强调对于节流方面的管控,每个酒店在每年的预算当中都有非常详细的降低各个成本的标准和提高效率的标准和指标,这些都要考核我们。如果领导没有带领大家完成目标,会影响每一个人的年终收益,所以压力真是很大的。

我跟大家分享一个从去年开始面对这个市场的变化,我们在人力资源劳动生产力方面的具体措施。从2012年开始其实我们已经预计到这方面的变化,劳动力成本在不断地增加,中国地区的劳动力成本逐步逐步地跟亚洲发达国家甚至欧美国家在接近,过去听到劳动力成本30%左右我们非常吃惊,因为我们过去多年都是百分之十几，但是随着现在《劳动法》的诞生，随着招工难，随着我们薪酬的发展，越来越多人力资源的竞争争夺越来越激烈，我们发现这个成本在迅速地增长，到今天我们大部分的酒店可能都接近于25%左右，我看有些新开的酒店或者一线的城市接近30%，这对我们是很大的一个挑战。我们从2012年开始就做了很好的规划，做了一些准备，也做了思想的动员和提高认识，大家不能像过去那样奢侈地用工了，所以我们请了一个第三方公司来一起做了一个"LPI"标准，我们进行集中培训，怎么有效控制和提高劳动生产力，不仅是劳动成本的控制，你对所有的人员控制所有的节约都有一个前提，不能伤害到或者不能影响到你的品牌承诺，你的服务质量，你的客户体验。这个推出以后，我们对财务总监、人力资源总监进行全面培训，怎么去操作这个事情，回来以后在酒店内部给所有的管理层从上到下进行培训。这个计划的一个出发点就是把我们所有的成员酒店每一个工种每一个岗位的劳动生产力进行量化，量化到每一天你必须要在今天排你的班，你要根据明天的客情来做一个计划和排班明天的用工。过去我们都知道我们排班一个月排一次，有的好一点一个星期排一次，你上早班就固定上班次。我们这样变化以后就把它变成一个动态的变动性的，随着需要来灵活地配置人手配置人力资源的计划，到第二天的时候你昨天的计划是多少，实际上你用了多少，中间有没有空间可以去进行调整一目了然。同时把我们这一天的做一个比较，同时还要跟兄弟酒店去做一个比较，一共35个酒店，看我在这个里面处于一个什么样的位置。这看起来很烦琐，但是一旦你真正使用了以后，天天我们都可以看到一个最终的结果，总经理每天早上都会把昨天的劳动生产力报告一下，每个酒店都会看到我们预计的和实际的差距有多大。所以通过这样一个非常细化量化的考评过程，劳动生产力有很大的提高，不光是在我们自己的酒店中对比，还在行业内比较，所以也形成了自豪感和成就感。

另外，如果你光降低用工量，员工的满意度就比较高，我们让上班的满负荷的员工能够得到应有的报酬。这方面的提升，可能目前有一些困难，其中一些困难是制度上的规定造成的，我们也有一定的困惑，我知道在座的各位有更好的分享。我们的新《劳动法》出台以后，对我们有很大的影响，规定了每个用工的岗位工作的时间是常态化的，这个其实是有影响的。第二个是有一个固定的影响，也是我们一些职能部门的规定，其实我也是很纳闷，我们广州的李总也知道消防监控室是要求必须一个班有两个人，相关的要求是万一发生火灾一个人要去通报还有一个人要在这儿值班，但实际上我们现在有通话系统，不需要跑出去应急的。还有过去工程部是运行的维修的，规定分得很具体，现在锅炉房配电房都是有很好的仪表，不需要一定有个人在里面看着，但是部门还是有一个详细的规定，所以要想很多合理的不合理的方法去应对。所以说在具体的运营当中还有很多的困难,从目前来讲我们也是一个弱势的群体,这是制约酒店更好快速发展的一些因素。所以从劳动力成本、劳动率提升方面分享这点体会,谢谢大家!

主持人:谢谢文总,文总给我们分享了如何动态排班提高劳动力效率。南京的香格里拉不仅有非常好的金字招牌,而且文总回到南京也是一个金字招牌,听说您招聘员工的时候非常热闹,在场很多酒店的同行都很关注。下面请金陵酒店的陈总说一说。

陈雪明:谢谢孙总,我和在座的都不一样,为什么不一样呢?你看这一排他们都是当家做主的。我们孙总可以指鹿为马的,我们公司是当家不做主,而且业主可以对我们指马为鹿的。你酒店搞好了,像这些酒店总经理都挺能干的,细节上都做得很不错,但是业主会觉得这不是你们做得很好,而是我们总经理不错,是业主自己不错。所以在成本控制方面对我们的要求比较高,看你是不是可以给业主产生更高价值。我想今天在座的很多来自连锁企业,我想把我们的做法给大家汇报汇报,就是关于如何让业主认清我们的成本控制成效的。

我们做了三件事,一个是在采购方面,我们从去年建立了一个采购平台叫金采网,把各种供应商集中起来。我们金陵酒店现在有100多家酒店这么一个数量优势,把供应商汇聚过来,跟他们说你加入我们这个网,给我们最好的价格、最好的服务、最好的品质,我们给你几个便利。首先,你不需要再一个一个去搞公关了,而且你的钱到时候不再由各酒店付给你,由我们金陵酒店管理公司付给你。我们这个网很有意思的,就是说由各酒店采购,但是钱由我们管理公司付,由我们担保。这些供应商听到有这样的好处,就纷纷加入了。我们跟业主说你到我这上面采购,如果是同样的品牌同样的供应商价格肯定是最低,当然我这个价格最低不等于说供应商给别人5块必须要给我4块5。另外,你的品质必须有保证,我跟业主说人家可以得罪你,但不会得罪金陵,得罪你是一家,得罪金陵是一百多家。而且,凡是业主通过我们的网站购买的用品质量都很有保障,我们又利用这个品牌,和麦德龙建立了合作关系,麦德龙跟我们做,一是有折扣,二是可以赊账,一个月结账,麦德龙以前是必须当场结,现在跟我们合作以后可以赊账,三是现在还可以送货。

第二件事,我们碰到了人力资源成本问题,我们一再想怎么做呢?有很多方面大家做得很好,我跟我们团队的人说,我们要靠发展给大家提供平台。去年我们开了12家五星级酒店,今年原来是10家,像碧桂园一样,我们减少了一点,大概今年是6家吧,可能还有一些开业的酒店。除了薪酬以外,我们职业经理人很看重职业发展,所以举例来说,我跟业主说你加入我们酒管公司,你的领导层管理人员成本是比较低的,为什么呢?我们职业经理人加入金陵连锁是长期的,我说价格低一点,是因为他的职业生涯是可以保证的,即使他今天换一个岗他还可以在酒店。但是有很多业主很聪明,一旦觉得你真的是很能干的人,业绩不佳他还会让你干。但我们很多业主并不是个个都很聪明,有很多其实是他投资决策的失误,转嫁到了我们经营者头上,谁做这个老总谁就倒霉。所以有的单体酒店就是这么回事,没有职业保证的,而加入我们团队的应该来说他们的职业生涯都是能够得到保证的,他们适当地可以把他们的薪酬标准降低一点。他们的薪酬标准降低一点,我们对业主就有交代。第三件事是有关营销成本。我们金陵充分利用我们的优势,可以说我们和全中国线上的这些网站都建立了合作,而且都拿到了比较好的优惠。我们接了一家开业酒店,接管后,马上上线,使该酒店的营业额比去年同期提升了50%以上。我们现在考虑除了各个酒店的总经理团队在战术上发挥了中国人的智慧,降低了成本,我们酒管公司也要从整体上为业主提供一些实实在在的价值。所以我想他们都是正规军,碧桂园也好,香格里拉也好,这些都是正规军,我们基本是游击队,这里就把我们游击队的打法向大家做个汇报,谢谢大家!

主持人:谢谢陈总,您一直很谦虚,金陵酒店在我印象中一直是高高在上的,在南京乃至江苏的土地上一直是大哥大。所以希望我们更多的单体酒店加盟连锁,要看规模的效应。我们还有一个特别的嘉宾丁总,他的集团是以餐饮为主的,是大餐饮小客房,丁总介绍他们的餐饮远远超过60%,甚至更高,而且他本人是从第一线打拼出来的。基本上所有人都知道餐饮是酒店行业的一个头疼事,集团餐饮做得比较出色的可能一个是凯悦一个是香格里拉,其他的酒店可能还在本土化摸索阶段,我们特别想听听您在餐饮管控节流方面有什么好的实践和经验给大家介绍一下。

丁德杰:我们蓝海酒店的品牌定位是美食+美居,集团发展的终极目标是打造全球美食美居领航者。从收入结构来看,外资酒店餐饮与客房的收入比例基本为4:6,而蓝海正好相反,餐饮的收入占比可达到60%,所以我们蓝海酒店集团在餐饮方面的研究投入要更大。从我们集团的实践来看,有以下几点与大家分享:

一是,所有食材由集团集中采购,集中加工,统一配送。到目前为止,蓝海集团所有酒店食材集团配送量可以达到70%,另外30%由集团采供管理中心洽谈的战略合作供货商进行供货,这样能在保证原料品质的前提下拿到更低的价格。除了餐饮的原材料,我们集团客房的服务用品、一次性用品等都由一批战略合作供应商进行供货,部分布草、家具由蓝海自有的酒店用品厂制作。另外,蓝海酒店集团拥有集团化的中央厨房,几乎所有加工技术含量比较高的食材都是由中央厨房批量加工,然后通过蓝海物流体系直接配送到各分店。

二是,我们集团有非常专业的菜品研发中心。根据时令统一研发新菜品,结合集团旗下各酒店当地的特色菜品,形成了丰富多样的菜品库,其中菜品研发中心研发的菜品由其统一培训、统一配送,定期抽查,这样能最大程度地节约菜品研发成本,同时稳定核心菜品的质量。

三是,饮食成本管理。在座的业内专家及同行都非常清楚,厨房的成本管理相对难度较大。举例来说,我们每一道菜的标准成本平均为40%,我们考核厨房的综合成本是42%~43%,这也是业内大餐饮酒店通用的数字。标准成本与财务部最终考核的厨房成本之间的差额我们叫过程损耗,它与选材、食材的加工综合利用有很大关系。现在蓝海各酒店餐饮食材的过程损耗可以控制在1%~1.5%。为了达到这个水平,我们采取了一系列的控制措施,如检查处理、各酒店横向排名。另外我们还开展了厨房的分组考核,我们把厨房的各个条线、各个岗位分成不同的小组,每个小组都设立成本考核指标,结合每道菜的标准食谱,控制过程损耗,把每道菜成本降到最低。从分组考核实施的效果来看,还是非常明显的,集团所有酒店的厨房综合成本率平均下降了2%,节约的成本就成了酒店的纯利润。

另外,在人力资源成本控制方面,前面的各位同行都讲得非常精彩和全面。就蓝海集团来说,独有的经营特色迫使我们在人力资源管理方面要更敢于创新。现在酒店业的员工绩效考核难度越来越大,特别是餐厅部的员工,如何在8小时工作时间内,最大限度发挥其劳动效率成了我们必须攻坚的课题。目前我们在分淡旺季、上桌率高低不一的周末非周末积极引入部分实习生及钟点工的基础上,对员工的考核也进行了调整,将餐厅服务员的绩效考核同客房服务员计件一样进行量化,按照服务客人的数量来拿提成。从工资构成来看,餐厅员工的基本工资仅占30%,员工的服务提成占70%。举个例子,现在蓝海集团旗下有两个中餐餐饮品牌:一个是高端餐饮品牌钟鼎楼,一个是大众餐饮品牌渔歌舫。在员工服务不影响客户满意度的前提下,提炼服务关键点,进一步优化服务流程,并根据服务客人的数量来拿相应的提成,当然钟鼎楼和渔歌舫员工的提成基数是不一样的。这样就能在我们餐厅人力资源配置精减的情况下,通过量化的绩效考核让员工拿到比以前更高的工资,最大程度地提高员工积极性和工作效率,而且优化后的人力资源配置所节约的员工工资要远远高于员工的提成工资,这样就为酒店节约了大量的人工成本。

主持人:谢谢蓝海集团丁总的分享,下次我也到你们那儿去好好体验一下。下面我特别想请广州岭南国际企业集团的李总谈谈岭南集团有什么好的实践。

李峰：岭南集团旗下最老的酒店差不多已有90年历史，但是集团是一个新集团，从2005年到现在还不到10年。大会安排的这届论坛，上午几位业界大腕对整个的经营环境做了分析，我觉得讲得很精彩，特别是政策导向下消费结构的转型，包括总的观点是节流、控制成本，这是一种核心能力。我觉得作为我们岭南来讲，从原来的自有酒店到我们现在的品牌输出，我们也是往这个方向来做。从控制成本这个角度，从我们集团的实践来看，我们觉得控制成本不纯粹是为了节约，核心的问题是如何通过跟顾客的互动，创新这个体验，提升价值，来实现节约的效果。在去年，我们以在广州的酒店为主做了这项工作，我们的酒店比较大，在餐饮方面的压力也比较大，下面我把我们采取的一些举措与大家分享。

首先，在餐饮方面。去年上半年我们组建了一个集中的菜式研发团队，对我们现在所有全线的餐饮菜式进行重新的规划研发。我们认为，包括今天提出来的五星级酒店亲民，并不是一个简单的话题，实际上它要做很多精细的基础工作。通过一些研发在价格下调的时候我们关注了顾客的需求和毛利，通过全面调整我们的散餐、自助餐、会议餐，包括我们的宴会，虽然说我们去年全年整个酒店的营收是下来了8个点，但是去年我们平均餐饮毛利增加了5个百分点。所以说我觉得在做成本控制的时候，关注需求和创新是很重要的。

其次，是关于采购的问题。大家都谈到采购，我同意刚才包括金陵陈总讲的观点。从连锁的角度来讲，需要集团系统的强力支持。但是我们现在也开始在尝试，除了内部的系统进行集中采购以外，我们还要跟本地区的相关商会、行业协会搭建采购的联盟，这个做法我觉得还是达到效果了。比方说在广东我们很多大型的采购货品，有海鲜等，包括进口海鲜，通过商业的联盟，不光是我们集团自身，还包括与地区的餐饮协会的采购联盟，应该说收到了比较明显的效果。

最后，在餐饮方面去年我们做了不少的移动宴会，作为我们突围的一个方式。在移动宴会当中我们也对传统的方式做了创新，从服务的方式、品种、成本的控制上做了一定的调整。这几方面工作促进我们在控制成本之余，增加了价值，提升了客户的体验，达到了我们的目的。我主要就分享这几点。

主持人：谢谢李总，您的观点非常好，不仅仅是要节流，还要开源，移动宴会还有创新。我是做酒店开发的，像这个酒店16年了，如果可以重新再来的话，我们还会建同一个酒店吗？对筹划和建设中的新酒店，如何从定位、设计、建造、项目管理、融资和开业方面寻找突破口。我也特别想请教在座的各位嘉宾，尤其是碧桂园和香格里拉，他们既是业主也是管理者。首先请文总说说吧，因为香格里拉去年受到很多的关注，我不知道文总您方不方便、介不介意就这个问题在大庭广众之下以香格里拉新酒店为例谈一谈您的特别体会。

　　文志平：谢谢。从去年以来，我相信香格里拉跟很多的集团，不管是国际的公司也好，还是我们国内的酒店集团也好，都面临着类似的挑战，只不过因为我们是上市公司，所以我们的信息披露都是透明的，同时大家关注度也比较高。从总体上讲，其实我们绝大部分的酒店还是很成功的，尤其是在一线的城市，大家看我们最近在上海的静安香格里拉开业。刚才孙总的话题是新开的酒店怎么样定位，这方面我觉得香格里拉有很多成功的经验，其中有一点是我自己的体会，我们比较相信专业，相信专业的人士，相信专业的公司。所以我们这个酒店由于有这样一个自主权，都是自己做市场调研，自己来做规划，同时和一些合作较久的设计公司进行合作，这个我觉得是一个前提。我以前也做过投资酒店管理，孙总我们在一起合作的时候，在苏州当时在新苏国际，这个酒店由于种种原因从一开始搞的设计，尤其是建筑设计方面，不是很理想，原因是我们很多国内的单体酒店都容易犯的毛病，出于各种原因，找了一些在当地有名的设计师，但问题是他不是专业做酒店设计的。苏州的一个项目，火车站是他设计，医院也是他设计的，我们要建酒店怎么办。因为他在当地是很有名的，就委托指定了这个设计师去做，带着他去看，甚至市长也带着他国内国外地跑，试图通过这个学习借鉴，让他能够回来做一个酒店，事实证明这其实不是很成功。因为他对酒店设计的本质，酒店未来的营运需求不了解，所以经济性上不够理性，有大量的功能区空间、走廊、客房公共区的无效面积占比很大，不能为今后的营运带来效益。

　　反过来看香格里拉这么多年下来其实有合作的没几个，确实这些合作的设计师对酒店的业态非常熟悉，对香格里拉酒店的要求更清楚。从这一点来讲，我觉得要相信专业，让专业的人去做专业的事，你看好了这个设计，你先去看这个建筑，你想往哪个方向，你去找设计团队，然后我觉得成功率会大得多。否则你要花很多的时间去修改他的设计，最终结果会不理想。这是我觉得可供借鉴的一点。室内设计也是一样，灯光要既达到美化的效果，又能够在功能上满足你的需要，包括要能更好地节省能源。只要技术达到了，你可以达到任何暖色的要求和指标。

　　从功能定位上我们也在新建酒店当中很注重对市场的调研，有对未来市场的目标、客户目标市场的分析，以避免一些设施建造后不能产生效益。上午有个话题是关于如何经营，其实我们也做了很多的改变，比如说在南京的这个项目，我们有自己的火锅店，我们也请了专业的设计师、专业的顾问公司做这样一种方案，我们在尝试。在早上陈总介绍到开元的时候，谈到他们做了大量的细致的调研和分析，这是非常重要的，怎么样用好这些调研数据来为我们后面的设计定位服务也很重要。我们也同样做了这方面的尝试。现在大家也知道,过去我们做很多客房的有线网,其实我们同时又有WIFI,现在有多少人到房间还会插有线的互联网,很少,大部分都是用这种无线的,坐在床上可以用,走到走廊上可以用,到卫生间可以用,所以我们房间里全部取消这个插口。现在有多少人用房间的有线电话,很少,所以我们也取消了等。我觉得陈总的经验很有借鉴价值,我也希望大家在做新酒店的时候可以很好地借鉴这个做法,把你的钱节省下来,避免在投资上产生不必要的损失。谢谢大家!

主持人:谢谢,相信专业,相信香格里拉。因为时间的关系,下面请各位嘉宾尽可能以简短的语言来讲讲心得。想听听戴总在新酒店开发方面有什么特别的经验与我们分享。

戴玉:我觉得这个话题在当前尤为重要,因为我们碧桂园也是一个业主投资商,过去大家可能也都看到碧桂园的设计都是非常地"高大全",所以我们现在也在反思,我们这样一种做法,就是刚刚讲的非盈利空间,这个非盈利空间不会带给我们任何的收益,所以我们最近也在跟我们的设计院(我们碧桂园有八个设计院,其中一个设计院是做酒店设计的),坐下来一起研究我们的设计图纸,首先在酒店结构方面进行一些调整,因而我们后来的碧桂园凤凰国际酒店都会有不同的形态出现,就是大堂的空间尽量不要过大。特别是我们过去在一些三、四线城市,通常酒店的娱乐设施特别大,这一块也是目前正在调整的。而且现在也结合了一些现代的消费观念,比如我们的商务中心,现在人人都有手机、有电脑,是不是还会去商务中心呢?而且我们的商务中心面积似乎过大了,这些种种方面我们都进行了调整。特别重要的就是要把现代科技元素植入到我们酒店里面去,就会为我们将来的发展,我们的空间布局以及我们的运营带来很多的发展空间和拓展的前景。我想我们无论在经营方面,还是筹建拓展方面都会进行一个很好的调整。这是我们今后发展的一个方向。

主持人:最后希望各位嘉宾用一句话做总结。

陈雪明:我就一句话,整合专业的社会资源的能力,就是我们今天酒管公司的核心能力。

丁德杰:我认为最关键的应该是做好投资分析报告。谢谢!

李峰:我觉得在酒店的投资当中,业主要清楚自己的需求,在策划方面注重客户体验,我认为这是关键。

主持人:谢谢!因为时间关系,我就不设立提问环节了,让我们以热烈的掌声感谢各位的分享,感谢他们的参与。

圆桌会：互联网思维与产业未来

2014年6月27日上午，论坛第三场圆桌会以"互联网思维与产业未来"为主题，由凯悦酒店集团副总裁严庆光先生主持，温德姆酒店集团亚太地区高级市场及奖赏计划总监刘紫馨女士，海航酒店（集团）有限公司董事长兼CEO白海波先生，杭州住友酒店管理有限公司董事长兼CEO朱晖先生，阿里巴巴集团航旅事业部副总经理蔡永元先生，北京中长石基信息股份有限公司副总裁、杭州西软科技有限公司总经理王敏敏女士，易宝支付航旅事业部总经理、酒店O2O创新项目负责人宁福生先生参加了圆桌会。

——以下是详细文字记录——

主持人：今天上午三位嘉宾非常精彩的演讲，希望给大家很好的启发。下面还有六位嘉宾将为大家从互联网角度进行分享，首先我介绍一下六位嘉宾：

温德姆酒店集团亚太地区高级市场及奖赏计划总监刘紫馨女士；

北京中长石基信息股份有限公司副总裁、杭州西软科技有限公司总经理王敏敏女士；

海航酒店（集团）有限公司董事长兼CEO白海波先生；

易宝支付航旅事业部总经理、酒店O2O创新项目负责人宁福生先生；

阿里巴巴集团航旅事业部副总经理蔡永元先生；

杭州住友酒店集团有限公司董事长兼CEO朱晖先生；

谢谢各位嘉宾。

我感到今天早上还是非常受启发的，从张会长开始，把酒店30年的发展历程和我们的辉煌，我们的坚守，我们现在遇到的挑战总结了一下。季总把他对未来的困惑以及看法跟大家进行了分享，最后吴总讲了我们怎么把卖相做好。我觉得互联网思维可以从三个方面去探索，第一个方面就是研究互联网思维，互联网这个东西对于这个产业的颠覆，我觉得处处在颠覆。第二个方面是考虑一下，我们大家都在酒店业里，怎么样去突破窘境或者是把握这个机遇。第三个方面，我们怎么样把传统的东西做好。朱总您对互联网思维给酒店业带来的颠覆性想法有什么看法？

朱晖：我是来自住友酒店集团的朱晖，现在我们旗下主要有两个品牌：布丁酒店和智尚酒店。我自己理解的互联网其实就是两个字——上线。现在什么东西都在"上线"，原来可能不为大众悉知的一些在线下的东西，现在也被大家所知晓。所以"上线"是个非常重要的词。我想酒店客房上线，甚至于酒店客房里的物品也需要上线，去年我们把酒店的一些操作包括很多服务全部进行了"上线"，这个东西改变了我们生活的很多方面。客人进酒店之后，拿着他自己的手机就可以完成他所要求的操控服务，包括其他的一些工作。我们在互联网的环境下把酒店做成一个生态圈，客人、酒店、服务，包括他所有的行程都形成了一个线上的服务。

主持人：蔡总刚加入阿里巴巴不久，阿里巴巴在旅游行业很有雄心壮志，请您跟大家分享一下。

蔡永元：大家都在说阿里巴巴什么都在做，"万能的淘宝"一词也被广泛流传。但是在线旅行这块业务对阿里巴巴还是相对比较新的，从去年开始才较为重视。淘宝旅行的定位是一个平台，对消费者来说，对卖家来说都是开放的平台，淘宝旅行的客户有两个方面：我们终端的消费者，还有卖家。在这个平台上我们希望消费者买到满意的商品，让卖家把好的商品卖出去。结合平台属性的优势我们尝试了一些创新做法，比如：我们今年开始推出的酒店在线预订后付模式。现阶段酒店在线预订主要是以OTA为主导的现付模式，就是客人在线预订，到酒店去结账，酒店返佣。当然也有预付的模式，其中以团购和批发商为主。淘宝旅行把现付的灵活体验预付的优势相结合推出了全新的"后付模式"。我们充分利用了淘宝旅行常旅客计划和支付宝完善的支付体系形成一个交易闭环，利用支付宝近3亿的实名认证的客户信息与淘宝旅行常旅客体系贯通，再通过与酒店管理系统的直连，以及会员系统互通让客人享受从预订到入住再到退房全过程中无须支付的全新体验，真正实现客人零等待入住和退房，而酒店则无须承担支付风险。此外，淘宝旅行的客人以休闲度假为主，他们的需求跟其他的商务客人不同，且许多人对酒店品牌不太了解，因而我们需要做好品牌推广，推出合适的商品，正确引流来提升交易使淘宝旅行作为平台较其他渠道更有优势。有许多人在淘宝上花两块钱找人代订酒店，我们完全可以跟酒店一起通过会员体系的贯通，有针对性地做引导，把这些消费者引入酒店旗舰店消费。这种保护酒店品牌，与酒店全面互动的平台特征与原来的模式是完全不一样的，是个创新。

主持人：我的理解是，阿里巴巴这个平台它的收费标准、收费形式跟OTA传统的不一样，价格差别非常大，这是一个对OTA的颠覆，还是您觉得这是一个可以定制的目标体系？

蔡永元：OTA也是从十几年前开始改变原来传统的酒店分销方式，将酒店上门客和小的商务公司客户吸引到他们的渠道。淘宝旅行不单单是从运营成本上大大降低了酒店的支出，更重要的是作为酒店直销渠道而诞生，对酒店而言这是你的店铺，这是你的品牌，这是你的生意，这肯定是跟其他渠道完全不一样的。近期包括京东等其他电商也都在进入旅游领域，我相信大家有不同的新玩法，新模式尝试，这是好事，不是谁把谁干掉。我觉得对于酒店而言需要做更多的尝试，通过新技术、新理念做营销。我们要知道客人在哪里，客人的需求是什么，客人在哪里我就应该在哪里销售，客人需要什么我就销售什么。谢谢！

主持人：宁总您的易宝支付默默地在背后做了很多工作，您怎么看互联网对酒店的一些颠覆，或者是对产业形势的改变？

宁福生：大家好，我是酒店行业的新兵，第一次参加这类会议。很多人对我们公司的名字还不是很熟，有很多朋友说资料里有，是易支付宝，就是说支付宝牌子太响。易宝是什么呢？就是交易的宝贝，可以这么来理解。它的定位有什么差别呢？我们知道现在最有影响的品牌是支付宝，最活跃的是微信。大家知道全国有银行卡大约42亿张，平均每人三张卡，易宝恰恰是躲在银行后面，有点像富士康，我们定位在行业解决方案。我们从2006年开始做航空行业，之所以今天参与酒店行业，就是因为航空行业跟酒店行业还是有一定关联性的。航空行业易宝做得还蛮不错，现在全国是百分之百覆盖，他们在官网上卖两张票差不多有一张票是来自易宝。我简单说一下航空行业的一些产品和酒店行业的相似性或者关联性。航空行业大家知道在2006年的时候开始做电子客票，当时大家对电子客票很困惑，有很多的公司包括代理员觉得实现不了，但是确实由于互联网覆盖面很大，由不得商家做主。现在各大航空公司的官网销售的比例都在提高，在这个过程中，我个人参与了航空公司系统的建设，包括有一个模块，就是当我们来不及很短时间内到达机场的时候，可以提前通过手机或者电脑直接办理登机手续。

在酒店这一块，我发现航空行业的值机服务完全可以借鉴，我们知道现在国内的酒店业存在两种支付方式，一个是预付，一个是现付。预付实际上推得很失败，更多的原因是因为很多人行程不确定，这和国外是不一样的。现付到现场去付款大家担心会排队。易宝有一个产品，如果你提前三五天预订一个酒店提前付款有所顾虑，但是当天你的行程没有任何变化，我们给你一个非常方便的平台，如果酒店能够把它的服务更好地置到前端，我们只需要加以整合，客人在到达酒店前的一两个小时，可以提出他对房间的要求，以及对定制服务的一些要求，并且完成支付，酒店提前办理房卡，我们的客人到了酒店以后出示身份证就可以取房卡,这样大幅减少了前台的支付等待,也提高了退房效率。

主持人:下面在后勤方面我们直接讨论怎么样解决痛点。白总,我想您听了张总的演讲后肯定是印象非常深刻,您怎么看互联网对传统酒店的影响?

白海波:我也发现了这个问题,我发现凡是运用互联网思维做得好的企业都不是穿西装打领带的,所以我把领带摘了,但西装还没脱,所以说我们做得还不够彻底。毫无疑问,对于最传统的酒店行业,拥抱互联网是必然选择。首先看现在的酒店行业:从投资角度来看,在座的各位都是专家,都知道中国中高端酒店最近10多年来的增长,主要是由政府主导和地产大鳄们推动的,我想这种增长更多是基于房地产资产投资行为,而非消费市场需求。从经营角度来看,客源结构不合理,政策变化导致经营收益严重下滑。这也是我们行业回归理性和正常状态所必经的阵痛。另外,运营成本不断上升,互联网信息日益透明化,OTA对经营收益的挤压等,给我们带来巨大的压力。从产品的角度,我觉得我们之前的产品同质化相对比较严重。从产业发展角度,像携程、华住、如家、途家这样的企业通过几年甚至十几年的时间走了别人几十年的路,还有像百度、腾讯、阿里巴巴这样的跨界发展企业,改变着整个行业传统的发展脉络。在我看来,对我们这个传统产业是一个革命性的变革。前段时间跟季总聊天,我说:我们现在就像坐在一辆处在弯道上还加速行驶的列车,如果我们不把握好这轮基于互联网思维的创新和突破,可能我们这些穿西装打领带的人,很快就会被甩下这趟行业发展的列车。科技改变世界,拥抱科技是必然。之所以吴总不看好"北京那三家店"的创新,我觉得是因为除了互联网思维技术、手段、方法之外,还需要互联网思维的产品。互联网思维是用户思维,顾客是核心。此前,我们更多的想给客户提供什么,很少从顾客角度思考他们真正需要的是什么。事实上,顾客的消费行为和习惯,以及真实需求才是我们设计产品的决策依据。我们要在这种顾客思维下创造好的产品。我们不管做什么,最终还是要回归和围绕着我们的行业特质,那就是我们的产品和服务本身。

主持人:王总您也是入行几十年的酒店人,看着酒店业成长,看着酒店的收益管理增长等等,您怎么看酒店业的现在和未来?

王敏敏:我跟季总和吴总一样,是从IT这个行业30年之前无意中跨到这个领域,当时我们国家科委研发第一套自主研发的系统,我很荣幸成为这其中一员,也不知道是祸是福。应该说见证了30年饭店发展的历程,同时也见证了中国饭店信息化发展的整个过程。这个过程应该说是非常快速,30年的时间,计算机从大型机、小型机、微型机,到现在的服务器,甚至是现在没有服务器,直接放到云端,这些转变应该说是非常快的。

  同样我们作为为酒店服务的系统提供商,在互联网时代也要经历一个变化的过程。早上我们也讲到了"颠覆"这个词,"颠覆"这个词我认为对每个行业每个公司每个人来说都是要面对的,我们也一直在思考,怎么样能够不被别人颠覆,这个非常重要。如果说我们不想被别人颠覆,首先就是要颠覆自己。只有把自己颠覆了,就像刚才严总上来把领带拿掉,也是脱离一个束缚,才能放开你的思维。互联网是一个载体,它是一个硬件,不可能每一个人都去开发它,但是大家可能会用互联网思维去思考,这是非常重要的。为什么用"互联网思维"这个词呢?因为互联网是一个无处不在的事物,也就是说要放开你的思维,抛弃很多的束缚。酒店专业的人都会有一个框架,五星级酒店是什么样的,四星级酒店是什么样的,很难突破这个。早上也提到了酒店现在越来越没边界,对酒店人来讲,他对行业的理解包括创新,都是需要突破传统的这些条条框框。我们也是在两三年前一直在思考,怎么不被别人颠覆,怎么有所创新,当然我们不会把所有老客户抛弃,我们也不可能把所有的酒店传统都抛弃,搭上互联网这个平台去发展。但我们肯定是要去考虑,怎么为现有的这些用户,做一些延伸的产品。同时我们还是需要有一些新的系统,这些新的系统完全是一种创新,完全抛弃了原来的一些架构和体系。两年前,我们在想我们能做什么,我们该怎么做,先把想法落地了,自己想清楚了,我们再动手。所以我们在非常短的时间,也就是在两年内,把我们构想的相当于现在最流行的云端系统,完全搭建了出来,目前已经布置到华为云上去做尝试。我们希望能够借助这些技术为行业客户搭上互联网的快车。选择你所需要的东西,不同的产品适合不同的群体,我们也提到像APP,用它是不是适合,我们一直觉得单体酒店做APP是不合适的,但是可能由于市场的引导、互联网的影响,大家觉得现在不做APP落后了。像这些我们怎么去引导客户,让他们能够有一些互联网的元素,还能够展开他们的思维,把更多的客户引进来。对我们来说就是要提升客户的体验,我们分成几个方面来做。包括我们今年跟阿里巴巴的合作,就是搭建一个平台,用我们的一些资源跟阿里成为战略伙伴,再把阿里的资源分享到每一个酒店式集团。我们今年还在天猫上开店直连酒店业务,还有一些后付的项目,接下来把阿里3亿的会员,大家知道阿里是非常大的平台,它的会员有3个亿,不是说把每个会员都带给我们每一家酒店,而是把高端的精彩的会员通过我们的技术打造,延伸到我们集团的每一个酒店,这是我们的责任,这就是我们在这个时代里需要做的东西。最后一句话,传统行业也会有互联网的春天,希望大家一定要重筑信心。谢谢。

  刘紫馨:我从市场推广的角度来讲,因为我是在酒店亚太地区管市场推广的,所以线下线上还有公关都是归我的团队在管。从我的角度来讲,我觉得互联网的颠覆是对市场渠道的一个颠覆。遇到互联网之前,很多的酒店或者是品牌做市场推广大部分是线下推广,不管是报纸也好,杂志也好,或者是P处航服广告也好,很多都是把钱投在这些上面,但是现在有了互联网,渠道就慢慢拓展了很多,有线上的广告,有配合线下的广告,还有媒体上的广告,还有一些是飞机上的广告。现在我知道很多酒店很多的品牌推广是靠公关的,因为很多酒店没有太多宣传方面的资金,所以是需要靠市场部门人员跟媒体的关系来进行媒体采访媒体报道,不需要花很多的钱。现在有一个新词,就是"网上的公关",很多企业希望通过手机或者通过社交媒体来进行传播,所以在我看来整个颠覆就是对传统市场推广渠道的颠覆。

昨天晚上大家很多都在看足球,有一个消息发布了,美国昨天早上有一个新的品牌,成为了纳斯达克的新贵,是美国的一家公司,做微型摄像机的。当初起源于一个小男孩,他在夏威夷,喜欢冲浪,所以他就做一个非常小的摄像头戴在身上,冲浪的时候就可以把画面照下来,分享给他的朋友。后来就演变成了一个市场的工具,现在已经上市了。其中的理念就是怎么运用新的互联网、新的工具把我们的渠道打开。另外一点,因为我们是做整个亚太区线上线下推广的,此外我们会帮酒店筹划运用他们的渠道。以前把钱都用到一个产品一个渠道上面,现在需要在市场推广中配合我们的酒店或者业主一起把宣传经费的效用做到最大化。思考在不同的渠道怎么样分配投入,我觉得是一个非常大的挑战,而且我觉得互联网思维对我们市场推广来讲是非常好的机会。

主持人:您往前看五年,您觉得互联网推广的概念是不是和以前完全不一样?

刘紫馨:不能说完全不一样,我觉得我们在慢慢以这种互联网的思维去替他们想想,看一看其他不同的渠道如何去分配。我也引用一位名人的话,现在的市场推广不是你如何去跟你的客户讲你是什么样的品牌,而是你的客户怎样运用互联网去告诉其他人你的品牌是什么。我们早上也讲到关于口碑管理的一些话题,实际上很多酒店在网上看人家在住什么,人家在网上说什么。我举个小例子,我们酒店把第一家酒店在美国有一个网,我们酒店就直接把这个放到我们的官网上面,实际上我们在做之前,做了很多的调研,确实发现很多人是到网上去看人家在用哪些酒店,人家用了他就去用这个酒店,所以并不是直接看你酒店自己的宣传,这些事情也是准备了很久,有很多纠结,纠结于到底是放还是不放,因为放上去担心有一些弊端,最后还是决定放在上面,运行了一段时间之后发现我们网上的订房率增加了33%,所以是有很多好处的。

主持人:朱总您能不能跟我们穿西装的讨论一下,您怎么样运用互联网思维?

朱晖:我们把我们的客人定义为85后。为什么是85后?因为85后出生的时候已经有互联网,对他们来说没有接触过没有互联网的时代,他们是互联网的原住民。最初我们介入到这个市场的时候,我们想在互联网的背景下把市场进行细分。每一个人在互联网时代的需求会更为个性化。我们不是做酒店,我们是做一个族群,我们希望让喜欢我们这种生活方式的客人到我们的酒店来,符合他们的一种个性化需求。85后的思维确实跟我们大家想的很多是不一样的,比如说我们做微信账号推出一个活动的话,基本上会有5万到10万人在当天参与进来,为什么参与进来?因为他们觉得好玩。很多人问这个微信账号怎么做?我们并不希望在微信账号上卖房间,而是让我们的客户在里面玩,他们在玩的过程中会有一个认同,你跟我们是在一起的。所以我们在微信里面虚拟了一个人物,叫"阿布",我们说说人话,做有温度的账号,把人圈在一起。第二个,我们也看到现在有个说法叫眼球经济,现在所有人的眼球注意力只在一个地方不断增加,那就是移动终端。其他的所有时间都在减少,睡觉的时间在减少,看书的时间减少了,坐火车的时间减少了,但唯一在增加的是关注移动终端的时间。所以我们现在希望尽可能把所有能感受到的需求都放到移动端上去。比如说客人到你酒店来之前,他是否可以知道你这个客房的空气质量,是否可以知道你这个客房的温度,这些其实都是目前的85后消费者希望了解的。当然我想85前也有这样的需求,目前只有移动互联网可以实现。所以我们所看到的没有生命的一些东西,等到上线之后它们事实上都是有生命的。微信本身是一个社交工具,不是销售工具,如果你直接把它当作销售平台的话,我觉得客户会反感。它本身就是社交工具,它就是做社交的,你把这群人团聚在一起,讲同样的话,他们以后时时刻刻会想起这个事情。我们每个礼拜会做活动,这些活动贴近他们,你知道他们喜欢什么,因为是同样的群体。我想互联网这个东西,不要把自己想得太深远,说人话就是最好的。

主持人:确实您得到的也是85后的这帮客人?

朱晖:90%的客人是85后,因为不喜欢的人不会来,我开门迎客并不是说所有的人都会喜欢我,我们并不是追求能符合所有人的口味。我们追求的是喜欢我们的人就来,不喜欢的人就不要喜欢。

主持人:咱们海航酒店怎么样把这个边界打破?

白海波:互联网思维也是一种跨界思维,这种微创新和探索我们也一直在尝试。比如面对国内星级酒店48.44%的平均出租率水平,如何有效利用空置资源,尤其是淡旺季特征显著的度假型酒店,是一个值得行业研究和解决的问题。在这里可以举我们自身的一个例子。当初,我们希望通过借助度假权益这个综合了酒店、地产、金融、旅游等多个行业特质的工具,未来撬动持有的 430 亿酒店资产,以及海航国内近 80 家酒店及未来境外 380 家酒店的闲置尾房。在 2012 年推出了新型酒店业务项目——悦逸度假俱乐部(Club Vac)。

我们针对日益增长的休闲度假需求,借鉴了美国度假权益行业的成功经验,并有针对性地进行了本土化设计,选择了海南、杭州、北京、天津等地的酒店空置资源,结合航空优势,推出了酒店+航空概念的度假权益产品。运营两年来,无论从会员数量、营收状况、品牌知名度上都取得了一些成绩。在我们看来,推出自己的度假俱乐部产品只是第一步,毕竟自己的酒店是有限的,而行业中更多的酒店面临同样的问题。我们非常愿意与同行分享我们的一点经验,并能让大家在一个公平共享的平台上,探索出新的共赢模式。目前,我们已在中国旅游饭店业协会的领导下,同国内同行、专家学者准备筹建中国度假酒店发展协会,希望将国内主要旅游目的地城市和景区度假酒店纳入到协会平台上来。未来将通过共享产品、服务、渠道、后台体系等方式打造度假酒店联盟。一方面解决度假酒店淡旺季及尾房闲置问题,一方面为消费者提供低价优质的度假产品。我们有理由相信,这可能是一片酒店业的蓝海,值得我们深入探讨。在我们内部资源整合方面,可能在座的很多嘉宾都知道,海航是一个集吃、住、行、游、购、娱为一体的现代服务业综合运营商,我们旗下不仅有 13 家航空公司,更有公务机、邮轮游艇、高尔夫、凯撒、康泰旅行社、机场、地产、商业等许多旅游相关企业。这也给我们海航酒店做跨界整合提供了天然的优势平台。比如,我们集团现在有 14 万名员工,员工有一项福利,就是 1/4 的价格候补票,我们所有的员工跟家属都可以不限时间不限次数使用。我们现在就在参照这个福利,将酒店尾房作为集团内部休假及家属福利用房进行营销,以最大限度地发掘内部客源,效果也很好。此外还包括集团 CRM 体系的共享。

主持人:由于确实时间有限,没更多时间再去进一步深入,在结束之前请各位嘉宾,用最简短的语言说出一件你觉得未来五年行业内会发生的事,可以是很天马行空的,可能是今天看不到的,比如 2020 年中国的酒店,抑或世界的酒店,会变成什么样?

朱晖:我还是强调刚才的概念,其实物联网的时代已经到来了,万物上线,因为你可以了解到任何信息。

蔡永元:大数据(千人千面)。我站在淘宝旅行这个角度上来看,大家现在都在谈大数据,但怎么做还很模糊。酒店有很多自己内部的数据还没有运用起来,或者数据有局限性,通过像淘宝旅行这样的平台型合作伙伴把数据分析做好,我相信对今后酒店的管理和营销水平提升的帮助非常非常大。淘宝是"屌丝"文化,所以他希望的就是你要符合屌丝的这种需求去推销你的产品,各种各样细分的东西其实在平台上都可以找到,我们一起来努力怎么把它挖掘出来。

宁福生:我个人预言五年后有可能酒店是一个流动的停车场和汽车充电站,我说一下原因,因为我们有一个公司做了一个特斯拉打通南北之旅的活动,这个活动后来主办方选择的最合适落脚点是酒店,其实就是作为充电站。现在(特斯拉)普通的充电要10个小时,当然也可以快速充电,为什么酒店愿意免费给他们充电,因为他们都是高端客户。我也在策划这个活动,因为我们公司跟特斯拉的创始人也算是很好的朋友,我们想将来也是跟我们易宝的酒店合作伙伴免费提供充电桩,其实这既是一个服务,也是很好的一个营销创意。我们去做营销的时候如果没有创意就不要去做营销,我觉得特斯拉刚刚进入中国市场,在打通南北之旅的时候只有20多个桩,在中国整个的城市中也就是一个点,但是还有更多的路线,更多的一级城市二级城市,甚至三级比较大的城市,不管是旅游还是商务都要去。来这里的客人都是高端客人,他们来了以后帮你发一个微信发特斯拉车主免费充电这个活动。将来可以用手机值房,走贵宾通道。

白海波:如果非要举例子的话,我觉得酒店可能是一个大商场,我觉得有无限的可能,还是季总的话无边界,我觉得酒店有各种可能,我最担心的是酒店最后都不收费,如果是那样的话,可能是我们所有的人最痛苦的日子就来了,而这种可能性真的完全有可能。

王敏敏:我的五年展望是服务模式和收费模式都会发生转变,因为服务模式相接自助的服务,或者有偿的服务。刚才白总讲酒店不收费,它肯定有收费的地方,我根据你服务的等级来付费给你,这种我觉得是服务模式的改变,还有一个收费模式的改变。对我们系统来讲,可能系统是不需要收费,但是我也是服务收费,或者说根据我们能给酒店带来多少的流量来收费,一切我觉得皆有可能。

刘紫馨:我大胆设想一下,我想五年以后可能我们所有的市场推广都不需要在杂志报纸上看到了,甚至连名片上都不要,因为刚才茶歇的时候大家都在问吴总要名片,他没有,但是所有的东西在微信上全部都已经弄好了。

主持人:我觉得大家也要继续地每天问自己一个问题,否则很难有创新。这是一个比较重要的话题,即我们怎么样拥抱互联网思维,怎么样能够正视它的存在,怎么样让我们这些传统企业在五年之后还能够有生存的余地,再次感谢六位嘉宾,感谢会议的参与者,谢谢各位!

第二篇
中国饭店集团60强

第一章　家由心生

——如家酒店集团

一、企业简介

1. 发展规模

如家酒店集团自 2002 年创立以来,一直以满足宾客的旅行住宿需求为己任,通过创新、专业的工作,引领大众出行的住宿方式。作为国内酒店业一颗迅速崛起并壮大的新星,如家酒店集团扎根国内市场。在 2006 年 10 月,已然成为国内最大综合性酒店集团的如家,成功在美国纳斯达克挂牌上市(股票代码:HMIN),成为首家在海外上市的中国酒店集团。一举跃升国际舞台的如家酒店集团凭借持续、稳健的发展势头,还于 2010 年被纳入纳斯达克中国指数股。集团总部位于上海市徐汇区,在北京、广州、成都设有分中心。

如家酒店集团旗下拥有如家酒店、和颐酒店、莫泰酒店、云上四季四大品牌。截至 2014 年一季度末已在全国 300 座城市,拥有连锁酒店 2500 多家,形成了遥遥领先的国内最大的连锁酒店网络体系。

在"家由心生"的企业文化熏陶下所衍生出的"微笑力",是如家酒店集团的根本所在,也是每一个如家人最引以为傲的核心竞争力。如家始终以顾客满意为基础,以成为"大众住宿业的卓越领导者"为愿景,向全世界展示着中华民族宾至如归的"家"文化服务理念和民族品牌形象。

在 2012 年的《财富》杂志评选出的全球最具成长性公司的 100 强榜单中,如家酒店集团凭借良好的业绩进入十强,名列第九。在中国饭店协会公布的 2012 年中国酒店集团排行榜(规模)中,如家酒店集团当仁不让,稳坐中国酒店集团第一的交椅。2013 年,它是第一个获得"中国诚信典范企业"荣誉的中国酒店集团。2014 年,它旗下的如家酒店以 4.2 亿美元的品牌价值入选中国品牌 100 强,居酒店行业之首。

2. 如家文化

品牌灵魂：作为如家品牌文化的精髓，如家的品牌灵魂是：工作与旅途中可信任的"家"。

愿景：使如家酒店集团成为全球酒店行业前三甲的酒店管理企业。

使命：通过专业和激情的工作，引领大众旅行住宿方式，满足顾客的旅行住宿需求。把"快乐的微笑，亲切的问候，热情的服务，真心的关爱"献给每一位顾客、同事和合作伙伴。为股东创造持续稳定的回报，为社会承担企业公民的责任。

二、品牌介绍

1. 如家酒店

如家酒店集团旗下温馨、舒适的商旅型连锁酒店品牌——如家酒店（Homeinn），通过标准化、简洁、舒适的酒店住宿服务，使大众商务以及休闲旅行宾客收获温馨、便捷的住宿体验。

走进如家酒店，没有奢华，也不夸张，更多的是微笑和关心，满足了对于舒适、安全、干净和卫生的住宿与用餐的需求。具备符合潮流的商务及网络服务，快捷、多样的订房渠道，价格经济。

如家酒店也是国内商务酒店品牌中规模最大的品牌，目前在全国300个城市拥有近1800家酒店。如家酒店多年获得中国金枕头奖"中国最佳经济型连锁酒店品牌"殊荣。2014年，如家酒店以4.2亿美元的品牌价值入选中国品牌100强，居酒店行业之首。

2. 莫泰酒店

如家酒店集团旗下时尚、简约的商旅型连锁酒店品牌——莫泰酒店（Motel），设计时尚、设施完备、舒适方便，焕发新颜的莫泰酒店高度契合了当代消费者个性化的住宿需求。

在贯彻时尚理念的同时,还注重健康、高品质的生活方式,莫泰酒店将带来一场与众不同的全新酒店住宿体验。具备符合潮流的商务及网络服务,快捷、多样的订房渠道,价格经济。

莫泰酒店目前在全国近百个城市拥有380多家酒店。莫泰酒店曾获得中国金枕头奖"中国最佳经济型连锁酒店品牌"殊荣。

3. 和颐酒店

如家酒店集团旗下中高端、商务连锁酒店品牌——和颐酒店(Yitel),注重设计细节,配套便捷、高效的商务设施与恰到好处的热情款待。和颐酒店提供物超所值的星级酒店住宿服务体验,让消费者在领略通体舒泰的全方位感官享受后,重塑和谐、激发活力。

和颐酒店中多功能的软件、木制家具和设备将中端商务居住环境推向接近高星级酒店。"物超所值"在和颐酒店有了新的标准和诠释,满足了商务和休闲旅行中对于较高的住宿与用餐需求,具备完整的商务会务设备与服务,快捷、多样的订房渠道,性价比高。

和颐酒店目前在全国10多个城市拥有18家酒店。和颐酒店曾多次获得中国金枕头奖"中国最佳中高端商务酒店品牌"殊荣。

4. 云上四季连锁酒店

传播滇域文化,提升商旅品质——云上四季连锁酒店,拥有开业运营的27家直营店及8家加盟店,大约3500间客房,这些酒店主要位于云南省。2014年5月1日,如家酒店集团收购昆明百货大楼(集团)股份有限公司(A股上市公司)旗下云南云上四季酒店管理有限公司100%股份的正式交割。此举标志着云上四季酒店正式加入到如家酒店集团大家庭中。

三、管理创新

（1）特许经营。截至2013年12月31日，如家酒店集团在中国287个城市共有2180家酒店投入运营，包括872家直营店，1308家特许店。如家的管理层认为，连锁经营可以节约成本，标准化规范化程度也可以得到提升，能够带来品牌效应。同时，便于建立中央预订系统，以获取更多客源，加强成员酒店之间的联系，实现其间的客源调配。未来发展的重点是特许经营。

（2）通过上市和横向兼并打造涵盖高、中、低品牌线完备的酒店管理集团，成为行业的折整合者。2011年5月，以4.7亿美元收购莫泰168；2012年12月，以5980万人民币完成收购e家快捷酒店；2014年5月，收购云南云上四季酒店管理有限公司，此项收购现金价格为2.3亿人民币。

（3）构建扁平式的组织结构。如家酒店建立扁平式的组织结构，节约人力资源成本。在组织结构上，比一般酒店少两个管理层次，没有部门经理领班，大、小事基本由店长负责，店门口不设迎宾人员。

（4）轻资产。如家选址通常避开闹市区，成本相对比较低。摒弃了传统酒店的购地置产模式，避免过大的固定资产投入，由租用的厂房或普通房屋改造而成。大堂不做豪华装饰，不设利用率低的商场康乐中心游泳池和桑拿等部门，而集中力量搞客房服务。

（5）注重公关活动对于品牌的促进作用。针对目标客源群体定期搞公关活动；注重媒体，积极配合媒体的采访。

（6）技术优势。全国统一的预订国际服务网站、酒店管理系统，让各地游客无论身处何方，都可了解如家所有连锁店的情况。在客源网络方面，如家充分享用携程旅行网带来的优质商务旅行客源。

附录：

如家大事记：

从2002年品牌成立至今，如家酒店集团始终保持着快速发展的势头。到今天为止，其无论从市场占有率、客房规模还是品牌知名度上都成为目前中国经济型酒店市场中的领导者，形成了遥遥领先于业内的最大的连锁酒店网络体系。

2002年
- 6月,携程旅行网与首都旅游集团,正式成立名为"如家酒店连锁"的合资公司,"如家快捷酒店"是核心品牌。
- 7月,如家的第一家酒店——北京燕莎店在北京朝阳区新源南路8号开门迎客。
- 12月,如家酒店连锁全国免费预订电话800-820-3333正式开通。

2003年
- 1月,"如家"第一家特许经营店签约,同时也成为国内酒店品牌第一个真正意义上的特许经营案例。
- 2月,如家酒店连锁荣获2002年"中国饭店业集团20强"。

2004年
- 3月,如家酒店率先在上海成立了"如家酒店管理学院",给全体如家人提供了一个良好的学习平台。

2005年
- 1月,如家酒店管理平台正式使用。
- 7月,开通网上预订支付系统,实现全网络数字化覆盖。
- 10月,如家酒店以51家店的规模,位列国内经济型酒店第一,并延续至今。

2006年
- 10月,如家成功在美国纳斯达克上市,成为中国酒店业海外上市第一股。

2007年
- 4月,如家再度获得年度"中国最佳经济型连锁酒店品牌"殊荣,同时,如家也是所有经济型酒店品牌中唯一一家获得"金枕头"奖主榜单中品牌。
- 10月,如家全面收购七斗星酒店,揭开中国酒店业大规模资本并购浪潮的第一幕。收购完成后如家酒店的数量一跃超过330家。

2008年
- 3月,"如家"被评为中国驰名商标。
- 12月,首家和颐酒店于上海漕宝路隆重开幕,同时宣布如家酒店集团成立。

2009年
- 5月,如家酒店集团与携程正式签订5000万美元融资协议,进一步加快企业扩张的脚步。

2010年
- 3月,如家酒店被纳入纳斯达克中国指数股。

- 12月，如家希望学校在四川广元落成。

2011年
- 5月，如家酒店集团以4.7亿美元收购莫泰168全部股权。
- 9月，"如家快捷酒店"品牌的第1000家酒店开业，完成单一品牌的千店布局。收购后，其市场占有率从17%上升为25%。
- 11月，如家酒店集团在北京人民大会堂举办如家十周年新闻发布会。

2012年
- 如家酒店集团高管赴纽约纳斯达克塔楼，庆祝如家酒店集团成立十周年及纳斯达克上市五周年。
- 《财富》杂志评选出的全球最具成长性公司100强榜单中，如家酒店集团名列第九。
- 12月，如家酒店集团以5980万人民币完成收购e家快捷酒店。

2013年
- 9月，如家酒店集团、阿里巴巴等20家优秀企业当选首批"中国诚信典范企业"。
- 10月，凭借遥遥领先的连锁网络、位居全球酒店十强的规模、持续创新的"家"文化，如家酒店集团成为中国自主创新经济型连锁酒店中最具影响力的品牌。
- 如家酒店管理大学荣获2013年度中国最佳企业大学"TOP 20"排名第七。其荣获2013年度中国企业大学社会责任贡献奖。

2014年
- 全球最大权威传播集团WPP评选出2014年《最具价值中国品牌100强》，如家酒店集团旗下如家酒店以4.21亿美元的品牌价值，位列酒店行业之首。
- 5月，完成收购昆明百货大楼（集团）股份有限公司（A股上市公司）旗下云南云上四季酒店管理有限公司100%股份的正式交割。此项收购现金价格为2.3亿人民币。

第二章　成就美好生活

——华住酒店集团

一、企业简介

1. 集团简介

华住酒店集团,是国内第一家多品牌的连锁酒店管理集团。自2005年创立以来,华住在短短数年间已经完成全国主要城市的战略布局,并重点在长三角、环渤海湾、珠三角和中西部发达城市形成了密布的酒店网络。2010年3月26日,"华住酒店集团"的前身"汉庭酒店集团"(NASDAQ:HTHT)在纳斯达克成功上市。

现在,以"成为世界住宿业领先品牌集团"为愿景的华住,在创始人季琦的带领下,已经成为中国发展最快的酒店集团之一。

华住始终把客人体验放在首位,在各个方面力争做到最好,从领先业内的符合人体工程学的床垫、荞麦双面枕、免费WiFi上网到无停留离店,每一个细节的完美打造,都是为了确保客人始终能得到优质的服务,拥有难忘的美好体验。

2. 发展规模

截止到2014年,共经营1500多家酒店,覆盖全国249个城市31个省份。拥有1400多万会员,华住酒店集团从2013年进军韩国市场,标志着酒店集团进驻海外酒店市场。

3. 公司发展战略

华住酒店集团的发展战略始终围绕客户为中心,以具有竞争力的价格和高效的经营体系提供无忧住宿的体验。

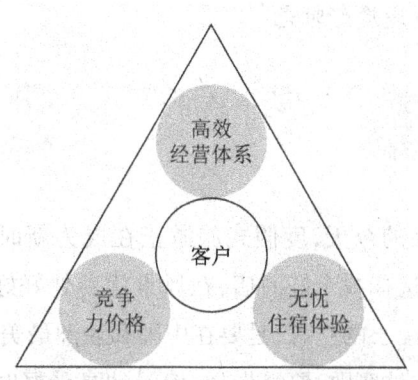

图 2-1 公司发展战略

4. 集团愿景、使命和价值观

华住集团的愿景是成为世界住宿业领先品牌集团,以成就美好生活为使命,秉持人本、团结、诚信、结果、创新与学习的价值观。

二、品牌介绍及特点

至 2014 年,华住在中国超过 249 个城市里已经拥有 1500 多家酒店和 30 000 多名员工,旗下拥有 6 个广受欢迎的酒店品牌:商旅品牌——禧玥酒店、全季酒店、星程酒店、汉庭酒店、海友酒店,以及度假品牌——漫心度假酒店,在全国各地为宾客提供从高端到平价、商务差旅到休闲度假的美好住宿体验。

1. 禧玥酒店——满心禧悦

禧玥酒店是华住酒店集团推出的全新朴适高档酒店品牌。立足中国一、二线城市核心区域,坐落在著名商圈、大型城市综合体等繁华地段,以全新的设计理念、五星级客房与服务为特点,为宾客提供"全行政楼礼遇""禧玥+1"特色服务,和"轻松科技"的产品体验,为高端白领人士打造"满心禧悦"的酒店生活新方式。

2. 漫心度假酒店——漫度好时光

在个人旅游日益繁荣的今天，度假式旅游正在成为新时尚。不再满足于走马观花，越来越多中高端游客选择找个好酒店，在风景优美处好好享受几日。漫心度假酒店，就是应此需求而生。漫心的立意，是要在中国和亚洲最美丽的地方，创造一个个自在的度假空间。要有品位地腐败，要慢慢地、浪漫地享受好时光。漫心还首创迎候式入住服务。客人可以自在地在酒店的客厅里品着茶，或者在花园里散着步，或者直接进入自己的房间，而手持 iPad 的酒店服务人员，已经将入住手续办理好了。高科技的运用，就是想让客人从进门的一刻起，就享受美好时光，同时，向烦琐说再见。而房间里，又装备了现代化酒店的舒适床铺、浴室，甚至无线网络。服务人员的微笑和细微处的体贴，都仿佛自然流淌的泉水，于无声处滋养每个人的好心情。这就是漫心意欲创造的，让客人们彻底放松的美好时光和自在空间。

3. 全季酒店——爱自己、住全季

全季酒店是华住旗下针对中档酒店市场的有限服务酒店，以简约而富有品质的设计风格、深受客户喜爱的酒店设施、恰到好处的优质服务，致力于为智慧、练达的精英型商旅客人提供最优质地段的选择。全季酒店选址在中国一、二线城市的商业中心，让客人无须支付五星级酒店的价格，即可享受五星级酒店的地段优势。

4. 星程酒店——星光照耀旅程

星程酒店是华住旗下的非标准中档连锁酒店。星程驻足中国重要商旅城市中心，选择3~4星级优质的单体酒店，注入现代管理、顾客服务及品牌经营理念，打造"宽敞高雅空间、优质床品卫浴、完备设施服务、i－hotel聪明服务"四项品质特征，同时又具备极佳的性价比，从而区隔高档酒店与经济酒店市场，打造中档连锁酒店名牌。

5. 汉庭酒店——人在旅途，家在汉庭

汉庭酒店是华住旗下的标准经济酒店,致力于为商旅客人提供便捷的住宿体验。酒店安心的睡眠系统、现代的卫浴系统、便捷的商旅配套和典雅的酒店氛围保障客人出门在外也有在家一般的感受。精心设计的十大免费项目:商务区电脑、打印复印传真、宽带上网、大堂茶水咖啡、房间阅读书籍、停车、早餐、矿泉水、茶包、大堂书吧,为客人提供最物超所值的服务。

6. 海友酒店——四海皆朋友

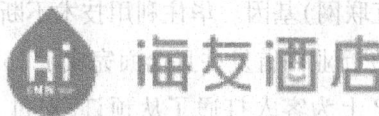

海友酒店是华住酒店集团旗下的经济型酒店连锁品牌,致力于为有预算要求的客人提供"更经济超值"的住宿产品。全情投入,与顾客真诚沟通,分享快乐,为客人带来轻松愉快、舒适便捷的住宿体验。一切从其"Hi"开始……

三、管理创新的特点

1. 中国服务

中国经济型酒店的迅猛发展催生了中国服务业的繁荣,华住酒店集团作为中国酒店业的翘楚,率先提出了"中国服务"的概念,致力于打造具有中国特色的连锁服务企业。

在良好的品牌形象和盈利口碑的基础上,华住酒店集团专注于消费者需求的创新和高品质的加盟服务也是加盟商看重的核心因素。华住接连推出的自助选房、0秒退房、移动客户端订店等服务,都引发了现场与会人士浓厚的兴趣。此外,华住独特的"零压房",枕头、床垫全部采用记忆棉,就连空间设计、灯具等也尽可能营造零压力睡眠氛围。

2013年华住全新启用的加盟商信息管理系统,也得到了加盟商们的充分认可。

通过此套系统,加盟商从营建过程,到运营管理,再到供应链,都得到了华住开发团队高效而专业的支持。

同时,华住把不同定位、档次的酒店品牌引入,丰富品牌,提升品牌竞争力。比如全季酒店、海友酒店等,全季酒店定位于中档商务酒店市场,海友酒店属于迷你经济型酒店,极大地丰富住宿选择。

2. 借助IT技术,降低营运成本

借集团扩张的规模优势来降低IT成本,推动IT部门由成本中心转化成企业的利润中心,辅助销售部门提升企业在销售上的优势。网络预订由原有的10%提升到40%,企业30%的订单来自于移动客户端。这不仅提升了运营灵活性和客户体验,也帮酒店获得了更低的人房比。

3. 围绕客户体验进行微创新

华住具有显著的IT(互联网)基因。华住利用技术不断进行微创新的方式来提升客户体验。华住酒店集团在行业内首发并且全面完成了1350家门店的多渠道自主选房,技术部门在官网和APP上为客人打通了从预订、支付、选房以及发票的全过程。目前,华住每月网上自助选房订单已达30 000单,这也是业内唯一全面推出此项服务的酒店集团。

另外,为了培养客户自助的使用习惯,降低酒店的运营成本,华住的研发团队研发门店PAD自助入住系统,免去客户排队等候的烦恼,客户只要刷刷身份,点点PAD,就能轻松入住,这有效提高了客店双方效率,并且让科技体验成为新的酒店服务标杆。

领导技术团队利用语义分析技术对来自各社交媒体的住店评论进行挖掘、分析及管理,在行业内首次推出社会化客户关系管理(SCRM),该平台可结合客户体验点及客户生命周期分析,整合客户体验点上的服务资源,实现客户全生命周期的关怀服务闭环、运营整改闭环、营销及收益分析闭环。通过对包括自身官网及APP在内和各种社会化媒体渠道的客户反馈进行分析挖掘,提升了客户的住宿体验。

4. 充分利用体制红利和市场红利的契机

中国的国企和全民所有制使中国的服务业非常落后,华住酒店集团在此体制下进行创新,是很大的机遇。同时,中国是一个强大的消费市场,做好中国市场可谋取更大的市场红利。

5. 会员服务创新,积分货币化

华住现有会员总数已经超过1400万,这些忠实会员为公司贡献了90%入住间夜量。"华住会"目前拥有渠道积分、活动积分、房费积分等各类积分形式,在此基础上,华住正积极建立"积分池",引入"积分收支"概念,将会员积分转换成运营体系内可以流通的通用"虚拟货币",并打通与实体经济产品(比如:第三方商户消费、酒店增值服务、积分商城礼品)的双向兑换通道,将虚拟货币变成酒店经营和会员体验的黏合剂,实现价值转换和价值增值。同时,聚集各领域的资源(积分商城、门店兑换、外部互通),整合各种增值应用,将业务有机结合在一起,真正全面满足广大会员的需求。

积分货币化的意义关键在于"在集团内成为通用货币,在集团外成为可用货币"——这将进一步拓宽华住在会员服务上的创新思路,降低会员体验增值服务的门槛,更加紧密地促进酒店与客户之间的互动关系。

第三章 构筑体验消费品牌圈

——铂涛酒店集团[①]

一、铂涛酒店集团介绍

铂涛酒店集团(Plateno Hotels Group)是国内首家依托品牌创建,从多角度、多层次设立和运营符合消费者个性化住宿体验的酒店集团。

铂涛酒店集团旗下拥有多个酒店品牌,针对不同消费群体的情感价值诉求提供个性化的住宿体验,全面覆盖中高端和经济型酒店市场。其中高端品牌包括提供如铂金般思享专属领地的铂涛菲诺(Portofino Hotels & Resorts);中端品牌包括主打具备天然香气特色与舒适体验的麗枫酒店(Lavande Hotels)、咖啡馆文化主题的喆·啡酒店(James Joyce Coffetel)、时尚社交主题的ZMAX潮漫酒店(ZMAX Hotels)、中国首个以女性视角打造的希岸酒店(Xana Hotelle);经济型酒店包括中国规模最大的经济型酒店——7天品牌家族:方便快捷的7天酒店(7 Days Inn)、商务时尚的7天优品(7 Days Premium)、都市时尚的7天阳光(7 Days Sunshine),以及经济型连锁旅游酒店——稻家酒店。目前,铂涛酒店集团旗下的酒店已覆盖全国300个核心城市,并积极扩张至东南亚等海外市场。

同时铂涛酒店集团拥有中国酒店业最大的会员平台"铂涛会",会员数量超过8000万。

二、多元价值诉求品牌

1. 7天:年轻的选择

7天是铂涛旗下以年轻群体及保持年轻心态的人群为核心消费群的酒店品牌,主

[①] 本文由铂涛酒店集团提供。

张选择年轻的生活方式,也是国内规模最大的经济型连锁酒店品牌。7天品牌家族包括商务时尚的"7天优品"、方便快捷的"7天酒店"、都市时尚的"7天阳光"。

2. 铂涛菲诺(Portofino Hotels & Resorts):思享的领地,精神的港湾

铂涛菲诺是致力于打造城市酒店、旅游度假酒店及酒店式公寓的酒店品牌,专注于超级客房产品、定制式配套设施及服务,为智慧人群在旅程中提供如铂金般高贵、精致、舒适的思享专属领地。

3. 丽枫酒店(Lavande Hotels):只为更好地出发

丽枫酒店以天然香气为特色、舒适感受为主题,相信生活本应是静享惬意,无拘无束的;主张"心自然,身自在"的生活哲学,致力为理解生活、欣赏生活、享受生活、热爱生活的"生活家"们打造一个贴心舒适、亲近自然的商旅住宿空间。

4. 喆·啡酒店(James Joyce Coffetel):旅途中的啡凡存在

铂涛旗下首家以咖啡馆文化与酒店完美结合的酒店品牌,前所未有的酒店品类:Cafe/Coffee + Hotel = Coffetel。喆·啡酒店全球注册独创的Coffetel理念,将咖啡馆文化与酒店融合为一,致力打造消费者与酒店情感互动的新生活方式,为商旅客人营造旅途中的啡凡存在,创造令人喜欢的住房选择。

5. ZMAX潮漫酒店(ZMAX Hotels):乐变无限

铂涛旗下新锐酒店品牌;ZMAX潮漫酒店致力向时尚睿智新一代旅客传扬"率性乐活"的精神价值观,努力打造中国社交酒店第一品牌。我的社交主场ZOLO搜乐堂、催化社交能量的魅力客房、掌控社交乐趣的移动智能APP……处处洋溢惊喜社交因子。ZMAX潮漫酒店以前所未有的社交新酒店生活方式Z-LIFE,创造人生中最好玩的出行体验!

6. 希岸酒店(Xana Hotelle):享受我的小幸感

中国首个女性视角酒店品牌,全新品类酒店,致力于打造出符合现代女性需求与格调的酒店住宿体验。结合市场需求,制定精选型及高端型两个酒店品牌,从而全面覆盖女性酒店品类。"Hotelle"的hotel英文是酒店之意,加上elle是法文"她"之意,创造性地生成了女性视角酒店品类的涵义。Xana Hotelle希望为女性打造一个贴心、细腻、呵护自己的专属空间,让她们出门在外,却未曾远离幸福的源头,并在点滴之中尽情享受自我,感受到令自己惊喜的小幸感。

2014年下半年铂涛陆续推出非酒店类体验消费品牌。

1. MORA咖啡:打造新的咖啡消费观

MORA咖啡是致力于打造一个属于年轻人或拥有年轻心态的消费者的连锁咖啡

品牌,将联合酒店、书店、影院等已付租金空间的加盟实体,为年轻的消费群体打造一个新的咖啡消费观,按他们的需求重新定义咖啡馆消费观念。

2.漫珠沙华艺术平台(Manjusaka):把艺术带到离生活更近的地方

漫珠沙华艺术平台是由铂涛发起的"人民艺术平台",旨在把艺术带到离生活更近的地方,同时为青年艺术家提供一个广阔的沟通交流平台。漫珠沙华艺术平台将联合有公信力、影响力的艺术机构,筛选一批有潜质的艺术家的优秀作品,通过铂涛旗下遍布全国的门店渠道,展示和无差价出售这些艺术作品;不仅让消费者更便捷地接触艺术,也为艺术家提供一个免费展示以及与消费者沟通的机会。

三、经营管理创新

在互联网时代,消费者是以很多个细分的族群来区分的,每个族群都会有共性的喜好和价值诉求,企业需要通过创建多个符合这些族群共性价值诉求的品牌,才可以满足消费者需求。因此,围绕多品牌战略、创建多元价值诉求的品牌成为铂涛酒店集团未来的发展方向。

1.首倡"品牌先导"创建新品牌

随着消费者在选择酒店时注重价值取向而非价格取向,基于优质住宿体验的价值共鸣成为吸引消费者的重要因素。因此,铂涛酒店集团在行业内首倡"品牌先导"理论来打造酒店新品牌。

传统酒店行业的品牌构建流程是先根据顾客的需求来定义产品功能,通过产品功能属性要求建设酒店,再与消费者进行交流、请消费者来体验。"品牌先导"理论颠覆传统酒店创建品牌的流程,先找到细分消费群,发现他们共同的喜好或价值观,由此形成品牌的价值主张,再围绕品牌价值主张推出相应的产品和服务。

以"品牌先导"战略为指导,铂涛推出了7大创新品牌,面向不同细分消费群体提供个性化的住宿体验,包括:提供如铂金般思享专属领地的铂涛菲诺(Portofino Hotels & Resorts)、主打具备天然香气特色与舒适体验的麗枫酒店(Lavande Hotels)、以咖啡馆文化为主题的喆·啡酒店(James Joyce Coffetel)、以时尚社交为主题的ZMAX潮漫酒店(ZMAX Hotels)、中国首个以女性视角打造的希岸酒店(Xana Hotelle);在已有成熟品牌7天酒店的消费群中挖掘细分的住宿体验需求,推出商务时尚感受的"7天优品"、都市时尚感受的"7天阳光"。

这些创新品牌可以给消费者提供不同的体验和感受,又共同体现了铂涛集团的承诺,致力于不断创造符合消费者内心价值感的、具有个性的酒店品牌,真正满足消费者"住自己喜欢的、符合自己个性的酒店"的深层次需求。通过品牌来驱动整个公司的运营,这是铂涛和传统酒店最大的不同。

2. 搭建中国首个酒店品牌创业平台

随着"品牌先导"战略的实践,铂涛酒店集团在创建多元价值诉求品牌的操作路径上,选择了搭建平台跨界创新的方式,集团的角色重新定义为"酒店品牌创业平台"。

铂涛酒店品牌创业平台,类似于酒店业的品牌"梦工厂",铂涛以多年来在酒店行业积累的系统优势提供支持,通过发现和培育有独特价值主张、有市场生命力的酒店品牌,帮助一群有激情、有创新思维的创业者实现"酒店创业梦想"。

在这个平台上,创业团队以独立的品牌公司负责品牌构想、客户体验、运营;铂涛提供启动资金、开发资源、会员体系、供应链、融贷渠道等完善的创业生态以及财务、人事体系等支持。通过这种模式,铂涛能够围绕消费者不同的喜好迅速作出反应,持续推出新的酒店品牌。

铂涛选择的创业团队并不一定有丰富的行业经验,但必须有洞察力和想象力,他们能对消费市场有深刻的洞察、能提出吸引细分消费群体的品牌主张。

而铂涛酒店品牌创业平台最大的创新之处在于要成为创业公司的加速器,而不是孵化器。孵化器是为创业条件不足的团队提供资金和其他资源,创业团队会受到孵化平台的深度影响和限制。创业加速器则不仅提供资金和资源,还给予创业团队充分自由,让他们的思想无拘无束,完全放开和创造,这是基于用户需求设法界定的。

因此,铂涛酒店品牌创业平台重在打造一种"百舸争流"的竞合生态与平台,更有利于创业团队通过自我驱动来实现市场目标。

3. 打造优质用户体验的会员平台

铂涛酒店集团拥有中国目前最大的会员体系,会员数量超过 8000 万,围绕这些会员的需求创建多元价值诉求的品牌,是铂涛"多品牌"战略的核心出发点。

2014 年铂涛酒店集团将原来的 7 天会员体系独立做成"铂涛会"会员平台,面向铂涛集团旗下所有品牌共享会员资源。围绕这个平台,铂涛将构建一群数量庞大的消费者,以及对消费者产生吸引力的品牌。同时会员平台的角色也在发生改变,"铂涛会"不再扮演依附于实体酒店集团为酒店营收操心的角色,而转变为消费者选择并保障优质体验的角色。

2014 年铂涛围绕会员体验,不断在产品、服务、线上线下沟通、增值服务等方面创新。

积分永不过期:铂涛酒店集团在行业内首家推出会员积分永不过期政策,还允许积分不足以兑换客房的会员用已有积分抵扣部分房费,让会员积分的使用规则更加灵活友善。

双会籍:2014年8月,铂涛酒店集团与港中旅集团下属的维景国际酒店实现酒店业首个会员联盟,双方会员体系打通,双方会员不仅可以在彼此的预订平台预订对方酒店客房,并且可享受对应的会员权益和积分政策,真正实现双会籍、双积分待遇。

不爽就免单服务:打造类似线下服务行业的"支付宝",铂涛会金卡及金卡以上会员在铂涛会平台预付下单后,如果在入住过程遇到问题而酒店在2小时内解决不了的,铂涛会就为会员免单。此外,这部分会员还可以得到"到店无房双倍赔付"的承诺。

同时,在对待会员的核心理念上,铂涛也有不一样的主张:在传统观念中,会员只是消费者,企业主要致力于提供尽可能美好的消费体验;但在铂涛看来,会员不仅仅是消费者,更是可以一起进步的伙伴。

因此,今年铂涛基于"与会员共同成长"的理念,推出会员专属互联网金融产品"铂乐享"。这是一款针对铂涛会银卡及以上会员打造的专属互联网金融产品,属于收益稳定的基于债权的互联网金融产品,最高年化收益达10%,投资用于铂涛旗下7天酒店的品质提升和MORA咖啡品牌建设。

4. "铂涛会"微信号构建O2O闭环

铂涛酒店集团旗下7天连锁酒店在2013年5月正式开通了官方微信账户"7天会",成为酒店行业第一家24小时在线实时客服,日处理消息数超过一万条,并成为微信官方评选优秀公众账号。2014年5月,铂涛将原有的会员体系"7天会"正式升级为"铂涛会"。

此次会员体系升级的一个重要内容就是作为酒店业微信号典范的"7天会"正式更名为"铂涛会"。铂涛酒店集团旗下的这一微信公众号,定位于会员服务平台,开通半年多以来,"铂涛会"的粉丝数已经突破140万,日均订单量超过7 000份。预计到2014年年底,其粉丝数将超过200万人。

在此基础上,"铂涛会"对微信服务进行了创造性的延伸:客人只需要通过手机扫描摆放在分店前台的二维码,就可以完成支付房费等环节。"铂涛会"意在通过此举,培养客人的消费习惯。这种线下"反哺"线上的模式,充分利用了酒店行业丰富的线下实体店资源以及步入人群,对原来片面强调从线上到线下的O2O闭环进行了一次全新的拓展。

5. 非酒店领域的跨界创新

铂涛的企业愿景是聚焦在体验消费领域的创新,通过创建多元价值诉求的品牌,为消费者创造美好的个性化生活体验。

基于8000多万会员在体验消费领域的多元化需求,铂涛未来不仅仅在酒店住宿领域提供优质产品和个性化消费体验,还将围绕消费者的商旅休闲生活场景,提供更丰富的体验消费品牌,打造"体验消费品牌圈"。

2014年下半年铂涛陆续推出咖啡连锁品牌"MORA咖啡""漫珠沙华"艺术平台。

第四章 "超值"服务 铸就酒店长远发展[①]

——格林豪泰酒店管理集团

2004年,格林豪泰进入中国,第一家酒店——格林豪泰上海市静安新闸路商务酒店开门迎客;2007年底,格林豪泰酒店数量突破100家;2008年底,格林豪泰完成全国重点城市战略布局,并实施多品牌发展策略,酒店遍布中国60多座大、中城市,格林豪泰品牌细分为商务酒店、快捷酒店、贝壳酒店、公寓酒店等,酒店数量突破200家;2009年,格林豪泰酒店数量接近400家。2010年底,格林豪泰酒店数量增长至近500家。2011年,格林豪泰酒店数量已达800多家,并新增中高端品牌"格林东方酒店"。2012年,推出年轻时尚品牌"青皮树酒店",酒店数达1200多家。2013年,集团联合中青旅推出高端酒店品牌——"中青旅东方国际酒店",旗下共有成员酒店1698家,客房共计171 498间,位列中国旅游饭店业协会发布的"2013年度中国饭店集团60强"前四名。

2014年,格林豪泰已跨入第10年发展新里程,发展稳健。截至2014年7月底,格林豪泰旗下拥有1900多家连锁酒店,其中,已开业酒店1300多家,覆盖北京、上海、天津等400多个城市,并在美国、韩国、孟加拉国、越南等海外市场成功布点,成为国内外知名的专业化酒店管理集团。

一、多品牌战略部署,提供"多项选择"

为满足客人多样化的入住需求,格林豪泰在发展初期便制定了多品牌发展战略。目前,集团旗下拥有中青旅东方国际酒店、格林东方酒店、格林豪泰酒店、青皮树酒店、格林联盟酒店5个优质品牌及多个子品牌。

---

① 作者:徐曙光,格林豪泰酒店管理集团董事长兼CEO。

1. 中青旅东方国际酒店

中青旅东方国际酒店是集团联合中青旅合作开发的高端商务酒店品牌,酒店按五星精品设计打造,大气典雅。目前,嘉定已有1家营业中的中青旅东方国际酒店,并且有若干家正在积极筹建中。

2. 格林东方酒店

格林东方酒店是集团旗下4星精品酒店,地处繁华商圈或成熟高新园区,地理位置优越,交通便利,大多数房间价格在300~600元。格林东方酒店设计具有东方王气之美,风格独特。酒店倡导绿色、健康、高品质生活,集商务、餐饮、住宿、养生于一身,格林东方酒店设置诸多特色体验项目,如咖啡厅、健身房、美容SPA、绿色养生餐饮等。格林东方酒店于细节之处彰显东方王者的大气优雅、尊贵奢华的品牌魅力,引领健康、环保、高端商旅生活新风尚。目前太原、常州、衢州、淮南、马鞍山、日照、郑州等地均有开业或筹建中的格林东方酒店,并且分布范围持续扩大,发展势头良好。其中,格林东方淮南广场路酒店尤为"给力",该店自2013年4月28日正式开业以来,广受客人欢迎与好评,开业仅3个月时出租率便高达90%以上。

3. 格林豪泰酒店

格林豪泰酒店作为超大型中高端商务型连锁酒店，为客人提供低价超值的专业化品质服务，大多数房间价格在 150~329 元之间，已成为全国第一名全外资、高品位、高性价比商务型连锁酒店。酒店配备早餐厅、会议室、商务中心、健身房、书吧等，部分酒店被旅游局评定为三星级酒店。

4. 青皮树酒店

青皮树酒店是格林豪泰酒店管理集团旗下的"年轻时尚"酒店产品，倡导绿色、环保、低碳的生活方式，以"海南神木"——青皮树为主题，在设计风格上，亲近自然、色彩明快、年轻时尚、充满活力，营造出一片度假好景致。让年轻白领身处城市之中，却能领略到别样海岛风光，感受到大自然一般的清新入住体验。青皮树酒店大多数房间价格在 150~300 元，设施齐全，服务周到。目前，泰安、上海、廊坊、天津、泰州、淮安、南京、汕头、呼和浩特等地均有开业或筹建中的青皮树酒店。

5. 格林联盟酒店

格林联盟酒店是国内第一家不同品位的中高端商务酒店联盟品牌，大多数房间价格在 150~400 元。格林联盟酒店充分借鉴地方建筑及装修风格，巧妙结合格林豪泰温馨舒适、健康环保的品牌理念，造就了全国格林联盟酒店品位不同、格调各异的品牌风格，带来多样化入住体验。依托集团先进的服务理念和成熟的管理经验，不少格林联盟酒店达到准三星、准四星水平，成为中国独具特色的高性价比酒店连锁品牌。

2014 年，格林豪泰再推全新中高端酒店品牌——"月亮树酒店"，注重多元化以及唯美、浪漫感受，致力为客人打造更加温馨舒适的优质入住环境。未来，为满足客人多样化需求，为员工创造更广阔的发展平台和机会，我们也会完善酒店发展方向：在规模上，完善国内各级城市布局的同时，进一步加大海外拓展力度，从加州逐步向纽约等美国东部城市拓展,并加快在欧洲、东南亚国家和地区的布点;在产品方面,扩大产品线,品牌更加精细化,完善五星、四星、三星、经济型、超经济型以及酒店式公寓多品牌发展。

二、积极创新,只为更好服务

格林豪泰深知创新是一个企业生存和发展的制高点。因此,无论是在产品、服务流程,还是在技术、管理等方面,都一直在不断努力创新,不断改进产品和服务来赢得更多客人以及合作伙伴的支持与信赖。格林豪泰每天都会通过客人意见反馈、会议培训、轮岗观摩等方式相互交流学习,总结经验,在思想的碰撞中迸发出新的火花。

格林豪泰是国内最早一家实行高低枕头的酒店,为了设计一个不会过敏、不会生虫、高低合适容易安睡的枕头,格林豪泰花了很长时间进行测试、调整。为了倾听客人的心声,以便更好地改进我们的服务,早在2009年,格林豪泰在业界率先开通了官网(www.998.com)点评功能,搭建了酒店与客人深度沟通的平台。为了鼓励客人积极参与点评,格林豪泰特别推出了点评赠送格林币活动,格林币可在格林商城中免费兑换正品低价礼品。同时,酒店也会对客人点评进行逐一回复,从而产生真正的良性互动。此外,我们还推出了智能手机APP、m.998.com、微信等多种便捷、高效的预订方式,使得客人无论在会议上、旅途中,都能随时随地轻松地与其取得联系和沟通,享受格林更多、更优惠的福利和服务。

针对酒店一次性物品大多按照标准用量统一包装进行配送,虽然满足了客人的需求,但却存在着隐性成本浪费。格林创新性地推出独立的"格林牙膏包"和"格林牙刷包",既满足了客人的需要,又避免了客人重新取用牙膏或者牙刷时造成的浪费,多项细节的累积形成好的工作方式方法,有效地降低酒店的运营成本,在细节之处彰显了环保理念。

格林积极培养员工的多项技能,让员工在公司稳步发展的同时,为员工提供更多机会。通过格林自行开发维护的网络学习平台,酒店的员工可学习、交流酒店服务和管理经验,这既提高了工作效率,更重要的是员工还学到了技能,能够获得薪资和福利的提升,更能得到成长和发展。

三、"超值"服务——格林企业文化精髓

格林豪泰秉持"客人利益永远第一"的核心价值观,坚持为客人提供"超健康、超舒适、超价值、超期望"的酒店产品和服务,赢得了5000多万商旅客人的欢迎与喜爱,特别是1000多万忠实的会员客人,为酒店提供了稳定的收益。长期以来,格林豪泰保

持稳健发展,其做得好的酒店,投资回报率已持续多年接近、甚至超过100%,有近一半的加盟商投资了第二家甚至多家格林豪泰酒店。

在格林,"超值"一词是每一位员工耳熟能详并时刻铭记于心的,是格林企业文化的精髓。格林要做超值的公司;格林的员工要做超值的人;格林为所有客人和加盟合作伙伴提供超值的产品和服务;格林要给予所有参与者超值的回报。

对客人,格林豪泰始终坚持"客人价格最优"和"天天低价"原则,大多数房间价格在169~269元,会员客人价格则更低。"上998.com,得99.8元房",格林致力于让客人以经济型的价格入住中、高档酒店。作为第十三届中国饭店金马奖"中国最佳精品商务连锁集团",在2012—2013年中国最佳客户服务评选活动中,格林更是荣获"中国最佳服务管理奖",我也有幸获评"中国客户服务突出贡献荣誉大奖"。格林坚信,把服务的细节做到位既是履行对客人的承诺,也是成就酒店发展的"长远之计"。

对合作伙伴,格林综合建筑成本最优,装修成本平均在6万元/间左右,前期投入就可为投资者节省百万元;加盟特许费用尤为超值,可享受5%左右的品牌使用费用;预订手续费仅需10元起。总费用为同类品牌经营管理费用的一半。加盟商既是合作伙伴,也是客人。服务好加盟商是格林的职责所在,其及时对加盟商提出的问题和意见制订最优的解决方案。

辅助加盟合作伙伴从生意人发展成为大企业家,培养员工获得能力上的提升和职业上的发展是格林的使命,因此格林也一直把员工培养当作企业文化的一部分,打造公正透明的学习成长环境,为员工提供广阔的发展平台。目前,格林几千名中高层管理人员都是内部培养选拔出来的。

格林豪泰在做好酒店产品、服务的同时,十分注重社区服务、扶贫等公益事业,为社会贡献企业的力量。从2004年进入中国以来,格林豪泰旗下酒店就与当地慈善爱心机构、社区或者个人都建立了长期扶贫帮困的联系。2008年汶川地震发生后,格林豪泰积极捐助物资,支持灾区人民抗震救灾,帮助灾区人民渡过难关,重建家园。2014年高考期间,为方便考生午休和家长候考,格林豪泰特以公益价格27元/2小时推出了高考休闲房,此项活动已连续举办四年……

十年发展,格林豪泰深知离不开广大客人的大力支持,也离不开合作伙伴和员工的努力。格林豪泰常怀感恩之心,未来会坚持不懈致力于打造超值健康安全的酒店产品,不断改进、完善细节服务好客人,辅助好加盟合作伙伴,帮助员工健康成长。

格林豪泰,诚邀您共创美好未来!

第五章　全球布局　跨国经营　锦江品牌　走向世界[①]

——上海锦江国际酒店(集团)股份有限公司

一、锦江酒店集团简介

锦江国际(集团)有限公司是中国规模最大的综合性旅游企业集团之一。上海锦江国际酒店集团(股份)有限公司("锦江酒店"2006.HK)是锦江国际集团的控股子公司,作为中国领先的酒店运营和管理者,主要从事全服务及有限服务酒店经营、餐厅营运、客运物流、旅游代理等业务。锦江酒店集团于2006年12月15日在香港主板成功上市,成为中国内地首家登陆香港资本市场的纯中国酒店概念股。

截至2013年底,锦江酒店集团投资管理酒店共1566家,客房超过23.5万间。其中,中国境内近1 200家,客房总数16.5万间,分布在全国31个省市自治区的约280个城市。海外酒店近400家,分布全球包括美国、俄罗斯、英国、荷兰等十个国家。以客房总数计,本集团位列《HOTELS Magazine》全球酒店集团第九位。

[①]　作者:杨卫民;上海锦江国际酒店(集团)股份有限公司首席执行官。

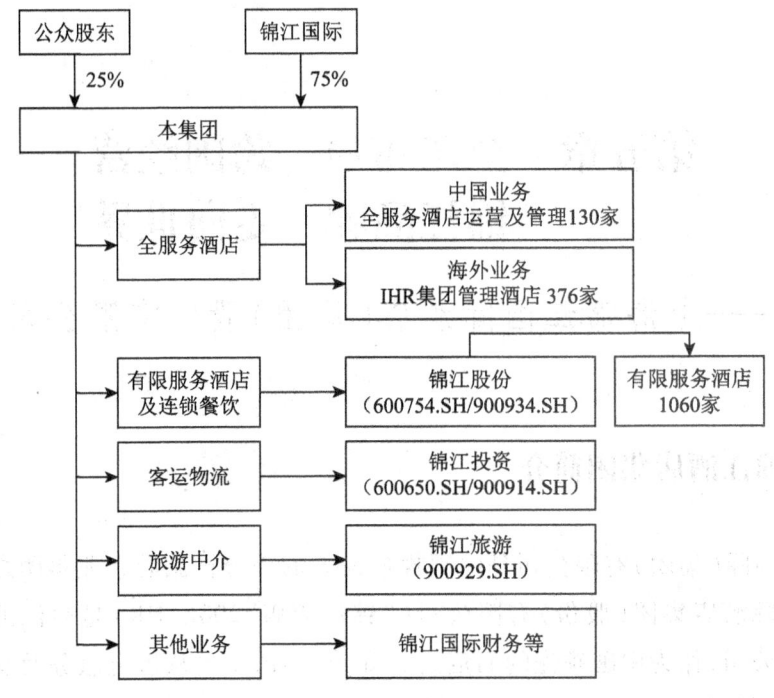

图 5-1 锦江酒店集团架构

二、锦江品牌战略、体系与培育

1. 品牌战略

致力于把锦江民族品牌打造成国际知名品牌。

2. 品牌体系

将酒店品牌梳理定位为"全服务酒店"和"有限服务酒店",两大管理平台分别由锦江酒店和锦江股份培育发展。截至目前,锦江酒店共有8大品牌,涵盖全服务酒店和有限服务酒店。包括将于2015年与"上海中心"一同亮相申城的奢华酒店品牌"J. Hotel"、豪华酒店品牌"锦江"等;有限服务酒店包括有限服务商务酒店新品牌"锦江都城"及经济型酒店品牌"锦江之星""百时快捷""金广快捷"等。

图 5－2　锦江酒店集团品牌体系

3. 品牌培育

（1）全服务酒店打造样板：近年来，锦江酒店以上海、北京等城市的自有酒店为轴心，打造了一批全服务样板酒店，如锦江、新锦江、和平、昆仑，以及武汉锦江、西安西京、昆明锦江、江苏南京等，形成了辐射全国主要省市、重点区域的品牌发展格局。

（2）中端酒店加快发展：在创立"锦江都城"（Metropolo）中端商务酒店品牌后，收购了时尚之旅酒店管理公司，获得18个城市中心的21家商务酒店，未来3～5年计划发展至100家，重塑中端酒店的"新版图"。去年底，老饭店达华宾馆在历经一年的改造后，以第一家锦江都城酒店的身份亮相，成为锦江都城的"样板"；新亚大酒店、新城饭店、青年会大酒店等一批经典老饭店按照锦江都城经典品牌标准进行的改造工作正在按计划积极推进。

（3）经济型酒店走出国门：首家中国经济型连锁酒店品牌——锦江之星在规模超千、注重品质的同时，加快走向海外的步伐，已先后在菲律宾、法国、韩国和印尼等国发展了锦江之星项目。

（4）第三方管理模式成效显著：锦江酒店通过成功收购美国洲际，引进品牌特许与第三方管理相结合的管理模式，目前，州际中国公司已管理着分布于国内8个城市的12家高端全服务酒店。

（5）品牌影响力不断扩大：2013年以来，锦江全服务酒店先后荣获了"中国饭店集团60强——中国旅游饭店业协会""最受消费者欢迎中国民族品牌酒店集团——第十四届中国饭店金马奖"等15个重要奖项；锦江有限服务酒店先后荣获了"2013中国酒店业十大影响力经济型酒店品牌""第七届金龙奖——最受欢迎商务酒店/连锁酒店品牌"等8个重要奖项。

三、锦江酒店创新发展的主要做法及探索

1. 资本运营

锦江国际自 2003 年重组以来,通过整合三家国内上市公司,形成核心产业资本运营平台;通过锦江酒店在香港成功上市,募集资金为和平饭店改造、锦江之星等核心产业发展提供坚实后盾;通过完成锦江酒店(H 股)与锦江股份(AB 股)资产重组,基本解决内部同业竞争问题。2010 年 8 月,锦江国际将其控股的锦江投资、锦江旅游注入锦江酒店。至此,"一拖三"模式的核心资产整体上市构想得以实现,锦江酒店可持续发展能力得以提升。

近年来,锦江酒店集团稳步推进酒店的业态转型、资产流动,资产运作项目取得突破,包括华亭宾馆 45% 股权转让及锦赟公司 100% 股权挂牌转让,提升资产潜在价值,增强资产流动性,不断完善和优化酒店集团的资产布局与资产结构。

把握国资国企改革机遇,充分发挥资本市场上市公司融资功能,今年 6 月,锦江股份通过非公开发行方式向战略投资者弘毅投资和控股股东锦江酒店实施定向增发,募集资金 30 多亿元,主要用于锦江股份未来三年业务规模及门店发展,计划至 2017 年末,实现签约门店由 2013 年末的逾千家到 2000 家以上的跨越式增长。方案受到主要机构投资者的普遍肯定和欢迎。此举已获公司股东大会审议通过,正在报相关政府部门批准及核准。

2. 信息技术

当今互联网思维和模式的兴起,极大地推进了酒店业的"三个转变"。即:从传统旅游向智慧旅游转变;从酒店传统营销的"自媒体"向以"无边界、开放、分享、人气、口碑、社交圈"等关键词为代表的"互媒体"转变;从"大者恒大"的酒店产业竞争格局向中低端品牌"以小博大"格局转变。放眼业界,不论是国际知名酒店集团,还是国内同行,甚至传统网络服务提供商,无不将互联网思维作为一种借助网络技术,对酒店现有资源、平台、系统、人员进行有效整合和作为再布局的"力量倍增器",应用于改善客人体验。

锦江酒店顺应这一趋势,近年来先后投入 1.1 亿多元资金,集中建设了中央化采购、中央化预订(JREZ)、中央会员系统(J - Club)、集中支付、人力资源(朗新)、财务(海波龙)、工程等一系列平台,并建设了中国酒店业第一个私有云数据中心。其中:中央化采购从无到有,52 家酒店已通过平台,对 712 家供应商的 19 300 种商品进行采

购,采购量已达总量的70%以上。初步形成了"统一集中支付、统一物资采购、统一IT中央化管理"的集团信息化管理系统,着力推动锦江酒店从传统服务业向现代服务业转型。

3. 经营管理

近年来,锦江酒店着力完善酒店管理中心、资产管理中心等功能中心建设,努力提升酒店运营效率。积极开展在线营销,加强"锦江贵宾计划"的推广,透过社交媒体平台拓展营销渠道,全面提升官网预订功能,中央预订系统对酒店客房的分销贡献率达到22%,上海地区酒店贡献率达到32%。依托锦江电子商务平台及其会员体系,强化酒店、旅游、租车等的交叉营销,"锦江礼享+"会员数已突破1 300万。提升管理能级和服务质量,不断提高宾客和员工满意度;据统计,今年以来,锦江上海地区酒店经第三方测评的检查项目成绩与去年同期相比上升10%,经舆情系统测评成绩排名与去年同期相比上升20%。

通过对行业和市场的分析,锦江酒店认为,要进一步做大规模、做强企业、做响品牌,必须把握酒店业未来三个发展规律:一是"小周期调整,大周期勃发":在经济增长和政策支持的"双轮"驱动下,2012—2020年酒店业收入年均复合增速将达18%,中国旅游业有望在十年内成为全球最大旅游市场。二是酒店产品结构调整:据统计,40%的入境过夜游客和25%的国内过夜游客倾向于选择中端酒店。高星级酒店仍供过于求,经济型酒店切换为匀速增长模式,连锁中端酒店呈现出巨大的"蓝海"市场;酒店的产品结构正从"两头重、中间轻"的"哑铃式"格局逐步向中端占比重较大的"橄榄型"发展。三是轻资产为主的酒店集团化:从早期采取购买物业+自营的重资产模式,到通过品牌输出(特许经营)+管理输出(委托管理)的轻资产模式实现集团化运营、突破增长瓶颈。万豪、洲际等酒店集团,特许经营的客房数量都超过60%。为此,锦江酒店将进一步凝聚创新共识,紧紧围绕"品牌、网络、管理、人才",不断提升集团核心竞争力,推动酒店产业健康、可持续发展。

4. 人力资源

锦江酒店充分意识到:"全球布局,跨国经营"需要建设一支敢于担当、勇于创新、善于突破的职业经理人队伍,自身需要转型为孕育领军人物、顶尖团队和国际化专业人才的"孵化器"。为此,锦江酒店积极探索机制创新,努力将人才培养、选拔、任用机制从侧重于内部培养使用转变成内外并举、广开渠道的"职业化、市场化、国际化"机制,注重在市场和各成员酒店中物色发掘后备人才,纳入培养储备渠道;并对管理人员进一步规范任期,严格考核,强化激励,充分体现了以市场化为主导的工作方向。从

2010年开始,锦江酒店陆续选拔了四批共一百名管理人员赴美培训,学成归国后大都担任重要岗位职务,为市场化、国际化战略储备了大批人才。

与此同时,锦江酒店不断完善市场化薪酬考核体系和激励约束机制,探索多元化组合的团队架构及其相应配套机制,包括薪酬福利、甄别聘用、储备培训、任内激励、任后规划、优胜劣汰等,把真正的优质人才吸引和留驻于锦江酒店团队。结合上市公司融资,积极推进企业经营者中长期风险激励计划。优化人力资源管理,在确定"组织结构、岗位设置、人员编制"等目标的基础上,制订细化劳动制度改革调整、二线充实一线等实施方案,在消化工资增长的基础上,实现人工成本总量稳中有降,进一步提升效益。

5. 节能环保

锦江酒店高度重视节能减排工作,从年度预算和项目立项上积极推广,在政策和资金上给予保障和支持。近年来先后在所属企业试点了多项新技术项目,其中:对银河、虹桥、海仑等7家企业的锅炉燃油改燃天然气改造项目每年节约能耗超过1000万元;空气源热泵在新亚大酒店、国际饭店、白玉兰宾馆、昆明锦江大酒店等企业试点中,节约了大量的能源和人工成本;能源塔技术在金门大酒店试点中每年节约能耗费56万元,并腾出了部分场地用于出租,取得了良好效益。其他如"分片照明控制、加装计量表等加强管理、锅炉油改气、变频泵改造技术、节能灯、地源热泵"等节能环保创新,也有效减少了碳排放,降低了产值能耗比,为节能环保做出了贡献。锦江酒店将把试点中取得的先进技术和成熟经验在旗下酒店中进一步推广,实现经济效益和社会效益的双丰收。

6. 社会责任

(1)重大任务:"亚洲相互协作与信任措施会议第四次峰会"于2014年5月20~21日在上海举行,锦江酒店承接了48位首脑工作午宴及近千位政要、高官餐饮,以及吉尔吉斯斯坦总统、军乐队、礼炮团、仪仗队、蒙古国新闻媒体采访团等服务接待任务。锦江酒店精心组织、周密部署,高标准、高质量、高水平地完成了任务,受到了中央领导、各国贵宾、各级领导及社会各界的充分肯定和好评。近年来,锦江酒店还出色完成了APEC上海峰会、六国峰会、世博会等国家级重大任务和新疆亚欧博览会、上海市长国际企业家咨询会议等一系列服务接待任务,受到了各国贵宾和有关各方的高度赞誉。

(2)安全生产:锦江酒店高度重视安全工作,所属上海地区28家企业2013年全部通过了上海市安监局组织的安全生产标准化建设达标验收。今年以来,结合服务亚信峰会任务,分三轮全面检查了各酒店硬件设施维护和员工安全意识,特别是对重点酒店的监控设备和总统套房,投入近200万元资金、更换了200多只摄高清数字探头。做到了全员参与、人人有责。锦江酒店将继续推广安全生产标准化建设成果,牢固树立安全发展理念,高度重视企业生产安全、消防安全、治安安全、食品安全等工作,守住安全底线,确保一方平安。

（3）和谐稳定:在市场竞争激烈、改革力度加大的情况下,锦江酒店始终坚持以人为本,竭尽所能地关注和改善民生,连续11年为一线员工加工资,使广大员工共享改革发展成果。特别是作为国有企业改革改制,员工安置工作至关重要。前段时期,酒店集团因资产调整、资产流动、品牌打造,共涉及安置员工一千多人。为此,我们按照"政策合法合规、措施有的放矢、操作有序有情"的原则,做到现场排摸、现场答疑、现场解决;用了三个多月的时间,平稳顺利地对一千余名员工进行妥善安置,实现了企业的和谐稳定。

（4）文明创建:锦江酒店围绕企业中心工作,把创建文明单位工作与服务国资国企改革、服务转型发展、服务职工群众结合起来;按照"求质、求新、求效"的要求,以创建活动推动企业经营、党建工作、企业文化建设、和谐稳定工作。所属20多家企业先后多次被评为上海市文明单位。

（5）企业文化:深入挖掘锦江酒店"人和锦江,礼传天下"的企业文化内涵,大力弘扬"服务亚信精神"（即:"崇尚荣誉的拼搏精神、精益求精的服务精神、追求卓越的创新精神、团结协作的团队精神、爱岗敬业的奉献精神"）,激发正能量,体现多样化。近年来成功举办了"锦江杯"职业技能大赛、"十年回眸,锦彩再现"摄影比赛、编纂《锦江酒店企业文化集锦》丛书等一系列丰富多彩的企业文化活动。进一步营造聚焦发展战略、推进国企改革、加快创新转型和市场化与国际化发展的良好氛围,使之成为激励锦江酒店人不断开拓进取的宝贵精神财富。

第六章 制胜之道
——洲际酒店集团

一、企业简介

洲际酒店集团是全球最大的专业酒店管理集团,亦是全球首屈一指的酒店服务集团。洲际酒店集团的酒店品牌家族有着客人熟悉和热爱的悠久传统,全世界数百万的客人可以立即认出洲际旗下的酒店品牌。从1777年的第一家Bass酿酒厂到世界领先的酒店公司之一,洲际酒店集团的历史是先锋人物与创意相结合的代表,始终如一、值得信赖、勇于创新、关怀备至和坚持不懈一直是洲际发展的基础。

2003年4月,随着Six Continents PLC将集团的酒店业务和软饮料业务从零售业中分离,洲际酒店集团(IHG)正式成立。洲际是世界上拥有客房数最多的酒店集团,截至2014年6月30日,通过特许经营、管理合同、自有租赁三种经营方式,集团在全球100多个国家共经营4732家酒店,693 072间客房,另有1 175家酒店在建。此外,集团精心打造的酒店顾客忠诚计划——优悦会(Priority Club Rewards)是全世界酒店业中最大、最成功的同类项目,截至2014年6月30日,其在全球拥有8060万会员数。

与此同时,洲际把企业责任作为其经营之道的核心价值所在,洲际视企业责任为战略性企业要务。无论是商业策略还是日常运营,洲际都将社会和环境因素考虑其中,并相信这才是确保企业和整个旅游行业长期可持续发展的关键所在。为此,洲际开展了"IHG绿色环保参与计划",跟踪酒店对能源、碳、水的使用和废物管理,以及相关的成本,这是洲际作为负责任的企业的重要承诺。而IHG学院计划是个人、洲际酒店集团酒店、集团办公室、本地教育提供商和社区组织者之间的一个协作平台,为在这家世界最大的酒店公司供职的员工提供了培养技能,提升视野的机会。另外,通过"IHG Shelter in a Storm计划",洲际旗下的酒店接受有关灾难发生时最佳响应时间和响应方式的指导。当灾难发生时,IHG Shelter基金会的资金会划拨到受灾地区,支持酒店做出快速、有效的响应,为我们的宾客、员工和当地社区提供财务支持、必需品和膳宿。

二、品牌介绍及特点

1984年,作为第一个进入中国的全球酒店集团,洲际酒店集团将假日酒店品牌带入了北京。之后,洲际酒店集团旗下六大品牌都被相继引进中国,分别是洲际酒店及度假村(Intercontinental Hotels & Resorts)、皇冠假日酒店及度假村(Crown Plaza Hotels & Resorts)、假日酒店及度假村(Holiday Inn hotels & Resorts)、智选假日酒店(Holiday Inn Express),英迪格酒店(Hotel Indigo)以及華邑酒店及度假村(HuaLuxe Hotels and Resorts)。随着中国的国内旅游和出境旅游都在不可思议地快速发展,集团在2012年3月推出了全球酒店业首个为中国旅客度身打造的高端国际酒店品牌—華邑酒店及度假村,目前中国已经成为了洲际在全球的第二大市场,截至2014年6月30日,集团在大中华区共有216在营酒店,房间数达到71 138间,另有186家酒店在建中。除了已经进驻中国的六大品牌外,洲际旗下还有Even Hotels,StayBridge Suites和Candlewood Suites三大品牌,洲际旗下的九大品牌涵盖了从高档全面服务到中低档有限服务的多级酒店品牌。

1. 洲际酒店及度假村

该品牌历史悠久,始于1946年,堪称全球首个真正意义上的国际酒店品牌。从传统的高贵优雅,到大都会的摩登时尚,再到热带海滨的轻松与恬静,每一间酒店都有各自独特的风格,为我们品味独到的旅行者们带来万种风情。洲际酒店的愿景是通过打造"客人挚爱的杰出酒店"成为全球最杰出的公司之一。更值得一提的是,中国是洲际品牌在全球的第三大市场,仅次于美国和英国。

2. 皇冠假日酒店及度假村

该品牌为定位于国际高端市场的豪华商务酒店品牌,近年来发展十分迅速,足迹遍布全球近60个国家的都会城市及度假胜地,该品牌通过成功为商务活动提供互动平台而成为商务人士和会展人士的理想选择。每间皇冠假日酒店及度假村均提供先进的会议设施,并配备专业会议员工,旨在为顾客提供完美、物有所值的会议产品。作为一个真正的国际化品牌,皇冠假日酒店处处都彰显出高雅不凡的格调,备受商务人士及休闲人士的青睐。

3. 華邑酒店及度假村

该品牌以中国礼仪社交为基础,以中国消费者对社交、商务及酒店的需求为核心,全面体现中国式"待客之道"。华邑包含很多的中国元素设计——餐厅里开设"面档",来专门迎合中国客人的口味,并以"茶室"代替西式酒店中社交功能最强的酒吧等。该品牌专注于提供高端豪华、接近自然的环境和无微不至、体贴周到的服务,帮助入住客人耀享成功。华邑品牌拥有蜚声国际的卓越品质和享誉全球的中华待客之道。

4. 假日酒店及度假村

假日酒店给人清新、现代、前所未有的感觉。假日酒店为客人提供舒适、熟悉的氛围,宾客们在这里可以尽情放松和享受各种便利设施,如高速无线网络、餐厅、健身中心和舒适的酒廊以及儿童免费餐饮与住宿。商务与休闲的完美融合,适合当今寻求舒适感受的旅客;而假日度假村则遍布世界各地主要的家庭度假胜地,让顾客沉浸在欢乐的海洋里,每一个度假村都配有一个泳池、活动和康体娱乐设施,在这里入住,每一位家庭成员都可以尽享假期的欢愉;Holiday Inn Club Vacations 作为全美热门目的地附近的家庭式别墅,能够为顾客带来难忘的假期。每人一个房间,便利设施让顾客倍感宾至如归,为顾客在景区附近营造一个完美的休憩空间。

5. 英迪格酒店

现已遍布全球众多主要城市的英迪格酒店以其清新的设计、个性化的服务和融合本地风情的独有特色,为宾客提供无尽的灵感和愉悦的住宿体验。我们值得信赖的品牌带来诸多优势,提供真正的精品酒店体验。每一家酒店的设计都匠心独运,充分展现出我们所在社区的全方位特色。从墙上的艺术品,到当地特色餐饮,无不令人耳目一新。

6. 智选假日酒店

智选假日是业内增长速度最快的酒店品牌之一。清爽、干净、简单,酒店在全世界为商务旅客和休闲游客提供舒适而实惠的住宿选择,所有客房内的高速互联网帮助客人在旅行途中继续工作,并与家人保持联络。酒店拥有时尚的装饰与家具,巨大的淋浴器和温馨的寝具,让顾客彻底放松、养足精神。酒店提供顾客所需的一切生活的便利、友好的服务、时尚的客房和舒适简单的住宿体验。

7. Even Hotels

该酒店品牌为重视健康的宾客提供全新的旅行方式。在整个旅途中,酒店帮助宾客保持活力、轻松休息、均衡饮食、成就更多,从而让顾客在旅途中也能保持身心平衡、健康。酒店拥有深谙健康之道的员工和现代化的自然空间,为宾客提供有益活力与健康的选择和宁静、舒缓的生活空间,让宾客们在旅行之中依然能按自己的方式保持日常的作息规律。

8. Staybridge Suites

创立于1997年,是集团旗下的高档长住型酒店品牌(Extended stay brands),专为来自世界各地的旅客提供长期住宿服务。酒店房型包括工作室和套房,房内均配有设施齐全的厨房,独立的工作区和休息区。此外,酒店还提供免费自助早餐、随处可用的免费无线网络和黄昏社交酒会,让顾客身在旅途时也能随时保持连通、尽享生活。

9. Candlewood Suites

创立于1995年,该品牌是一个中档长住型酒店品牌,专为需要逗留一周或者更长时间的顾客提供住宿服务。酒店提供单间公寓和有更多活动与放松空间的一卧室套房,致力于为顾客带来融合舒适、空间与价值的体验。设施完备的厨房、超大工作区和免费洗衣服务让顾客无论住多久,都能拥有一种回到家的感觉。

三、经营管理创新及企业社会责任

1. 创新顾客体验

洲际作为全球第一大酒店集团,在创新的道路上始终走在时代的前列,不断满足和创新顾客体验。洲际是第一个拓展iPhone、iPad应用,第一个有中文网站,第一个推出官方微信的全球化酒店集团等。2010年4月及2014年6月洲际先后推出适用于苹果与安卓系统的优悦会应用程序,2010年12月成功上线专为iPad版礼宾程序"洲际知行天下指南"。2012年10月,洲际发布了新系统,针对全球的所有旗下品牌酒店推出了顾客评论和评分系统(Guest reviews and ratings),包括英文、德文、西班牙文和中文等语言版本。2013年10月,在移动平台上推出微信服务账号"IHG优悦会",此举也使得洲际酒店集团成为国内首家与腾讯微信合作并建立微信服务账号的国际酒店集团。

2. 追求品牌塑造

洲际酒店的商业模式核心是品牌的塑造,洲际酒店主要是提供品牌授权和管理服务,因此,品牌是洲际酒店集团的发力重点。洲际早已停止了资本密集的地产投入,转而提供酒店授权、管理、托管和出租服务,在洲际酒店集团旗下的4700多家酒店,只有不到10家是直接持有物业的。集团选择与房地产开发商合作,建立在房地产方面的优势,不同的行业也能摩擦出创意冲突,这样的碰撞能让酒店业得到更满意的结果。

如今的洲际已经走上了"轻资产、重品牌"的发展道路，集团更多地聚焦在品牌管理，从而集团要比其他竞争者更强调品牌所带来的"价值"。为此，2012年，洲际酒店集团先后推出了健康型中端酒店品牌——Even hotel和首个针对于华人群体的豪华国际品牌——华邑酒店及度假村两个品牌，从而进一步挖掘和满足细分市场需求。

3. 强化企业责任

洲际酒店集团坚信，一个企业在社会责任方面的努力能够加强消费者对这个企业品牌的信任，从而建立起竞争优势，在为社会做善事、尽责任的同时提高企业的声誉。洲际的企业责任策略有两大支柱：(1)可持续发展的环境：通过各类方式，尤其是在线环境管理平台"绿色环保参与计划"，推动环境的可持续发展；(2)可持续发展的社区：创造机会，帮助推动当地经济的发展，例如洲际酒店集团英才培养学员、希望工程同洲共际爱心基金等。2012年，全球洲际酒店及度假村开展了形式多样的"社会责任周"活动，如北京北辰洲际酒店选择帮助"裕陵"进行陵墓的清理和修缮工作。2013年7月，北京金融街洲际酒店正式聘用了9名来自北京启喑聋哑学校的聋哑学生，在履行企业社会责任的同时，让这些自强、努力的孩子们更好地融入社会的大家庭中，展现各自的一技之长。2013年9月17日，洲际酒店集团与青岛酒店管理职业技术学院合作开办洲际英才培养学院，英才培养学院每年为中国酒店业输送超过5 000名毕业生。

资料来源：

［1］洲际酒店集团全球官网：http://www.ihg.com.

［2］环球旅讯官网：http://www.traveldaily.cn/search.html? kw =洲际.

附录：

表6－1　洲际酒店集团发展历程

年代	事件
1777	Bass在英国创立了一个酿酒厂，后来发展成为英国顶级酿造者之一
1876	Bass的商标红三角成为英国第一个注册商标
1960	Bass公司收购了一些知名的酿酒公司，成为英国最大的酿酒商

续表

年代	事件
1988	Bass 购入 Holiday Inns International，开始涉足住宿业
1990	Bass 收购北美的 Holiday Inn，假日的经营走向国际化
1991	Bass 推出提供有限服务的 Holiday Inn Express 品牌
1994	Bass 推出皇冠假日品牌，服务于高层次消费者
1997	推出 Staybridge Suites，迎合高消费长住市场
1998	收购 InterContinental hotel company
2000	收购 Southern Pacific Hotels Corporation，确立了在亚太地区酒店业的领头地位
2001	卖出 988 家小酒吧，买入 European Posthouse chain of hotels 和香港的洲际酒店
2003	增加了一个中档长住酒店品牌 Candlewood Suites，并正式更名为洲际酒店集团
2004	推出 Indigo 品牌，提供实惠精品屋住宿
2007	推出大力发展 Holiday Inn 系列品牌的计划，包括之前的假日和智选假日两个品牌
2008	进入分时酒店市场，并推出 Holiday Inn Club Vacations 品牌
2012	推出新品牌 EVEN Hotels 和专为中国人设计的 HUALUXE Hotels and Resorts

第七章　屡获殊荣，引领创新

——温德姆酒店集团

一、集团介绍

　　温德姆酒店集团（Wyndham Hotel Group）是现时全球最大的酒店集团，隶属温德姆环球公司（纽约证券交易所：WYN）旗下子公司，经营分布71个国家的超过7 540家酒店及约650 200间客房。旗下的15个酒店品牌包括温德姆酒店及度假酒店（Wyndham® Hotels and Resorts）、华美达酒店（Ramada®）、戴斯酒店（Days Inn®）、速8酒店（Super 8®）、蔚景温德姆酒店（Wingate® by Wyndham）、栢茂酒店（Baymont® Inn & Suites）、迈达温德姆酒店（Microtel Inn & Suites® by Wyndham）、灏沣温德姆酒店（Hawthorn Suites by Wyndham®）、爵怡温德姆酒店（TRYP by Wyndham®）、豪生酒店（Howard Johnson®）、Travelodge®及Knights Inn®。此外，集团亦拥有星球好莱屋酒店（Planet Hollywood®）、晶雅酒店（Dream® Hotel）及Night®酒店品牌的特许经营权，并在世界各地提供酒店管理服务。

　　所有酒店均由业主独立所有并根据协议经营，除了部分温德姆、灏沣温德姆酒店及爵怡温德姆酒店，及部分华美达酒店、戴斯酒店及美国境外的速8酒店则由温德姆酒店集团或由其下属机构管理。

　　温德姆奖赏计划是集团官方的忠诚客户奖赏计划，以参与酒店的数量计算，是现有酒店行业中规模最大的忠诚客户计划，共拥有970多万名活跃会员。入住集团旗下在全球超过50个国家、接近7000多间酒店、度假酒店及长期住宿物业时，会员有机会赢取奖励及兑换积分。

二、品牌介绍

　　在酒店同行业中，温德姆酒店集团所提供的酒店品种最为广泛，从经济型、中档、高端到度假型,乃至长住类型的酒店,可谓应有尽有,为宾客提供众多选择。

目前,温德姆酒店集团在中国主要经营五大品牌,包括:温德姆酒店及度假酒店、华美达酒店、豪生酒店、戴斯酒店、速8酒店。2014下半年,集团还将把爵怡温德姆酒店以及星球好莱屋酒店引入中国市场。这两个品牌代表了生活潮流和时尚消费的新理念,也将进一步丰富酒店投资者和消费者的选择。

(下面数据均截至2014年6月)

1. 温德姆酒店及度假酒店

温德姆酒店及度假酒店提供高档酒店及度假酒店的住宿体验,旗下酒店遍布美国、加拿大、墨西哥、美洲中部及南部地区、加勒比海地区、欧洲、中东及中国。

该品牌在中国共有11家酒店在运营中。另外,在2014年底前,还将有更多家温德姆酒店和温德姆至尊酒店陆续开业。

2. 华美达酒店

华美达酒店在全球拥有近830家中、高档酒店。大部分华美达酒店设有餐厅、酒廊、房间订餐服务、礼宾服务、会议、宴会设施及商务中心。

华美达酒店在中国境内共拥有56家酒店。

3. 豪生酒店

豪生为温德姆酒店集团旗下具有代表性的连锁酒店品牌之一,目前在全球各地拥有近450家酒店。大部分豪生酒店提供多种免费设施及服务,包括免费无线高速上网、免费Rise & Dine® 欧陆早餐等。许多酒店还设有会议和健身设施,以及游泳池。

豪生在中国境内共有43家酒店开业。

4. 戴斯酒店

戴斯酒店目前在全球拥有超过1800家经济型到中档型的酒店。所有的戴斯酒店均提供免费无线高速上网服务;大部分酒店还提供免费DayBreak® 欧陆早餐,并配备会议室、宴会设施、复印及传真服务、健身中心等。

戴斯品牌酒店在中国境内共有57家经营。

5. 速8酒店

温德姆酒店集团旗下品牌速8酒店为全球知名连锁酒店之一,在全球逾2 400个城市及地区拥有酒店,数量位居经济型酒店品牌之首。大部分速8酒店为旅客提供一系列免费服务与设施,包括高速免费上网、SuperStart® 欧陆式早餐。

速8品牌在中国境内已拥有593家酒店。

6. 爵怡温德姆酒店

爵怡温德姆酒店是时尚与舒适兼备的酒店品牌,目前已有超过100家酒店分布于欧洲、北美和中南美洲的大都市中,不乏引领潮流之地。品牌专为那些注重生活品质的商务和休闲人士而设,让他们在入住酒店的同时,能充分"拥抱城市"享受社交活动与独特风情,尽情体验生活。

7. 星球好莱屋酒店

星球好莱屋酒店是独具创新设计的明星酒店品牌概念。酒店的每一间客房都有属于自己的好莱坞明星特色,装修与设施极尽奢华,而宾客在酒店处处都能享受到最高级别的红地毯式贵宾礼遇。完美的服务、奢华的氛围和诱人的佳肴美馔吸引了无数商务及休闲客人流连忘返,在这里,宾客永远感觉自己就是明星。

三、经营管理创新

无论从公司规模、品牌多样性还是业绩来看,温德姆酒店集团是全球最大、最多元化的酒店集团。

温德姆酒店集团向业主提供委托管理和特许经营两种合作模式。温德姆酒店集团是在全球,特别是在中国,采取特许经营模式最成功的酒店集团。这种模式为集团在市场上保持一个特殊的地位,为业主提供了充分的自主权和发展自我能力的空间,从而不断吸引新投资者的加入。

对于旗下众多已开业的酒店,以及在中国市场的快速扩张,如何保证每家酒店的良好运作且合乎品牌标准,无疑是一个挑战。

为了更好地服务于特许经营酒店,温德姆酒店集团的专业团队向业主提供各类品牌、技术支持,以及长期、全面的培训。同时,集团还设有成熟的培训系统和检验机制来保证特许经营酒店的品质,以确保品牌的统一,让消费者在旗下任何一家酒店都能体验到满意、一致的服务。

以下将介绍其中部分业界领先的技术和理念,包括运营支持团队、质量保证体系、客户反馈、绿色工具箱。它们展现了温德姆酒店集团如何利用先进的运作方式和技术,来更好地服务于酒店,使他们在各方面都能及时、专业地支持、保证品质,且获得最新管理经验及技术。

1. 运营支持团队

温德姆酒店集团为其特许经营人提供的便利之一就是营运支持团队。该团队由位于总部的营运支持平台以及区域营运支持总监组成。如果酒店遇到任何营运问题和顾虑，均可联系营运支持团队解决。他们会提供必要的工具，帮助酒店在市场上的定位，并有效宣传品牌。

运营支持平台由一个由酒店专业人士组成的两个梯度的小组组成。第一梯度成员将协助酒店处理质量保证标准、我的门户（内部网络平台）、品牌推广、市场营销资源以及其他领域的问题。第二梯度的成员提供高级运营支持服务，帮助酒店处理更为复杂，且需要研究和后续跟踪的问题。运营支持平台的总体目标是通过在系统使用和最佳操作经验分享方面积极、主动地提供解决方法，为酒店提供高水平的第一时间的解决方案，并增强顾客服务体验。

同时，运营支持团队将根据酒店所在区域为酒店指派营运支持总监，通过定期走访酒店提供现场支持，比如：因地制宜地提供房价及房量分配和系统咨询服务、针对酒店现状指导如何遵循或提高质量标准、促进特许经营酒店参与地区及全国性的市场营销活动以及温德姆酒店集团品牌计划、积极主动地向总经理和业主提供合适的培训资源和工具信息，以及协助新酒店资源整合，帮助酒店进行所有权转让等。

2. 质量保证体系

温德姆酒店集团采用质量保证体系旨在通过最先进的技术协助酒店简化流程。质检官将前往各地评估酒店整体客户体验，旨在向酒店提供公平公正的质检评估，指出改进方面，并给予酒店适当解决方案。

集团与业界专业的神秘顾客评估公司合作，委任普通消费者为质检官，通过培训后，他们将通过匿名的方式入住酒店，以衡量一家酒店的客户体验。

质检官的现场评估始终从客户的角度出发，并涵盖几百个独立检查项目，主要分为五大检查指标：洁净度、设施维护、品牌执行力、服务理念以及品牌参与度。这五大领域各占总分的20%。

他们在结束第一天的匿名检查后将向前台亮出身份，会见业主或管理层，以讨论所需的或已完成的改进工作，并指出需要改进的空间。在这之后，酒店方面也将通过专门网站，获得详细的质检报告，用以分析结果并在下次质检之前解决问题。

而为了督促酒店的改进工作，酒店还须在网站上记录行动计划和工作进度，并且将受到在线监督。如果酒店认为有不相符的情况，也可以进行网上申诉，以确保公正性。

3. 客户反馈

为帮助酒店及时了解住客反馈，并及时作出调整，温德姆酒店集团还为酒店准备了用以管理网络评论及评分的工具——WynReview,从而使酒店获得了更多的客户反馈、跟踪及提升客户体验。

WynReview 为酒店提供离店客户的主动和被动反馈以及直接竞争酒店的基准数据。评论及评分包含了宝贵信息可供酒店提高网络知名度以获取更多预订,以及提升客户满意度。

此外,温德姆酒店集团还采用了由 TripAdvisor 提供技术支持的 WynReview Invitation Portal,作为一种客户入住体验调查的解决方案。客户收到调查请求后提供反馈信息,为酒店经营者提供管理意见,提升日常运营能力。

4. 绿色工具箱

作为一家负责任的企业,温德姆酒店集团致力于对绿色、环保的推广。而为了鼓励旗下酒店的参与,集团并不以说教形式进行宣传,而是让酒店经营者们意识到环保能为酒店带来的获益,并提供免费、便捷的生态软件数据管理系统——绿色工具箱,帮助酒店提高可持续性和环境友好性。

使用温德姆绿色工具箱后,酒店方只需每月花 15~30 分钟上传数据,该系统便可将公用设备使用情况可视化,让酒店方面获悉如何优化设施使用性能。所以对于酒店来说,环保变成了一件一举两得的事情。它不仅能追踪、衡量和节省能源成本,还兼顾了环保。

5. 社会企业责任

集团母公司温德姆环球对社会企业责任特为重视,主要针对以下几项:

- 文化兼容;
- 环境保护及持续发展;
- 人权维护及商业道德。

6. 社区支持与贡献

作为全球领先的酒店集团,其核心价值之一是支持当地社会。我们坚信,唯有通过不断回馈社会,才能改善我们周围的世界。2013 年 10 月,温德姆酒店集团香港、上海及北京总部的同事们捐赠了新鞋给民工子弟,并为民工子弟辅导功课。

此外,2013 年 10 月 31 日,温德姆香港总部举行了"温德姆关爱"万圣节派对。除了捐款至成长希望基金会,全公司同事与几十名低收入家庭的儿童更参加了万圣节慈善派对,集团除了全力赞助,同事们更倾力设计游戏,并装扮成各种角色,大家玩得非常开心。

当亚太区总部履行承诺,致力于"做对的事情",积极推行关爱慈善活动的同时,其在亚洲的各家酒店也积极帮助他人,踊跃为当地小区尽绵薄之力。

第八章 企业文化创造内在凝聚
——喜达屋饭店与度假村国际集团

一、企业简介

喜达屋饭店与度假村国际集团是世界饭店与休闲服务业中的领袖企业之一，总部设在美国。作为世界知名的品牌，喜达屋是一个集饭店业主、经营与销售等功能于一身的综合集团，旗下拥有白金五星级的瑞吉(St. Regis®)、豪华精选(The Luxury Collection®)、威斯汀(Westin®)和艾美(Le Méridien®)；五星级的喜来登(Sheraton®)；四星级的 W 饭店(W® Hotels)；中档的福朋(喜来登集团管理)(Four Points® by Sheraton)、雅乐轩(Aloft®)和源宿(Element®)这9大品牌。喜达屋拥有一项行业领先且备受赞誉的忠诚计划——SPG 俱乐部(SPG)，会员可获得积分并可将其兑换成客房住宿、客房升级和航班，且无日期限制。喜达屋还拥有喜达屋度假住房所有权股份有限公司，旗下的别墅式度假饭店和喜达屋旗下品牌的贵宾特权缔造出世界级的度假体验。在2013年《HOTELS》杂志公布的全球酒店集团排名中，喜达屋位列第七。截至2014年7月，在全世界范围内的喜达屋酒店各品牌数量分别为：瑞吉49家；豪华精选103家；W 饭店71家；威斯汀224家；艾美124家；喜来登519家；福朋喜来登268家；雅乐轩141家；源宿26家。喜达屋在全球100多个国家和地区拥有1180多家饭店及度假村，其自有与管理的饭店雇用员工超过181 400名。

二、品牌介绍及特点

1. 瑞吉斯饭店及度假村(St. Regis®)

瑞吉饭店是世界上最高档饭店的标志，代表着绝对私人的高水准服务，它追求的是"典雅"和"品位"。第一家瑞吉饭店是1904年约翰·雅各布·阿斯托(John Jacob

Astor IV)上校在纽约开办的,阿斯托上校采用了全欧洲化的服务来款待自己的朋友和商务伙伴。在其所在的城市,瑞吉饭店是"富贵"的代名词。一进住饭店,客人首先会受到以准确而亲切称呼的方式的欢迎,接着会得到饭店的特色服务——贴身侍从服务。饭店的每一楼层都设有贴身侍从服务,以全天候、全方位的服务确保每一位客人在这里都能得到愉悦而舒适的享受。服务内容包括诸如整理行装、擦鞋、沏茶与咖啡以及叫早等传统服务以外,更为重要的是贴身侍从对每一位客人负责,提供适合其本人的各项服务。饭店的所有贴身侍从都曾在纽约瑞吉总部的旗舰饭店受过专门培训。

自从阿斯托上校创立的第一家瑞吉酒店以来,瑞吉一贯保持着管家服务这一传统特色,向所有宾客奉上无与伦比且超乎期望的定制服务。这种服务在业内独树一帜,使瑞吉饭店成为了全球饭店业的经典,并且依然是能够在遍布全球的每一家酒店提供这种个性化服务的唯一豪华酒店品牌。

2. 豪华精选饭店及度假村(The Luxury Collection®)

豪华精选创建于1995年,是集团中为最上层客人提供别出心裁服务的饭店和度假村的独特组合,包括了众多全球最负盛名的酒店及度假村。至尊精选旗下的酒店都是独一无二的,从14世纪的古建筑到世界上最具现代化的度假酒店一应俱全。每家酒店及度假村均独具特色、风情各异,精美的装饰、豪华的布置、无与伦比的服务和先进的现代化便利设施将为旅客打造独特而丰富的入住体验。全球最好的饭店所具有的特点——华丽的装饰、壮观的摆设、无可挑剔的服务、现代最先进的便利用具的设施——都可以在至尊精选中找到。

至尊精选酒店能够以无可比拟的方式吸引客人,满足旅客的需求和偏好,带给客人最具特色的视觉效果,并将每处酒店所处地的习俗、文化和环境完美地结合起来,从而让客人享受到最精致的酒店体验。

3. W饭店(W® Hotels)

W饭店是喜达屋在并购了喜来登和威斯汀饭店后新创的一个四星级饭店品牌,将专门为商务客人而设的设施和服务与独立精品饭店的特点相结合,喜达屋集团对商务客人的住店经历进行重新定义,针对商务客人的特点对服务设施和服务方式、内容上有全新的设计。

每一间酒店都提供独特的创意设计和一切围绕时尚、音乐和娱乐而进行的热门活动。W酒店提供了一系列感官潮流体验,包括现代概念餐厅、魅力娱乐生活、时尚的零售店、特色水疗和耳目一新的入住享受,为宾客带来全方位的生活方式体验。W酒店将独立酒店的个性化时尚风格与主流商务酒店值得信赖、始终如一的卓越品质和体贴周到的服务融为一体,从而重新诠释了以当代设计为主导打造奢华的现代生活方式的住宿体验。W 酒店的合作者都是设计、音乐和时尚新闻领域的尖端人物,每家酒店和度假村的独特设计灵感都来自它的所在地,并将当地影响力融入到最尖端前沿的设计之中,创造出了"白天尽情玩耍和工作、夜晚施放能量"的美妙之地。

4. 艾美(Le Méridien®)

2005 年 11 月,艾美品牌和经营收费业务被喜达屋酒店及度假酒店集团收购。艾美酒店将欧洲的传统与当代文化融合起来,营造出富有浓郁文化气息、深邃人文内涵的典雅氛围,让身处其间的每一个人都能尽享美好时刻,于平淡、烦琐的日常生活之中捕捉美妙体验。

如今,艾美已成长为全球性酒店集团,旗下拥有超过 100 家豪华高档酒店,遍布全球 50 多个国家和地区。其中,大部分酒店位于世界主要城市和度假胜地,遍及欧洲、非洲、中东、亚太和美洲各地。

5. 威斯汀饭店及度假村(Westin®)

威斯汀是喜达屋团队中老牌高档商务酒店的品牌之一,在酒店行业中一直位于领先者和创新者行列。威斯汀酒店分布于重要的商业区,每一家酒店的建筑风格和内部陈设都别具特色。

与圣·瑞吉斯和至尊精选相比,威斯汀更追求硬件的奢华,突出体现商务氛围。例如在 1999 年,威斯汀发明了"天梦之床",彻底颠覆了传统的酒店睡眠概念。在威斯汀酒店,每天都提供全新的可供选择的服务,为商务客人和带小孩的游客提供宁静与高效的个性化服务,每一家威斯汀都有不同的建筑风格和环境,但却有一致性的质量和服务,甚至可以把威斯汀这一酒店品牌概括为宁静与高效的完美结合。

6. 喜来登饭店及度假村(Sheraton®)

喜来登是喜达屋酒店与度假村国际集团最大的品牌,可以说它是一个在传统而雅致的环境中成长起来的为顾客提供温馨服务的跨国高级酒店品牌。60 多年来,喜来登酒店的友好待客之道一直享有盛名,在市场竞争中也始终独占鳌头。

喜来登品牌带给人的感觉是:温暖的,像家一样的酒店,注重人与人之间的联系,所以酒店内的布置、酒店服务员的态度都会给人以家的温暖。关于喜来登有一个小故事,我们在任何酒店或旅店中所看到的白色床单、枕头套等,这是喜来登酒店带起的"流行",本来是想让客人感受到干净的感觉,想不到其他酒店争相模仿,影响了整个行业。

7. 福朋（Four Points® by Sheraton）

1995年4月，喜来登酒店及度假村集团推出了福朋酒店品牌，它是一个提供全方位服务的中档饭店品牌，客源市场定位于商务客人和消遣旅游者。此连锁品牌的经营理念与众不同，它是提供全方位服务的中档饭店，在现今时兴有限性服务（Limited·service）的时代是很特别的。福朋饭店主要分布于机场、大都市的商务中心、中小城市和度假胜地。每家福朋饭店都有健身房和具有宴会和商务功能的中小型会议室，并且提供一流的客房服务，几乎所有的饭店都建有游泳池。

第一家福朋饭店于1995年开业，地址位于宾夕法尼亚的格林斯博格。福朋酒店是中档酒店中唯一的一家实行喜达屋SPG俱乐部计划的酒店。

8. 雅乐轩饭店（Aloft®）

雅乐轩是喜达屋酒店与度假村国际集团近年来致力打造的一个全新中档品牌。它是与W酒店一脉相承，由创建W酒店的同一团队倾力打造，也被广泛视为数十年来最成功的新品牌之一。

雅乐轩的使命是使入住该品牌酒店的旅客不再疲倦、孤单。它以有竞争力的价格提供了风格独特的、便利的社交氛围；提供充满都市风情、LOFT空间风格的客房；提供适合日常社交和夜晚活动的、风景秀美的户外空间，以及充满活力的大厅背景。雅乐轩的建造吸取了W酒店的经验和教训，它彻底改变了毫无新意的混凝土体验，取而代之的是它为商务和休闲旅行者带来的时尚的入住服务和社交气氛，为旅行者提供全方位的旅程和接待服务，使他们体验一种不同凡响的享受。

9. 源宿（Element®）

源宿酒店的灵感源自威斯汀酒店及度假村，旨在通过流畅的多功能空间营造平衡和谐的氛围，以自然为本的灵活、环保型设计可使空间利用达到最大化，并让顾客能够通过多种方式使用每一个区域。它融合了智能化设计、现代化风格和融洽的社交环境，为具有长期入住需要的旅行者提供完美的生活体验，让他们在旅行期间也能充分享受生活。

源宿品牌的推出不仅仅标志着其进军公寓型酒店的开始，更是对绿色环保型酒店的尝试。所有源宿酒店有一个共同要求，即严格地以美国绿色建筑委员会（USGBC）的LEED标准作为酒店建设、设计与运营的准绳。

三、管理创新

1. "喜达屋关爱"的企业文化

"喜达屋关爱"使每一位喜达屋人铭记于心。这一服务理念是集团在2001年推出的,它具体包括三个方面的内容:关爱生意、关爱客人、关爱同事。对于企业文化三方面内容的具体关系,集团做了如下说明:没有满意的员工就没有满意的客人,没有满意的客人就没有令人满意的收入,而没有令人满意的收入就没有了培养优秀员工的物质基础。"喜达屋关爱"的企业文化十分注重对企业的最重要资本,即对员工的关爱。

在"喜达屋关爱"的三个具体方面中,"员工关爱"是它的核心内容。"员工关爱"是顾客满意和生意兴隆的起点。对于员工的关爱,集团特别强调真诚,为企业员工提供了独特而周详的考虑和安排。为了实现企业文化的核心内容,集团具体做了几个方面的事,包括关爱课程、关爱员工的成长等。

2. 喜达屋品牌建设

市场是千变万化的,如何适应市场变化是决策者必须关注的问题。市场是千变万化的,如何适应市场变化是决策者必须关注的问题。市场重的是品牌营销。而它的品牌有七八个,由于品牌太多,难以形成更准确的定位,于是对一些为集团所有的饭店品牌进行有机整合,分别将其归入喜来登、威斯汀、福朋或瑞吉旗下,这样就进一步扩大了品牌的声望及市场份额,从而增加可售客房的平均收入,提高了经营效率。

3. 大力倡导节能环保

"节约、环保,创建绿色酒店"已经成为现代酒店经营的主要理念之一,注重节约、环保也是缩减成本的途径之一。自2014年7月起,喜达屋旗下近1200家酒店共1300间餐厅将不再采购鱼翅,以推进集团可持续发展的目标。集团承诺将于年底前在其全球范围内的所有餐饮场所全面停售鱼翅。喜达屋是第一家如此立场坚定地做出此种承诺的全球酒店运营商。而天津地区的五家喜达屋酒店亦在日前纷纷宣布,停止在餐品中供应鱼翅及其制品。

4. 注重科技应用,提升顾客体验

喜达屋不断地采用大胆、创新的经营管理理念,勇于开拓新市场。这主要表现在对网络技术的应用、在各品牌饭店引入新的管理和服务理念等上。日前,喜达屋启用了 SaviOne 机器服务员提供简单客房送货服务,早在 1996 年 7 月,喜达屋集团就建立了自己的网站,并且进入盈利阶段。如此大的成功主要归功于喜达屋对网站不断地进行调整,以适应现实与潜在用户需求的变化,让用户在使用系统时更容易对于目的地进行旅游查询。为了减少成本,喜达屋很强调与专业网络公司的合作,将自己的工作限定在自己专长的和必须要控制的领域。这样就使网上预订的成本与其他预订方式保持在同一水平,并且网上预订的成本正在逐年下降。

第九章 希尔顿酒店管理(上海)有限公司

一、企业简介

希尔顿国际酒店集团,为总部设于英国的希尔顿集团旗下的分支,拥有在全球除美国以外地区使用希尔顿品牌名称的权利,旗下有 Hilton、Scandic 和 Conrad 等品牌。美国境内的希尔顿酒店则由希尔顿酒店管理公司拥有并管理。希尔顿国际酒店集团经营管理着 403 间酒店,包括 261 间希尔顿酒店,142 间面向中端市场的"斯堪的克"酒店,以及总部设于北美的希尔顿酒店管理公司合资经营的、分布在 12 个国家中的 18 间"康拉德"酒店。它与希尔顿酒店管理公司组合的全球营销联盟,令世界范围内双方旗下酒店总数超过 2700 间,其中,500 多间酒店共同使用希尔顿的品牌。

希尔顿国际酒店集团在全球 80 个国家内有着逾 71 000 名雇员。全球 18 家屡获大奖的超豪华型酒店康拉德位于欧洲、美洲、亚太地区和中东、非洲等地国家的首府发展历史和充满异国情调的度假胜地。康拉德通过建立并保持最高级别的服务水平,本着著名的"康拉德服务文化"理念,为商务和休闲游客创造价值。酒店客房舒适精美、餐厅高贵典雅、健身俱乐部设备完善、会议配套设施高档齐全。所有的康拉德酒店的客人都能享受到希尔顿全球预订中心和其知名客户忠诚项目的服务。

1988 年,上海希尔顿饭店开业,它标志着希尔顿集团开始进入中国市场。20 世纪 90 年代,由于集团发展战略主要在北美和欧洲市场,因此希尔顿在中国市场的扩张步伐明显落后于其他国际饭店集团。进入新世纪,随着中国饭店市场日渐庞大,同时美国的希尔顿饭店公司收购了英国的希尔顿国际,希尔顿品牌成为统一实体后,集团发展战略重点开始转向亚洲市场,尤其是中国市场,希尔顿加速了其在中国市场的扩张步伐。

2005 年 3 月 23 日,希尔顿国际饭店集团最高端的、在全球仅有 17 家的超豪华饭店品牌康拉德(CONRAD)进入了中国内地市场,首家饭店落户于上海新天地区域。

2005 年 4 月 23 日,宿迁东方希尔顿大饭店动工,于 2007 年上半年投入使用,是目前苏北乃至整个淮海经济区第一家五星级大饭店。6 月 7 日,希尔顿国际饭店集团

(HI)与中房集团在北京签署协议,宣布"康拉德"(Conrad)饭店落户北京;该集团旗下经济型饭店品牌"斯堪的克"(Scandic)同时签约,于2008年北京奥运会前营业。北京成为世界上第一个拥有全部三个希尔顿国际品牌的城市,包括豪华型饭店康拉德、高档饭店希尔顿和面向中端市场的经济型饭店斯堪的克。

2005年12月,在海南岛建设首家希尔顿全球度假村。

2005年,建立起一个中文网站。2006年元旦,上海金茂希尔顿大酒店开业。

2006年,在厦门和三亚再开2家希尔顿饭店,其中三亚希尔顿是中国第一家希尔顿度假饭店。目前,希尔顿正谋划将"希尔顿花园客栈"品牌引入中国。

就希尔顿中国官网的数据显示,在中国已经经营和即将开业的希尔顿酒店集团旗下的酒店有50多家。品牌集中在希尔顿、康拉德/港丽、逸林、华尔道夫。

二、品牌介绍及特点

1. 华尔道夫

希尔顿旗下超豪华品牌,2006年1月,希尔顿以其旗下的纽约华尔道夫酒店为名称,推出了新的酒店品牌,希尔顿称该品牌的豪华程度将超越旗下另一豪华品牌Conrad康拉德。在中国,上海外滩华尔道夫酒店,以无与伦比的高品质和豪华、完美的服务而著称。

2. 康拉德

希尔顿品牌家族中的豪华品牌,它主要为商务和休闲旅游者提供一流的服务和豪华的环境与设施;饭店专门选址在欧洲、亚洲、澳洲、南美和中东地区的国家首都和极具异国情调的旅游胜地的主要商务和休闲地区建立起豪华饭店、度假村。位于上海新天地的两座酒店之一即是康拉德品牌,大连万达亦在2009年初在大连签约一家Conrad。该品牌由康拉德·希尔顿的儿子Barron Hilton创立。第一间Conrad,即康拉德木星酒店(Conrad Jupiters)1985年于澳大利亚黄金海岸开幕。

3. 希尔顿

希尔顿饭店集团品牌家族中的国际豪华品牌,它的目标市场主要是为商务和休闲旅游者提供一流的饭店产品、高档的服务和豪华的饭店设施设备。目前在中国已建成的有16家。

4. 大使套房饭店

建于1983年,创造了饭店业全套房饭店概念,并在该领域的系统规模、地理位置、品牌识别等方面保持着领先地位,是全美最大的高档、全套房饭店品牌,套房总数超过其他任何竞争饭店的全部套房之和。2002年9月大使套房饭店因其在高档连锁饭店中顾客满意度最高而被授予2002年JD Power Associates奖,这是该饭店连续四次获得该奖。目前,全球有182家大使套房饭店,拥有44 429间套间。

5. 花园客栈

品牌定位于一流的中等饭店品牌,旨在为商旅人士和休闲游客提供优质的专注式服务、先进的设施和适中的价位。花园客栈的特色是满足顾客的需求和减少他们不用的服务设施,提供高水平的服务,节约成本,而不会降低服务质量。目前,花园客栈在北美饭店业中已经成为发展最为迅速的品牌之一,备受寻求高住宿质量和合理价格的旅客们所推崇,其客户满意度在同类竞争对手中也享有崇高的地位。

6. 汉普顿旅馆

希尔顿品牌家族中的中档饭店品牌,为追求价值的旅游者提供舒适、设备完善的房间,友善的服务和其他额外的努力会使旅游者每一次在这里逗留都更加快乐。创新服务是其服务宗旨,它保证100%满意,如果在这里不完全满意,就不用付款。它主要位于乡间、郊区和城市中。

7. 家木套房饭店

诞生于1988年3月,是一个全套房住宅式高档饭店品牌。它主要接待长期住宿旅游者,例如外出几日或多日的旅游者、参加研讨会、年会或是企业培训和休闲度假或参加家庭活动的人员,向他们提供家一样的舒适、方便和隐私,而只需花费传统饭店房间的价格。目前,全球有190家家木套房饭店,拥有20 000间套房,超过30家饭店正在建设中。

8. 希尔顿度假俱乐部

一个创新的积分制预约和交流系统,为俱乐部会员提供全方位的休闲度假服务和灵活的休闲旅游机会。俱乐部会员可以享受在俱乐部度假村系统的交流、世界范围内3 700多处度假胜地的假日交流、希尔顿荣耀客人回报活动等待遇。

三、管理创新的特点

由于希尔顿酒店管理集团在国外有悠久的发展史,其管理方法与体系较国内都比较先进。所以在高端饭店市场上,希尔顿在我国的大举扩张在很大程度上挤压了我国饭店业的市场份额。总体来说,希尔顿在我国的发展呈现出以下特点。

1. 希尔顿酒店集团占据了我国酒店业的高端市场

由于希尔顿在管理技术以及品牌方面的优势,在与其他中国本土饭店竞争时可以体现出更强的竞争力。在饭店高端市场中更容易被消费者接收,所以就造成了本土饭店高端品牌市场占有率不高的结果。

2. 希尔顿酒店集团在我国的市场细分不断加强

希尔顿采用品牌多元化发展战略,希尔顿在对我国市场做了细致分类的基础上,采用了"主品牌+系列子品牌"的品牌多元化战略,利用各种不同的饭店品牌提供不同档次的服务以满足不同的顾客需求,专攻各细分市场。例如:希尔顿旗下主要品牌有希尔顿、康拉德、斯堪的克、DoubleTree、大使套房饭店、家木套房饭店、花园客栈、汉普顿旅馆、希尔顿度假俱乐部等,每一个品牌都有特定的主要目标市场,从而极大地提高了希尔顿在全球饭店市场的占有率。

3. 与当地政府与企业建立良好的关系

2009年4月3日上午,大连万达集团与美国希尔顿酒店集团签订"酒店管理协议"仪式在大连凯宾斯基饭店举行。时任大连市市长夏德仁出席了签约仪式并致辞。夏德仁代表大连市政府对大连万达集团与美国希尔顿集团签约表示祝贺。希尔顿凭借其与当地政府、企业建立良好的关系,大大促进了其扩张的速度。

4. 与时俱进的专业管理团队

希尔顿将企业理念定位于"给那些信任我们的顾客以最好的服务",并将这种理念上升为品牌文化,贯彻到每一个员工的思想和行为之中,从而塑造了独特的"微笑"品牌形象。希尔顿饭店的每一位员工都被谆谆告诫:要用"微笑服务"为客人创造"宾至如归"的文化氛围;希尔顿对顾客承诺:为了保持顾客高水平的满意度,我们不断地听取、评估顾客意见,在我们所在的各个国家实行公平制度来处理顾客投诉并尊重消费者的权利。

5. 创新的本土化个性服务项目

希尔顿饭店集团十分注重以顾客需求为出发点,创新饭店产品与服务,从而给客人以惊喜。希尔顿在产品开发上采取诸多亲近客人的策略,针对游客离家在外的种种不习惯与不方便,希尔顿饭店特别推出了TLC房间(即旅游生活中心),以尽可能地缩小游客住宿饭店与住在家里之间的差异,保证客人能够有充足的睡眠,健康的旅游生活方式,以及帮助客人减轻外出旅游时感到的压力。1996年10月,希尔顿饭店公司与国家睡眠基金会(NSF)合作推出25间SLEEP-TIGHT客房。希尔顿饭店同时推出各种特色服务项目,例如,为庆祝周年纪念或新婚的情侣设置浪漫一夜,以极低的房价为客人提供轻松周末,专门针对老年人的特殊服务等。不断创新的差异化饭店产品与服务为希尔顿赢得了大批忠诚顾客。

附录：

表9-1 国内希尔顿酒店

品牌	总计	分布	具体酒店
希尔顿酒店及度假村	16家	北京3家	北京希尔顿酒店
			北京王府井希尔顿酒店
			北京首都机场希尔顿酒店
		上海2家	上海希尔顿酒店
			上海虹桥元一希尔顿酒店
		广州2家	广州天河新天希尔顿酒店
			广州白云万达希尔顿酒店
		南京2家	南京世茂滨江希尔顿酒店
			南京万达希尔顿酒店
		重庆1家	重庆希尔顿酒店
		三亚1家	金茂三亚希尔顿酒店
		合肥1家	合肥元一希尔顿酒店
		太原1家	太原希尔顿酒店
		杭州1家	杭州千岛湖希尔顿酒店
		大连1家	大连万达希尔顿酒店
		西安1家	西安万达希尔顿酒店
希尔顿逸林酒店及度假村	10家	无锡2家	无锡希尔顿逸林酒店
			无锡灵山元一希尔顿逸林酒店
		泰州1家	江苏泰州万达希尔顿逸林酒店
		廊坊1家	廊坊万达希尔顿逸林酒店
		青岛1家	青岛鑫江希尔顿逸林酒店

续表

品牌	总计	分布	具体酒店
希尔顿逸林酒店及度假村	10家	昆山1家	昆山花桥希尔顿逸林酒店
		三亚1家	万达三亚海棠湾希尔顿逸林度假酒店
		上海1家	上海东锦江希尔顿逸林酒店
		重庆1家	重庆江北希尔顿逸林酒店
		北京1家	北京希尔顿逸林酒店
康莱德酒店及度假村	4家	香港1家	香港港丽酒店
		澳门1家	澳门金沙城中心康莱德酒店
		三亚1家	三亚海棠湾康莱德酒店
		大连1家	大连康莱德酒店
华尔道夫酒店及度假村	1家	上海1家	上海外滩华尔道夫酒店

第十章 雅高酒店集团

一、集团概览

雅高是全球领先的酒店运营商,通过酒店运营商和品牌特许经营商(酒店服务)以及酒店所有者和投资者(酒店投资)两大业务分支为客人与合作伙伴提供专业知识,其目标是保证业务长期增长与和谐发展,为客户创造更多利益。酒店服务(Hotels services)将扩大并增强品牌影响力和吸引力,提供数字化的雅高新体验以及通过特许经营和管理酒店促进集团发展;酒店投资(Hotel invest)将着重改造和开发酒店、投资酒店项目以及优化现金流和资本利用回报率。

雅高在全球92个国家运营约3600家酒店,共计46万间客房,迎接各地的商务和休闲客人。旗下品牌覆盖所有酒店细分市场,包括奢华高端品牌索菲特、铂尔曼、美憬阁和美爵,中端品牌诺富特、Suite Novotel、美居和Adagio以及经济型品牌宜必思、宜必思尚品、宜必思快捷和hotelF1。雅高拥有强大的在线系统,尤其是预订网站accorhotels.com、旗下品牌网站以及客户忠诚计划雅高乐雅会。

与此同时,雅高致力于肩负企业社会责任,是一个富有责任感和社会关怀的酒店集团。雅高集团通过"21世纪地球"可持续发展项目将企业社会责任放在日常工作和运营的核心部分,为环境和社会做出21项郑重承诺,旨在共创更美好的世界。雅高作为全球顶尖的酒店学校,承诺为其17万名员工在雅高各品牌酒店提供发展机会。员工是每天推广雅高服务理念和创新精神的大使,这些精神在45年中促进了集团的发展。全球共有18所雅高学院遍及各地,并配备来自全球各地的培训师队伍。雅高团结会(Solidarity Accor)支持雅高员工帮助贫困和在社会中被孤立的人群接受教育并融入社会,进行紧急人道主义援助。自2008年以来,雅高团结会在40个国家开展194个项目,8500名员工参与,惠及190 000位直接或间接受益者。

二、品牌简介

雅高集团是最早进入中国市场的国际酒店管理公司之一，于1985年签订了第一份管理合同。29年以来，雅高集团一直保持着良好的发展势头，在中国市场快速发展，并与众多国内业务伙伴建立了坚实的合作关系。在其发展过程中，雅高集团并非仅仅关注某一市场的需求，而是全线发展，旗下品牌覆盖从奢华型到经济型各个酒店市场。雅高在中国经营了一系列品牌，包括索菲特、铂尔曼、美憬阁、美爵（奢华及高端）、美居、诺富特（中端）、宜必思尚品和宜必思（经济型），全线覆盖从经济型到奢华型酒店市场。其多品牌的发展战略为消费者和合作伙伴提供了多样的选择和多元化的发展模式。

雅高集团利用专业的酒店管理运营经验，为酒店经营者和合作伙伴提供服务。集团提供国际化高质量的产品和服务，进行酒店运营和管理，为合作伙伴及经营者提供各类专业服务，包括品牌市场营销、统一的全球分销渠道销售、根据品牌统一的标准并结合当地情况实行采购、积极的人力资源政策和员工培训、支持设计、建造、翻新和维护酒店等。

索菲特酒店是全球唯一的法国奢华酒店品牌，遍及全球五大洲约40个国家。每家酒店均各自散发现代、优雅且时尚的气息，并且能够充分配合时下宾客的多变口味，更可满足他们对美感、品质及卓越的严谨要求。

铂尔曼是雅高酒店集团旗下的高端国际酒店品牌。铂尔曼酒店和度假酒店均坐落于全球各大地区或国际都市的中心地段以及主要的旅游目的地，主要为当今国际化、经验丰富的旅行者而设计。铂尔曼品牌为客人提供全方位且量身定制的卓越服务和尖端科技，包括组织活动的一种全新组织方式以举办会议、研讨会以及高端会奖活动。

美憬阁是雅高旗下高端精品酒店系列品牌。每家美憬阁酒店通过建筑、内部设计以及服务，生动地展现其独特个性和故事，为客人带来难忘体验。美憬阁品牌有三个标志性特色——悠远传统、非凡风格和静谧境域，每家酒店均选择其一汲取设计灵感。

美爵酒店在亚太区已有近20年的历史，在主要商务和度假目的地运营一系列独特、高端的酒店和公寓酒店。每家酒店都围绕着"融合、发现、感悟"的理念，通过将具有当地特色的设计、个性和风格与高端酒店服务相结合，成为酒店宾客与当地文化的联系纽带。在其他国家,宾客对能够深刻领悟其不同期望的酒店品牌的需求与日俱增,目前,雅高正在针对不同的市场对美爵品牌进行调整,比如,在中国推出的美爵、印尼的 Maha Cipta,随后美爵还将继续向印度和拉丁美洲拓展。

诺富特是雅高旗下的中端酒店品牌,其酒店遍布于全球 60 个国家,包括主要国际城市中心以及旅游目的地。诺富特品牌以始终如一的优越质量为商务及休闲旅客打造愉悦舒适的居住体验。酒店拥有宽敞、标准化设计的客房、全天候提供的平衡健康餐饮、优质的会议设备、细致周到的酒店员工、专门的儿童游乐区,以及舒缓身心的健身休闲设备。

美居是雅高旗下的非标准化中端酒店品牌。独特的美居酒店由热情洋溢的酒店管理者经营,品质有保障且风格迥异,并植根于所处的当地环境中。无论酒店位于主要城市中心还是依山傍水,美居酒店都为商务旅行者和休闲游客提供纯正的酒店体验。

宜必思是雅高旗下的经济型酒店品牌,在各自所在的本地市场中体现最优的价值,所有酒店都提供统一品质的住宿环境和服务:设计精良、设施完备的卧室、全天候提供主要酒店服务以及丰富的餐饮选择。

宜必思尚品是雅高旗下提供"全包型服务"的经济型酒店品牌,套餐式的价格包含客房住宿、"畅饮优飨"早餐和宽带上网服务。酒店的设计与服务秉承简约、大气、品质和轻松的理念。酒店坐落于城市中心或者商业区域,每家酒店都拥有独特的个性和设计,并展现出鲜艳明快并且充满活力的装饰风格。

截至目前,雅高集团在大中华区 51 座城市共运营近 140 家酒店,遍及北京、上海、广州、丽江、三亚等主要城市和度假胜地,也覆盖了包括南京、青岛、成都、贵阳等在内的充满活力的新兴城市,并且正在迅速地进行网络扩张。

三、经营管理创新及企业社会责任

2013 年底,雅高集团宣布其全球新战略,围绕"两个核心使命"重新界定集团商业模式,最大程度提升运营业绩和可持续发展。集团将由两大业务部门组成:酒店服务(Hotel Services)和酒店投资(Hotel Invest)。通过这一新的组织架构,雅高重新强调其两个核心竞争力,即资产管理和为业主提供服务。雅高将这两个核心的功能、使命和目标分开,从而建立性能更好的商业模式。与此同时,雅高集团将由目前的混合型组织架构转变为按地域来划分的模式,各个地区拥有统一的职责。这样的组织架构将以更低的运营成本做出更贴近前线运营的决策。酒店品牌将被分为"奢华及高端""中端"以及"经济型及快捷"三大类,并与跨越这些品牌的支持部门通力合作。由此,索菲特也从之前的独立品牌归入雅高酒店集团旗下,成为雅高新成立的奢华及高端酒店业务中的一员。通过这一组织架构调整,雅高进一步强化了其弘扬索菲特品牌奢华精髓的路线方针,同时,也能够充分利用和推广索菲特在提供优质服务方面的宝贵经验与做法。

在大中华区,雅高除了业务运营,在推广环境可持续发展以及社会公益(CSR)方面一直处于领先地位。所有的努力不仅为运营所在地社区的人们带来了健康和幸福,同时,也提高了社会对重要环境问题和弱势群体的关注,惠及更多人的生活。

2012年,雅高集团推出"21世纪地球"可持续发展项目,做出21项郑重承诺,旨在共创更美好的世界。承诺涉及多个方面并设定了到2015年需要达到的一系列相关目标,比如:酒店用水量减少15%,能耗和碳排放降低10%,以及禁售鱼翅等濒危海鲜产品等。作为大中华区最主要的国际酒店管理集团之一,雅高酒店正积极支持集团在亚太区共同实现"21世纪地球"项目的远大目标。雅高在能源管理及监测系统上进行了大量的投资。2014年所获得的数据显示,与前一年度相比,雅高大中华区酒店共节能2560万千瓦时,总节水量达232 953千升,分别相当于4 189 697美元和152 756美元。若转化成碳排放,则共计减少了20 062吨二氧化碳,这相当于4000辆汽车一年在路上行驶所排放的总量。

与此同时,雅高集团也通过类似鼓励循环使用毛巾等简单而有意义的活动邀请客人参与其中。比如,"为地球植树"这一育林项目体现了雅高集团在可持续发展方面的坚定承诺。该项目致力于支持全球不同地区的农林种植计划,目前,全球共有21个种植项目分布于雅高酒店所在地。"为地球植树"项目自2009年启动以来,全球已经有超过1400家雅高酒店参与其中。这些酒店通过宣传"在酒店中循环利用五条毛巾=种植一棵树"这一等式理念鼓励客人循环使用毛巾。截至目前,通过该项目节省下的毛巾洗涤费用已使雅高酒店在全球资助种植了350万棵树木。去年,雅高在大中华区的酒店已通过该项目在河北和云南两省资助种植了一千棵树,该项目还将在大中华区迎来更多酒店的参与。

2014年,雅高酒店集团大中华区宣布启动为期三年的"光明童行"大型公益项目。这一项目致力于在大中华区提供视力保健和相关的医疗培训,提升公众对儿童早期爱眼知识的了解,从而减少可预防的失明发生。"光明童行"由雅高在大中华区发起并携手奥比斯共同举办,将与当地社区合作,提供相应的早期眼科保健培训、知识普及和服务,从而改善成千上万名儿童的生活。光明童行项目也将在雅高大中华区近140家酒店的两万名员工中提升早期视力保健和预防眼疾的意识,从而惠及当地需要帮助的人群,并增强团队的社会责任感和使命感。该项目还将通过雅高酒店客人以及社会各界人士进行捐款等对此公益活动进行支持。这个三年项目的目标包括:(1)为30名儿童眼科医生提供常规培训;(2)为3万名患者提供可负担、高质量的诊疗服务;(3)为30万名偏远地区的儿童提供早期眼科保健服务。

第十一章 我们是绅士和淑女，为绅士和淑女服务

——万豪国际集团

一、万豪集团简介

万豪国际集团是全球领先的国际酒店管理公司，由 J. Willard 和 Alice Marriott 于 1927 年创建，总部位于美国马里兰州贝塞斯达。现在，万豪集团拥有 18 个品牌，3900 家酒店，遍布于全球 74 个国家和地区，并通过强大的组织框架，培训和吸纳了全球超过 325 000 名员工，多次被世界著名商界杂志和媒体评为首选的酒店业内最杰出的公司。

截至 2013 年年底，万豪国际集团在全球管理合同运营的客房数占其总体客房数的 42%，55% 的客房数以特许经营的方式运营，集团自有或租赁的客房数仅占 2%。万豪集团的业务分为四大部门：北美全服务，北美有限服务，国际业务和奢华业务。

仅 2013 年，万豪集团新增加 161 家酒店，25 420 间客房，5 家住宅公寓，301 间套房。目前，仍有在建客房 195 000 间，预计在 2014 年，万豪集团的客房数会增长 6%。

万豪国际集团于 1997 年进入中国酒店业市场，并于此后快速发展。截至 2014 年 8 月，万豪国际集团在中国共有 67 家酒店。其中丽思卡尔顿酒店 10 家、JW 万豪酒店 6 家、万豪酒店 16 家、万丽酒店 17 家、万怡酒店 12 家以及万豪行政公寓 6 家。在中国的酒店的平均入住率为 80% 以上，在旺季超过 90%，JW 万豪酒店的国内客人占 20%，其他品牌的国内客人为 35%~40%。

在发展各个品牌的同时，万豪国酒店管理集团在把握好一线城市合理布局的情况下，积极抢滩二三线城市。

表11-1 万豪集团旗下酒店在中国的业务分布

城市	数量	地段	定位
北京	10	商务区、使馆区与购物中心	商务、旅游、涉外、康体
上海	21	机场、金融区、购物中心	商务、休闲
广州	3	商业中心	商务、休闲
深圳	3	商业中心	康体、商务
香港	6	香港太古广场	商务
天津	6	市中心、商业中心	商务
三亚	3	旅游度假区	度假、商务、康体
杭州	3	商业街、市中心	商务、旅游、度假
苏州	3	高新技术开发区	商务
成都	2	市中心	休闲、旅游、度假
武汉	1	市中心	商务、休闲
宁波	1	商业中心	商务、休闲
贵阳	1	市中心	旅游
惠州	2	市中心	商务
南宁	1	会展中心	商务、休闲
昆山	1	市中心	旅游、商务

资料来源:万豪集团官网。

二、品牌介绍

万豪集团旗下拥有18个酒店品牌,这18个品牌各有其不同的特点。

1. 宝格丽酒店及度假村(Bulgari Hotels & Resorts)

宝格丽酒店及度假村是世界领先的豪华酒店系列,主要坐落于世界性大城市和豪华度假目的地,每一座酒店都借鉴当地文化,并保留意大利当代奢华的格调。

2. 丽思·卡尔顿酒店(The Ritz-Carlton)

作为全球首屈一指的奢华酒店品牌,丽思·卡尔顿从19世纪创建以来,一直遵从着经典的风格,成为名门、政要下榻的必选酒店。因为极度高贵奢华,她一向被称为

"全世界的屋顶",尤其是她的座右铭"我们以绅士、淑女的态度为绅士、淑女们忠诚服务"更是在业界被传为经典。

3. JW 万豪酒店(JW Marriott Hotels)

JW 万豪酒店遍布北美洲、加勒比及拉丁美洲、欧洲、亚洲、中东及非洲,每一家酒店都独具特色,简约优雅、宁静奢华。在万豪最古朴典雅、富丽堂皇的品牌酒店中,小小细节成就了非凡体验。JW 万豪豪华酒店及度假酒店温馨典雅,舒适奢华,提供了无与伦比的私人服务,真正是商务休闲两相宜。

4. EDITION 酒店

于 2008 年 1 月 30 日面世的 EDITION 酒店是由精品酒店管理公司和万豪酒店集团共同打造的生活时尚精品酒店品牌。Edition 一词完美体现了该品牌的精髓。将顺应新兴的文化和社会需求,反映不断变化的生活时尚,而且迎合广大的、服务不够周到的客户市场。这些酒店除了与众不同以外,全都强调一流的设计、品质、原创性、真实和个性,同时提供无瑕的、现代化和亲切的个性化服务。

5. Autograph 精选酒店系列(Autograph Collection Hotels)

2009 年 11 月,万豪酒店通过与一系列高端单体酒店合作,创立了一个全新的品牌:Autograph 精选酒店系列。这些新招揽的酒店荟萃全球卓尔不群的顶级个性酒店,保留原来的名字和设计风格,而且大部分都独立运营,并以浓重的艺术或音乐、偶像主题、怀旧、时尚都会以及度假为主题,旨在吸引"追求高度个性化和反连锁效应"的顾客。

6. 万丽酒店及度假村(Renaissance Hotels)

该品牌专为热爱探索、活力四射的旅客而设。无论是富有历史感的标志性酒店、时尚的精品酒店还是奢华的度假酒店,每一个都具有独一无二的个性,匠心独运的风格和难以言喻的吸引力。

7. 万豪 AC 酒店(AC Hotels by Marriott)

作为中、高端时尚生活品牌酒店,AC Hotels 专为年轻旅客提供设计时尚的大都会酒店住宿。无论是商务还是休闲旅行,这一时尚都市酒店品牌都是感受都市文化的理想之选。

8. Moxy Hotels

2013 年 3 月,万豪国际同瑞典家具销售商宜家(IKEA)联手推出经济型酒店品牌——Moxy Hotels。这种低价连锁店将注重房间内的科技配套服务,以吸引经济实力有限而又希望追求时尚的年轻游客,主要进驻欧洲市场。

9. 万豪酒店(Marriott Hotels)

万豪酒店是享誉全球的万豪集团旗下的旗舰品牌,拥有70多年历史,酒店数目超过520家,遍布全球多个旅游热点,其中,美国343家,其他国家或地区178家,为各地旅客带来难忘的住宿体验。殷勤亲切的服务和完备周全的设施,赢得了旅客的广泛赞扬。

10. 万怡酒店(Countyard by Marriott)

该品牌遍布全球35个国家或地区,共设超过850家酒店。万怡酒店深切了解商务人士的需要,度身定设称心服务。无限舒畅、全新入住体验是万怡酒店的服务主旨。酒店内的每项设施均经过细心的挑选,务求能迎合客人的要求。部分酒店更设有免费宽带上网服务,随时化身成为流动办公室。

11. 万豪春秋(Spring Gill Suites)

感受现代时尚的空间布局、灵感四溢的设计风格以及合理价格,万豪春秋即为理想之选。利用免费无线高速上网以及开放明亮的清新空间保持联络、轻松办公或恣意放松。在温馨宜人的大堂内交朋会友,并通过免费健康热早餐开启美好一天。

12. 万豪费尔菲得(Fairfield Inn & Suits)

每间Fairfield Inn均代表着洁净环境、光线充足的客房,伴以亲切友善的服务态度,屡获海内外多项殊荣,加上相宜的房价,更是赢尽住客的赞赏。

13. Protea Hotels

2014年5月,Protea Hotels被万豪收购,提升了其在非洲大陆的市场地位,由此,万豪在中东及非洲遍布18个国家的酒店总数增至162家。Protea Hotels汇聚都市逍遥游、湖畔度假、山地观景和游猎休闲等各项活动,且遍及非洲大陆南部多国,住宿体验各具特色,服务同样细致入微。

14. 万豪居家(Residence Inn)

万豪居家酒店提供高档的宽敞套房,内设全套厨房和餐饮区、办公区及睡眠区,轻松满足一切所需,让客人在长住期间也能神采奕奕,精神焕发。入住即可享免费热早餐、无线高速上网、晚间社交活动和杂货品购物服务。

15. 万豪汤普雷斯(Towne Place Suites by Marriott)

汤普雷斯酒店是属于万豪旗下长租类型的连锁酒店,亲切的服务,中等价位的房价,内外部齐全的设施,迎来入住众人愉快的心情渲染起酒店欢愉的氛围。有些经常外出差时间长的商客们选择酒店的条件也会特别多,要求也会特别高,因此,Towne Place Suites by Marriott的全套设备能迎合大家的需求,能提供给大家众多不同的需要。

16. 万豪行政公寓(Marriott Executive Apartments)

该品牌是时尚的公寓住宿与优质酒店服务的完美结合,缔造国际商务旅客青睐有加的高档入住体验。宽敞的楼层布局、美食厨房、管家服务及杂货品采购服务,入住即可让宾客畅享完美生活,成为"家外之家"。

17. 盖洛德酒店(Gaylord Hotels)

每家盖洛德度假酒店均提供"一地全包"服务,综合了宏伟的环境,奢华的房间和一流的娱乐场所,为宾客带来魅力无穷的逍遥游尊享。

18. 万豪度假俱乐部(Marriott Vacation Club)

万豪度假会业主将有机会体验度假酒店与顶级目的地,全家共享完美亲子假期。宽敞的度假别墅、激动人心的探险及特色旅行、全球几十个国家及地区超过3000家舒适万豪酒店以及数百家附属度假酒店,各种惊喜令人眼花缭乱。

三、管理创新

万豪集团重视满足各种不同客户的需求,从城市中心的酒店服务到度假村,从追求生活方式到长期居住,万豪旗下的18个品牌都有覆盖。

1. 酒店管理输出,协同"地产证券化"

万豪的商业模式总结起来就是"酒店管理公司"加"地产证券化"。在石油危机之前,万豪集团的运营模式也是像当时的大多数酒店集团一样,通过自营酒店的方式运营,但是这种模式潜在的最大弊端就是初期需要大量的资本投资。在石油危机爆发之后,利率的大幅提高使得这种运营模式的弊端凸显。此时,万豪集团采取了将其拥有的酒店剥离出来,打包证券化,从而回笼资金,这种剥离使得公司的资产负债表实现了一次瘦身,从而提高公司的资产收益率。这场危机也使得万豪集团实现了业务的重组,万豪集团从此朝着酒店管理公司的方向发展。

截至2011年年底,万豪集团管理着3718家酒店,提供约643196间客房,其中,自营酒店的数量仅有6家。这种运营模式几乎不直接拥有任何酒店,而是以委托管理的方式赚取"管理费"和特许经营的方式收取"品牌使用费"。

然而,"酒店管理公司"和"地产证券化"并不是孤立存在的,他们之间存在紧密的合作关系,根据品牌扩张的需求,地产公司为其融资新建或改建酒店(融资的便利在于万豪的品牌效应),然后与管理公司签订"长期委托经营合同"和"特许经营权协议"。这样,万豪集团就有充足的现金流来保证其旗下品牌推广所需要的资金,也正是这种模式使得万豪成为全球最大的酒店管理集团。

2. 采用多品牌战略,寻找利基市场

"万豪"偏向于使用多品牌策略来满足不同细分市场的需求。万豪针对不同的细分市场成功推出了一列品牌:Fairfield(费尔菲得)、Courtyard(万怡)、Marriott(万豪)以及Marriott Marquis(万豪伯爵)等。

在原有的四个品牌都在各自的细分市场上成为主导品牌之后,"万豪"又开发了一些新的品牌。在高端市场上,Ritz-Carlton(丽思卡尔顿)酒店为高档次的顾客提供服务方面赢得了很高的赞誉并备受赞赏;Renaissance(万丽)作为间接商务和休闲品牌与Marriott(万豪)在价格上基本相同,但它面对的是不同消费心态的顾客群体——Marriott吸引的是已经成家立业的人士,而"新生"的目标顾客则是那些职业年轻人;在低端酒店市场上,万豪酒店由Fairfield Inn衍生出Fairfield Suite(费尔菲得套房),从而丰富了自己的产品线;位于高端和低端之间的酒店品牌是Towne Place Suites(万豪汤普雷斯)、Courtyard(万怡)和Residence Inn(万豪居家)等,他们分别代表着不同的价格水准,并在各自的娱乐和风格上有效进行了区分。

随着市场细分的持续进行,万豪又推出了Springfield Suites(万豪春秋)——比Fairfield Inn(费尔菲得)的档次稍高一点,主要面对一晚75至95美元的顾客市场。为了获取较高的价格和收益,酒店使Fairfield Suite(费尔菲得套房)品牌逐步向Springfield(万豪春秋)品牌转化。

3. 完善客户管理系统,着眼于服务细节

"奢华舒适的定义对所有的人未必相同,但仅仅是一个小的细节就能体现。我们强大的客户管理系统可以做到记录顾客的每一个细节,这一点我们一直不遗余力。在我们的高端品牌里面,你待的每一天,每一分钟,我们都会进行追踪服务,我们会研究客人如何更好地使用房间,以及如何在客人下一次到来的时候重新定义房间的使用功能。"万豪的一位管理人员如是说。

万豪相信酒店的水平取决于"一个左撇子的客人进入餐厅后,服务员能否通过观察正确地把餐具放到该放的位置上"。事实上,这种"近乎完美的虚幻梦想"并非遥不可及:在抵达酒店以前,客人会提前五天收到人性化的信息,内容包括旅行目的地的天气、交通、购物、特色餐饮以及地图服务;客人可以在网上预订SPA水疗护理和送餐服务,到店就有可口的菜肴送上,因为万豪了解"一个舒服的胃对旅途的重要性"。

万豪一直在竭力完善服务细节和内容,客人只要来过万豪旗下的品牌酒店,相关差异细节都会被有效记录,以便下次做更为完善、周到的服务。

4. 借力强大营销网络，推动品牌渗透

美国万豪国际公司所拥有的引以为自豪的强大的营销网络包括：

（1）全球预订系统

在2001年，美国万豪国际公司的3000名代理商处理了4000多万个预订电话。另外的4800万个预订电话是由它的旅馆、活动预订中心与位于其他的销售办公室处理的。万豪国际公司的预订系统（MARSHA）与主要航空公司与旅行社的全球分销系统（GDS）相连接。

（2）万豪礼赏俱乐部

它是全世界最大的多种酒店品牌的经常旅行者奖励俱乐部。通过这一俱乐部，万豪国际公司有效地推销了闲暇度假、新的旅馆与商务及社会活动。万豪礼赏俱乐部为活动成员提供的住宿夜间数要占万豪总的客房住宿夜间数的40%。

（3）万豪奖励计划

万豪集团重视客户的忠诚度培养，2011年，有3800万客户加入万豪奖励计划（一个培养客户忠诚度的项目），参与丽思卡尔顿奖励计划的客户占据了2011年客房预订数量的一半。

（4）全球战略联盟

万豪国际公司在几乎不花费任何费用的情况下，可以将推广的资料与资料库营销方案提供给合作伙伴。这些合作伙伴的成员包括在20个国家的40家航空公司，像威萨信用卡那样的金融公司和消费者信任的品牌公司（如美国电话电报公司与赫茨出租车公司）。

（5）万豪网站（Marriot.com）

万豪集团还是分重视互联网技术的运用，万豪旗下的Marriott.com是全球10大消费者网站当中唯一入选的酒店行业网站，该网站在2011年为万豪集团创造了70亿美元的营业收入。Marriott.com是仅次于亚马逊和苹果的世界第三大移动商务站点。此外，万豪集团也是RoomKey.com的创始人之一。

5. 培养员工忠诚度，提升客户满意度

在万豪国际酒店集团，创始人威拉德·万豪的一句话已经深入每个员工的内心："只有呵护好雇员，他们才会更好地呵护顾客。"

万豪的企业文化归纳起来为：万豪的员工以实际行动为顾客所创造的服务体验，其宗旨在于服务于人。就像万豪宣称的"我们是绅士和淑女，为绅士和淑女服务"。

人才是一个企业的支柱，正是基于这一认识，万豪酒店集团才将"人"提高到了一个至关重要的高度。在这方面,万豪酒店采取的措施有:建立公平的竞争机制;尊重员工个人价值;重视感情投资;优厚的员工待遇。万豪国际集团曾经连续 7 年被《财富》杂志评为"100 家最佳雇主",在众多拥有超过 10 万名员工的企业中排名第二,也是唯一上榜的美国酒店集团。《财富》杂志特别强调万豪国际集团为其员工所提供的事业发展机会。

资料来源:

[1] 万豪酒店集团官网:http://www.marriott.com/default.mi.

[2] 万豪国际集团 2013 年年报.

[3] 谷慧敏,田桂成主编. 饭店集团案例库·中国卷. 旅游教育出版社,2008.

第十二章 本土规模优势明显 持续创新 强化产品服务质量[①]

——开元酒店集团

一、酒店集团简介

开元酒店集团是中国最大的民营高星级连锁酒店集团,规模位列国内高星级连锁酒店集团第二,名列全球酒店集团100强。开元酒店集团旗下目前拥有开元名都、开元度假村、开元大酒店、开元·曼居酒店和开元文化主题酒店五大产品系列。

截至2014年7月31日,开元酒店集团管理和签约的酒店为159家,客房总数量44 663间。

表12-1 开元酒店集团规模

规模	酒店数量(家)	客房数量(间)	说明
已开业酒店数量	65	17 463	五星级酒店114家
筹建酒店数量	94	27 200	四星级酒店22家 文化主题酒店6家
合计	159	44 663	中档商务酒店17家

酒店分布在北京、上海、浙江、江苏、安徽、江西、河南、河北、山东、四川、海南、吉林、广西、云南、内蒙古、陕西、福建、西藏、湖北、天津、黑龙江、山西、新疆、贵州共中国24个省、自治区、直辖市以及德国法兰克福市。开元酒店集团的经营宗旨是"为宾客提供东方文化和国际标准完美融合的服务",务求使宾客无论下榻哪一家酒店,都能体验始终如一的开元品质,尽享殷切、贴心的开元关怀。与此同时,"开元"酒店品牌也得到了较好的社会评价和业内认可,获得了"中国饭店金星奖""中国酒店金枕头

[①] 作者:雷元胜,开元酒店集团总经办主任;戴玲隽,开元酒店集团总经办媒体经理。

奖""全国旅游标准化示范单位"等多项业内大奖。

开元酒店集团已确立了新的一轮战略发展目标,即到2015年末,开元酒店集团将投资和管理123家以上四、五星级酒店及中高档商务酒店,进入世界酒店集团50强。

二、集团品牌定位及特征介绍

1. 开元酒店品牌系列

开元酒店集团旗下目前拥有"开元名都""开元度假村""开元大酒店""开元·曼居酒店"和"开元文化主题酒店"五大酒店产品系列。

"开元名都"为开元五星级豪华商务酒店品牌,为阔绰的商务及休闲游客提供豪华住宿,并满足各类大型高档会议及宴会的需求。主要的目标客户是高端商务散客、大中型的企业会议、政府交流会议、协议会议和公司奖励旅游,休闲度假散客。

"开元大酒店"为开元五星级或四星级高档商务酒店品牌,主要目标客户是商务客人,以及大中型的企业会议、政府交流会议、协议会议和公司奖励旅游、休闲度假团体和散客。

开元度假村为开元五星级豪华度假酒店品牌,其主要目标客户是高端休闲度假散客和旅游团队、奖励旅游及会议、高端协会论坛会议以及度假产权业主及分时度假俱乐部业主。

开元·曼居酒店为开元中档商务酒店品牌,是以客房为核心,简餐、商务及休闲功能为辅的有限服务酒店。其主要目标客户是关注性价比的商务差旅人士、旅游者和休闲散客。

开元文化主题酒店品牌,其主要目标客户是商界名流、文人雅士、都市精英等高端散客和小规模高层次团队等。

2. 开元酒店集团产品服务品牌

开元关怀,是开元酒店的核心服务承诺,开元所有的服务都围绕着开元关怀理念展开,它包括时刻关心、高效便捷、无微不至、喜出望外这四个方面。每年,开元酒店集团会携旗下所有酒店推出"开元关怀"服务提升计划,并持续推出多项新服务,进一步加强开元旗下酒店的品质管理,让顾客进一步体验殷切贴心的开元特色服务。近年来又陆续推出了环保计划、家庭责任计划、儿童关怀计划、健康关怀计划等。

常客激励计划,开元学习借鉴国际酒店的会员制度,于2005年1月推出开元金爵会常客奖励计划,2007年11月在金爵卡的基础上推出商祺卡,2010年4月对金爵卡、商祺卡两大卡体系进行重新梳理和整合,确定开元会员俱乐部的名称为"开元商祺会",已形成一套非常完整的会员礼遇系统,包括基本礼遇、会员拜访计划、积分系统、商祺会俱乐部、会议组织者奖励计划等。目前,商祺会会员人数近150万名。

开元《和·雅音》,是国内首创的酒店原创背景音乐,属开元酒店品牌听觉识别系统,于2011年研发创立,共含12支乐曲。开元《和·雅音》很好地体现了开元"将东方文化与国际标准完美融合"的服务追求,也是"听"得到的开元企业文化。

开元香氛,属于开元酒店品牌嗅觉识别系统,为开元与air-aroma公司于2010年联合研发,目前有"祺香"和"水天之吻"两种。"开元香氛"主要散发于酒店大堂、走廊等区域,营造芳香的空气氛围,让宾客体验高贵舒适,感到愉悦。

国风堂与"开元齐味","国风堂"是开元旗下开元名都、开元大酒店品牌系列酒店中餐包厢群的统一称谓,是开元酒店孜孜以求并持续创新的餐饮经营核心品牌之一。为实现餐饮产品标准化、经营规范化、生产集约化,自2011年起,开元开始运作中央厨房生产模式,通过集中规模采购、统一原料加工、统一运输来实现开元菜品的质优价廉。这种以中央厨房生产模式生产出来的产品,统一称为"开元齐味"。

天逸之床,是开元携手美国国际品牌金可儿(Kingkoil)打造的开元酒店睡眠品牌,为宾客提供优质的睡眠体验。近年来,开元"天逸之床"获得了入住宾客的广泛好评,为宾客带来超越期望的优质睡眠。

还木开元计划,于2010年开始在旗下酒店全面推行的公益环保品牌"还木开元",涉及环保设计、节能、减排、水资源等领域的保护。

高级宴会服务师,是开元在酒店行业内首创的一种具有鲜明特色的宴会服务模式,要求其在专业化宴会服务过程中融入精心设计的服务表演,以极大程度地满足宴会客人的精神需求。

三、主要经营管理创新

1. 三级人才培养体系与高效执行力

开元酒店集团坚持以人为本的理念,视员工为最宝贵财富,努力为员工提供施展才华的广阔平台。公司关注员工学习成长,在国内酒店行业创立独具特色的"三级(未来之星、中层接班人、后备高管)人才培养体系",建立开元E-Learning网络学院和开元学院,为员工提供多种培训方式和多渠道的职业发展通道。同时,公司不断改善工作环境,为员工提供个性化支持,以保障员工权益,提高员工满意度。

开元酒店集团高管团队具备丰富的经营管理经验、独特的人格魅力、超前的战略规划能力以及敏锐的机会捕捉与决断能力,成为企业不断拓展的核心动力;集团旗下配备60余名高星级酒店总经理,平均具有5~8年高星级酒店管理经验,拥有明确的业绩目标和高效执行力。

2. 高水准的项目拓展与技术服务能力

开元酒店集团的项目拓展与技术服务《开元星级标准》,坚持高于国家星级评定标准,以卓越的星级酒店设计规划、规范的项目管理流程、周到的项目现场服务满足业主需求;公司与国内外先进设计机构(如金螳螂、广州集美、美国 HBA、BLD、WHI、PCAL、Ducan Miller 等)深入合作,曾获"年度国际环境艺术创新设计华鼎奖"。

3. 优质的产品服务与规范的企业标准体系

开元酒店集团致力于创造优质的产品、提供一流的服务,努力为宾客提供东方文化和国际标准完美融合的服务。通过对宾客需求进行精心揣摩及悉心迎合,凝练出"时刻关心、高效便捷、无微不至、喜出望外"核心服务承诺,将开元文化融入到每一次愉悦的服务过程中,让每位宾客尽享开元关怀,将开元文化"内化于心,外化于行"。

开元酒店集团拥有强大的创新能力,自主研发形成了包括高级宴会服务师、会议金钥匙、睡眠服务计划、还木开元计划、开元听觉系统、嗅觉识别系统等个性化特色产品或服务创新实践。

开元酒店集团以旅游标准化试点工作为契机,建立并健全企业标准体系,包含基础标准、服务标准、管理标准、岗位工作标准等4大体系,28个子体系,870多个标准,体系全面覆盖酒店经营、管理等内容及各个岗位。

4. 完善的营销体系与坚实的信息技术支撑

开元酒店集团建有完善的销售网络体系,可通过旗下100余家酒店、官方网站、电话服务热线、手机客户端、天猫旗舰店、第三方分销网站、商祺会员管理体系、北京、广州、上海销售办事处及各大旅行社合作伙伴快速响应宾客需求,并通过中央预订系统(CRS)、中央客户管理系统(CRM)、常客管理系统(LPS)等信息系统高效处理信息,支持全球市场拓展。

5. 积极倡导节能环保,回报社会

开元酒店集团通过酒店行业法律、法规(如《绿色饭店等级评定规定》《国家星级标准》)、宾客拜访、行业研讨等形式,评估酒店运营与服务在环境保护、节能减排、质量安全等方面的影响,开展了以下措施:

"还木开元"是开元于2010年开始在旗下酒店全面推行的环保计划,致力于与客人及供应链企业一致达成保护环境的宏愿,涉及环保设计、节能、减排、水资源等领域的保护。开元把创建"绿色饭店"融入酒店经营管理之中,从饭店物料的采购、储存、搬运、加工、排放到对客服务的消费环节都做到了有措施、有控制、有考核、有奖惩。在日常经营服务中,积极倡导绿色消费,营造绿色氛围,提供绿色服务。在餐厅中提倡打包服务、大小盘例份、不食用野生保护动物;在客房服务中减少了塑料包装,改用布制洗衣袋、床单一客一换等。

开元在各酒店成立"节能委员会"和"节能小组",设立"能源专管员",并将能源考核目标由部门一级向下延伸至班组,制定了能源二级考核制度。集团制定《开元酒店集团节能工具箱手册》,从房务部、餐饮部等15个区域识别出432项节能相关机会,评估其影响程度,并在各酒店落实执行。同时,针对常见的节能隐患,制定《节约型饭店举措100条》。此外,开元不断加大节能技术改造和环保设施的投入力度,把节能降耗节约的费用重新投入到设施设备和环保节能改造之中。

在公益支持方面,开元酒店集团将公益支持活动纳入《品牌发展战略规划》,向社会传达开元作为领先的民族酒店集团所具有的使命感和责任感,积极支持教育事业、体育事业和社区建设等重点领域,高层领导率先垂范,积极回报社会。

6. 本土规模优势与品牌声望

在品牌化发展的过程中,开元酒店集团在中国华东、华北、华中、东北、西部和海南等地区进行了战略布局,依靠快速的发展势头及优异的盈利能力,获得了全球知名投资机构美国凯雷的资本注入,加快了集团资本化和国际化的发展步伐,为开元品牌的全面提升奠定了更加坚实的基础。

2013年7月,开元酒店REIT在香港联合交易所有限公司主板成功上市。这是全球第一个中国的酒店REIT。开元酒店REIT是在2013年6月国际国内经济、金融资本市场激烈动荡的不利形势下逆势成功发行上市的,得益于开元酒店旗下拥有优质的酒店、高品质的服务和卓越的声誉。通过这次上市提高开元酒店在我国香港及海外的知名度,提升客源,同时为开元酒店REIT的股东提供稳定的分派及收益。2014年7月,开元酒店产业信托在股东又成功收购了上海松江开元名都大酒店。

开元酒店集团作为中国最大的民营高星级连锁酒店集团,位列最具规模中国饭店集团第二名、中国民营企业500强、中国服务业500强、全球酒店集团100强,被评为中国最受推崇本土酒店集团、中国最佳酒店管理集团、最具影响力酒店集团;浙江名牌、浙江省知名商号、浙江省著名商标;全国旅游标准化示范单位、中国质量协会质量技术奖、杭州市政府质量奖。

第十三章 从一颗星火到燎原整个酒店市场

——青岛尚客优城际酒店管理公司

一、企业简介

尚客优集团专注于二三线城市连锁服务业管理,通过旗下连锁品牌的发展,致力于提高二三线城市连锁服务业品质,为二三线城市投资者提供专业的连锁管理服务。作为二、三线城市首家连锁服务业综合运营商,尚客优集团旗下拥有尚客优快捷酒店、骏怡精品酒店两大品牌。

作为二三线城市连锁服务业第一品牌,尚客优集团与名校联合成立连锁品牌培训学院,培养具有较高理论水平和娴熟职业技能的连锁品牌管理人才;并成立尚客会巩固品牌忠诚度,不断开发会员卡便利资源,扩大合作商家范围。集团凭借先进的产品经营理念,经过多年的不懈努力,打造出了二三线城市服务业新标准,形成了二三线城市最大的连锁管理网络。

2009—2014年,经过短短的五年发展,尚客优已经成长为颇具代表性的经济型酒店品牌,回首走来的路程,尚客优经过了诸多的平凡和不平凡,经验的积累和奋进让尚客优成为中国三线城市连锁酒店第一品牌,五年时间里尚客优分店数量增长率一直保持在150%以上。

2014年上半年数据显示,尚客优分店总数已经超过900家,年底预计突破1 100家,分布全国200多座城市,已经在地域上形成了北至齐齐哈尔、南至海南三亚、西至甘肃敦煌、东至牡丹江的全国"包围"之势,形成了独特的"尚客优速度"和"尚客优现象"。

在五年时间里,尚客优经过了四个阶段的蜕变,其成功得益于每一次蜕变中的冷静与果敢,每一次都清晰地把握了消费者的需求和转变,不仅创建了符合市场发展的商业模式,还通过敏锐的市场洞察力,形成了以标准化和创新相结合的生态运营体系。

二、企业理念

- 企业理念:让每个人成为连锁服务的快乐创造者和尊享者。
- 核心价值观:thank you,你是主角。
- 尚客优目标:做中国最大的连锁服务业综合运营商,成为一家伟大的公司。
- 核心战略定位:专业中小城市连锁服务业管理运营商。
- 服务理念:感受"时尚"生活,集团旗下所有品牌设计风格时尚、简约;集团把握国际流行趋势,结合三线城市消费者审美观点量身打造,领导中小城市服务行业时尚风向。感受"快乐"生活,集团旗下品牌致力于追求更便利、更快捷的服务,注重细节、追求完美;让三线城市消费者体验一线城市的服务品质。感受"尊贵"生活,低投资而不失档次,确保投资者经济效益最大化。用我们的专业知识和专注,精心策划每一个项目,使投资者获得稳定而有竞争力的回报,使我们的投资者不断增长财富和社会地位,感受尊贵生活。

三、品牌介绍

1.尚客优快捷酒店

针对三线城市连锁酒店运营特点,尚客优制定了专做中小城市、中小规模连锁酒店的科学管理体系,使尚客优快捷酒店成为三线城市连锁酒店第一品牌。

2008年中国酒店业的市场现状是:选择投资一线城市酒店品牌需要有3 000平以上的物业(80间客房以上)和500万元以上的投资能力,而同时期三线城市更多适合做酒店的物业面积在2 000平左右,90%投资者投资能力在400万元以内,物业和资金的局限打破了投资者加盟全国连锁酒店的愿望。尚客优集团创始团队深入全国200多个三线城市,调查三线城市物业条件、消费能力及酒店投资者需求,确定了"三线城市中小规模连锁酒店"的市场定位(客房60间左右、投资80万~250万元),并依托集团国际管理经验和三线城市中小规模酒店的运营特点,制定了科学的管理体系,有了管理和市场这两大堡垒的保障,尚客优快捷酒店迅速获得了国内投资市场的追捧。到2009年底(运营不到7个月的时间),全国分店数量超过60家。创造了连锁酒店行业的奇迹(中国最大经济型酒店品牌如家酒店从创立到第60家分店签约用了4年时间)。

尚客优在三线城市确立的中小规模连锁酒店管理运营体系不断完善和发展,并与更多的三线城市酒店投资者分享，使三线城市酒店投资者享受到与一线城市酒店投资者相同乃至更为全面的酒店投资咨询和管理服务。经过三年多的发展，尚客优建立了中国首个符合三线城市连锁酒店投资需求的行业标准，创造出了完全不同于一线城市的酒店投资管理理念和装修风格。在酒店管理上，三线城市连锁酒店管理体系的建立填补了国内关于三线城市连锁酒店管理研究的空白领域；在酒店装修上，立足于消费者需求、市场调研基础上的酒店产品证实了尚客优快捷酒店深受三线城市消费者追捧的事实。

2. 骏怡精品酒店

骏怡精品酒店是快捷酒店的升级版本，旨在为顾客提供更高等级的住宿服务，引领中国一二线城市快捷酒店进行升级，打造更加符合中国人消费习惯的快捷酒店产品，开启中产成功人士的强大消费市场。骏怡精品酒店所追求的不在于盲目追求数量和规模，而在于每家骏怡精品酒店带给客人独特的体验和高档次快捷酒店的人性化关怀，把骏怡酒店打造成高端快捷酒店的一张名片，并在全国追求一致的客房服务和设施。骏怡精品酒店丰富的人文关怀和艺术关怀元素，成为中国一二线城市快捷酒店的新标。

四、管理创新

1. 专注于三线市场

尚客优定位于三线城市连锁酒店品牌。在集团"创新"原则的指导下，在5年时间里，尚客优快捷酒店结合三线城市所特有的消费习惯，首创了三线城市连锁酒店管理体系，并进行了3次酒店大升级，一举成为国内最漂亮的经济型连锁酒店。

2. 致力于打造优良的产业链

在酒店精准的市场定位之外，集团的多品牌战略提供了强大支持。尚客优集团旗下品牌众多，除尚客优快捷酒店之外，还有骏怡精品酒店、尚客优品中式快餐、宝乐迪量贩式KTV、卡乐威KTV、优悦SPA，品牌类型全面涵盖了食、宿、游、行、娱各个方面，形成了一个较为完善的产业链条，实现了信息渠道的拓宽、信息流的畅通以及信息内容的共享，大大提高了尚客优快捷酒店的市场灵敏度和信息反馈效率，为酒店运营模式、管理机制的制定提供了新鲜可靠的一手资料。在这个信息就是金钱的时代，信息的实效性与可靠性无疑是一个企业获得长久发展至关重要的因素，尚客优快捷酒店这一先天性优势是其他酒店所无法比拟的。

3. 重视 O2O 和年轻消费群体，以消费需求为导向

针对目前线上线下融为一体、相互促进的社会背景以及 80 后、90 后独特的消费理念，尚客优快捷酒店制定了以提高消费者住宿体验为核心的发展策略。除了之前进行的酒店 U3 大升级，在硬件设施上给予消费者全新的科技感和时尚感，在细节上增添手机卡槽和 USB 接口等给予消费者贴心感和便捷感，尚客优快捷酒店还将酒店服务质量提到了重要位置。

2014 年第一季度，尚客优进行了集团组织架构调整，成立了新的酒店事业部，将全国划分为了七大区域，进一步明确了区域运营团队的责任，并要求每年对分店进行 2 次左右巡检，给予员工培训，从而为业主提升服务、品质、业绩和 RevPAR，创造更好的服务标准，满足 80 后、90 后消费者酒店对住宿体验的需求。

尚客优快捷酒店线下实体店高品质的服务带给 80 后、90 后的愉悦住宿体验，反映到线上，则是到来的好评如潮。结合当下消费者先看线上评论然后进行线下消费的消费方式，尚客优快捷酒店超高的线上人气，为线下各加盟分店带来了大量的客源，因而，在赢得 80 后、90 后青睐的同时，尚客优快捷酒店也迎来了快捷酒店加盟井喷式增长的黄金时期。

4. 预付卡和"大连锁"模式

作为中国最大的综合连锁服务运营商，尚客优的预付卡与以往传统的预付卡有着明显的差别。首先是尚客优覆盖食、宿、行、娱的多元性。从尚客优几年来的发展路线来看，尚客优正在围绕酒店建立一个食、宿、行、游、购、娱一体的综合连锁服务，顾客将会通过预付卡享受尚客优提供的多样消费体验；其次是尚客优针对预付卡建立的优惠返现机制。在传统预付卡的使用中，用户经常会遭遇到消费歧视，比如不能享受折扣、不能享受积分，不能参加活动等。尚客优的预付卡不仅可以享受预订、团购、活动等基本优惠，更可以在消费过程中得到积分返还，如此一来，其预付卡的功能将与会员卡相似，具有可观的用户亲和度；更为关键也是最为特别的一点便是尚客优的预付卡不限制发行渠道，相比传统预付卡对于渠道的严格限制，尚客优延续了其开放、包容的风格，对于预付卡的发行渠道实行了完全开放的方法，消费者可以通过多样的方式购买，如此为消费者带来的方便，也是尚客优一直提倡的市场战略核心。

借助预付卡，尚客优致力于"大连锁"模式。"大连锁"就是将信息整合化与销售自动化结合一体，将会员共享、渠道整合、多元化经营、集团式推广等多种模式融合归一，将连锁酒店作为支撑点，联合酒店周边范围内相关的商家，形成一个可以满足顾客食、宿、购、娱需求的小范围消费生态圈，如同一个综合超市，消费者一站式解决所有采

购。在这个超市里,购物环境优雅,商品明码实价,不仅价格优惠,服务品质和服务售后更有保证,涵盖的种类也更加齐全。

5. 双赢的加盟模式

尚客优坚持创新地使用委托管理的加盟模式。尚客优依赖的是当地加盟商的人脉经验或者说是社会环境的熟悉程度。对加盟商来说,依赖的是尚客优的资金和管理经验,强强联合从而达到双赢的目的。

尚客优从加盟合作开始,无论在装修工程造价把控还是物资采购上,都帮助加盟商大大降低了成本,单单一个工程造价审核,至少可以帮助加盟商省去 10 万~30 万的不合理报价。通过尚客优团队专业的指导,分店可提前一个月营业,省去的房租和开业的收入,远远高于 10 万元。单体酒店的房间价格能达到 80~100 元,连锁酒店的房间价格则可以达到 100~120 元,通过加盟增值的价值远远大于品牌方收取的费用。

6. 深挖酒店产品

在 2014 第一季度的"U3 升级"中,尚客优将时下人们最喜爱的流行元素加入客房中,并在原有房型的基础上,推出更多的房型。媒体报道指出,尚客优创新的将影视、养生、时尚、爱情等多种元素加入到了酒店客房当中,比如与电影元素结合的"影视房",与爱情和时尚结合的"风情房",与养生相结合的"养心房"等诸多房型,满足了当下人们不断升级提高的消费需求。

第十四章 绅士般的品位,淑女般的亲切

——维也纳酒店集团

一、企业简介

维也纳精品连锁酒店创立于 1993 年。目前,维也纳酒店集团拥有超过 30 000 间客房,综合开房率超过 100%,拥有超过 2000 万注册会员,并创下 21 年零安全事故的记录。已开和拟开的分店网络遍布于全国 80 个大中城市,在全国拥有 300 多家分店,并以每年新开 60~80 家分店的速度发展。集团致力于为客户提供足够好的产品,持续不断地改善酒店品质,让商旅人士更加称心预约,让礼仪之邦拥有令人尊敬的国际领先品牌。

维也纳酒店集团奉行的核心价值观为:一切建立在尊重之上,谦和、诚实、高效、创新。

- 谦和。谦是指关爱与尊重,谦虚、谦卑和善于学习;和是指共同创造、共同分享,团队合作,构建供应。
- 诚实。诚可以解读为"诚信、真诚、正直、廉洁";实可以解读为务实。
- 高效。心态:强烈的愿望、高度责任感和充满激情;系统:科学、规范的管理系统;工具:全面实施的 IT 化管理。
- 创新。研究失败、规避风险;学习成功与标杆;继承己优;以市场为导向、以客户为中心;理解、包容创新中的错误与失败。

维也纳酒店集团的管理理念包括:第一,经营理念。员工第一,客户至上,股东水到渠成,承担社会责任。在追求全体员工物质和精神这两方面幸福的同时,为汇报股东和社会进步做贡献。第二,产品理念。致力于为客户提供足够好的产品,坚信客户会选择我们,并愿意给我们丰厚回报。第三,服务理念。客户的满意度是检验我们服务水平的唯一标准。

维也纳酒店集团的司训为：关爱、责任、荣誉、开放、共享、共赢。

二、品牌价值链

维也纳酒店集团定位于中国精品连锁酒店领袖品牌，致力于为客户提供"绅士般品位"的产品和"淑女般亲切"的服务，品牌特征为：高品质、高品位、艺术、典雅、优质服务和高性价比。维也纳酒店集团的品牌价值链包括：

1. 舒适典雅

酒店配备平均30平方米以上的五星豪华空间，采用完全符合人体工学设计的甜梦之床。柔软舒适的羽绒被，为客人带来婴儿般的呵护。超五星标准国际卫浴，4秒速热沐浴，水温、水压恒定。自助冰箱、无线上网、高清数字电影、贴心洗衣服务……让客人的每一次舒适入住体验都有最难忘的回忆。

2. 顶尖美食

集全球顶尖美食，扬健康饮食智慧。酒店依循中华五千年的传统养生之道，采用全天然的养生食材，独家研制出300多种具有理疗功效的健康美食。其中仅养生汤就有20多种。采用深海海鲜、鲜榨水果引领。同时严格挑选新鲜食材、把控食物品质和安全。让住店客人足不出户即可尽享天下美食，100%健康有营养。

3. 品质豪华

让住店客人重温欧陆公爵的高贵生活，挥洒一派格调风范。在富丽堂皇的维也纳金色大厅、古雅别致的华美雕塑融汇灵动的维也纳背景音乐，让客人如同触摸着巴洛克时期的时间纹理，体会久违的心灵震撼。酒店倾心于打造宾至如归的高雅环境，让美轮美奂的艺术装饰与真品，不动声色地融入住店客人的生活。

4. 安全环保

20年来，维也纳酒店将现金的危机预防、突发事件预警与处理机制视为己纲，用行动和关怀实现了安全、零事故的承诺。酒店设置全方位的电子监控和24小时安保巡逻，为每一个维也纳客人保驾护航。不管客人在客房的哪个角落，特备的保险箱和五星级的消防设施都能够扫除后顾之忧。

5. 音乐艺术

酒店精心挑选了汇聚中西的经典音乐，力求为每一位热爱生活的宾客带来与众不同的感官享受，坚信最好的音乐艺术不但可听，更要可观，方可触动心灵。每一扇欧式的门楼、每一个异国风情的罗马柱，每一块金碧辉煌的墙壁雕刻，都精心承袭了巴洛克建筑语境下的手工音乐痕迹。让客人在无与伦比的视听盛宴中,体验无处不在的艺术魅力。

6. 引领健康

酒店关爱每一位客户的健康,从一开始就注入环保理念,使用可循环利用、无污染的材质进行装修;墙面漆及家具油漆均为绿色环保。采用物理高温消杀,杜绝化学杀虫剂,房间每天引入新风10次,最大程度地优化空气质量。让每一位顾客都能感受高品质、绿色环保、健康清新的入住环境。

三、旗下四大品牌

1. 维也纳皇家酒店(Venus Royal Hotel)

以全球首家美食酒店为特色,以美食为差异化竞争策略。必配养生食疗自助餐、五稻香咖啡馆、大堂吧等。

2. 维也纳国际酒店(Vienna International Hotel)

定位于经典艺术精品酒店,为集团核心业务。以物超所值、健康美食、经典艺术、智能化为产品设计理念。为宾客提供超值、安全、美食、艺术、健康、环保的入住体验。必配备养生食疗自助餐或粥面馆等。

3. 维也纳酒店(Vienna Hotel)

定位于中档商务精品酒店,为集团重点业务。以经典艺术为设计理念,致力于为客户提供高品质的酒店产品和周到的服务,以"五星体验、二星消费"为价值主张,让宾客深切感受物超所值。可配备五稻香粥面馆或无餐饮。

4. 维也纳3好酒店(Vienna 3 Best Inn)

定位于环保性经济型酒店,由维也纳酒店集团荣誉管理。以"环保"为核心定位,设计理念和所有用材都遵循国际流行的环保要求,为顾客提供吃好、睡好又环保的温馨体验。可配备五稻香粥面馆或无餐饮。

四、管理创新的特点

用十年时间跨越国际一流品牌上百年走过的路,核心在于创新。维也纳酒店集团的六大核心创新:

1. 人才培育模式创新

必须高度注重内部人才培育,建立学习型组织,成立自己的商学院,与一流大学合作,定向培育专业人才。

2. 产品和服务创新

坚持以创造客户价值为中心,成立产品创新研发基地,建立高激励性的创新土壤,精确调研产品的每一组成部分与行业前十名的差距,并立项赶超。成立创新中心,定期举行研讨会。创新中心的职能如下:首先是学习模仿,效仿国际品牌以及高品质服务,目标是先消化再追赶;第二步是超越,已有服务商思考如何提升客户价值。基于这两个目标,列出一些前瞻性的预测,同时进行调研。

3. 公司治理机制创新

激励员工充满激情,充满力量,充满斗志,不断提高生产力。实施高薪+精英的人才战略,如高层薪酬逐年调至500万年薪以上;实施高年终奖与重要成果提成奖激励机制;实施创始合伙人分股分红激励机制;实施上市前股权赠予或超低价授予激励机制;上市后,拿出证监会所允许的最大值进行期权激励;实施管理者、奋斗者与人才"居者有其屋"的激励机制;实施内部创业合伙人激励机制;实施丰盛退休计划。

4. 管理系统IT化创新

必须实行管理系统全面IT化,才能突破性提高生产力,才能真正提升公司的治理能力,以及抗风险能力。各中心各事业部必须建立IT化管理系统,使公司全名进入依靠系统管控的轨道。

5. 学习力创新

善于学习,与一流的咨询顾问公司合作。继承商业文明的历史经验和智慧,向前三名标杆企业学习,站在巨人肩膀上崛起。学习力是企业的核心竞争力之一,只有善于学习,才能与时俱进,才能提高创新力,才能培育出更加优秀的人才,才能让企业立于不败之地。

6. 精益化管理创新

每天进步一点点,建立每周创新报告机制,即目标成果计划的达成率分析报告,以及各部门、各岗位的经验与智慧的创新总结报告。

构建创新肥沃土壤,实施创新六大策略:第一,研究失败,拿别人的失败,作为前车之鉴,规避不必要的弯路,"失败是成功之母"的思维是愚不可及的。第二,学习成功与标杆,学习与模仿是最高效率、最低成本、最低风险的最佳创新捷径。第三,继承己优,将自己的优点进行总结,并纳入知识管理系统,继承是创新的基础,创新不反对继承。第四,以市场为导向,以客户为中心,致力于满足与引领客户的需求与期待,不断提高产品价值。第五,重奖之下必有勇夫,建立极具激励性的创新奖励机制。第六,营造宽容氛围。对创新的不足、不完美,对失误,甚至是失败,应给予足够的理解与包容。只有打造这样的肥沃创新土壤,才能真正成为一家卓越的创新型公司。

第十五章　金陵酒店管理公司的经营管理之道

一、金陵酒店管理公司简介

金陵酒店管理公司凭借本土酒店连锁的独特魅力和 20 多年孜孜不倦的努力，荣登"2013 年度中国饭店集团 60 强"榜单。截至 2013 年底，金陵连锁酒店规模已达到 136 家，客房总数近 4 万间。"金陵"连锁的足迹已遍布北京、上海、江苏、安徽、浙江、山东、陕西、江西、宁夏、内蒙古、福建、海南等 15 个省、市、自治区，已经拥有全球 160 多个国家和地区超过 100 万名的贵宾会员。

公司的性质是专业从事酒店连锁业务的管理公司，是以知识产权、品牌影响力等无形资产作为核心资产，接受酒店项目业主的委托，专注于对高档酒店项目进行从筹建、建造到营运的咨询、服务、管理经营的智慧型连锁企业。公司的职能是对成员酒店的状态和数值进行有效控制、管理和提升；公司职能实现的有效途径是互联网思维和完全体系化营运管理模式平台；"金陵连锁，创造酒店价值"是通过公司构建的"营运管理平台、销售平台、采购平台、培训平台"等平台的完全体系化营运、检查督导来实现。

二、"金陵"连锁品牌定位及其品牌特征

金陵酒管公司品牌——"金陵"，公司名即酒店连锁的品牌名，也就是说，金陵酒管公司的名称是以企业为整体形象的品牌。

"金陵"连锁酒店品牌来源于"金陵饭店"。金陵连锁酒店是在对"金陵饭店"品牌基因的传承中复制、发展、形成的品牌影响力。"金陵"连锁品牌具有中国文化特色，完美体现了民族风格的卓越服务和高质量的经营管理，代表了当今中国本土酒店中国人自己管理连锁酒店的高服务水平和经营管理水平。

"金陵"连锁品牌定位如下：

(1) 高端品牌：公司专注于单品牌项目的经营管理，且只做高端五星级酒店项目

的受托管理业务。

（2）本土文化：在地域辽阔的中国，文化的多样性最终会反映在经营管理的有效性上，管理问题最终都是文化问题。每一家金陵连锁酒店在金陵基本的文化基础上还都拥有自己的特性，以适应不同城市、地区的需要，实现与当地文化的最大化契合。

（3）国际标准："金陵"连锁酒店所处的地域不同、文化不同，但作为"金陵"高端酒店的标准都须一致。金陵连锁酒店的服务标准、硬件标准、产品标准都是以国际通行或中国颁布的五星级酒店的标准要求而设定。

（4）专业化经营管理：酒店业主购买的是"金陵"连锁非物质的专业化的经营管理知识和能力，而这种能力是由公司派出的管理团队在其具体工作中执行总部的相关标准要求的体现。同时，要做好这一点，首先要挑选能力好、能够胜任工作的总经理，同时授予他们管理好酒店所必需的权力。

（5）价值导向：以亲切、细致、友善、恰到好处的职业方法满足目标市场客户的合理需求，向业主提供高端酒店的专业有效的经营管理服务。

三、"金陵"连锁品牌的内涵及其特征

"金陵"连锁酒店的品牌、人才和文化优势源于创造民族品牌的责任感、使命感、荣誉感，源于"金陵"连锁通过高起点的先仿后创、不断创新，源于融国际水准和中国文化相结合的经营管理体系模式，源于"金陵"连锁自身的战略建设、制度建设和文化建设。

"金陵"连锁品牌是中国传统性和国际性有机结合的产物，其特征如下：

1. 营运模式的专业性

金陵酒管公司之所以能有较好的发展，本质上是一批懂专业、懂服务、懂经营、懂管理的几代人共同努力的结果。公司的业务本质就是提供从酒店建造、开业筹备到酒店运行管理的全过程专业咨询和服务管理，其有效性就取决于"专业"的营运模式的有效性。

2. 经营和管理的有效性

经营了管理的有效性，决定和"金陵"连锁的生存和发展。酒店业主购买的是金陵酒管公司对其酒店资产的经营权和管理权。经营管理的有效性，决定了公司和业主关系的长久性，也影响了其他客户对公司产品的购买，而"金陵"连锁所能提供的产品即有效地对其酒店资产的经营和管理，包括帮助业主建造一个能使其资产利润最大化

的酒店,帮助业主有效地经营管理,帮助业主完成其期望的价值需求。

3. 丰富的服务文化内涵

"细意浓情,体验金陵"的东方礼仪文化,最具"金陵"连锁的文化特色。公司倡导以"中国服务"理念为指导,做有心人,用心想事、干事、干成事。在全面构筑公司核心竞争力的工作中,诚信、责任、求实烙在每个金陵连锁人的脑海中,以奋发有为的精神状态、求真务实的工作作风、锐意进取的工作干劲,把永不满足和创新、创造精神放在重要位置。

四、"金陵"连锁酒店的产品特征

连锁酒店通常位于城市的 CBD 区和旅游度假区,都为五星级高端酒店。

酒店有明确的服务对象。要进行项目准确定位和目标市场细分,不仅是为了抓住目标市场,而且还为了提供针对性的产品和服务。

酒店装修设计都是聘请国内外著名的设计公司设计,具有鲜明的主题特色。酒店强调个性、定制化服务,配套比较齐全,宾客可以在酒店得到充分的放松。

在客房方面,高水平的个性化服务、舒适和顾客满意是酒店的宗旨。宽大的房间经过精心布置,非常适合客人的休息和放松。酒店会特别留意宾客的每一项要求,并提供相应的服务。客房都配有先进的技术设备,以满足宾客的需要,适应宾客的生活方式。

在餐饮方面,"金陵"极度重视酒店餐饮经营,并将其视为酒店最主要的收入和利润来源之一。具有市场号召力的餐饮规模,出众的服务,加上高品质的菜肴质量,和有力的销售策略,使金陵连锁酒店餐饮经营在行业内享有盛誉。酒店餐厅不仅可以为顾客提供国际大菜,也能够品尝到"金陵美肴"和当地正宗的地方特色风味。在金陵连锁酒店的大部分酒店,餐饮收入超过或与客房收入相当,成为当地高档餐饮的代名词,大大增加了酒店的收入,并为提升酒店的市场地位和客房收入发挥了显著的作用。

大部分酒店规模中等,有装饰豪华的会议厅和面积 600 平方米以上的大宴会厅,非常适合开展团体的会议宴会活动。如主题晚会、婚礼、酒会等。酒店有多样的商业和娱乐设施并提供一流的服务,酒店还会通过营造艺术气氛给宾客带来美的享受。

五、"金陵"连锁酒店经营管理之道

1. 始终如一,瞄准高品质

"金陵"连锁品牌的美誉度,就是服务品质。业主对酒管公司认可与否,是要找一个品牌,也就是找一个品质可靠、能够得到需求保证的品牌。

"金陵"连锁酒店的品质化管理,是公司最基本的管理,也是最终的管理,最难的管理。公司知道:品质的建设或塑造,不可能一蹴而就。没有捷径,只有下大力气、苦功,再加一点巧劲。

公司着重从四大方面着眼和入手进行品质管理:一是领导统御,做好全局把握和计划部署。二是全员参与,发动每一个员工积极投入到品质建设中去。三是量化管理,正确的方法加上工具应用。四是建立品牌文化,提炼实践经验,研究重大课题,深入指导品质建设。

2. 不失时机构建网络化营运管理平台

众所周知,在酒店连锁加快市场化进程和网络化智能化高度发达的今天,连锁酒店的市场需求与信息化技术应用的不对称,迫使企业必须思考生存、发展与核心竞争力之间的种种问题,也促使金陵酒管公司寻求改变、突破。

据此,公司与知名的咨询公司、酒店专业院校建立战略合作关系;发挥自身业务专家、酒店一线管理人员、服务骨干的作用,共同参与,全面构建"金陵"连锁酒店完全体系化营运管理平台(金陵 e-JOP 平台)工作。"金陵 e-JOP"是构架在互联网上,搭建以客户为中心的主线,以数据管理系统、营运管理系统、培训管理系统、知识管理系统为核心,通过梳理金陵连锁酒店的作业流程性,规范金陵连锁酒店的工作内容、制度、标准、流程、表单等;通过"目标—行动—成果"的方式,达到对全方位资源进行监督、指导、管控;全面提升金陵连锁酒店执行力的实时营运管控。同时,它是一个24小时开放的网上课堂;是一个酒店知识和文化交流的平台;是公司总部坐镇指挥的"中枢神经系统"。"金陵 e-JOP"构建工作已取得了预期成果。

3. 发扬光大"细意浓情"的质量经营模式

"细意浓情"是"金陵"在长期的经营实践中独创的现代酒店管理体系的精华,是金陵酒管公司的质量经营模式。"细在精准、意在卓越、浓在超值、情在人文",为宾客创造舒心的旅居环境,确保了"金陵"连锁酒店管理体系的统一标准和高效复制。

"细意浓情",说简单一点,就是用心做事,用情感人。当发现客人喜欢吃下饭小菜,我们就主动送上小菜;发现客人腰疾,我们主动准备硬板床;发现客人带小孩,我们主动准备婴儿床、婴儿凳、婴儿餐具;客人是左撇子,第二次就餐,筷子就会放在左边;床上铺设两床被子,再进房间一定能感受到空调的提前送暖……这些看似简单的服务最为"细意浓情"。每个"金陵连锁人"都恪守三个时刻:当客人需要时,就是我们用心做事的机会到了;当客人遇到困难时,就是我们让客人感动的机会到了;当客人需要个性化服务时,就是我们给客人惊喜的机会到了!

4. 品牌理念的新认识、新举措带来了经营管理的新成效

"金陵"连锁品牌文化理念的认识,是一个"金字塔"结构的认识。顶层的理念,是金陵前辈的一句名言:"饭店天天做小事,不做小事出大事。"往下第二层,是"金陵一家亲"的理念,体现诚信的内涵。第三层,是品质,就是人品的理念,体现"品行、品位、品质"塑造的重要性与必要性。第四层,是"身教重于言教"的理念,强调职业经理人的综合素质。最后一层,是"说实话、办实事、出实效"的理念,强调实事求是,一切以结果为导向。

公司以增强凝聚力和竞争力、促进可持续发展为目标,坚持相互尊重、求同存异,兼收并蓄、循序渐进,营造"金陵一家亲"的文化融合氛围;定期开展员工思想动态和心理情绪调研分析,把握所思所盼,建立通畅的上下对话机制和包容信任机制;开展"创优、争先示范"活动;注重在会议、学习、聚会等场合营造尊重新加盟员工的氛围,增进员工的文化认同;学习借鉴、总结推广连锁酒店内外成功经验;加强跟进督导和持续改善工作;注重公众场合的文化执行,及时纠正"文化违规"的言行举止;发挥总部、区域、成员酒店等多个层面积极性,定期抽查员工对文化与战略的认知度;坚持以点带面,借助示范点带动公司整体品牌文化的全面发展,收到了较好的效果。

5. 公司管控评价体系不断完善

公司会和每家连锁酒店确定年度的财务指标和管理指标,作为衡量酒店业绩的主要标准。公司利用自身营运管理平台,通过数据管理上报、评价体系,能够洞悉每家成员酒店的运营状况,并协同酒店及时采取改善计划,确保每家酒店能有上佳的业绩表现;公司坚持对成员酒店定期的巡视检查、营运督导,帮助对照品牌标准、年度的各项业绩指标和酒店竞争的表现,分析和讨论偏差原因,确定改进计划,以确保达到和超越业主期望的业绩;公司不断完善全面的宾客意见倾听和分析制度,宾客所有意见每天发送到酒店总经理处,由他们亲自审阅并督办,确保在最短时间内做出回应和补救。通过一系列管控措施,使连锁酒店经营管理工作目标(指标)由宏观变微观,责任由抽象变具体,任务由"务虚"变"务实"。

6. 激发员工活力,构建和谐文化

"金陵"连锁以其卓越的服务水准闻名于世,并能不断加以保持和改进,关键在于拥有那些积极进取和努力实现公司目标的员工。说"金陵"连锁像一块磁石,牢牢凝聚了大批金陵连锁人,一点也不为过,这也成为"金陵"连锁品质保证的根本。"以客为尊、以员工为宝,早已在酒管公司高管层达成共识。"公司实施带薪休假制度,为员工办理各类商业保险;每年组织免费健康体检,开设员工读书角;开展羽毛球、瑜伽、游泳比赛、登山比赛等丰富多彩的文体活动,如此种种,真正让员工"快乐工作,快乐生活"。公司优化人力资源结构,提速人才培养引进,完善职业发展规划,并提供一种使员工实现自我价值和积极参与管理的良好的工作氛围。

回顾金陵酒管公司的成长历程,靠的是领导层的步调一致,靠职业经理人的敬业、专业和团队精神,靠员工的工作热情和投入。今天,"金陵"连锁人的努力已经转化成了公司自身宝贵的财富,这是最为珍贵的。金陵酒管公司创中国民族连锁酒店品牌:一要靠自己有一套合乎国际又适合国情的管理模式,并贯彻始终、持之以恒,由口碑转化成为知名品牌。二要靠自身有一班高素质、愿为"金陵"连锁的目标共同奋斗的团队。三要争取客源带来财源,将品牌转为效益,现在"金陵"连锁这一民族品牌能逐步得到社会认同,未来一定能不断成长和进步。

第十六章 建设百年品牌 创造世纪经典

——山东蓝海酒店集团[①]

山东蓝海酒店集团于1994年起步于山东省东营市东营区政府招待所——西城宾馆,1999年,在全省同行业率先完成股份制改造。近20年来,以创建民族品牌为使命,苦练内功、谋求发展,截至目前,已成为一家以中、高档酒店经营为主,以生态农业、职业教育等相关产业为辅的企业集团,目前在山东、北京、上海等地拥有89家中高档酒店(其中31家在营、58家在筹),30 099间客房(含在筹酒店客房19 900间),员工万余人。先后被认定为"山东省服务名牌""山东省重点服务业企业""国家级酒店服务业标准化试点单位",拥有一个"中国驰名商标"和一个"山东省著名商标"。

蓝海集团旗下有"蓝海御华""蓝海国际""蓝海钧华""蓝海禧华"四个酒店品牌。其中,"蓝海御华"定位为建筑面积在5万平方米以上的超豪华饭店与度假村。"蓝海国际"定位为建筑面积4万~5万平方米的豪华饭店。"蓝海钧华"定位为建筑面积在2.5~4万平方米的商务饭店,"蓝海禧华"定位为建筑面积在1.2万~2.5万平方米之间的主题鲜明的精品酒店。

总结回顾这些年来的成长历程,蓝海集团的发展与以下几个方面的工作是分不开的:

一、特色鲜明的企业文化

蓝海集团一直把企业文化建设作为推进企业可持续发展的重要引擎,从战略的高度系统构建并持续推进具有蓝海特色的企业文化模式建设。确立并践行了一系列的文化理念,"建设百年品牌,创造世纪经典"的宗旨使命;"为社会提供优质资源,为顾客提供优质服务,为员工提供优质生活"的核心价值观;"以管理保质量,以质量

[①] 作者:丁德杰,营运总裁;李鹏明,企业文化部副部长。

树形象,以形象塑品牌,以品牌谋发展"的企业发展观;"您的需求,我的责任"的服务理念等。

蓝海的企业文化不是包装文化,而是行动文化,既包括理念层,又包括制度层,两者有机融合。最终使得各项企业文化理念在实践中落地,实现了企业文化建设与企业经营管理的紧密结合。通过这种从理念到行为的企业文化建设,为企业的持续发展提供了保障。

近年来,蓝海集团还一直在管理团队中持续着对传统文化精华的学习和实践,以此来提升团队的整体素养,引导树立正确的世界观、人生观和价值观,示范了中华传统文化注入企业文化实践的自觉。蓝海集团一直倡导大家"先做人,后做事"。修身作为管理实践的开始,是现代管理者素质的重要构成部分。做到"正人先正己"后,管理人员再通过"身教"将儒家文化关于做人处世的哲学传递到每个员工身上。通过潜移默化的熏陶,友爱、和谐的理念深深扎根到了员工的心里,使他们的服务、微笑格外真诚。

2013年以来,酒店行业的市场形势发生了变化,蓝海集团在转型过程中,广大职工的工作量比以前增大了,但其队伍却非常稳定,仍然以良好的精神状态为顾客提供着服务,服务热情度有增无减,得到了广泛认可。在企业最困难的时候,有的员工甚至主动提出把自己的工资奉献给企业,与企业共渡难关。这种情况与我们常抓不懈的企业文化建设工作是分不开的。

二、科学实用的管理体系

多年来,蓝海集团一直坚持走科学管理之路。标准化原理是科学管理理论的核心内容之一。我们很早就认识到,标准化是企业管理的基础,它可以把重复性的工作事务统一起来。有效的标准既有利于工作的规范化,又可以减轻管理的工作量。它使得规模化运作成为可能、变得容易。

以餐饮为例,在对餐饮产品制作流程进行分解的基础上,我们对厨房的功能布局、组织机构和岗位设置做了创新,并结合科学细致的分工,制定出了餐饮产品加工制作的标准化作业流程,使各种饮食的配料种类、用量、制作程序都实现了标准化,为饮食质量的稳定和产业化奠定了坚实基础。按照这种思路,蓝海集团从自身的实际工作出发,结合相关的国家标准和业内优秀经验,建立起了一套涵盖餐厅、客房、膳食、职能管理等各业务条线的标准化操作程序,在全省酒店行业率先通过了ISO9002质量体系认证,并被确立为山东省"餐饮住宿业标准化示范单位"和国家"餐饮住宿业标准化试点单位"。

随着企业规模的不断扩大,如何做到对旗下酒店的有效管控,保证每家酒店的良性运转,是一个必须认真面对的问题。蓝海集团在近20年的运作实践中,致力于专业化管理团队的培养和管理平台的打造,这个管理平台以制订计划、检查督导、评估奖惩和服务指导的形式对所辖酒店的对口业务条线实施管控,从而将集团总部的管理资源辐射、应用到各家酒店,保证了对各酒店实体业务关键点的管控,保障了各项工作的质量。此外,他们还设置了专门的工作督办机构,保障了组织的执行力。

三、训练有素的人才队伍

企业要发展,人才是关键。蓝海集团不断加大投入,从思想教育、业务知识学习和业务技能训练等三个方面努力提升员工队伍素质。针对企业年轻人多,思想活跃的特点,重点在转变观念,树立正确的价值观、择业观上下工夫,让大家认识到发展服务业是利国利民的大事,从事服务业是神圣的、光荣的。每年集团都会拿出数百万元的培训经费,"走出去,请进来",提高员工队伍的业务知识和技能。同时,每年都组织集团层面的技能大赛,层层选拔,以赛促练,集团上下形成了注重技能、苦练技能、争先创优、追求卓越的积极氛围。近年来,蓝海集团多次派员参加全国和全省层面的技能创新大赛,每次都是载誉而归。去年11月,我们还派员作为鲁菜大师代表,到联合国总部参加了"中国美食走进联合国"活动。

为了深入做好人才工作,蓝海集团创建了企业的培训大本营——蓝海职业学校,将"明于理""合于规""精于艺""勤于事"作为培养目标,探索出了一条特色鲜明的酒店职业教育之路。多年来,学校向集团输送了一大批技能人才,其中有相当一部分已成长为核心技术人才和管理人才,成为集团有力的人才基地。每年新生入学、新员工入职,也都在这里接受正规严格的教育和培训。2009年10月,时任中共中央总书记的胡锦涛同志亲临蓝海职业学校视察,高兴地看了一流的教学设施和师生们的教学场景,勉励他们继续努力,办好职业教育,为社会培养更多的人才。

蓝海集团致力于打造雇主品牌,带出了一支作风正派、业务精良、人员稳定的人才队伍。目前,蓝海集团已成功培养四星级以上酒店的总经理30余人,中层管理人员600余人,专业技术人才数千人。一支"精于此道,以此为生"的骨干队伍正在形成。

四、相关多元的产业体系

在发展过程中,蓝海集团确立了以酒店产业为主,生态农业、职业教育、对外培训、庆典策划、食品加工、酒店用品加工等相关产业联动发展的相关多元化产业体系。这些产业之间联动发展、优势互补,彰显出了比较强的生命力。去年以来,面对酒店业市场形势的变化,集团管理层审时度势,在调整酒店产业经营定位、突破大众消费市场的同时,加快了这些相关产业的发展步伐,优化集团整体产业结构,增强企业应对市场风险的能力和水平。

尤其值得一提的是,为了稳定产品品质、确保食品安全,蓝海集团挺进生态农业,自主建立了近6 000亩生态农业基地,可为旗下酒店、火锅店常年供应优质原材料,并在这一基础上启动了"蓝海健康消费工程",致力于为广大顾客提供放心饮食,打造安全消费环境。在食品安全问题广受关注的背景下,蓝海集团走出了一条让社会信任、令顾客放心的路子。与此同时,他们还用市场化的思路经营生态农业,通过建渠道、创品牌,把蓝海"逸园"农产品推向市场,为人们提供健康安全的生态农产品。目前,他们已经建立了3家生态农产品超市,并与品牌连锁商超开始了合作。

五、持续创新的经营举措

创新是蓝海集团管理理念的要求,也是我们一项重要的企业精神。蓝海集团的发展历程是一个持续创新的历程。面对市场形势的变化,我们在经营上开展了一系列的创新。

一是调整了经营定位。蓝海及时对酒店产业经营定位做出了调整,将工作重心迅速转移到大众消费市场上来。我们对现有酒店的功能布局做了大刀阔斧的调整,扩增大众市场的经营区域,缩减高端市场经营区域。在此基础上,对以大众餐饮品牌"渔歌舫"为代表的菜品模式做了系统调整。集团层面统一规范了一批招牌菜品,与下属各酒店的个性化菜品有机融合,形成了新的菜品体系。最近,我们又推出了以"10 + 1"烤鱼、7味小龙虾为代表的一系列新菜品,受到了广大顾客的认可和好评。服务方面,结合大众消费市场特点,提炼优化服务项目,改进服务流程,提高工作效率。与此同时,对产品服务价格体系也做了调整,并有针对性地开展了市场开发工作,树立了"高标准服务,大众化消费"的品牌形象。

二是创立了"在线美食速递"。人类已进入新科技革命和新产业革命时代,新媒体正深刻改变着人们的生产生活方式和经济社会发展方式。基于OTO电子商务模式的兴起,我们在济南、青岛、东营、临沂、淄博地区开设了"在线美食速递"业务,消费者可以用电脑、手机登录蓝海美食速递网(www.4008117811.com)或拨打蓝海集团中央预订电话400-811-7811在线点餐,足不出户就能享受蓝海美食送到家的服务。速递产品不仅包括蓝海集团旗下酒店、火锅店、快餐店的美食和半成品,还有蓝海生态农业基地自产的无公害瓜果蔬菜。目前,这项业务接单量呈现出了明显的递增趋势,市场前景看好。

三是开辟了"团购"渠道。我们在产品策划的基础上,积极与多家知名的团购网站合作,展示、销售我们的产品,并取得了良好的成效。

四是策划推出了主题宴会服务品牌——"逢喜会"。针对人们"逢喜而聚"的宴会市场,我们策划推出了"逢喜会"喜宴服务品牌。主要内容是:针对新婚宴请、寿宴、生日宴、欢乐聚会等这些不同主题喜宴的特点,实施专业策划,同时,还配备有专门的"逢喜会"服务管家,为客户提供专业化的建议和全程跟办服务,使顾客在轻轻松松中享受到专业、贴心的喜宴服务,体验到文化气息浓郁、富有品位的主题宴会。这一品牌一经推出,受到了广大顾客的广泛好评。

五是巩固、提升客房经营优势。总的来说,蓝海集团以餐饮见长,但这绝不意味着客房业务是蓝海的弱项。多年来,蓝海集团依托自身富有特色的服务礼仪和贴心的个性化服务,诠释着"中国式待客之礼"的服务定位,并为广大顾客提供"满意+惊喜"的客房服务,赢得了良好的口碑,集团旗下酒店每月收到的顾客书面表扬信都在2 000封以上,涌现出了一大批优秀的服务案例。在市场形势发生变化以后,蓝海多措并举,积极开发包括旅游客源市场在内的大众消费市场,有效弥补了政务客源缩减带来的影响。

六是加强成本费用控制。在不影响产品服务质量标准的前提下,蓝海多措并举,控制、降低各方面的成本费用,做好"节流"的文章:着手优化集团的中央厨房和物流体系,扩大集中采买、集中加工、集中配送的比例,进一步发挥集团化运作优势,降低食材成本,开辟新的利润空间。同时,拓宽了源头采购渠道,扩充战略合作供应商数量,能够在保证采购质量的前提下拿到最低的价格。比如说,他们从大连、福建采购海鲜,从新西兰采购牛羊肉,从法国采购原瓶红酒,从南美采购海捕鱼等。在人力成本方面,一方面,通过机械设备的应用、行政岗位合并等措施来精减人员编制,另一方面从优化薪酬体系和绩效考核体系着手,来激发大家的工作积极性,提高工作效率和人均贡献,真正实现能者多劳、勤者多劳、多劳多得。举例来讲,蓝海对餐厅服务人员的工资结构进行了调整,基本工资占30%,服务提成占70%,服务提成与实际服务客人的数量成正比,实现了餐厅服务的计件管理,同时还提高了员工的收入水平。在饮食成本损耗和能源费用控制方面,他们将计量核算单位划小到班组,细化了检查考核机制,收到了比较明显的成效。

尽管市场形势发生了变化,但蓝海集团一直没有停下发展的脚步。今年上半年,临沂蓝海国际大饭店(沂河)、潍坊蓝海国际大饭店(高密)、日照蓝海国际大饭店3家星级酒店相继开业。种种迹象表明,当前酒店行业进入了一轮洗牌期,蓝海集团将充分发挥自身在人才队伍、管理体系、专业化程度、品牌影响力等方面的优势,积极寻求以租赁经营和输出管理为主要形式的低成本扩张,进一步增强规模优势,向着创建民族品牌的目标加速迈进。

第十七章 北京首旅酒店(集团)股份有限公司

一、企业简介

北京首旅酒店集团拥有首旅建国酒店管理有限公司(简称"首旅建国")、北京首旅京伦酒店管理有限公司(简称"首旅京伦")和北京欣燕都酒店连锁有限公司(简称"欣燕都")三家酒店管理公司,管理着从五星级到经济型的各类酒店共100余家,形成了高档、中档、经济型酒店品牌运营管理体系和覆盖全国的酒店经营网络。此外,北京首旅酒店集团还拥有北京神舟国际旅行社和海南南山5A级景区等企业。

首旅酒店集团的母公司首旅集团是中国综合实力最强的旅游服务业企业集团,在中国10大旅游企业集团中名列前茅。集团所属食、宿、行、游、购、娱六大业务板块,涵盖餐饮、酒店、交通、旅行社、商业、景区及其他业务。首旅酒店集团是首旅集团在"宿"这一业务板块着力打造的上市公司。

二、企业文化

1. 文化理念

• 愿景:打造中国最具影响力的、富有民族特色的国际化酒店集团。

• 使命:不断探索和把握酒店品牌连锁经营的规律,以多元化品牌满足消费者的个性化需求;实施连锁经营提升酒店经营效益;创造良好业绩以实现公司的可持续发展。

• 价值观:人本、诚信、高效、创新。

• 企业核心理念:走国际化路、创民族品牌,践行"中国服务"。

2. 经营理念及管理理念

实施"品牌+资本"战略,以酒店品牌运营管理为核心,借鉴国际化酒店集团运营模式,通过更加积极的资本运作,实施规模优先的方针,形成完善的品牌体系、突出的品牌特色、先进的品牌文化,从而打造公司的核心竞争力与可持续发展的盈利能力,树立积极承担社会责任的上市公司形象。

首旅酒店集团将积极开展内外部整合与并购。未来三年中,首旅酒店集团将积极借助首旅集团酒店板块的资源,并充分发挥上市公司优势,实施内外部整合与并购。

三、品牌介绍及特点

首旅酒店集团的品牌体系是在品牌档次上,力求高档、中档、经济型各品牌的均衡发展。在品牌发展中,通过自主品牌拓展与收购酒店管理公司的双轮驱动,实现"发展规模优先"的快速扩张。在品牌类别上,以城市商务酒店为主,度假酒店、公寓酒店及其他衍生酒店品牌为辅,形成结构较为合理的品牌体系。

2012年4月,首旅酒店集团顺利完成酒店资产重组。自此,将酒店品牌运营管理定位为公司的核心业务。通过实施"品牌+资本"战略,不断探索和把握酒店品牌连锁经营的规律。同时,加强与国际酒店集团的交流合作,借鉴国际品牌先进的运营管理模式,通过更加积极的资本运作,加快实施酒店多品牌发展战略,逐步形成完善的品牌体系、突出的品牌特色和先进的品牌文化,以多元化的品牌满足消费者的个性化需求。

未来,首旅酒店集团将以酒店品牌运营管理为核心,按照"走国际化路,创民族品牌"的发展思路,努力打造自主品牌,不断提升各品牌的核心竞争力与可持续发展的盈利能力,打造中国最具影响力的、富有民族特色的国际化酒店集团。

首旅酒店集团负责所属企业运营管理、物业资产管理及公司总部和所属企业的网络运营;建立服务质量三级监管体系,在集团酒店企业内率先实现中国服务落地的目标;按照企业发展规划目标,不断提升企业运营管理效率,提升品牌价值,提升企业影响力;建立物业资产管控体系,加强资本性支出年度预算的计划性、前瞻性,并符合企业发展需要,重点对涉及经营设施的重要项目进行后效益评估,确保实现物业资产投资的合理性、规划性,确保实现投资收益最大化;打造完善的网络化运营平台,发挥"大数据"的信息优势,提升整体运营效率,创造集约化的品牌形象宣传,创造高效便捷的客户体验,提升品牌软实力。

四、管理创新的特点

1. 战略发展管理

(1) 2012年,与IDeaS合作,旨在推进酒店集团收益管理战略;建立起收益管理标准操作流程(SOPs),并针对 SOP 部署和收益管理概念设计出了一系列培训。

(2)北京首旅酒店集团更名为首旅酒店置业,正式将酒店"品牌管理"和"跑马圈地"业务拆分,酒店板块两翼齐飞。

(3)借助民资高端酒店的品牌让企业更加市场化;受"国八条"等政策影响,酒店在高端需求整体下降之时,加大力度开发中低端市场,同时,没有放弃高端,在这一领域公司将进行新的市场定位和细分。为了应对市场新形势,公司正对业务进行调整,今年首旅将把并购重组作为酒店业务发展的一个重点,希望借助民资高端酒店品牌让企业更加市场化。

(4)首旅酒店通过代购进一步扩张;受限制三公消费的影响,高端酒店需求整体下降,恰逢国企改革之际,首旅酒店或将借助本次收购机会引入民资品牌,提升酒店的经营效率。

(5)增资经济型酒店、整合运作资本,为布局京津冀奠定基础;首旅酒店斥资 2548 万元收购雅客怡家 65% 股权,旨在布局京津冀。

2. 企业责任管理

(1)对员工管理:公司始终强调对员工的责任,倡导亲和敬业的工作氛围。在企业规模不断壮大、业绩不断提升的同时,为社会创造了就业机会,为员工规划了更好的职业发展前景。

公司根据《劳动法》《劳动合同法》等规定,制定了包括招聘、培训、考核、奖惩等在内的用工制度和人事管理制度,公司依法与员工签订劳动合同,参加各种社会保障体系,按比例足额缴纳各类社会保障费用,员工均享受养老、医疗、工伤、生育、失业等保险。

公司重视职业健康安全管理工作,在员工职业健康、安全生产等方面制度明确、预算充足,每年均定期组织员工体检及女工体检。

(2)对股东的责任:公司注重不断完善治理结构,规范运作,保障所有股东平等享有法律、法规、规章所规定的各项合法权益,保障股东能够充分行使法律赋予的一切基本权利。公司持续关注资本市场的反应,积极、主动地建立与投资者之间的联系。公司在历届股东大会中均听取股东意见的专门安排,建立了股东与公司顺畅沟通的平台。

(3)对生产管理:首旅酒店集团严格执行各项安全法律法规,坚持依法依规生产经营,以国家、北京市各项安全保障工作指导精神为核心,在公司安全委员会的领导下,按照安全"零事故"工作标准,严格落实逐级安全责任制;认真履行安全检查和安全隐患整改工作;深化安全保障制度和安保队伍建设;加大安全培训教育和演习演练力度;顺利完成了"十八大"安全服务保障工作、冬季安全生产行动、安全生产"护航"行动、安全生产"打非治违"行动、安全生产月活动等多项重大活动的安保工作;全年无重大责任性安全事故,为企业顺利实现全年经营任务提供了有力的保障。

(4)对环保的管理:公司积极倡导绿色酒店服务,已在酒店、景区陆续进行的改造中,推行节能、降耗、环保等措施,为共同创建环保社会做出应尽的义务。

资料来源:

[1]首旅酒店集团官方网站:http://www.btghg.com/about_hotel.html.

[2]首旅酒店收购雅客怡家旨在布局京津冀[EB/OL].http://www.traveldaily.cn/article/81542.html,2014-07-03.

[3]首旅酒店或将通过收购进一步扩张[EB/OL].http://www.traveldaily.cn/article/78539.html,2014-03-11.

[4]首旅与民资酒店联姻猜想[EB/OL].http://www.traveldaily.cn/article/77559.html,2014-01-29.

[5]IDeaS助力首旅酒店集团推进收益管理战略[EB/OL].http://www.traveldaily.cn/article/76591.html,2013-12-24.

[6]首旅酒店更名首旅置业 酒店板块两翼齐飞[EB/OL].http://www.traveldaily.cn/article/75784.html,2013-11-25.

第十八章 城市便捷 让你爱上城市

——城市便捷酒店

一、企业简介

1. 集团简介

城市便捷酒店集团,既是中国精品快捷连锁酒店的开创者,也是中国首家成功进军海外市场的连锁酒店企业。

从2006年第一家酒店在深圳诞生开始,城市便捷酒店集团就一直秉承"简约、精致、时尚、绿色"的产品理念和"洁净、舒适、友好、便捷"的服务理念,通过精准的目标客群定位、独具特色的铁网式垂直深耕市场开发策略,以精品定位的品牌差异化价值主张,不断在国内目标市场上快速地形成品牌特有的影响力和市场占有率优势。目前,集团旗下已拥有城市便捷酒店(精品快捷)和怡程酒店(精品商务)两大酒店品牌。截至2013年9月,集团已在中国和马来西亚两国12省共68座城市,拥有300多家连锁酒店,有效会员数达到500多万。

城市便捷酒店集团从中国经济型酒店行业市场中细分出"精品快捷"酒店这一新品类,不仅丰富了中国酒店行业市场的经营层次,为研究中国经济型酒店发展提供了又一个生动案例,而且作为世界酒店品牌研究中心的一项重大研究成果,也得到了国内旅游协会、酒店饭店协会,以及国内外不少知名酒店管理学院、机构和专家的认同。

在集团第二个五年战略规划中,集团将继续以"品牌形象领先、产品服务领先、盈利能力领先"的企业发展目标,以更高效和更专业的现代连锁标准化运作体系和复合型管理人才培养建设体系,实现"百城千店"的集团发展战略目标。同时,集团还将积极向国际市场拓展与接轨,打造具有国际化的多品牌酒店产业集团,并成为现代酒店产品和服务的新标杆企业。

2. 集团文化

- 集团的使命:为客户满意,为员工幸福,为基业长青,为人生辉煌,为民族强盛而创业、兴业!

- 集团的目标:品牌形象领先、产品服务领先、盈利能力领先!
- 集团的(四大)核心经营理念:①"老板化"授权管理机制;②"全员营销"销售文化;③"走动式"管理行为模式;④"常新常美"产品质量观。
- 集团服务理念:洁净、舒适、友好、便捷。
- 集团产品理念:简约、精致、时尚、绿色。

3. 集团战略

- 2013年:快速建立和巩固根据地市场的基础和规模。利用差异化的精品快捷形象定位,集中资源和灵活的优惠政策,重点快速建立和深耕三个新的根据地市场,以省会城市为中心,实现全省铁网式覆盖,同时保证良好的品牌经营形象、效益和服务口碑。
- 2014年:以根据地省份为中心轴市场。更注重品牌形象推广力度,采用分公司统筹资源运作管控模式,分别采用不同的开发政策快速延伸开发各自的目标市场。酒店规模数突破600家,完成江南全部省份的布点覆盖。
- 2015年:连片深耕规模发展长江以南各省市市场。加速"中西"两大板块的省份市场铁网开发布局,同时稳健地蚕食推进东部板块的市场份额,实现北京和重庆的战略布点,酒店规模数突破800家,且能90%覆盖到江南各省的地级市。
- 2016年:实现"百城千店"目标,成为长江以南第一行业品牌。继续垂直深耕发展和强化长江以南各省市的布点广度和深度,计划建立能支援集团强势发展的酒店产业供应链体系,酒店数规模突破1000家,在江南市场布局规模超越行业其他连锁酒店,成为江南第一品牌。
- 2017年:成功上市。开始评估规划北方市场战略布局和管理模式,品牌规模进入行业前五强行列,成功实现上市。启动全品牌战略规划。

二、品牌介绍及特点

集团旗下拥有(精品快捷)城市便捷酒店、(精品商务)怡程酒店两大优质品牌。

1. 城市便捷酒店

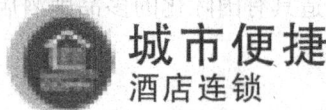

城市便捷酒店连锁是旗下的一个精品快捷品牌,城市便捷以自身时尚、简约的产品以及精致设计的客房、独特的书吧广受市场欢迎。整个设计风格非常清新、精致、明快、简约,而且整体可以说是传统经济型酒店产品的替代者,非常符合目前主要消费人群即25~41岁的消费人群的整个审美情趣,尤其是80后、90后。从连锁酒店产品开发的角度来看,城市便捷式的产品对于目前市面上流行的连锁的经济型酒店产品来说具有非常强的替代性,也满足了相当一部分中产阶级崛起之后对于连锁酒店的住宿需求提升的变化。

2. 怡程酒店

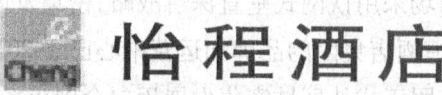

怡程酒店是城市便捷旗下的一个精品商务酒店,其精品商务酒店"大有不同"设计的独特理念,打破了国内中高端连锁酒店千篇一律的装修模式。其市场定位为中产收入阶级、有品位人士、商旅人士,价格定位在350~450元,是中国中高档酒店的新浪潮,与国际级的中端商务酒店标准接轨,怡程定位为中档次的精品商务连锁酒店品牌。城市便捷的产品在客房、大堂的设计上,在床、淋浴系统等的打造上都花了很多心思。另外,书吧和洗衣房也是产品的一个亮点。

三、管理创新

1. 差异化

城市便捷酒店集团准确把握了商机并做出了改变,率先从行业中开创和细分出"精品快捷"这一新品类,而精品快捷酒店作为经济型快捷酒店的升级版,目标客群主要是那些追求高效和品质的商旅人群和中产阶级人士。目前,经济型酒店的主力消费人群已发生变化,80后成为了酒店最主要的消费群体。相对于传统的经济型酒店,精品快捷酒店为求提供给商旅客人更多的自助式服务设施,更注重客人在住店过程中的消费体验需求。

2. 3B3S

城市便捷酒店摒弃了传统酒店的雷同,准确定位市场,拥有风格迥异、清新时尚的客房设计及人性化功能的现代淋浴和灯光环境,倡导个性、品位、完美的服务理念。在沿用国际B&B经营模式的基础上,独创3B3S全新服务模式,以强大的服务团队和科学的管理系统来支持服务标准的统一性,做到品牌形象统一、服务模式统一、客源销售网络统一、管理系统统一、培训及服务标准统一和企业文化统一,致力于为宾客营造一个"睡好觉的地方"。

集团定制了一套3B3S的产品功能与标准,"3B"是舒适的大床bed、丰富的早餐breakfast和淋浴bath,"3S"是自助书吧、自助商务区、自助洗衣房。

3. 扩张方式

城市便捷集团将利用差异化的精品快捷形象,由以往深耕二、三线城市转向一、二线城市发展,目标区域市场采用铁网式垂直深耕战略,密集发展,布局江南,面向全国,进而辐射东盟。城市便捷酒店集团的品牌和运营中心已于2013年6月由广西南宁乔迁至广州,此举标志着集团正式从区域密集发展迈向全国市场开发布局的战略转化。

4. 抓住时机,勇敢挑战中档市场

未来几年,中档酒店将进入高速发展时期。目前,中档酒店连锁品牌都还没有形成主流的、有绝对优势的品牌,中端市场仍处于品牌空缺阶段,所以进军中档酒店市场成为城市便捷的重大举措。城市便捷积极把握这个机遇顺势而为,不断丰富品牌内容和品牌形象,实现多品牌发展,利用怡程商务酒店在中档这里发力,提高整个集团的竞争实力。

附录:

城市便捷酒店发展历程

- 1996年,公司正式注册成立;
- 2006年,"城市便捷"酒店品牌在中国深圳横空出世,标志着城市便捷连锁酒店集团创基立业的开始;
- 2009年,旗下"城市便捷"分店占据广西、广东等区域,成为区域连锁酒店知名品牌,荣获"五洲钻石奖酒店、中国连锁经营协会(CCFA)会员企业"等奖项;
- 2010年,成功实现单一省份区域店铺突破100家,荣获"中国最佳旅游供应商、最佳区域型酒店";
- 2011年,城市便捷酒店在马来西亚吉隆坡隆重开业,成为中国首家成功进军海外市场的连锁酒店品牌,荣获"世界酒店联盟(WHA)副理事长企业、最佳商务连锁酒店、中国快捷连锁酒店十强品牌、中国第一家进军海外市场的快捷酒店品牌"等奖项;

• 2012年,已在中国12省58座城市拥有200多家连锁酒店,有效会员数达到150多万,荣获"中国经济型连锁酒店潜力榜十强品牌、中国百店连锁酒店品牌、西南地区首家建成酒店教学基地的连锁酒店企业"等奖项;

• 2013年,集团全球品牌运营管理中心在广州正式成立,进一步加快了集团全国乃至全球性市场布局的步伐;推出全新精品商务酒店品牌——"怡程",标志集团进入多品牌运作和产业集群化发展的时代,已在中国12省68座城市拥有300多家连锁酒店,有效会员数达到500多万,荣获"世界酒店联盟(WHA)副理事长企业、最具发展价值品牌酒店集团、十大杰出企业家"等奖项;

• 2014年6月,集团旗下中高端酒店品牌"怡程"的第一家分店在武汉开业,这标志着城市便捷酒店集团正式进军中档酒店市场。

第十九章 铸造"凤凰"品质,树立民族品牌标杆

——碧桂园凤凰国际酒店管理公司

一、集团简介

碧桂园凤凰国际酒店管理公司是碧桂园集团旗下的酒店管理公司,是国内本土综合实力最强的高星级酒店集团之一。碧桂园凤凰国际精心培育"碧桂园凤凰"及"碧桂园假日"品牌,其核心品牌为"碧桂园凤凰"。目前,酒店规模(含筹建项目)达84家,客房总数将近2.8万间,其中已开业酒店共47家。

碧桂园凤凰国际酒店星罗棋布,目前已开业酒店的地域覆盖广东、广西、湖南、湖北、安徽、江苏、辽宁、内蒙古、海南、重庆、天津、山东等省(市、区)。碧桂园凤凰国际在立足本土的同时,随着碧桂园集团在马来西亚、澳洲、新西兰、美国、加拿大、亚太区多国的地产发展布局,足迹也将遍布世界各地。

碧桂园凤凰国际酒店管理公司成立至今,以精细化的运营管理雕琢优质服务,以资源共享的优势构建强大的营销网络和人力资源网络,彰显了"凤凰国际"品牌魅力,确保旗下酒店的稳健经营、稳步提升与发展。2011—2013年,碧桂园凤凰国际酒店管理公司三度蝉联由国家旅游局、中国旅游饭店业协会颁发的年度"中国本土饭店管理公司(集团)30强",其中2012、2013年连续两年在综合评比中排名第六,位居广东本土酒店品牌之首;2011年11月,荣获"中外酒店白金奖——十强品牌酒店管理公司";2013年,荣获"中外酒店白金奖——最具影响力酒店管理集团";2014年荣获第十四届中国饭店金马奖——"最受消费者欢迎中国民族品牌酒店集团"和"第十四届中国饭店金马奖——中国饭店业最佳雇主"等荣誉,在中国酒店行业中擎起民族品牌的旗帜。

精细化的管理和孜孜不倦的品质追求,使得碧桂园凤凰国际在过去的十年间书写了国内高星级民营酒店的新篇章。为了进一步提升管理与服务水平,碧桂园凤凰国际

酒店管理公司还与玛丽蒂姆、希尔顿等著名国际品牌签订了合作协议，共同优化发展碧桂园凤凰国际品牌。

塑造"碧桂园凤凰"为核心品牌的精品五星级酒店连锁集团是碧桂园凤凰国际酒店管理公司的远景目标，使宾客得到热情真诚的关怀和尽善尽美的服务是碧桂园的最高使命。碧桂园的企业文化可以概括为如下三点：

（1）热情微笑，尽善尽美。碧桂园凤凰国际酒店秉承"热情微笑，尽善尽美"的服务宗旨，以人为本关注服务细节，为宾客提供热情真诚的关怀和尽善尽美的个性化服务。

（2）精雕细琢，追求卓越。碧桂园凤凰国际酒店管理公司从运营模式、服务质量、营销推广、人力资源、成本控制等方面为旗下酒店提供全方位、高标准的管理与服务；以精细化的运营管理雕琢优质服务，以资源共享的优势构建强大的营销网络和人力资源网络，彰显"凤凰国际"的品牌魅力，确保旗下酒店的稳健经营、稳步提升与发展。自2011年以来，荣获多个奖项，成为中国酒店业品牌中的一朵奇葩。

（3）升华腾飞，接轨国际。随着碧桂园凤凰国际的不断发展壮大，为了进一步提升管理与服务水准，为广大宾客提供更优质的产品及服务，碧桂园凤凰国际酒店管理公司与玛丽蒂姆、希尔顿等著名国际品牌签订了合作协议，翻开碧桂园凤凰国际发展的新篇章。

二、品牌介绍

碧桂园凤凰国际精心培育了"碧桂园凤凰"及"碧桂园假日"品牌，其核心品牌为"碧桂园凤凰"。

1. 碧桂园凤凰酒店

碧桂园凤凰酒店是碧桂园凤凰国际旗下品质卓越的旗舰品牌，以大型主题公园、高尔夫球场、房间宽阔、风格新颖、环境优美、服务优良而著称。酒店建筑糅合东西方文化精粹，尽显高贵典雅气派。酒店装饰融入国外主题式酒店的设计理念，营造出超凡的品位空间和艺术氛围，令客人尽享高雅华贵的环境氛围以及无与伦比的顶级服务。

2. 碧桂园假日酒店

以高星级商务度假为目标的碧桂园假日酒店，由原生态天然湖泊、原始丛林、温泉等构筑而成，全面诠释自然生态与美妙生活的和谐共存，是商务会议、休闲度假、轻松自在的现代生活方式的首选。

三、管理创新

面对日新月异的大环境,碧桂园凤凰国际在硬件设施、服务质量、市场营销策略、管理模式等方面都力臻完善。用优质的设施和服务保证客人的体验,用市场最大化的销售策略助力发展,用科学、灵活的管理模式巩固优势。一直以来精耕细作,不断创新,主要体现在以下几方面:

1. 市场层面

(1)资源最大化,优化客源结构

面对日新月异的市场环境,碧桂园凤凰国际酒店管理公司通过梳理自身产品,细分市场,进行市场定位与客源结构的调整,以获取最大范围的目标客源。

因应政府市场的萎缩,调整市场定位为商旅会议、休闲度假型酒店,加大针对旅行社、会展公司、培训公司的销售力度。

将部分酒店调整为案场型酒店,缩小经营范围,主要对项目、业主提供服务,按实际需求实行酒店运营。

通过对细分市场的调整,加大针对旅行社、会展公司、网络渠道的销售力度,提高这些细分市场的占比,减低政府的占比,使得客源结构更趋于合理、可持续发展。

(2)拓展新型营销渠道

在对市场定位和客源结构进行调整后,针对目标客户的特点,酒店管理公司通过多方位进行新型渠道的拓展,以获得目标客源。

(3)成立旅行社

凤怡假期国际旅行社主要以国内游、省内游、入境游产品为主,立足碧桂园社区为全国业主及集团员工提供出游解决方案,全面代理碧桂园全国酒店产品,是一个形式综合的产品平台,方便一百万业主家庭在家门口订制出行旅游线路。

旅行社成立后与酒店签署了团队输送协议,并通过横向联系同行企业获取旅游团队的入住。同时,也通过在社区的布点促销,在业主群体内树立起良好的形象,业务不断提升。

(4)建立旅游与会展事业部

旅游与会展事业部主要以旅行社团队及会议中介团队为主要产品构成,旅行社旅游团市场客源主打全国中高端出游客户,与全国具实力的知名旅行社建立长期的战略合作关系,全方位提供优质的酒店资源配合客户需求。碧桂园凤凰国际的全国四十余家自营酒店分布在不同的城市,周边旅游资源丰富,与如名山、大川、温泉、海滩等景点搭配,形成碧桂园特色的旅游产品。

同时,酒店管理公司着力发展覆盖全国的会议市场战略布局,引入北、上、广、深的大型会议团队以及系列订货会、培训会至全国酒店。碧桂园凤凰国际酒店宽敞的场地及先进的会议设施,周到的宴会服务均是会议市场的重要卖点,结合高性价比的房间产品,吸引众多的商务客户选择在碧桂园酒店作为招商推广、产品发布等重要的举办场地。

旅游与会展事业部与国内数十家有实力的旅行社及多家大型会展公司签署了集团战略合作协议,为酒店输送各类旅游及会展团队,带来数百万的收入。

(5) 发行"凤凰会·钻石卡"

碧桂园凤凰国际酒店管理公司成立会员拓展与管理部,发行"凤凰会·钻石卡"产品,整合集团广大的业主群体与优质客户群体,发展稳定的忠诚会员群体。钻石卡会员能够在全国四十余家自营酒店享受同等的会员优惠与订制服务,而并不局限于发行会员卡的酒店,这使得会员能够得到更多的优惠与服务,酒店也得以积累忠诚客户,形成自身的客户群。

钻石卡在今年初开始推出后,客户反响踊跃,销售成绩喜人。年费的模式不仅已带来了百万的年费收入,而且会员在旗下43家酒店的后续通用消费将给酒店带来可观的收入。

(6) 成立大客户部

大客户部的主要职能是开发拓展世界及国内500强公司,签署RFP协议,进入大型商务公司的内部采购网,在增加酒店的品牌影响力与认知度的同时,带来商务市场的增量客源。

大客户部自2013年启动后,已经和44家国际国内500强企业签署了RFP协议。在宣传品牌的同时,也给酒店带来了几百万元的收入。

2. 产品层面

根据市场定位与客源结构调整的进程,酒店管理公司在产品提供方面也做了进一步的深化与调整。

(1) 商旅会议市场

整合酒店的内部资源,针对100人以下的中小型会议组合出了多种不同的会议套餐产品;酒店结合商务客人的需求,在整合餐饮、接待、交通等资源后,推出不同的商旅套票,为商旅客人提供便利。

(2)旅游市场

针对目前方兴未艾的周边游、自驾游、自由行等的旅游模式,依托旅行社的平台,酒店主动挖掘周边景点,组合各种高性价比的自驾游线路或套票产品,给予客户更多的出行选择。在此之外,酒店还主动与旅行社合作,提供能够适用于打包线路的单房产品给予旅行社,用于旅游线路的住宿组合或是在B2B同行批发平台进行售卖,增加客源流量。

(3)网络产品

除了原有的在PC端的现付产品外,还增加了针对移动端的产品,产品类型涵盖了现付、预付、连住、提前预订、尾房促销、主题促销等。另外,还持续地提供不同的套票产品在旅游度假、团购等渠道进行售卖,利用丰富的高性价比产品在更多的渠道发售,使得网络销售在细分市场占比不断提高。

3. 人才发展层面

面对着迅猛发展的酒店规模,过硬的专业队伍和充足的人才储备,是碧桂园凤凰国际蓄势发展的必备力量。为锻造出更专业的服务和管理团队,碧桂园凤凰国际酒店管理公司制订了"凤凰人才发展计划",创办了"凤凰酒店管理学院",为培养各层面的优秀员工而不断探索,为打造一支具有专业服务技能和优良服务意识的人才队伍提供了有力的支持和保证。

(1)凤凰人才发展计划

凤凰人才发展计划采用代表碧桂园凤凰国际酒店精神图腾的凤凰鸟命名,寓意凤凰人才自强不息、厚德载物的内涵;蕴含着管理人员不断学习、不断丰满、完善自我、提升自我的执着精神,期待实现自我的提升和腾飞的内涵。

凤凰人才发展计划通过层级式、金字塔形的发展模式,从发掘崭露头角的优秀一线员工、优秀应届大学毕业生、优秀资深员工的凤仪、凤翔、凤羽计划,到针对中级管理人员的凤鸣、凤舞计划,再到面向高级管理人员的凤凰高级经理人发展计划,构建全方位的培训和全面绩效考核评估相结合的递进式培训及发展平台,最大限度激发核心员工的潜能和活力,帮助员工实现职业发展规划。

(2)凤凰酒店管理学院

2013年4月,在碧桂园凤凰国际迎来十周年之际,碧桂园酒店管理学院正式成立,设立训规划部、培训管理部、教学研究部、教学实施部、财务管理部等五个分支组织机构,配置酒店管理各层面的专业分院,课程囊括岗位技能、酒店礼仪、服务意识、酒店运营、技术管理、团队建设、督导管理、领导力等,通过内部为碧桂园凤凰国际的人才打造专业发展平台,以"修德、礼义、精业、笃行"的学院校训,以及"诚于心、礼于人、敏于行"的行为准则,鼓舞和鞭策凤凰学子们努力精进,真正做到尽善尽美。

4. 人力成本内控层面

人力资源成本的控制直接影响到酒店的经济效益,为保证酒店在市场低迷、客源收紧环境下的利润收益,酒店管理公司着力于在保障服务质量基础上的岗位设置与人力资源配置优化,并实行基于服务品质保证下的减员增效,实现管理公司精简高效,酒店做实、做强。

(1)岗位设置与人力资源配置优化

明确酒店经营范围、管理范畴、服务标准与流程,酒店管理公司根据各酒店营业预测等具体数据,严格核定酒店人员定编:原则上将客房与员工的比例控制在 0.8~1 之间,并根据酒店规模和经营情况进行分类,不同类别的酒店采取不同的人力资源配置标准。在确保市场销售部、餐饮销售部的人员定编的同时,对于淡、旺季比较明显的酒店,分别制定淡、旺季人员定编。基于客情,合理安排班期,实施"负考勤"操作办法,并对部分岗位实施 12 小时排班制。

酒店组织架构必须扁平化,简化管理层级、合并管理岗位,提升管理效率。原则上所有部门不设副职,取消领班岗位,均不配置专职文员或秘书。同时,严格控制二线部门人员数量,保证一线直接对客服务人员数量;而一线部门基层员工按比例使用固定实习生。

通过交叉培训,提倡员工一岗多能。例如,宴会服务员与 DJ 岗位合并、中西餐服务员合并;同时,根据酒店经营情况,对业务部门进行合并,例如,客房服务中心与总机合并、商务中心与预订合并。

(2)基于服务品质保证下的减员增效

酒店管理公司积极与校企联合,采用劳务派遣、临时工、实习生等多种用工形式补充、并存。在酒店开展内部交叉培训,发展员工多项技能,并提倡二线支援一线,充分发挥员工的业务能力,灵活调动配合酒店运营需要。

为充分调动员工的积极性,酒店对客房实行计件工资,多劳多得,以期提高团队的整体工作效率。酒店管理公司致力于实现长远性精减人员、合理配置的目的,因此不断加强岗位职能培训,培养资深服务员,并通过各种"对员工好"的举措提高员工满意度,降低核心员工的流失,打造高效、精练的团队。

第二十章　港中旅酒店有限公司

一、企业简介

　　港中旅酒店有限公司是中国港中旅集团的全资子公司。香港中旅在成立之初只专注于旅行社业，后来为了方便向旅客提供住宿服务，才先后在香港投资建设了五家酒店，其中包括现在的铜锣湾维景酒店、九龙维景酒店、旺角维景酒店和湾仔维景酒店，其间从国际一流酒店集团吸纳了大批精英，形成了最初的管理模式和管理团队，并很快就取得了成功。其以投资者、合资者、合作者、管理者等不同身份在中国内地、香港和澳门积累了20余年的专业酒店管理经验之后，2006年5月，公司正式推出了"维景"系列酒店品牌，将所属五星级和四星级酒店分别更名为"维景国际"（Grand Metropark）和"维景"（Metropark），并于同年将公司更名为"香港中旅维景国际酒店管理有限公司"（下称"维景国际"），公司还拥有特色商务酒店品牌"旅居"（Traveler Inn）和经济型连锁酒店品牌"旅居快捷"（Traveler Inn Express）。2009年，"港中旅酒店有限公司"总部迁至北京。2009年被《HOTELS》杂志权威评选"全球酒店集团300强"第43位。

　　2011年以来，港中旅集团酒店板块发展成为港中旅集团第二大业务板块，净利润达到历史最高水平。2013—2014年，港中旅集团已分别在江苏、四川、北京、广东、山东、贵州、安徽、河南、海南、江西等地签约13家酒店，新增客房近4700间。在新增酒店中，既涵盖度假型酒店又包括会议商务型酒店，还有特色的悬崖度假酒店、温泉酒店、别墅酒店，较大丰富了维景品牌内容，完善了港中旅集团酒店网络战略布局。截至2014年，维景国际拥有管理权的集团独资、合资、合作酒店以及委托管理的酒店有70多家，客房26 000余间，其中香港和澳门地区酒店共5家，内地酒店分布于北京、上海、重庆、杭州、南京、合肥、济南、西安、太原、沈阳、三亚、珠海、深圳、扬州、常州、苏州、青岛、唐山、新郑、商丘、咸阳、济源、宜春等商务和旅游城市。此外，公司还投资了北京希尔顿酒店和西安凯悦酒店。

二、品牌介绍及特点

如上所述,港中旅酒店有限公司有四大品牌:五星级酒店品牌"维景国际"(Grand Metropark)、四星级酒店品牌"维景"(Metropark)、特色商务酒店品牌"旅居"(Traveller Inn)和经济型连锁酒店品牌"旅居快捷"(Traveller Inn Express)。"维景"的原意是"维多利亚港湾风景",延伸为"维系真情、景致倾心"的含义。英文 Metropark 融合了 Metropolitan 和 Park 两个词而得,寓意"都市中的花园",象征了维景品牌酒店所追求的繁华中的宁静和工作之外的悠闲意境。"旅居(Traveler Inn)"寓意"旅行中的好居所",是提供有限服务的特色都市商务及度假连锁酒店,围绕4B(床、早餐、卫浴、健身)服务,提供轻松、健康的新商旅生活。标志犹如一片舞动的绿叶,散发出旅行的浪漫,代表着绿色与健康。当绿叶飘落到旅居的屋顶时,寓意着旅行者寻找到了惬意的憩息之所。

1. 维景国际大酒店

维景国际大酒店都位于中心城市的核心商务地带,其气派非凡的设计和个性专业的服务,为尊贵人士营造城市花园宁谧的享受。除了标准的五星级设施配备,维景国际大酒店还特别注重客人的个性化需求,设有商务房、安静房、女士房及行政大班房等不同特色的客房。酒店特别推荐的行政大班房,巧妙融合了时尚风格与自然元素,其设计理念注重人与空间的互动,特制衣橱和特式浴缸让尊贵的宾客感受到顶级舒畅的心情。此外,酒店通过实施"维景睡眠计划",向客人免费提供不同质地、不同类型的棉被与枕头,以满足客人的不同睡眠习惯。

2. 维景酒店

维景酒店作为高档四星级酒店,遍布中国港、澳地区和内陆。无论是商务酒店或公寓,都以时尚现代的设计和周到热情的服务著称,以满足宾客差旅、出游、会议、商务办公等多种需求。

3. 旅居

旅居酒店作为中档特色商务酒店,认为每个城市都有自己的文化性格,正如每个人都有独特品位。因此,在不同城市建造独一无二的酒店,旅居致力于描绘不同城市的表情符,为宾客提供品位独特,风格迥异的商务旅居之所。

4. 旅居快捷

旅居快捷定位于经济型酒店,该品牌酒店提倡繁华都市中的简约之所,干净、纯粹的居停享受,与客人一起追求健康与轻松。

三、管理创新的特点

1. 打造"维系真情,景致倾心"的企业文化

酒店坚持着"维系真情,景致倾心"的核心理念,突出在员工中广泛开展"春满维景,快乐工作""春满维景,激情工作"和"春满维景,享受工作"的系列企业文化活动。通过开展维景形象大使比赛、管理人员角色大转换活动以及"我与维景共成长"演讲比赛等更具特色、更具新意的活动,展示了维景企业文化的活力,提高了员工的归属感和自豪感,增强了员工的凝聚力和战斗力,形成了奋发向上的企业精神。

2. 重"质量"而非"数量"

酒店是一个对区位要求很严格的产业,中国的酒店均集中布点于中国的东部沿海以及发达的中心城市和省会城市。基于各酒店在这些城市中"厮杀惨烈",维景国际自成立以来一直坚持稳步扩张的战略,将竞争的重点放在"质量"而非"数量"上,着力于用"维景"精神在喧嚣尘世间打造一片净土,为疲倦的都市人设计一处心灵的港湾。

3. 扩大输出管理业务

近年来随着品牌知名度的提升,港中旅酒店板块的业务形式逐渐转向以输出管理为主。维景国际提供的品牌和人才输出包括酒店开业前期的顾问咨询以及开业后的委托管理,为业主提供一系列专业化服务。本着"为业主服务"的理念,维景国际充分从业主的角度出发,尽可能为业主创造最高的价值,并承诺管理费与经营业绩相挂钩,管理费按照总营业额或经营利润的一定比例收取。截至2011年底,港中旅旗下酒店中输出管理酒店比重达到57%,并且仍然保持增长趋势。在区域分布上,输出管理项目向二三线城市布局,由南向北、自东向西发展,逐步形成全国范围的格局。在输出管理项目的星级中,四、五星级酒店占的比重达到80%以上,在当前外资酒店集团占据一线城市高星级酒店市场的形势下,在二三线城市抢先一步立足具有重要的意义。

4. 横跨东西、融会内地的港澳管理特色

香港中旅集团是在香港诞生并发展起来的国有企业,作为集团的全资子公司,维景国际强调的是和谐兼容、个性独到的管理风格,既博采西方管理之精华,又张扬中国文化之深厚。作为一个以华人为主体的管理公司,维景国际对中国文化有着深刻的理解;作为一家香港公司,维景国际又有扎实的现代管理理念和规范的市场运作经验。

20多年的中国酒店管理经验,使维景国际磨就了一把横跨中西文化、融会内地的港澳管理特色的酒店管理之剑。

5. 全员精细化,系统个性化管理

细节决定成败,要想把握所有的细节,就需要发动所有人的力量。所谓管理,绝不仅仅是管理人员的职责,需要从管理者、员工、客人三方面入手。管理者需以身作则,成为精细化管理的典范。维景国际在酒店高管人员中提倡"走动管理",深圳维景酒店前任总经理到任后就在大堂里捡了半个月的烟头。不用多说一言,用自己的实际行动告诉大堂员工"酒店的花盆里会有客人丢下烟头,我们应该及时处理"。半个月的"身教"成效显著,如今的深圳维景已经不需要总经理去关心酒店的环境与卫生了。

系统的个性化服务,是指在制定酒店系统的时候就将个性化的元素考虑进去,以系统建设保证个性化服务的普遍性、经常性。例如,维景国际将许多个性化的服务写进了系统清单中,使个性化成为了一种标准。一般的酒店管理公司不论在任何酒店、针对任何客人,都硬性规定了大约20道工序指导客房服务员整理客房。而维景国际的系统清单中规定,所有的客房服务员在进入客房以后要先观察客人头天晚上的睡眠习惯,然后按照客人的睡眠习惯来决定这一天的做房事宜。

参考资料:

[1]谷慧敏,田桂成.饭店集团案例库·中国卷.旅游教育出版社,2008.

[2]门艳东.港中旅集团饭店品牌定位及品牌传播研究[D].北方工业大学,2012.

[3]吴晓梅.港中旅酒店打造"维景"品牌旗舰店[N].中国旅游报,2010-02-03005.

[4]http://www.metroparkhotels.com/chi/aboutus-our-company.php.

[5]http://baike.baidu.com/link?url=C4BZtiA_gwHWV69vYFnuEwBqzQtXB7K8i2PXBQXrb1lvVOAyv8Bap9HLZW8OM7XcLcS63sV7x4Oi8QPcoyH97a.

[6]http://www.hkctshotels.com/index.aspx.

第二十一章　凯悦酒店集团

一、企业简介

凯悦酒店集团(Hyatt Hotels Corporation),总部位于芝加哥,是一家世界知名的酒店集团。在行业中品牌优越,秉承殷勤款客的传统,致力于为客人提供宾至如归的服务。

凯悦的创始人是 Jay Pritzker,第一家酒店是他于 1957 年在洛杉矶国际机场附近购买的凯悦旅馆。随后十年间,Jay Pritzker 和弟弟 Donald Pritzker 及其他 Pritzker 家族企业利益集团,共同将公司培育成北美地区的管理和酒店私有公司,并于 1962 年成为上市公司。

凯悦集团有 50 多年的传统历史,都贯彻以客为先的服务精神。数以万计的员工以热诚亲切的服务,每天为宾客增添一份超越平凡的生活姿彩。凯悦酒店集团在世界各地管理、特许经营、拥有和开发凯悦品牌酒店、度假村、住宅和度假性产业。截至 2013 年 12 月 31 日,其在全球品牌产业已达 549 项。

二、品牌介绍

凯悦酒店集团旗下酒店品牌包括:柏悦(Park Hyatt)、君悦(Grand Hyatt)、凯悦(Hyatt Hotels)、安达仕(Andaz)、凯悦嘉轩(Hyatt Place)、凯悦嘉寓(Hyatt House)、凯悦酒店(Hyatt Regency)、凯悦假日俱乐部(Hyatt Vacation Club)、凯悦全包式度假村(Hyatt Hotels & Resorts)。

1. 柏悦(Park Hyatt)

柏悦是凯悦旗下极致尊贵的精品型酒店,享有世界顶级的房产位置,坐落于世界上的许多超级城市和旅游胜地,每一家选择地都是结合凯悦特色而为客户量身定制,充分考虑客户的复杂性和独特的地域性。柏悦设计典雅,装修很有格调,酒店内的家具和设计极具经典艺术风格,从指定的客房、精美的艺术节目、大量获奖的厨师、每一个细节,都是深思熟虑后才执行。各个柏悦酒店自豪地反映了当地独特的环境和文化,把城市的文化体现在每一个角落,每一处景致都将尽显柏悦魅力。柏悦酒店为讲求私密性、个性化服务和亲切雅致环境且有鉴赏力的旅客而设,他们都是追求高品位和奢华享受的客户。柏悦为其提供全面个人化服务和与众不同的私人氛围,其贵宾服务十分周到,包括私人贴身服务、私人的室内雅致环境。

2. 君悦(Grand Hyatt)

君悦是凯悦旗下专为商务和休闲旅行者以及大规模会议活动服务的豪华酒店品牌,以其规模宏大、设施先进而著称,以高水平的个性化服务、舒适和顾客满意为宗旨。至2013年,在中国大陆地区的君悦酒店有北京东方君悦大酒店、上海金茂君悦酒店、深圳君悦酒店、广州富力君悦酒店。

3. 凯悦(Hyatt Hotels)

凯悦是凯悦酒店集团的高档旗舰品牌,数量最多,是公司较小型的豪华酒店,是为那些追求个性化服务和欧洲典雅风格的散客型酒店。其设计融合了西方及所在地的本土建筑特色,以高效率的专业服务、新颖当代的会议住房设施、精致的餐饮服务、齐全的健身设备及现代的氛围而闻名。

4. 安达仕(Andaz)

安达仕是凯悦集团旗下的全新品牌酒店,采用了现代化风格的精品酒店概念,提供体贴、动感与简约的住宿体验。每家酒店都具有最大胆的创意、全球视野的设计,而在景观、印象与品位上,也不忘融合邻近社区的特色。这里有城市所爆发的创造力,并融合了更宏观的世界观感,能清楚掌握酒店内外趋势的脉动。这里带给旅客真诚、亲切的感受,是其他地方无法比拟的。

5. 凯悦嘉轩(Hyatt Place)

凯悦嘉轩酒店是专门为繁忙的商务旅客、常旅客人及家庭提供的中高端酒店品牌,价位低于五星级酒店。它是凯悦旗下各类酒店中首家迎合当今商务旅客与休闲旅客的功能需要与情感需要的酒店,具有装潢时尚、与众不同的建筑风格,营造了一种悠闲好客的氛围。每家凯悦嘉轩酒店都会主推各种新服务和新设备,帮助客人顺利地延续其日常起居生活。就像在自己家里一样,客人可以免费使用WiFi互联网接入,在8英尺的舒适沙发床上休息,或者坐在一张根据人类工程学原理制造的椅子上、在宽大的办公桌前工作。

6. 凯悦嘉寓(Hyatt House)

凯悦嘉寓酒店面向有长租需求的客户,将长期居住模式进化为社交和现代化环境。凯悦嘉寓酒店风格独特,提供简约而别具一格的"精选服务",使住客获得紧密亲切的联系与宾至如归的感受。

7. 凯悦酒店(Hyatt Regency)

凯悦酒店位于全球的城市、乡村、机场、会议中心和度假胜地。针对城市商务、休闲散客提供聚会和度假的空间,有着热闹而有朝气的餐厅和酒吧、宁静而舒适的客房、热诚而专业的服务人员,提供当地专业资讯,帮助旅客在目的地享受欢乐旅程,致力使旅客的住宿尽善尽美。

8. 凯悦假日俱乐部(Hyatt Vacation Club)

凯悦假日俱乐部是凯悦品牌旗下以地方风格设计的公寓式酒店,精心为会员打造无与伦比的分时度假机会,会员可灵活地使用、交换和出租。凯悦假日俱乐部会员可选择入住其家庭式度假村,在15家凯悦假日和公寓俱乐部交换度假时间,将其住宿星期交换为凯悦"金护照"积分和凯悦酒店的旅行住宿,或通过第三方交换公司Interval International在全球2 200家度假村交换分时度假时间。

9. 凯悦全包式度假村(Hyatt Hotels & Resorts)

凯悦度假村属于柏悦酒店、君悦酒店和凯悦酒店品牌旗下的一系列酒店。每个度假村都针对该子品牌的特点融入更多个性化元素,营造出集合轻松、舒适和反映本土文化的舒适空间为一体的怡人度假环境。这些酒店专为满足个人和家庭的度假需求而精心设计,同时还提供有助于企业召开成功会议的激励性氛围。以创新的礼遇、舒适的住宿、多样的运动休闲设施融合当地文化特色,让下榻的旅客远离城市的尘嚣。全包式度假村包括Hyatt Zilara和Hyatt Ziva,位于墨西哥热门度假景点,处处绿意盎然,风景秀丽。这里包括豪华住宿、正宗餐饮选择、世界一流的娱乐和当地特色活动等,为宾客打造尽享一切的精彩难忘体验。

(1)Hyatt Zilara

Hyatt Zilara是一家成人专享的全包式度假村,让客人真正活在当下。精致而且全无束缚的环境带来极致放松的完美体验,多元化活动让度假之旅更为多姿多彩。每家度假村均提供宽敞套房、世界级美食、丰富多样的高级设施、卓越服务以及令人叹为观止的海景。

(2)Hyatt Ziva

Hyatt Ziva全包式度假村面向所有年龄层的客人,客人之间可以通过领略当地文化之美、正宗美味餐饮以及热情、亲切的工作人员,一起尝试新鲜事物,增进彼此感情,探索意外惊喜。每家度假村均提供豪华的住宿环境、令人印象深刻的设施和无与伦比的服务,以及从精致餐饮选择和独特水疗护理到儿童计划和夜间娱乐等各种精彩活动。

三、管理创新

1. 在传统产品上推陈出新

在发展的50年历史中,凯悦酒店一直锐意进取,不断研究市场需求,并适时推出符合市场需要的酒店产品。从超豪华的酒店到商务型酒店、度假型酒店、租赁式公寓等,凯悦的规模从全球顶尖的黄金地域扩展到很多不具备开设五星级酒店的区域,如推出的凯悦嘉轩和凯悦嘉寓就大大扩大凯悦在中国市场的布局。随着中国的逐渐开放、旅游业的发展迅猛,凯悦集团对中国的投资和发展更加感兴趣。凯悦在中国的目标是令集团品牌遍布中国新兴城市及度假胜地,凯悦将抓住机会在新兴的市中心及度假区建立凯悦旗下品牌的酒店,努力增长其在中国的业务。除了酒店布局和酒店品牌,凯悦还推出很多新颖的酒店产品组合。

(1) HYATT AT HOME

HYATT AT HOME 类似专卖店,它出售凯悦酒店生产的凯悦大床、床上用品、沐浴用品、办公室用品、健身用品等,顾客可以进行网上订购,凯悦会提供送货服务。

(2) 凯悦婚宴

凯悦酒店婚宴与庆典筹备团队经验丰富、尽职、尽责且富有想象力,用心为顾客打造毕生难忘的完美婚宴或精彩纷呈的庆典活动。无论聚会的规模如何,集团旗下各家酒店提供的奢华设施以及个性化的服务都将给顾客留下精彩、难忘的回忆。

(3) 凯悦会议室

凯悦会议室可承接各类会议,大型会议拥有创新的会议设施、可灵活使用的展览空间、时尚舒适的客房以及华丽完善的场所;小型会议的种类繁多、用途灵活的会议设施包括行政董事会议室以及专为小型会议设计的会议室,可令顾客的小型会议获得丰硕的成果。

(4) 客房类型

凯悦拥有单人房、双人房、园景房、豪华客房、豪华套房、行政套房、主席套房、总统套房等不同客房类型,以满足不同人的不同要求。

2. 多层次的价格策略

凯悦酒店集团在收益管理方面运用很多创新的价格策略,包括:

(1)保证价格最优

在其他任何网站所提供的凯悦房间报价都不会优于凯悦自己网站所提供的价格。如有客人在网上预订后,24小时内发现有更低的网上预订价格,酒店将在最低价格的基础上再优惠10%,以此来吸引客户在凯悦酒店官网订房并宣传自己的企业。

(2)住宿优惠套餐

凯悦酒店推出一系列住宿优惠套餐,包括旅游套餐和儿童入住房费5折等。为顾客提供更方便的选择,以节省预订机票+酒店+租车时间。这不仅为客户带来了更优质的体验,也为凯悦带来了更大收益。

(3)特别房价

有时候酒店会推出一些特价房供客人入住,像冬季的时候,凯悦以入住房价优惠30%来吸引客人。

(4)金护照计划

第一,积攒方面,每花一美元可以赚取5点奖励。房费、吃饭、SPA等消费都算。除此之外,凯悦奖励优惠积分是可以重叠累积的,如区域性的奖励、酒店自己的奖励、金护照选择性的给个别账户的奖励。第二,常客待遇方面:凯悦高级会员有两个级别——白金卡与钻石卡。白金卡需要一年有效入住5次或15个晚上,所获得的待遇除了每花一美元拿到5分以外,还有额外15%的奖励,除此之外,享受免费上网的待遇。钻石卡需要一年有效入住25次或50个晚上,所获得的待遇除了每花一美元拿到5分以外,还有额外30%的奖励。除此之外,享受免费上网的待遇,升级到行政楼,2人早餐,4点退房,和一年4次的确认套房升级券。凯悦的钻石几乎包括了其竞争对手的高级会员待遇。

3. 推进网络分销渠道,扩大对客户的研究分析

凯悦酒店集团在规模、区域扩张的同时,也没有忽略高速发展的网络分销渠道。凯悦酒店将针对多销售分销渠道推出另一个预订平台,使得他们可以通过自己的中央预订系统,获取凯悦酒店的价格和库存。凯悦酒店集团管理着全球43个国家共215家酒店,这些酒店共有9万多间客房。通过与HBSI的合作,凯悦酒店可以使得指定的旅行社、批发商通过其自身的中央预订系统,以实时、自由销售的方式预订凯悦酒店的产品。这些销售渠道将可以进入凯悦的实时库存系统,全新的销售策略可以帮助凯悦酒店及其分销伙伴提高潜在的收益。

互联网的发展和酒店营销的千变万化都使客户关系管理更为复杂,凯悦客户关系管理的一个重点是增加对客户的研究分析。除了常住客,也包括潜在消费者等整个消费者团体的研究分析,以研究分析的相应的数据作为指导研发官方网站页面,并设计常旅客计划,聘请专业的分析师团队研究住客的行为模式,来改善凯悦的营销和服务。在中国本地就有专门人员做本地研究,同时,与全球的分析团队进行合作进行目的地酒店产品的量身打造。

4. 为宾客提供更为优质和贴心的服务

从酒店设计、装潢到贴心的个人服务,凯悦的每一个细节都做到极致,为客人带来最舒服的人住体验。如:凯悦嘉轩的椅子是根据人体工学原理设计的,让客人在劳累之后可以享受如家般的舒适;一些凯悦酒店里专门开设一层或多层为摄政俱乐部,为宾客提供24小时的贵宾服务,包括秘书、交通、旅游、婴孩看护、鸡尾酒会等。为了方便国际商务旅游者,凯悦酒店联号推出国际服务方案,提供24小时的货币兑换和电传服务,提供德、意、法、西和日文的国际服务手册、电源转换器和翻译业务,等等。随着凯悦酒店集团旗下中国酒店客人人住率不断增长,凯悦酒店集团2012年在全球43家酒店内推出凯悦"您好"计划,以更好地理解中国客人的需求,提供量身定制的服务和体验。通过"您好"计划,客人可在海外酒店享受到中文宾客服务专员以及24小时普通话服务热线的温馨服务,并有中国茶、热水壶、拖鞋等客房用品以及中文频道电视节目以及中文菜单等,更好地满足中国人的便利需求。让中国客人不论身处何地,在凯悦都能有家的感觉。

第二十二章　殷勤好客亚洲情

——香格里拉酒店集团

一、企业简介

香格里拉酒店集团是亚太地区最大的豪华酒店集团,总部位于香港并在香港证券交易所挂牌上市,是集酒店所有权和管理权于一身的世界著名酒店管理公司之一。集团的大部分股份由马来西亚华商郭鹤年先生创办的郭氏集团持有,主要业务包括三个部分:酒店经营(酒店持有和运营)、酒店管理(提供酒店管理和服务)和物业租赁(拥有并出租办公室、商务设施和酒店式公寓)。香格里拉一直以"热情好客,亲如家人"为经营理念,秉承独特的亚洲式热情好客之道。截至2013年12月31日,香格里拉酒店集团共经营管理114家酒店(含即将开业的酒店),其中,在大中华区就有54家酒店(含即将开业的酒店),这些酒店遍布亚太地区、北美、中东和欧洲。此外,集团还在中国大陆(拉萨、海南、南京、唐山、秦皇岛等城市)、英国、蒙古、新加坡、马来西亚、印尼、缅甸、菲律宾等兴建新的酒店。

二、品牌介绍及特点

香格里拉酒店集团目前经营和管理着四个酒店品牌:香格里拉酒店(Shangri – La Hotels)、香格里拉度假酒店(Shangri – La Resorts)、盛贸饭店(Traders Hotels)和嘉里大饭店(Kerry Hotels)。其中,香格里拉酒店开业数最多,为85家,其次是盛贸饭店16家,香格里拉度假酒店11家,嘉里大饭店仅有2家在营酒店(均含即将开业的酒店)。

1. 香格里拉酒店

目前,在亚太、中东、北美和欧洲各大城市的黄金地段均开设香格里拉五星级豪华酒店。"宾至如归"这四个字恰如其分地反映了入驻香格里拉酒店宾客的感受。选择入住香格里拉也体现了宾客的眼光,因为在这里可以享受到世界一流的五星级服务、宁静的环境以及富于灵感的建筑格调和设计品位。此外,每个酒店都能提供最完美的餐饮体验,确保每位宾客遍尝人间美味,满足极致的味觉享受。但是,宾客每次入住香格里拉酒店最记忆犹新的是能感受到香格里拉非同寻常的热情好客和体贴入微,这是一种发自内心的殷勤待客之道。

2. 香格里拉度假酒店

在世界上最具特色的旅游胜地,香格里拉度假酒店为游客及其家人营造轻松而充实的假期体验。我们的宾客可以体验多种多样个性鲜明、充满生机与活力的异域文化,可以参加各种娱乐休闲活动,还可以在热带自然环境下闹中取静,将自己融入自然的壮美与绚丽之中。香格里拉度假酒店绝对符合拥有一颗年轻之心的旅客心中所愿,即使是小朋友,也能找到自己喜欢的活动。根据官网信息,香格里拉酒店集团2014年将在大陆海南岛南部的三亚海棠湾沿岸打造中国首家香格里拉豪华度假酒店。

3. 盛贸饭店

香格里拉盛贸饭店是商务人士的明智之选,酒店遍及澳大利亚、亚洲和中东的主要商业中心,实为商务休闲游客的理想选择。盛贸饭店是专为见识广泛而富有激情的游客而设立的,满足其对商务酒店功能完备和快捷便利的追求。盛贸饭店完美融合了亚洲待客之道中的体贴、朴素、热情和真诚。因此,盛贸饭店能营造出充满激情又不失专业水准的入住环境,专为迎合宾客工作、休息或娱乐的需要而精心设计。目前,该品牌在大陆已经拥有4家酒店,其中北京2家,常州和沈阳各1家。

4. 嘉里大饭店

作为香格里拉集团旗下的一个全新品牌,嘉里大酒店已于2011年在上海和北京盛大开业。嘉里品牌专为追求服务品质而又崇尚活力和宽松环境的商旅人士打造。酒店汇聚了精彩与魅力,打造充满生机与活力的入住体验,以优雅、精致的格调以及个性化的殷勤与周到让客人获得宾至如归的尊贵感受。嘉里大酒店以独特而简约的设计、热情而自然的服务使其超越了一般酒店的概念,为宾客打造了优雅豪华而富有激情的入住体验。上海浦东嘉里大酒店位于浦东核心腹地,对于商务人士来说,嘉里大酒店拥有上海最大、设备最先进的会议室及宴会场地。酒店还开设了上海五星级酒店内最大的健身俱乐部,致力于为宾客营造一个工作和生活相平衡的环境。

三、管理创新的特点

1. 超值的酒店产品与服务

香格里拉酒店集团赢得业界和顾客赞誉的另一个关键是超值的酒店产品与服务。集团长期坚持以优质的酒店产品与服务来塑造集团豪华酒店品牌形象,提高顾客忠诚。香格里拉的经营思想是以"殷勤好客亚洲情"为基石,以"为客人提供物有所值的特色服务和创新产品,令客人喜出望外"为指导原则,让员工在与客人的接触中表现出尊重备至、彬彬有礼、真诚质朴、乐于助人、善解人意的待客之道。

2010年5月底,香格里拉酒店集团在全球隆重推出其全新制作的品牌形象电视广告,主题为"至善盛情,源自天性",创意大胆、风格前卫,传达了香格里拉在过去40多年里所恪守的独特服务理念。该电视广告首先推出90秒版本,之后依次推出60秒和30秒的版本,分别在电视、航机、网络及电影院线媒介播出。

正是由于香格里拉酒店集团长期坚持着以超值的酒店产品与服务增强顾客的忠诚度,为其赢得了良好的市场声誉,塑造了其豪华酒店的品牌形象。

2. 构建立体式营销体系

在营销方面,香格里拉酒店集团实施立体式营销以拓展其市场网络、塑造品牌。在广告宣传方面,香格里拉酒店集团灵活运用广告宣传方式,为其带来了可观的市场效益,其广告宣传具有投入资金多、形式多样、创意新颖等特点。在营业推广方面,集团经常开展主题营业推广活动以扩大品牌市场知名度,吸引顾客。

2014年6月8日,2014法拉利赛道日嘉年华活动在上海国际赛车场举行。活动期间,香格里拉酒店集团和法拉利宣布双方将在法拉利倍耐力杯挑战赛上开展合作,基于该项合作,香格里拉的全球VIP客户将有机会体验赛道激情,在法拉利欧洲挑战赛、法拉利亚太挑战赛和中国法拉利赛道日亲临车库参观赛车。6月12日,集团又隆重推出"学期结束,乐趣开始"暑期特惠。该特惠包含更多优惠和增值服务,在亚洲、中东、北美洲及欧洲超过75间香格里拉、嘉里及盛贸酒店为客人提供度假休闲的绝佳选择,有效期至2014年8月31日。

同时,集团与其他旅游网站和酒店预订网站合作,通过网站发布营销广告,拓宽营销渠道。立体式营销体系为集团广开客源发挥了重要作用。

3. 深化人力资源管理

香格里拉酒店集团卓越的服务水准背后是一支积极进取、努力实现集团目标的员工队伍。香格里拉相信只有忠实的员工才会有忠实的客人,因此,一直推行以人为本的企业文化,将员工视为企业最重要的资产,采取各种措施吸引和留住人才。

香格里拉于2003年建立了流动学习中心,选择重要的枢纽地区和主要城市作为培训地点,由集团和外聘的培训人员对员工进行系统多样的有关领导和管理方面的培训,为他们在集团内提供各种学习的机会。2004年12月,集团在中国的香格里拉酒店管理培训中心正式开幕;2005年推出了其独有的营销培训计划——"明星"(为积极创收而设立的培训计划),同年4月,携手康纳尔网络大学,推出管理人员在线培训计划。2010年,香格里拉酒店集团共进行了五大人力资源培训,包括:124名具有高潜质的员工参与了集团的核心人才发展计划、11名中国国内的雇员获得了美国酒店及旅馆协会的Hospitality for Housekeeping Executive Program认证、114名集团雇员参与了一项国际海外工作体验等。

除了为员工提供全方位的培训外,香格里拉酒店集团坚持为员工提供优厚的工资和福利,这既保证了企业员工的稳定性,又吸引了众多人才前来为其服务。

4. 努力承担企业社会责任

从2010年起,香格里拉启动了体现自身社会责任的"可持续发展"计划,与香格里拉的人文关怀项目及关爱自然项目密切配合,在环境、供应链、利益相关者关系、员工、健康和安全重点领域开展活动。香格里拉希望担负起创造美好未来的责任并希望激励其他人一起努力。

在人文关怀方面,2013年10月,由香格里拉酒店集团发起的"骑向未来"自行车爱心接力募捐公益活动,历时三周,完成骑行近2 000公里,共募集总计超过人民币40万的善款。该公益活动旨在为位于广西壮族自治区百色县的20户瑶寨村民、深圳蓝色海洋保护协会以及位于上海的WILL基金筹集善款,分别用于修建水窖、保护海洋环境和关爱孤儿。

除此之外,在环境方面,香格里拉酒店集团全球齐参与"地球一小时"活动,推出"碳排放管理绩效""能源绩效""水资源绩效"制度,并积极处理电子垃圾,积极开展国际能源与环境设计认证。在健康与安全方面,截至2013年底,共有42家酒店获得了OHSAS 18001认证,这些酒店都成立了正式的健康管理委员会。在员工方面,集团早就推出了首个网络版"员工意见调查(SOS)"系统,以确保调查结果的保密性和高效性。

第二十三章 智能服务,创新营销

——杭州住友酒店管理有限公司

一、企业简介

杭州住友酒店管理有限公司成立于 2006 年 5 月 25 日,现为中外合资经营企业,其投资总额为 10 000 万元人民币,注册资本为 4 344.0712 万元人民币。一直以来,住友酒店集团都致力于成为最受年轻消费者喜爱的时尚酒店集团,目前,其旗下拥有两大品牌——布丁酒店 pod inn 和智尚酒店 Zhotels,并拥有超过 1 400 万中国最年轻、最有活力、最有参与感的忠诚会员。作为业内最具创新精神和移动互联基因的酒店集团,住友酒店一直以其创新营销方式引领着酒店业的潮流。

二、品牌介绍及特点

1. 布丁酒店 pod inn

住友酒店集团旗下第一个品牌布丁酒店 pod inn 成立于 2007 年 12 月 25 日,它的诞生开启了时尚、平价、环保的酒店新时代。7 年间,通过其精准定位、产品创新以及行业领先的移动互联网营销,布丁酒店 pod inn 成为国内最受年轻人喜爱的时尚休闲酒店品牌,目前已在全国包括北京、上海、广州、杭州、西安等 40 多个城市拥有 300 多家门店。布丁酒店品牌推崇时尚、个性、温馨与环保并重,深受 18~35 岁的年轻白领、商务人士及个性化人群的喜爱,其所倡导的时尚、自助、环保、乐活、适度消费等理念,也同时影响着新一代的年轻消费者。

2. 智尚酒店 Zhotels

2013 年 7 月 5 日,住友酒店集团旗下第二个品牌智尚酒店 Zhotels 正式开业,它是国内首家定位于城市中产者的时尚智慧酒店。目前,已登陆北京、上海、杭州、乌鲁木齐等地。智尚酒店是国内首家将智能家居、移动互联终端和酒店进行跨界尝试的酒店品牌。时尚、科技、健康的完美融合使得智尚酒店成为中国时尚酒店的先锋代表,广受城市新锐中产者的推崇。

三、管理创新特点

创新一直是住友酒店集团不变的DNA,一路走来住友集团以多个第一领跑并不断颠覆传统酒店业;2007年,布丁成为国内第一家不提供六小件的酒店;2008年,布丁成为国内第一家免费高速WiFi全覆盖的经济连锁酒店;2011年,布丁与淘宝旅行社合作;2012年,布丁携手去哪儿网、HTC使用NFC技术自助Check-in,同年布丁与微信合作,提供微信订房功能并成为国内第一家上线360度全景图的经济型酒店;2013年,布丁创举颇多,在这一年中布丁上线了小米超级黄页,在百度地图上上线了集团直销,开通了网页云阅读自媒体账号并上线了支付宝钱包公众账号服务,住友酒店集团的新品牌智尚酒店Zhotels是国内第一家智能超级客房酒店;2014年,布丁正式上线小米电视预订,成为首家进驻小米电视的酒店。

在短短的几年时间内,布丁荣获了多项殊荣。2014年6月25日,由中国旅游饭店业协会、香港理工大学主办的"第十一届中国饭店集团化发展论坛暨第八届饭店品牌建设国际论坛"在南京维景国际大酒店开幕。论坛同期举办了"2013年度中国饭店集团60强"发布仪式,布丁酒店荣登榜单。住友酒店集团的优秀与成功在实践中得到了毫无疑问的证明,那么,是哪些因素成就了今日的住友呢?

1. 互联网思维

伴随着互联网时代的到来,移动终端已成为人们必不可少的社交工具,而以年轻人作为主要客户群体的布丁酒店,更需要这样的方式。2012年10月伊始,布丁开始对接进入微信平台并尝试在这个平台上以不同的方式进行营销。整个微信营销共经历了三个阶段的跨度:最开始的时候,实现了最基本功能的对接,在微信平台上可以直接的直连订酒店;第二步慢慢增加了更多客服的功能,客户在这个平台上不仅可以订酒店,还可以发送自己的位置查找最近的酒店,通过预订以后会有一些微信订单进行详情的确认,包括接入了微信支付等,这些都是属于自助功能性的一些对接,以确保客人在线上享受到很好的服务与体验;第三步便是微信社交功能。

为了拉近品牌与客户之间的距离,布丁打造了一个虚拟人物阿布,以代表其微信的整体形象。阿布是个风趣、幽默、爱开玩笑的年轻人,时而小清新,时而有一些重口味,很喜欢投入恋爱,但是经常会被人甩,之后还是会继续投入到恋爱当中去。这样一个人物形象身上其实具备了大部分85后和90后年轻人的影子。利用阿布这个虚拟人物,布丁开始和用户及粉丝进行沟通对话。在对话过程中,无论沟通语言还是交互内容,布丁都抓住了"会卖萌"的特点。如2014年4月18日晚,布丁在微信微社区发起了一项活动,告诉所有粉丝阿布失恋了,4月19日求安慰。活动一经推出便引发了粉丝的积极响应,在半个小时之内,有5万人次参与到活动中来,布丁更是收到了近千条的回复,有人安慰阿布,也有人会告诉阿布应该如何走出困境,或者说给阿布介绍一个女孩子,各种各样都有。

除微信营销外,住友酒店集团的互联网思维在其全新酒店品牌——智尚酒店Zhotels上体现得更加淋漓尽致。智尚酒店是利用物联网技术而实现智能家居的酒店,其最大亮点便是智能化,通过扫描房间内的二维码下载进入酒店专属的Zontrol手机客户端,住客的手机立马变身一个"智控终端",不管在房间的哪个位置,只要点一点手机屏幕,就可以控制空调、电视、窗帘、灯光……甚至可以将猫眼外的情景投影到电视上,即使人躺在床上也能知道外面是谁。此外,浴室里LED灯光也可以通过手机智能控制,可调节情绪模式灯光,调整灯光例如浪漫、温馨等,在水流的映衬下有种特别奇幻的效果。虽然这些应用都还处于最基本的阶段,但是无论如何,智尚酒店依然是全国首家实现智能家居落地的酒店,开创了物联网时代的创新实践。

2. 低碳、环保的运营理念

在低碳环保概念越来越被人们推行的时候,住友酒店集团积极响应,并且这一加入就是7年。7年来,面对多重质疑与重压,住友酒店集团一直坚持初衷。众所周知,布丁酒店不提供六小件,如有需要必须到前台进行有偿购买。对于这一点,有人疑其为酒店的一种变相收费方式。然而,环保从来都是一件持久且要耐得住非议的事情,而布丁一直在坚持。酒店提供的一次性牙膏和沐浴露都是化学药品,而这些产品一次远远用不完,很少有年轻人会将剩余部分带走,而只能选择扔掉,但这些化学药品对环境的破坏相当严重。布丁提供的六件套都是名牌产品,基本无利可图,其收费制度其实完全可以取消,但这对环境造成的危害之大,让布丁宁愿承受重压也依旧选择坚持。

3. 关爱顾客、信任顾客、感恩顾客之心

近年来,轻旅行的概念在年轻人中愈发被推崇。相较于商务人士,年轻人其实更注重一种心灵的放松。布丁酒店所处的位置相对来说都比较偏僻,这一点是出于对成本的考虑,相较于高、大、上的繁华十字路口的酒店,布丁传递的更是一种感觉,布丁更希望将这些成本节省在酒店本身的内部,比如布丁所选床垫等用品都是按照至少三星级酒店配备标准来进行采购的。

此外,住友酒店集团旗下的酒店不论是布丁还是智尚,都采用零秒退房手续,即住客将房卡交至前台后便可直接转身离开,减少了查房等各种等待的复杂程序。如此节约了住客的等待时间,提升了其住宿体验,这更是酒店给予住客的一种信任。

为了维系客户关系,住友酒店集团每年还会根据会员的消费情况等进行相应的感恩回馈。比如,2012年住友组织VIP会员到丽江旅游体验,2013年到古城西安,2014年3月的住友年度盛典也邀请了会员出席,而在未来的住友大会上,将会有更多的会员加入进来。

4. 完善的人才培养机制

2009年5月22日,布丁酒店成立了公司第一个企业人员专属培训机构——梦工场,寓意所有布丁人梦想开始起航的地方,也是帮助布丁人实现梦想的摇篮。梦工场主要职责为规划人才发展、提升伙伴能力、组织实施培训、促成学习组织、完善师资课件、建设企业文化。截至2013年底,梦工厂已经为近200位酒店店长提供了运营管理及领导力相关培训,为2 600多名员工提供了职业技能及晋升培训。

梦工场的课程主要集中在酒店的运营管理及商业领导力两个方面。课程由行业经验丰富的酒店人及公司高管进行专业的授课。到目前为止,布丁酒店连锁全国有近300家门店,在未来的3~5年内将以100家门店/年的速度增长,酒店的发展需要大量的管理人才,而梦工场能够通过优质的学习资源、良好的学习环境、高效的运营管理和强大的师资力量为企业员工提供系统、全面、规范的培训服务,从而为公司培养和储备人才,适应公司运营发展的实践需要。

第二十四章 秉承中华礼仪 超越至善期望 创造尊崇体验

——万达酒店及度假村管理有限公司

一、公司简介

1. 公司概况

万达酒店及度假村管理公司成立于2012年,是一个集酒店业主、经营与销售等功能于一身的综合集团,旗下拥有五星级酒店品牌——万达嘉华、超五星级酒店品牌——万达文华以及顶级酒店品牌——万达瑞华。万达酒店及度假村的品牌发展将"秉承中华礼仪之道,超越至善期望,创造尊崇体验",立志成为国际领先的中国豪华酒店管理集团,为四方宾朋提供"始终如一、温情倍至"的服务。

2. 公司的成立的内、外部机制

成立一个酒店管理公司是一个漫长的过程,建立自己的酒店,建立自己的品牌,不是一朝一夕可以马上见到利润的,势必要有一个投入产出的过程。万达集团拥有的不仅是财力,还有更富有远见的意识与社会责任感,万达独特的管理风格,执行力强且有条不紊,保证了万达酒店及度假村管理有限公司的成立及成功的经营。

(1) 内部机制

万达集团已经和各大国际饭店管理集团签署30余家管理合同,已经开业32家酒店。随着企业的发展,截至2015年底,将投资兴建七十多家酒店。在如此短的时间内,以及如此大的饭店投资规模,公司需要拥有自己的酒店及度假村管理公司和自己的酒店品牌。

(2) 外部机制

一方面,随着中国的发展和国际地位的提高,无论是消费者对于国内高级酒店的需求,还是在中国公民足迹踏遍的每一个国家,发展"东方特色的酒店品牌"越来越成为大家的共识。在"国际万达,百年企业"的愿景下,集团成立了万达酒店及度假村管理有限公司。"成为国际领先的中国豪华酒店管理集团的公司"以万达现在的酒店建设速度、品质,建设方和管理方的齐心协力,加上万达雄厚的实力和品牌优势,相信几年后,万达酒店管理一定会让业界刮目相看。

另一方面,外资管理没有明显优势,跨国公司订房系统推荐的客户,全国平均占比不到5%,北京、上海也只有10%,地级城市以下几乎为零。

3. 公司客源定位

万达酒店及度假村管理集团的主要目标客源(无论在国内还是在国际)定位于中国人。万达酒店及度假村管理集团深谙中华礼仪,深刻了解消费者消费需求。在市场拓展方面,也会充分考虑消费者的特点,力求其所提供的服务和中国客人的需求实现完美的结合,实现了在企业发展的基础上,打造属于中国人的民族品牌;基于此,也形成了"成为国际领先的中国豪华酒店管理集团"的公司愿景。

4. 公司品牌布局战略

(1)国内品牌布局

截至2014年底,万达酒店及度假村在国内的数量将快速发展到38家。短期内,新兴万达酒店都集中在二、三线城市。因为,第一,相比于北京、上海接近饱和的酒店业,这些城市对于豪华酒店的需求更大。第二,其他国际酒店管理集团仅提供管理服务,而并不实际投入资金,因此在二线城市寻求优质投资者的难度较大,兼具投资者和管理者两个角色的万达,将更顺利、更快速地进入这个市场。

(2)国外酒店布局

国内的发展只是万达酒店及度假村的一个部分,公司未来的发展将不局限于国内,还将陆续进军巴黎、纽约、东京、莫斯科等全球的门户城市。作为顶级奢华品牌的万达瑞华酒店,在考虑投资回报的前提下,将会保持每年一家的速度在全球门户型城市推出。

二、万达酒店及度假村管理集团品牌

1. 集团酒店定位

万达酒店及度假村推出的三个高端酒店管理品牌——万达嘉华酒店及度假村、万达文华酒店及度假村和万达瑞华酒店及度假村,分别拥有不同的市场定位与目标受众划分,并呈现出不同的品牌个性特征。

万达嘉华酒店及度假村的市场定位于豪华五星级酒店管理品牌。它将为商务人士创造温馨、惬意的居停感受。万达嘉华承诺:美妙的睡眠体验、独特的东方美食,定会令各方宾客难以忘怀。它的品牌特征为:自然、舒适、高效,以打造"心仪嘉华、理想之所"。

万达文华酒店及度假村定位于超五星级酒店管理品牌。"充满东方温情的万达文华酒店,为成功名仕在每一个中心城市悉心提供私享服务和艺术氛围。让您的旅途恣意舒展,尽享优雅体验"。它的品牌特征为"个性、精致、愉悦",打造"真意文华、悠然自我"。

万达瑞华酒店及度假村定位于顶级酒店管理品牌。它"将坐落于全球门户城市。始终如一的卓尔不凡气派,温良谦恭的万般细心呵护。万达瑞华令至尊精英在登峰之旅,邂逅内心点滴,唤醒人生之悦"。它的品牌特征为"典雅、奢华、至善",以打造"至善瑞华、浑然天成"。

除此之外,万达酒店及度假村还同时为忠诚客户精心设计了"万悦会"——"常旅客奖励计划"。万悦会会员在下榻旗下酒店时即可获得积分累积,并可享受包括美食、水疗服务、餐饮服务、酒店住宿等各项尊崇礼遇与专享优惠。同时,会员还可选择将其兑换成为常旅客飞行里程数,以及万达集团旗下涉及生活、娱乐范围的消费礼券。

2. 集团现有酒店分布

截至 2014 年 7 月,万达酒店及度假村管理集团在全国拥有 15 家万达嘉华酒店、6 家万达文华酒店和 1 家万达瑞华酒店,具体分布情况如下:

万达嘉华酒店分布于北京、赤峰、丹东、抚顺、广州增城、淮安、哈尔滨、济宁、南昌、宁德、南京、武汉、银川、漳州、廊坊。

万达文华酒店分布于长沙、泉州、沈阳、天津、太原。

万达瑞华酒店分布于武汉。

三、万达酒店及度假村管理集团管理创新

1. 创新点一:国际化与中国文华的融合

万达酒店及度假村管理集团的突出创新点表现在对于东方文化的强调,这成为了万达自主品牌区别于其他人的竞争优势,即其核心竞争力。各大城市的"万达酒店"已经让海内外消费者对万达这个品牌有了很强的认同感和亲近感。其将国际化与中华文化的结合主要体现在以下几个方面:

(1) 员工招聘

其聘用的本土员工,多数具备丰富的海外经验,并且公司外籍管理层中的很多人,在中国生活的时间甚至都超过了10年。他们比别人更能理解中国,更了解中国的市场与消费者,这种理解力将提升为竞争力。

(2) 软硬件设施特色

万达酒店及度假村管理集团立志于将国际化标准与中国文化特色"温柔地结合起来"——在硬件和服务上,富含东方元素的同时结合国际标准,并且相比其他国际酒店管理品牌做了更多的完善和提升。

(3) 餐饮优势

中国客人的需求与西方客人不同,这在餐饮上尤为明显。万达对中式餐饮的重视,将会成为巨大竞争优势。万达每家酒店在开业之前都将进行试餐活动,听取本地人的意见并加以完善。

(4) 秉承中华礼仪,创造尊崇体验

万达特别邀请了在国学和礼仪专业造诣深厚的中国国学推广大使、中央民族大学副教授哈辉女士,为其度身编写教材、倾力培训以及全程指导。此外,其旗下的每一家酒店都有专门打造的"万达茶之旅"。各酒店还将会在客房内摆放中国古代最重要的典章制度书籍《礼记》,包括文言文版、白话文版和英文版,希望借助万达这个平台,让中外客人对东方礼仪之道有更好的了解。

2. 创新点二:业主和管理公司合二为一的角色

曾经作为单纯的业主公司,万达对于资产的保值、增值,对于机电设备的维护,对于运营设备的保养,对于成本的控制都拥有切身的体验和特别的关注,这也为其和不同的业主之间的合作创造了天然的共同语言。对于投资回报,其更是能够从投入和产出以及企业发展的大战略考虑为不同的业主公司度身定制不同的酒店建设方案和企业发展目标。

随着万达酒店及度假村管理有限公司的诞生,万达集团不仅在酒店管理方面增强了实力,更是让企业的发展进一步多元化,为中国广大的投资者提供了更加明智的选择。

第二十五章　敢拼则赢,智搏则胜

——山东银座旅游集团有限公司

一、企业简介

山东银座旅游集团有限公司(简称"银座旅游集团"),隶属于山东省商业集团有限公司(简称"鲁商集团"),是整合鲁商集团优势资源组建成立的酒店旅游产业次集团。自2009年组建以来,银座旅游集团经营规模不断扩大,品牌知名度不断提高,连续五年获得"中国最具规模的30家饭店管理公司(集团)"称号。银座旅游集团注册资本1.2亿元,资产规模30多亿元,2012年实现营业收入13.3亿元。

银座旅游集团以酒店业为主,经营业态涵盖酒店、文化休闲、餐饮、旅行社及景区景点等。目前,旅游集团所属各业态门店总量达到150多个,其中高星级酒店12家,佳驿连锁酒店109家,银座健身10家,张玉珊修身堂3家,银座歌唱家9家,旅游公司分公司5家,另有洗衣公司、福寿园、银座旅游汽车公司等。旅行社业拥有两家国内知名企业,山东旅游有限公司是山东省首家国际旅行社,现已成为集出境游、入境游、国内游、机车票代理等旅游资质齐全的综合性旅行社,连续10年入选全国百强的国际旅行社,目前拥有5家分公司、30多个营业网点。在现有经营板块的基础上,围绕丰富旅游产业链创新发展,涉足景区景点、主题公园的开发和运作,目前正重点运作临沂等多个旅游景区和旅游综合体项目。

高星级酒店依托鲁商集团产业,协同进行发展,目前,五星级酒店已开业4家,分别为济南索菲特银座大饭店、青岛鲁商凯悦酒店、临沂鲁商铂尔曼酒店、淄博银座华美达大酒店;在建2家,分别为齐鲁宾馆项目希尔顿酒店、鲁商国奥城项目万怡酒店。四星级酒店以"银座佳悦"为品牌,通过自营和输出管理的方式进行发展,目前已开业门店8家,分别为银座泉城大酒店、山东省干部学院名士轩、济宁银座佳悦酒店、莱芜银座佳悦酒店、青州银座佳悦酒店、章丘银座佳悦酒店、济南银座佳悦酒店、兖州银座佳悦酒店;已签约项目3个,分别为邯郸佳悦酒店项目、烟台党校项目和泰安银苑项目;另有集团内部东营、济宁等四星级酒店项目。酒店餐饮业也得到较好发展,"上善坊"休闲自助餐得到社会各界认可。

经济型连锁酒店以"银座佳驿"为品牌,按照专业化经营、连锁化发展、统一化管理的思路进行重点发展。现已开业门店107家,直营83家,加盟26家。在省内17地市实现了布点,部分重点城市实现了同城多店;积极推进全国化战略,在北京、上海、天津、辽宁、吉林、黑龙江、陕西、山西、河南、河北、湖南、湖北、江苏、四川等14个省17个城市实现了布点。

文化休闲业以健身、量贩KTV、都市休闲娱乐项目为重点,目前已开业银座新天地休闲广场1家,融合量贩KTV、餐饮、酒吧、茶饮、美发、足疗、酒店、电玩于一体,是济南首家综合休闲娱乐场所,开创了新的业态组合模式。银座健身俱乐部现已开业10家,分别为济南索菲特店、花园店、槐荫店、天桥店、和谐广场店、东环店、临沂解放路店、沂龙湾店、凤凰城店、烟台店;张玉珊修身堂现已开业3家,分别为济南索菲特店、和谐广场店、烟台店。银座歌唱家现已开业9家,分别为济南泺源店、槐荫店、振兴街店、八一店、济宁店、烟台店、泰安店、枣庄店、淄博店。此外,还涉足银座鲁信影城、明湖居演艺中心、高端商务会所、艺术品收藏及拍卖等文化休闲娱乐项目。

旅行社业依托山东旅游有限公司开展出境、入境和国内游业务。山东旅游有限公司是山东省首家国际旅行社,现已成为集出境游、入境游、国内游、机车票代理等旅游资质齐全的综合性旅行社,拥有青岛、东营、淄博、烟台、泰安5家分公司,30多个营业网点,另有山东(香港)旅游有限公司。

银座旅游汽车公司为旅游公司和社会单位开展旅游用车服务业务。汽车公司目前拥有大客车8部,小客车20余部,司机20多人。

在现有经营板块的基础上,围绕着丰富旅游产业链创新发展,涉足景区景点、主题公园的开发和运作,目前,正重点运作费县天蒙旅游区项目和临沂汤头温泉度假村项目,积极跟进济南项目。目前,银座旅游集团正按照"吃、住、行、游、购、娱"的旅游产业发展格局,立足山东,面向全国,围绕旅游产业链积极推进相关业态发展,成为旅游产业综合服务商,打造山东最大、全国一流的旅游企业集团。

二、品牌经营理念

1. 激情拼搏：敢拼则赢，智搏则胜

"激情拼搏"是银座永不放弃的创业精神。在新的时代，我们要创建学习型组织，用知识拼搏，用智慧拼搏。敢拼、智搏事业则赢，懈怠、蛮干事业则衰。

2. 全心奉献：顾全大局，全情投入

"全心奉献"是银座永远倡导的大局意识。因奉献而价值得以实现，因价值实现而快乐，因快乐而幸福。银座人享受奉献。

3. 快乐工作：积极向上，快乐工作

"快乐工作"是银座人永远秉持的积极心态。我们永远乐观向上，积极进取。快乐是一种态度，是发自内心的满足。快乐工作，把工作当成终生的事业，热爱它，融入它，享受它。

4. 健康生活：身心康泰，健康生活

健康是我们永远追求的工作保障。企业要给员工提供良好的工作环境，并不断提高其物质及精神生活质量，让员工在实现自身价值的同时，享受工作，健康生活。

全心奉献，快乐工作，是我们追求的泉水精神。泉水调节生态，滋养生灵，润物无声以成其志，象征甘于奉献；灵动清澈，欢快流淌，润泽四方以为其乐，象征敬业乐业。

激情拼搏，健康生活，是我们向往的泰山精神。泰山久经磨砺，稳而不拔，百折不挠以成其魂，象征拼搏奋争；苍郁雄健，欣欣向荣，容纳草木以养灵气，象征身康体健。

三、品牌介绍

银座佳驿，是山东省商业集团总公司投资兴建、山东银座旅游集团旗下的经济型酒店品牌。酒店以3C（Clean 整洁、Convenience 便捷、Comfort 温馨）为服务理念，致力于为每位客户提供最佳的商旅住宿服务。本着为顾客创造便捷出行的选址理念，酒店多位于繁华市中心或主流商圈、交通纽站、城市景区周边，位置优越、交通便利。酒店设施齐全，装饰风格时尚、简约，拥有标准间、大床间、商务大床间、商务e客房、家庭套房等各类房型。客房备有免费宽带接入、24小时热水、有线电视、空调等一流的设施设备，为顾客提供最佳的服务。

佳驿人秉承银座旅游集团对卓越品质的一贯追求，提出"利己则生、利他则久"的企业理念。近年来,佳驿先后荣膺"全国经济型酒店公众满意最佳典范品牌""中外酒店最具投资潜力连锁品牌",呈现出蓬勃向上的生命力。佳驿以整洁、便捷、温馨为服务理念,将经济型酒店的两大核心产品(早餐和房间)做精、做细。

在佳驿,顾客可以享用"营养、均衡、健康"的早餐,自助餐形式更便于顾客各取所需。佳驿的营养早餐备受顾客好评,由营养专家精心研制,涵盖各种面点、粥类、凉菜、新鲜果蔬等 30 多个品种。诸如谷类营养粥中有玉米、黑米、豆类、燕麦等粗粮,以提供全方位的营养平衡,为商旅旅客开启精神状态饱满的一天。

银座佳驿的后发优势,还体现在其核心产品房间设备的创新性上。淡黄色的主色调、时尚大方的装饰风格,营造出温馨的家居氛围。尤其是佳驿不断对房间产品进行升级改造和换代。例如,精选床上用品供应商,提高舒适度;增加门窗隔板的厚度,改善隔音效果;改用整体卫浴,加强隐私性防护;房间内增加产品的多重选择(如增设棉芯枕头与荞麦枕头、空调取暖与集体供暖、一次性拖鞋与消毒拖鞋等)。

此外,银座佳驿不断完善网络服务,推进官网升级、E 会员上线等,让佳驿离顾客更近一步。

四、管理创新

1. 经营定位:大众消费大众说了算

面对严峻的市场形势,转变经营思维迫在眉睫,各星级酒店深入贯彻、落实一季度会议精神,积极行动,精准定位,全面转向大众消费市场,寻求经营再突破。

确定目标市场,跳出固有模式,拓展新市场,索菲特制定了灵活的会务套餐产品提高会务团队的入住率;临沂伯尔曼则利用国际品牌优势,全力抢占商务市场,为宾客打造个性化婚礼,推出婚宴上菜秀,各酒店奇思妙想,加大了婚宴的促销力度。

济南佳悦酒店的餐饮包房改明档点餐,实现了参与调整转型的华丽转身。除此之外,"房+餐/房+景点""宴会包房+免费代驾""婚宴+回请+满月宴""自助餐+高档个吃菜品"等新产品的创意组合成了酒店的新卖点,而近期各星级酒店遍地开花的啤酒花园,拓展了酒店餐饮增长点,拉近了与消费者的距离。真正面向市场,才能尝到甜头,菜品以家常菜、大众菜要求为调整方向,研制、开发了多款适合大众消费水平的特色家常菜,吸引当地客人的关注。

2. 经营结构:实现资产价值最大化

各酒店盘活现有闲置资产,提升盈利能力。华美达大酒店将中餐包房及大堂餐吧调整为外租区域,积极实现内部承包制,伯尔曼则拆分现有酒店产品,增加了利润增加点,其他各个酒店业积极联系洽谈场地外租业务,盘活设施、资产、扩大出租面积,预计全年收入千万元。

实施微信支付平台,仅泉城大酒店一家预计一年可节省手续费30万元,目前该平台已在各星级酒店推广开来,新兴的销售渠道和模式正成为酒店传统模式的有力补充。

3. 服务方式和服务标准:放弃面子工程,让服务心贴心,质量实打实

减少一次性客房用品的使用:提前将口布折花摆放展开,减少餐中服务的操作环节;适度简化餐饮服务标准,在菜单设计、点单方面注重实用性,服务流程的优化是以不影响服务标准为前提,减少了无效的劳动量,如何在调整流程的同时固化品质?青岛鲁商凯悦制定详尽的员工新服务流程及沟通技巧值得借鉴,凯悦款客之道3服务销售技巧、凯悦款客之道2投诉处理技巧等,让顾客消除消费疑虑,倡导持久亲和的酒店新形象,伯尔曼大酒店利用系统收集、掌握客人信息,创新常住客人档案系统,为客人抵离店提供了便利,更提高了工作效率。酒店实行平板电脑电子菜单模式,主推零点用餐形式,并及时将新菜品介绍给客人,提升客人满意度与消费体验,使中餐点人均消费有了一定增长。

4. 成本控制:瘦一处而利全身

高昂的成本使劳动密集型酒店业的负荷愈加凸显,酒店要提高经济效益,必须对成本进行严格控制,但绝不是片面地为了降低成本而忽视产品的品质。星级酒店在组织调整上,推行组织结构扁平化、严控高管人数,部门负责人冲在一线,"岗位互补、多岗兼顾"最大程度地降低了用工成本,运用合理的岗位配置和绩效激励制度,使酒店全体员工动起来,让企业充满生机和活力。

在人工成本的控制上,"五三四"原则在济南佳悦取得明显成效,即五个人的工作量由三个人承担,核发四个人的工资,实现酒店减员、员工增资、企业增效。同时,其他酒店根据淡、旺季特点,人员配置采用弹性编制,借用小时工和内部帮工的力量,在一定程度上减少了固定人力成本。

采购作为酒店经营管理的第一环节,从源头的控制尤为重要。集团已开展集中采购,实现资源共享,降低采购费用。各酒店加大市场考察力度,货比三家,加大自采频次。

对于能耗成本的控制,各酒店同样用心研究,错峰间断运行、定期清理、实时管控等,更重要的是培养员工主人翁精神,形成厉行节约的良好氛围。

第二十六章 用情服务 用心做事
——海航酒店集团

一、企业简介

海航酒店集团创建于1997年,是海航集团旗下的酒店产业集团,是海航集团置业板块重要成员之一,是世界饭店集团300强之一、国内20家民族酒店管理品牌先锋、中国最具竞争力民族酒店品牌之一、中国最佳酒店管理集团公司之一。

海航酒店集团的发展目标是:以创建中华民族优秀的酒店集团和中华民族优秀连锁酒店管理品牌为目标,以"诚信、业绩、创新"理念为指导,优化集团管理模式,建立高效的资产处置与投融资体系,提高酒店产业集团综合开发及快速赢利能力,实现跨越式发展,同时,应用国际先进管理理念和制度、一流品质标准和方法,构建全国性的酒店网络。海航酒店管理公司同业主公司实行所有权与经营权分离的管理方式,主要根据委托管理协定受托管理海航集团各业主所属酒店,向受托酒店输出品牌负责品牌建设及日常经营。应用国际酒店行业先进管理理念和制度、一流品质标准和方法,以专业管理、运行高效的管理体制以及良好的运营模式,依托一批具有多年国际知名酒店专业管理经验的团队,通过输出管理、特许经营、顾问服务以及技术咨询等形式,创建一个国际知名的"海航酒店"品牌形象。

目前,海航酒店集团在国内、外拥有及管理多家酒店,是中国三大酒店管理集团之一,位列世界酒店100强。海航酒店集团所辖企业包括:海航酒店控股集团有限公司、海航酒店(集团)有限公司(简称酒店控股公司)、海南海航国际酒店管理有限公司(简称酒店管理公司)、唐拉雅秀国际酒店及度假村及旗下成员酒店、上海海航国际酒店管理有限公司、海南新国宾馆有限公司、海南兴隆温泉康乐园有限公司、亚太国际会议中心有限公司、山西迎泽海航酒店股份有限公司、杭州花港海航度假酒店有限公司、广东中央酒店有限公司、北京燕京饭店有限责任公司、海南美兰海航酒店有限公司、琼海海航培训中心酒店有限公司等。2008年10月,海航酒店控股集团有限公司、海航酒店(集团)有限公司及海南海航国际酒店管理有限公司实行一体化运作,对内统称"酒店集团总部"。海航酒店集团已形成包罗商务酒店、度假酒店、经济型酒店、产权酒店、高尔夫球场等多元化资产组合,在全球30个城市的自有产权及输出管理酒店数量达到80家、客房总数超过17 000间。旗下酒店分布在海口、三亚、北京、天津、广州、深圳、杭州、西安、太原、宁波、长春、兰州、布鲁塞尔、纽约等30个城市。

海航酒店集团的目标是打造中国国际酒店品牌。在国内发展日益壮大的同时,海航酒店集团瞄准了国际市场。2011年,海航改扩建原布鲁塞尔苏德酒店,并更名为布鲁塞尔唐拉雅秀酒店;2012年,海航布局美洲的第一家唐拉雅秀酒店——纽约唐拉雅秀酒店;2013年,海航收购欧洲第三大酒店管理集团——NH酒店集团,并在国内成立合资管理公司。NH酒店集团拥有酒店近400家,客房6万余间,分布在全球22个国家,可以说,海航收购NH酒店集团这一行为,在2013年中国酒店甚至旅游行业来看,都是一个大举措。而由此,海航全力打造出豪华酒店领域主打"唐拉雅秀"系列品牌,精品酒店领域主打NH酒店品牌的崭新品牌格局已初步形成。

二、品牌介绍及特点

海航酒店集团旗下的酒店包括:海南新国宾馆、海南兴隆康乐园海航度假酒店、亚太国际会议中心暨三亚海航度假酒店、杭州花港海航度假酒店、广州中央海航酒店、山西迎泽海航酒店、北京燕京海航酒店、海南美兰海航酒店、上海天翔海航酒店、海南博鳌海航度假酒店、长安海航之星宾馆、北京优龙国际会议中心、内蒙古博曼海航大酒店、兴隆温泉五洲酒店、黄山翠湖国际高尔夫度假酒店、南昌海航白金汇酒店、海南海航国际商务酒店、文昌白金海岸度假酒店、深圳市文昇海航国际大酒店、昆明海航酒店、天津渔人码头项目、宁波海航武岭宾馆、海南海航蓝洋温泉度假村和峨眉海航雄秀宾馆、河南海航禅居国际饭店、兰州空港酒店、紫荆花饭店、长白山宾馆、哈尔滨太阳岛酒店等。海航酒店集团同时还拥有海南康乐园温泉高尔夫、康乐园太阳河高尔夫、橡树林生态运动高尔夫三家球会。

另外,在开拓国际市场时,海航酒店集团全力打造出了精品酒店系列品牌。海航集团精品酒店位于繁华商圈,配备豪华硬件设置与酒店服务系统。聘请专业酒店服务公司经营管理,为对生活品质有较高要求的客户提供方便、舒适的高品质享受。海航酒店集团旗下包括两大系列品牌酒店,唐拉雅秀系列品牌和金海马系列品牌。

1. 唐拉雅秀系列品牌

"唐拉雅秀"源于一个关于唐古拉山的美丽传说,承载着念青唐古拉山脉守护神始于远古的美好祝福与神祇。唐拉雅秀系列酒店致力于将富有东方神韵和文化风情的系列酒店品牌带给世人,带到世界的每一个角落,将源于自然的美好祝福和现代酒店艺术完美结合,让普天世人享受到大隐于市朝的"予您所想"的美好酒店体验。"和、雅、至、静"是唐拉雅秀系列酒店品牌的核心理念,融合了对东方悠久待客之礼的充分诠释,营造出"大隐于市"的酒店感受和体验。

唐拉雅秀国际酒店及度假村有限公司是海航集团旗下专业运营全系列酒店品牌的专业酒店管理公司,注册于中国香港,拥有以"唐拉雅秀"为主力品牌的全系酒店品牌,包括超豪华五星级品牌博唐、五星级豪华品牌唐拉雅秀、五星级文化精品品牌珥唐及商务型品牌逸唐。唐拉雅秀系列品牌向客户提供从豪华五星级酒店,到顶级奢华酒店,设计型精品酒店,及舒适型酒店等的全套酒店品牌解决方案。致力于专业的酒店运营管理,从事酒店设计咨询、运营管理和投资管理,提供专业的集团化酒店运营服务。

通过借鉴国际优秀国际酒店品牌发展经验并结合中华民族博大精深的文化内涵,海航酒店人在唐拉雅秀标准化和体系化建设上不断努力,持续提升运营和管理水平,唐拉雅秀品牌形象得到不断的提升,品牌知名度和社会影响力也在不断提高。现在唐拉雅秀酒店也由北京发展到天津、三亚、深圳等一线经济发展城市和旅游城市,唐拉雅秀品牌正在全国乃至全球稳步扩张。2013年海航已拓展10家唐拉雅秀系列酒店。2014年海航将继续主打"唐拉雅秀系列品牌管理输出"牌,强势拓展20家唐拉雅秀系列酒店,届时,唐拉雅秀系列酒店将达40家。预计在未来5~10年,唐拉雅秀品牌所拥有的酒店总数将达到100余间。

2. 金海马系列品牌

金海马是海航比较早的一个系列品牌,处于三星级到四星级的水平,主要包括"海航大酒店""海航商务酒店""海航快捷酒店"。金海马系列是集客房、餐饮、娱乐及机场相关服务于一身的酒店品牌,将完备的硬件设施、典雅温馨的装饰氛围与海航"至诚、至善、至精、至美"的企业理念完美结合,为宾客营造一种至尊超凡的尊贵体验。

三、管理创新的特点

1. 依托航空优势,实现协同发展

自1997年创业以来,海航酒店集团始终坚持以创建中华民族优秀的酒店品牌企业为目标,以"用情服务,用心做事"的海航情理念为指导,依托航空的独特优势,实现"旅游、地产、酒店、航空"的协同发展,不断增强酒店产业集团扩张规模与盈利能力,建立高效的投融资体系,完善具有海航资源特色的一体化综合性开发产品链条,实现跨越式发展。同时应用国际先进管理理念与制度、一流品质标准和方法,以标准化运营巩固品牌,以规模化并购拓展品牌,以国际化合作提升品牌,以资本化运作涵养品牌,不断向中华民族的世界级酒店品牌企业目标迈进。

2. 合理战略布局,实现差异化发展

海航酒店始终坚持走集团化经营和品牌的战略发展之路,并通过自北向南相互依托和互补的方式形成合理的战略布局。多年来,海航酒店集团一直以"坚定不移地走集团化发展的道路"为基本发展方向,通过新建、兼并、重组和管理等方式的结合,发展成为融度假型、会议型、商务型、经济型和机场宾馆为一体的酒店集团。并且,海航酒店集团一直致力于"打造中华民族优秀酒店品牌"的战略发展,以品牌知名度和品牌效应为引导,从酒店类型、区域、经营特色、市场形象等多个方面实现差异化。

3. 注重市场研究,积极自主研发

海航酒店集团非常注重对市场的研究,多年来其资本运作、经营管理、人才引进和专业技术一直在不断地更新,针对市场需求选择酒店类型、开发特色产品,顺应顾客的个性化需求。虽然目前智能化、移动性的产品已经在海航酒店集团中得到了广泛的应用,但是其仍然致力于研发先进的智能化服务方式,将IT技术融入到了酒店的基础设施当中,同时,实现设施智控与服务智控,以适应不断变化的市场需要。

第二十七章　做强特色优势　加快升级转型

——华天酒店集团股份有限公司[①]

一、企业简介

华天酒店集团股份有限公司是湖南省属国有控股企业集团,湖南省最早的旅游酒店类上市公司。公司于1988年从一家部队招待所起步,经过26年的创业与发展,已成长为中国中西部地区最大的民族酒店品牌,自2003年以来,连续10年位居"中国饭店业集团30强""全球饭店集团300强"。目前,公司已形成以酒店业为核心、以"酒店+旅游+商业+地产"复合开发的大旅游、全产业链集群架构发展模式。

伴随着中国酒店业市场化、国际化进程,公司在1995年12月成立了湖南华天国际酒店管理有限公司,历经多年发展,如今俨然成为了中国酒店业的"湘军","华天"品牌深受国际国内同行尊重,深得广大酒店业主普遍认可。目前已构建了包括中央预订、集中采购、统一培训、会员服务、品质监管、顾问咨询、开业筹备、网络技术开发等专业支持系统。

截至2013年年底,公司拥有成员酒店70家,拥有客房数达18 000余间。其中,已开业47家(直投酒店21家,托管酒店26家)。成员酒店分布国内湖南、北京、吉林、湖北、广东、江苏、山东、安徽、江西、贵州等10个省市。作为中西部首家进入国际市场的民族酒店品牌,2012年10月,华天正式走出国门,进驻法国巴黎开店"淘金",开设了一家规模达4.6万平方米的准五星级巴黎华天中国城酒店。

近年来,在湖南省委省政府、省国资委的正确指导和大力支持下,华天酒店集团积极抢抓产业发展机遇,创新产业发展模式,成功抵御了区域竞争国际化和产业经营下行压力加剧等一系列冲击,依然保持了健康稳健的发展态势,公司总资产逾70亿元,

---

[①] 作者:唐元炽,湖南华天国际酒店管理有限公司副总经理;李章,湖南华天国际酒店管理有限公司高级干事。

托管总资产达 150 亿元,安排就业人员 15 000 多人,成员酒店每年为国家和社会贡献总额达 10 亿元。

二、品牌优势与特色

1. 华天品牌优势

"华天"品牌是中国旅游饭店业著名品牌,是中国旅游饭店业三大驰名商标之一。多年以来,华天以优质的服务成为中国旅游业的典范,并在此基础上致力于"华天"品牌内涵的开发与培育。我们通过品牌规划,树立品牌形象,发展连锁酒店数量扩大在全国的市场占有率,进一步提升了"满意+惊喜"品牌服务核心竞争力。

2. 华天服务优势

让宾客获得"满意+惊喜"的服务是华天人的不懈追求,也是华天品牌的核心竞争力。"先、高、严、优、细"的服务产品提供与管理要求是华天为客户提供服务的企业文化之本。华天建立了华天六大标准化体系,包括:工程硬件标准体系、企业管理标准体系、酒店服务标准体系、酒店开业标准体系、物资采购标准体系、会员网络标准体系。华天严格服务质量检查、强化宾客满意度调查,并作为对酒店经营者的主要考核指标,确保宾客在华天获得"满意+惊喜"的服务。华天作为湖南省旅游龙头企业,企业标准已成为湖南旅游饭店行业最具影响力的标准,并正在向全国推广,公司已成为中国旅游标准化试点企业单位。

3. 华天文化优势

华天服务文化,是从"心"开始、以"心"暖人、用"心"提升的文化。华天在实践中不断吸收军队文化和湖湘文化的基因特质,有机融合中国传统文化精髓和现代企业文化理念,构建了以"超越自我、服务创造价值"为核心理念,以"礼、智、信、仁、义、德"为根基,以《华天三字经》为载体,以"满意+惊喜"为特色的服务文化体系,并通过严格、高效、系统的管理运行,激活心灵磁场,产生共振效应,为企业发展壮大注入强大的精神动力。

4. 华天人才优势

26 年来,华天为湖南省旅游饭店行业培训了数以万计的各类、各级专业化人才,逐步建立了三级培训机制。2008 年,华天创办了华天旅游酒店管理学院,从事专业的旅游饭店培训工作,自主开发培训教材,每年为华天、为湖南旅游饭店业培训大批管理人员与服务人才。同时公司所属连锁酒店有丰富的人力资源储备,不断为连锁酒店提供既有丰富经验又具有国际酒店管理理念的管理团队、服务与专业技术人才。

5. 华天客户优势

"华天"品牌拥有众多忠诚客户，公司推出了"华开天下"贵宾计划，建立了会员体系，为日益增长的会员提供专享服务，同时会员体系也为各成员酒店带来丰富的客户资源，并共享会员资料。公司开发了华天信息管理软件，建立了"E华天"网络平台，大力推行各连锁酒店的网络宣传和网络营销，并与国际、国内知名网站建立了战略合作关系，利用他们的常客计划为华天旗下的连锁酒店输送更多的客源。

6. 华天采购优势

公司竭诚为成员酒店提供中央支持系统，降低企业运营成本，提升企业运营效率。华天采购中心拥有全国采购网络，无论成本、质量都有了最大的保障，各连锁酒店均可享受非常优惠的集团采购价格，华天装饰、华天物业作为湖南同行业的领头企业，为成员酒店更是提供了专业化的产业协同服务。

7. 华天发展优势

随着社会经济的不断发展和城市化进程的不断加快，旅游业已成为国民经济的战略性支柱产业，旅游市场的需求日益增高，酒店业的发展空间巨大，华天作为湖南旅游服务业骨干企业，得到了省委省政府及各级地方政府的大力支持，在企业运营环境、政策优惠、金融支持、品牌推广等方面有突出的发展优势，同时华天品牌在各地的高星级连锁酒店均成为当地主要的政务、商务接待场所，企业发展空间不断扩大。

三、新形势下华天经营管理的主要做法

1. 做好"加减法"，促进高端餐饮创新转型

一是做好加法，精准定位抓转型。公司领导通过密集深入企业调研，早在2013年初就召开"酒店经营创新研讨会"，厘清了酒店业经营创新转型的基本思路，对旗下酒店进行分类指导，按照高星级、中端商务型酒店制定不同的市场策略。一方面，对非五星级商务型酒店要求做足做精做好中档消费，及时部署餐饮出品、营销、运营管理的调整转型创新。另一方面，针对五星级酒店受政策影响的情况，我们进一步加大了高端餐饮向优质大众市场的转型调整力度，在政务和高端接待缩减的同时，强化了婚宴、中小企业商务会议的营销，通过与国际接轨，提升客房软硬品质和出租率，止住了收入的全面下滑。

二是做好减法，创新求变谋发展。公司对在建酒店，在酒店定位、功能布局、规模、

产品上及时进行设计调整或变更,做好"减法"。如:及时调整在建的张家界华天大酒店的设计,缩减和暂缓装修的餐饮、会议规模,增加了商业和文化演艺项目。为推进高端餐饮转型,公司成立了"餐饮转型指导小组",督促指导旗下酒店根据自身地理位置、营业场地条件,对局部亏损、闲置、富余的经营场地,尤其是餐饮经营面积,进行合作、联营等各种形式的创新转型,通过对外招商减少自营经营面积,增加稳定租金收益。目前已经取得了阶段性成果,有效改善了酒店业的收入结构,提高了酒店盈利能力。

2. 推进"存转增",创新资产运营模式

为盘活沉淀资产,让沉淀资产"存量"转变为流动资产进而实现"增量",公司开始尝试资产管理模式的改革,探索"售后回租"的轻资产型管理,即按30%的资产比例,以市价销售,盘活了酒店沉淀资产,创新拓宽了融资手段,回笼大量资金以保证集团重大项目发展所需资金需求。

酒店资产运营模式的创新,是基于华天集团资产结构和资产质量的特殊性,是其他企业难以效仿的一项创新,为集团的稳定发展奠定了基础。

3. 强化集中管控,拓宽融资渠道,确保项目资金需求

2013年,公司把全面建立财务信息化管理作为实现公司现代管理的重要工程,制订详细方案、召开信息管理、财务管理、采购管理、仓储管理部门会议,确定职责权限,并组织子公司400余人次进行软件操作培训,确保软件上线工作如期完成,实现了公司业务链从采购到销售回款的闭环管理和全集团41家企业的全覆盖。为应对货币政策的新变化,公司早谋划早安排,在资金流动性趋紧前发行了3亿元短期融资券。华天酒店注册了中期票据6亿元,已发行3亿元,实现间接融资转向直接融资,使公司的主体长期信用等级及债券信用评级在银行间市场得到充分认可。中期票据成功发行,增强公司短期偿债能力,流动比率提升。公司还取得银行授信50亿元,顺利转贷42亿元,化解资金流动性风险,降低了资金成本,优化融资结构,化解短贷长投风险,满足了经营发展的资金需求。

4. 着力服务支撑,积极推进成员酒店发展

近年来,在实现华天品牌扩张的同时,公司通过强化自身职能定位,着力为成员酒店做好专业服务支撑,有效促进了成员酒店运行质量与效益的提升,取得了一系列成绩。一是完善管理制度,强化激励与监督;二是实施经营支帮促,深入酒店调研指导;三是推进客房差异化经营、高端餐饮转型、流程再造减员增效工作,助力酒店经营转型;四是优化会员体系,强化整体营销;五是完善开业手册,强化新酒店筹备工作指导;

六是启动培训质检新抓手,强化服务质量管理。每周向成员酒店发布一期"华天故事",发扬华天服务文化。设立"服务质量监督电话",确保宾客投诉渠道畅通并及时有效解决。

5. 强化人才培训,提高服务质量,提升华天核心竞争力

华天创业 26 年来,服务优质服务一直是其打天下、赢天下的法宝,在经营形势严峻的情况下,华天优质服务的核心竞争力更要加强。公司为此做了三方面的工作:一是举行了两年一度的服务技能比武。2013 年,公司举行了为期半年多的华天酒店业"苦练技能,喜迎店庆"服务技能比武活动,共有 32 家成员酒店参加,参加单位之多、创新内容之广均为历届比武之最。二是深化了服务标准化工作的推进。去年 8 月,公司组织为期一个月的"技能比武大讲堂"送教上门活动,40 家成员酒店 3000 余人参加,通过视频分享、技能擂台赛、获奖选手谈体会等活动方式,使专业技能和经验得到推广,促使各成员酒店服务质量和服务水平得到进一步提高。三是加大了各级管理人员和员工的培训力度。据统计,公司 2013 年组织高管人员、高管后备、中层后备进行了 9 轮集中培训,组织财务人员、安全员、工程负责人、通讯员培训等专业人员 4 期培训,受训人员近 500 人。各子公司还不断地创新培训手段,广泛开展"三级"培训和"师带徒"岗位练兵活动,全员练兵经久不衰,服务技能和服务品质不断提升。

四、未来发展展望

华天这些年来的跨越发展,为百年华天的世纪征程树立起了一座崭新的里程碑。着眼未来,华天清醒地认识到,"雄关漫道真如铁,而今迈步从头越"。华天已经做、正在做和未来要继续做的是如何继续开创、如何大力夯实我们的百年基业,让高举民族品牌大旗的华天走得更稳、更好、更快、更长远。

从外部宏观环境来看,当前和今后一个时期,世界政治经济形势将继续发生深刻变化,我国经济社会发展将呈现出新的阶段性特征,进入调整经济结构、转变发展方式、提高发展质量为突出特征的新的发展时期,改革开放 30 多年成就的"中国制造",正向"中国创造""中国服务"升级转型。我们要进一步认清经济发展大势,主动适应外部环境变化,有效化解各类内部矛盾和挑战,更加奋发有为地推进华天事业又好又快的科学发展。

从行业及区域发展来看,在国家加快旅游业发展的国策推动下,目前国内旅游市场增长动力依然存在。在旅游消费升级的长期利好之下,作为湖南旅游强省建设的排

头兵,我们在区域市场仍然大有可为。同时,我们也清醒地看到,未来五年,随着外资品牌大举入湘,区域市场竞争将会更加激烈,更为国际化。

从华天内部情况来看,随着产业归核、结构优化、规模扩张,酒店主业优势更加凸显;酒店(旅游)地产、商业地产、旅行社、装饰物业、湘菜产业等的同步推进,形成了集团较为完整的"吃、住、行、游、购、娱"一体化的大旅游全产业链集群架构;服务体系标准化建设的加快推进、系统管控能力、文化实力、品牌实力的大幅提升,为加快科学发展奠定了坚实基础。同时,我们也面临着人力成本与原材料成本不断攀升、经营与竞争压力与日俱增、快速发展与人才供给、服务质量稳定、资金保障的矛盾日益突出等系列新课题新挑战。

因此,综观全局,今后五至十年,是华天实现发展新战略承前启后的关键阶段,是又一个必须紧紧抓住的重要战略机遇期。今后一段时期,华天将全面贯彻落实公司战略目标,以科学发展为主题,以加快发展方式转变为主线,以客户为中心,以服务为根本,努力把华天打造成为服务领先、管理精细、文化鲜明、创新能力强、市场美誉度高、核心竞争优势明显的国内最具影响力、竞争力和幸福感的民族品牌;实现省内外、海外市场稳步拓展,市场竞争能力不断增强,规模与效益同步增长,品牌价值不断放大,为全力打造比肩国际的"中国服务"先锋品牌而努力奋斗!

第二十八章 岭南集团——广州岭南国际酒店管理有限公司

一、集团简介

广州岭南国际企业集团有限公司是一家以酒店旅游和主副食品为核心主业的大型国有企业集团。岭南集团旗下拥有包括华南首家"中国白金五星级饭店"、2010年亚运会总部酒店广州花园酒店、国际顶级品牌管理的中国大酒店(广州万豪酒店)和"国际五星钻石奖"东方宾馆等五星级酒店在内的60多家全系列品牌酒店;岭南集团的业务涵盖了酒店、旅行社、食品加工、食品贸易与物流、零售连锁、餐饮、汽车服务等多个领域。

岭南集团目前的主营业务包括两大类:酒店旅游业务和主副食品业务。旗下六大系列品牌酒店60多家,客房数量12 000多间,并以会展、旅行社和汽车服务等综合业务形成完整产业链,雄踞华南地区酒店旅游行业龙头地位。岭南酒店旅游将"以国际视野,创民族品牌,扎根岭南,与世界同步"作为发展理念,以品牌为引领,构建酒店业务上下游联系紧密、协同效应明显的产业链,打造酒店运营、会议展览、景区景点、旅游产品、汽车服务、电子预订信息平台于一体的大型综合酒店旅游产业运营商,通过持续整合、重组、并购等手段,实现跻身国际国内一流酒店集团的目标。凭借深厚品牌文化积淀,结合现代工艺科技创新,岭南集团的主副食品板块已成为区域市场的放心食品主渠道供应商,旗下广州副食品集团、广州市粮食集团、广州食品集团和广州蔬菜果品集团等专业运营商,以一系列中华老字号和著名商标为龙头品牌,为消费者提供每日必需的粮油、肉类、调味品、蔬菜果品等放心安全的食品。集团秉承提升消费者生活品质的企业理念,以LN六大系列品牌引领的岭南酒店业,为消费者提供享悦尊贵的贴心酒店服务;以中国驰名商标广之旅为龙头的岭南旅行社业,为消费者带来畅享世界的幸福旅游体验;以广州白云国际会议中心为引领的岭南会展业,为消费者提供专业的会展全程解决方案;以广东省著名商标广骏旅汽引领的岭南汽车交通服务业,为消费者提供舒适、便捷的星级出行服务;以中国驰名商标皇上皇、致美斋,百年老字号孔旺记和岭南穗粮等著名品牌引领的岭南食品业。

目前,岭南集团已成为引领华南地区旅游及食品行业的龙头企业,是广东省唯一进入全国前十的综合性旅游集团。岭南集团将以成为具有岭南特色、代表广州形象、全国前列、国际知名的现代服务业集聚开发与运营商为发展目标,为广州构建国际商贸中心发挥更重要的作用。

二、品牌简介

岭南集团酒店拥有六大系列品牌酒店60多家,客房数量12 000多间,经营规模位居全国前六名。

1. 岭南豪华酒店系列

岭南豪华酒店以真挚的关怀、细致入微的服务、高标准的优雅客房、优越的地理位置、高端的配套设施,确保尊贵客户在浓郁的岭南文化底蕴中获得温暖舒适的体验。岭南豪华酒店系列包括:"白金五星级饭店"、广州亚运会总部酒店广州花园酒店;万豪酒店品牌管理的五星级广州中国大酒店;"国际五星钻石奖"的五星级广州东方宾馆;集五星级标准酒店、会议中心、展览中心、演出中心于一体的东方国际会议酒店等,其中广州花园酒店是中国首批三家之一、华南地区唯一的"白金五星级"酒店以及岭南集团高端豪华酒店品牌"LN岭南花园酒店"旗舰店。酒店以一流的设施、优质的服务和独特的岭南文化氛围著称;中国大酒店是国内首批中外合作经营的大型五星级酒店之一,是岭南集团旗下酒店板块主体骨干企业,现委托美国万豪国际酒店管理集团管理,是万豪集团在这个发展迅速的大都会里首间旗舰酒店;广州东方宾馆是岭南酒店系列的国家标准五星级品牌"岭南东方酒店"旗舰店,是一间既富有浓郁的岭南历史文化风格,又具有为中外商务人士提供现代化优质环境与服务的国际豪华都市园林酒店。2006—2011年连续六年荣获全球服务行业领域的最高奖项,由美国优质服务科学协会颁发的"国际五星钻石奖"。

2. 岭南度假酒店系列

陶醉于迷人的大自然风景、享受亲切温暖的阳光、体验令人焕然一新的花香SPA、竹林松风和斜阳下品尝地道鲜美的岭南佳肴,岭南度假酒店以轻松愉悦的风格、体贴细致的服务和时尚齐全的配套设施成为尊贵客户远离都市喧嚣的首选之地。岭南度假酒店系列包括:被誉为"南国钓鱼台"的鸣泉居度假村;接待过众多党和国家领导人的白云山风景名胜区山庄旅舍;番禺莲花山风景区丽江度假花园;园林式度假酒店韶关西河流花宾馆等。

3. 岭南城市酒店系列

岭南城市酒店凭借着位居广州城区商业中心的地理位置、便捷的交通、舒适典雅的商务客房、注重细节的高性价比服务、齐全的商务及休闲配套设施,为商务及休闲旅游人士提供了会议、商旅和婚宴等服务。岭南城市酒店系列包括:位居广州市最繁华的北京路商业中心的四星级广州大厦;地处旧广交会旁的四星级流花宾馆;位于珠江边上广州城市地标性建筑广州宾馆等,其中广州流花宾馆以其优越的地理位置、便捷的交通、舒适齐全的服务设施和人性化的优质服务成为岭南集团精英酒店品牌,同时也是WORLDHOTELS酒店集团"头等系列"酒店成员。

4. 岭南精品酒店系列

拥有老广州浓厚深沉的商埠历史文化、令人心驰神往的建筑风格和外观、独具匠心的室内布置,岭南精品酒店以精益求精的贴心服务,使顾客沉醉在对岭南历史文化的感悟中。岭南精品酒店系列拥有的酒店品牌包括:独具特色的欧洲中世纪建筑风格的"广州老字号"爱群大酒店(1937年开业);欧陆式建筑风格的"中华老字号"新亚大酒店(1927年开业);连接十里商埠的新华大酒店(1932年开业)等。

5. 岭南佳园连锁酒店系列

以安全舒适的客房、交通便利的商业环境、绿色环保的设备设施、心动的价格、微笑的关怀和服务,岭南佳园连锁酒店给予顾客长久入住的超值享受。岭南佳园连锁酒店系列包括:"中国经济型连锁酒店十大品牌"的佳园连锁酒店、二星级白宫酒店、二星级广东大酒店、二星级新世界大酒店、二星级海珠酒店等。

6. 岭南国际公寓系列

以简约风格、户型多样、人性化空间设计、提供细致周到和体贴的公寓服务,岭南国际公寓给顾客留下深刻印象,令顾客在商务聚集和交通便利的中心城区自然融入这温暖的家,岭南国际公寓系列包括:花园酒店花园大厦;中国大酒店商业大厦;邻近广州地铁一号线地铁站、配备智能化保安系统的惠福大酒店;南方大厦酒店等。

7. 岭南酒店管理

岭南集团管理依托于集团丰富的酒店资源和强大的品牌影响力,运用成熟酒店管理模式、经验、人才优势、市场网络和相关资源的优势,开展酒店的受托管理、顾问服务、品牌特许经营、集团订房服务等,现受托管理10多家中高端酒店,遍布全国各地。

三、管理创新

1. "轻资产"模式力促升级转型

2014年5月6日,岭南集团旗下的广州市东方宾馆股份有限公司收购了广州岭南国际酒店管理有限公司全部股权,解决了东方宾馆与广州岭南国际企业集团有限公司之间的同业竞争,同时,增强东方宾馆的核心竞争力,进一步优化主业运营模式,促进公司转型升级,把岭南酒管公司整体转给上市公司,实现酒店所有权与经营权的分离。控股股东仍为酒店的业主方,拥有酒店的所有权,但上市公司通过岭南酒管公司负责酒店的管理和运营,实现上市公司对酒店经营定价权、市场营销、中央预订、人力资源、采购成本、研发中心、区域拓展等核心运营要素的掌控,从而拥有酒店运营管理的决策权。这意味着岭南集团将不再直接经营管理酒店,从而彻底解决了同业竞争问题。轻资产运营更加有助于提高资本使用效率。此次重组成功后,上市公司将以岭南酒管公司为主要发展平台,既保留优先投资发展酒店的主动权,又能通过不断对外受托管理酒店获得有法律保障的经营权,规避投入重资产的回报风险,从而获得较为稳定的公司收益。从实践运作来看,酒店管理公司"轻资产"输出既不用承担酒店"重资产"投资风险,又能够主动掌控品牌质量和经营结果,具有更稳定的收益保障,并通过酒店品牌输出实现酒店业务稳健发展与快速扩张。

2. 打造产品创新优势

为了适应消费市场结构的调整,岭南酒管公司推动实施了高端酒店花园酒店和东方宾馆的品牌提升计划,并以打造高端目的地的度假酒店为目标建设广州南沙花园度假酒店。并且着力打造全新的中端酒店品牌标准与盈利模式,把中端品牌酒店发展成为酒店业务的新突破点,已研发创新岭南5号精品、岭南佳园度假等新的酒店系列品牌,预计今年下半年起将陆续推向市场。岭南产品创新研发已成为适应市场结构调整、实现转型升级、保持健康稳定发展的核心动力。与国际品牌相比,岭南酒管公司更具有适应本土扩张的管理成本优势与强大适应力。岭南酒管注入上市平台后,将极大促进上市公司实施"品牌+资本"战略。从经营模式上突破酒店投资经营的局限,以轻资产品牌管理输出支撑酒店管理业务的快速对外扩张,实现经营规模化发展和稳定的收益模式,为公司实现战略转型奠定坚实基础。

3. 聚焦品牌产品与服务

企业未来发展将以品牌体系创新产品和服务,充分挖掘品牌的内涵价值,不断提升产品与服务品质,进一步提高公司品牌知名度和美誉度,进一步实施精细化管理,完善内控体系,在稳步完成经营计划的同时,通过以品牌标准与盈利模式为核心的轻资产经营模式的扩张,实现公司成员酒店数量与质量的规模化快速发展,在公司市场营销和运营管理系统的支撑下,深耕于广州、立足珠江三角洲,辐射国家中心城市及中南部高铁沿线的主要城市,公司将能打破单体酒店因客房总数和服务设施有限、季节性经营因素等造成的营业收入和利润的"天花板",从而提升了东方宾馆核心竞争力和未来发展空间,力促公司转型为酒店品牌管理运营商。

第二十九章 和一之韵

——记湖南和一集团发展之路

和一集团是一家跨地区、跨行业的集团公司,集团旗下拥有房地产业、制造产业和服务业等 30 余个实体和子公司,现有员工 4 100 余名。和一集团旗下分为四大板块:湖南和一酒店连锁有限公司(和一酒店连锁有限公司目前旗下拥有已开业酒店和正在筹建的酒店 87 家)、和一国际贸易有限公司、和一置业有限公司、深圳宝典金卡实业有限公司。

21 年来,和一人艰苦奋斗、勤奋耕耘、诚信质朴的优良传统,赢得了社会各界人士的认可与好评。尤其是近年来,和一集团在业界更是硕果累累,分别荣获了"中国十佳商业模式""中国优秀企业""中国最受欢迎旅游品牌大奖""全国就业与社会保障先进民营企业""中国品牌酒店示范品牌"等荣誉。集团董事长尹德和博士荣获"中国旅游风云人物""全国关爱员工优秀民营企业家""湖南十大杰出经济人物"等称号。企业在做大做强的同时始终不忘回报社会,积极参加社会公益慈善事业,对需要帮助的人奉献着爱心和责任。21 年来,集团累计捐款捐物总价值达 3 000 余万元。中国饭店业自改革开放以来,特别是近几年,企业形态从单体店向多元化连锁经营发展,传统的管理观念逐渐向可持续性和人性化管理观念转变。

一、高瞻远瞩打造和一酒店连锁品牌

2002 年,和一集团开始了多元化产业拓展的关键性一步,集团开始涉足酒店业,在中国饭店业正值蓬勃发展之际,和一集团跨入了这种市场经济的大潮中,进入市场和一首先瞄准的是以"品牌连锁"为最终目标,从集团品牌的拓展、行业发展态势等方面都进行前瞻思考,为此制定了企业发展思路,推行以"连锁化、集团化、规模化、专业化、信息化"为核心的发展战略,致力走创中国民族酒店品牌的集约化之路。确定了以"和一大酒店""和一度假酒店"为商号的高星级酒店品牌、以"和一商务酒店""和一快捷酒店"为商号的精品酒店品牌发展之路。立足湖南省快速布局,实现规模上的拓展,并不是采取进入高端市场的单一方式。以"软实力"为核心,主要依托先进的经营管理理念、强大的市场运作能力、优秀的企业文化、具有影响力的品牌等软实力资源,形成了以酒店业务经营为媒介的酒店集团。

以品牌为核心,"和一"品牌的成功,归根结底是品质的出众,公司有明确的发展方向和品牌理念,有一整套实用、科学的管理模式和执行标准。通过多年的积累和研究,公司撰写了《和一酒店操作模式》《和一酒店连锁标准化手册》。

《和一酒店操作模式》是一套真正适合和一自己的、切实可行的管理模式,也是一套规范公司下属酒店管理、经营、业务的专业性指导手册。该书的出版对于建立规范的企业运作和树立酒店统一形象有极大的推动作用。

二、系统的酒店连锁营运模式

公司下属各连锁酒店实行集团采购、集团人力资源调配、集团财务管理,既统一了各连锁酒店的规范运作程序,又节省了大量采购成本、人力成本和财务管理成本。尤其在整合营销方面,集团各酒店客源共享,现已收集、记录了近30万条宾客信息,会员部吸收会员已达56万人,和一订房中心网站的日访量达千次以上,有30%左右的客户来自网上订房。面对激烈的市场竞争,公司及时把握市场信息,调整经营模式,凭借强大的国内销售网络和集团优势,奠定了公司在湖南民营酒店中不可替代的行业地位。

公司始终围绕如何为顾客创造全新的服务、全新的价格等方面来实现顾客价值,并以此提高顾客对品牌的认知度和忠诚度。独具特色的优秀企业文化成为"和一"持续发展的不竭动力,而优质服务才使企业形成巨大的商誉优势,"和一"提倡的,是要用一系列精致、到位的服务构成一个天衣无缝的服务过程。

为此,公司还设立了酒店系统自主研发中心,引进一支优秀高效的管理团队,以产学研推动企业自主创新,在制定了体系完善的各项人力资源政策和制度的同时还自主研发了酒店自助系统、呼叫系统、中央预订系统、中央财务管控系统、pms系统等,这些系统不仅给客人带来了便捷,也为酒店经营发展提供了动力。

三、人才是酒店连锁的核心战略

人才是企业发展的根本,公司十分注重人才的积累、培养和引进,公司把员工吸纳进来，就要给他们提供更好的待遇，更要把人力资源工作重点放在提高员工的素质上。的确，一个有社会责任感的企业，必须关注员工的职业生涯的发展。近几年，在尹德和董事长的大力支持下，公司与高校合作设立了和一酒店管理大专班，200多名员工一边上班一边学习，都顺利拿到了大专毕业证书；公司还选派60人参加了澳门公开大学研究生学习，目前，已有27人通过了论文答辩，获得管理学硕士学位；另外，公司又选派了30名员工参加南京职业技术学院为期一个月的学习。由于公司十分重视人才的培养和学习，经常组织各连锁酒店及分公司员工参加各类培训课程，员工整体素质得到较大提升，公司要求对企业主管以上的职务采取公开竞聘方式选拔人才，百分之八十的人员晋升从企业内部产生，从而大大激发了员工活力，增强了员工的向心力，使企业充满了生气和凝聚力。

公司提倡酒店管理不但要视顾客为上帝，更要把员工放在上帝的位置，通过员工满意达到顾客满意，提升员工的满意度，使公司各酒店"人本"管理思想得到进一步深化。集团依据"因事择人、事得其人、人适其事、事竟其功"的人力资源目标，秉承"一视同仁，任人唯贤"的企业人才观，紧密联系工作实际，以充分挖掘员工潜能，调动员工的工作积极性，将企业文化、员工专业素养紧密结合在一起，追求完美的和一人，依靠规范化、标准化、品牌化的服务赢得了每位顾客的赞许。为了活跃员工的业余生活，公司建立了党总支部、团支部、工会组织，成立了"和一"艺术团，集团各级党组织、团组织以及工会联合人力资源部每年都会举办技能比武、歌唱比赛、户外拓展活动等。同时，定期举办员工与总经理面对面的沟通会，并当场回答员工提出的问题，为员工解决了很多工作与生活上的问题，既拉近了管理层与员工之间的距离，也让员工帮助公司寻找可以改进、可以发展的地方。通过员工集思广益、畅所欲言来发现问题、解决问题，更科学地实现公司的全面发展。

四、以"和一文化"经营

文化是企业建设的核心，建立了鲜明特色的企业文化，公司一如既往地坚持打造精品酒店路线，始终奉行"和则一，一则多力，多力则强，强则胜物"的"和一信念"。在激烈的酒店竞争环境下，高举酒店文化大旗，建立了具有稀缺性和不可模仿的酒店文化。无论是在酒店用品、酒店家具、装修装饰还是在视觉识别上，包括品牌名称、标识物、标识语等，都有统一名称、统一色彩，呈现企业文化特色。公司拥有自己的宣传平台，例如《和一》杂志、《和一》文摘、和一网站、报纸媒体平台、宣传册、海报、户外广告位,对外宣传立体展示。

在对客服务和对外形象展示中,公司倡导每一位员工将和文化贯彻到服务中去,员工在对客服务中无处不体现着和乐、和睦、和平、和善、和美、和谐的完美服务。用和文化为每一位客人奉献最优质的服务,获得了相对稳定的客源。

五、以党建助推企业健康发展

和一一直以来以科学发展观指导经济工作,积极组建集团党委组织,带领企业健康快速发展,通过深入开展"争优创先"活动,在集团内部大力开展"双培"工作,把一批企业高管、技术骨干、优秀员工发展成党员,并对他们进行跟踪培养。这既有效地保障了公司战略的实施,又壮大了党员队伍。在公司已经形成了一种积极向上的良好氛围,入党积极分子日益增多,特别是公司的高层管理人员,都主动向党组织靠拢,在工作中自觉以党员的标准严格要求自己,成为集团党组织的一支重要力量,为开展企业党建工作打下了坚实的基础。

六、微利时代把脉旅游业商机

一个品牌的成功,往往要经历风雨沧桑的洗礼,和一品牌在成长发展中自然也会遇到各种各样的困难和一些意想不到的市场冲击。面对这些情况,和一集团积极探究新的发展道路,采取相关措施应对困难,酒店的根本是服务,不管遇到任何情况,都要做好自己的服务,用优质的服务回报给客人,让客人享受到宾至如归的感觉,并采取各种行之有效的营销模式。

尤其是近几年来在经济遇冷的大环境之下,酒店业的发展毋庸置疑受到了一定影响。在和一集团看来,目前中国酒店业的高利润时代已经过去,开始进入微利时代,但是问题不是特别严重。中国目前引领着亚洲地区旅游及酒店行业的快速发展,且商务休闲收入增长势头强劲,发展旅游产业将是未来的一大趋势。

把脉行业发展大势,和一酒店连锁机构抓住旅游业大发展这一契机,在努力打造中国中高端连锁酒店品牌的同时还在投资旅游景点,温泉度假等项目,将酒店业与地产业及商业结合起来,进行多元化产业并举,形成了一种创新发展模式,这样既推动了当地旅游业的发展,也为集团发展开拓了一条道路,目前和一已经成功打造道县和一综合项目、炎陵和一度假综合项目。为湖南省县域经济的发展及推动城镇化建设做出了重要贡献。接下来,和一集团还将在君山、泸溪、宜章、涟源等地签订协议准备投资旅游景点,兴建五星级酒店、温泉度假及生态宜居小区,这种将酒店、旅游项目、生态小区、商业街等元素融合的商业模式将是未来和一发展的一大目标。

《孙子兵法》曰:"不谋万世者,不足谋一时;不谋全局者,不足谋一域。"环视当下之世界,西方雄企,纷纷抢滩中国,民族企业如临大敌、如履薄冰。

五洲情谊,四海和一。深受湖湘"先天下之忧而忧,后天下之乐而乐"的人文精神熏陶,富于开拓精神的"和一人"深知中国民企"路漫漫其修远兮",但吾辈仍将"上下而求索"。秉承"君子之财,取之正道,义先于利,义利兼顾"的经营理念,追求"内修福祉,外播善缘;长青基业,报国福家"的企业愿景,将努力为中国饭店业发展做出应有的贡献。

第三十章　根植中国文化　创建中国酒店业民族高端品牌

——君澜酒店集团

君澜酒店集团(NARADA HOTEL GROUP)是一家以高星级酒店、酒店式公寓、高档商务写字楼为主要管理对象的本土酒店集团,位列于中国饭店集团10强和全球酒店集团100强。自成立14年以来,集团一直秉承"变是永恒的不变"的发展理念,坚持以中国文化为引领,以品牌建设为核心,创新产品服务,强化品质保障,致力于建立一个体现东方文化,极具中国特色的具有高尚品位和完美品质的酒店集团。目前,集团旗下拥有"君澜度假酒店""君澜大饭店"和"君亭酒店"三个系列品牌,管理业绩遍布于浙江、海南、云南、上海、重庆、江苏、湖北、江西、福建、山西、四川和安徽等12个省、市及澳大利亚,投资管理超过50家酒店,客房总数逾15 000间,其中目前已开业酒店达32家,客房数量超过8500多间,待开业酒店23家,客房数量6500多间。

君澜酒店集团以打造高端民族酒店品牌为己任,曾连续五年荣膺"中国民族饭店品牌先锋",连续六年荣膺"中国最具规模的30家本土饭店集团",并获得"中国企业影响力十大(行业)品牌""中国国内十大品牌酒店集团""中国最佳本土酒店管理集团""中国饭店业30年最具影响力饭店管理公司(集团)"等多项殊荣。目前君澜旗下主要拥有"君澜度假酒店""君澜大饭店""君亭酒店"三个系列品牌,三大品牌定位清晰、特征明显、市场明确,构建了一个完整的品牌体系。

具体而言,君澜度假酒店定位于极具中国文化内涵的休闲度假酒店,是中国度假酒店的领军品牌,以"真正的度假,在君澜"为口号全力推动符合国人特点的度假生活。每一家君澜度假酒店都具有相同的核心特征:相对稀缺的自然或人文资源,奢侈在于资源的稀缺性和唯一性,较难复制;独特的建筑风格;原创性的室内设计及鲜明的文化主题;相对排他性的特色产品;提供相对私密的、个性化的服务,满足高端人群的特定需求。基于每一家君澜度假酒店的独特优势,君澜都赋予了它们相应的度假主题,倾力打造各类与众不同的主题度假体验。比如置身于热带雨林之中七仙岭君澜度假酒店,依托天然温泉和治疗级纯净空气,辅以精心研发的五行养生套餐,打造了中国最美的养生主题酒店。2013年,七仙岭君澜度假酒店以其酒店产品和服务主题特色鲜明而获评为中国特色主题酒店TOP10。其他的君澜度假酒店也都赋予了家庭度假、蜜月度假、纳西民族风情度假、江南慢生活体验度假等主题,并根据主题开发不同的产品,同时进行优势互补。在不久的将来,君澜将陆续推出湖泊度假、山地度假、体验度假、民俗度假等不同系列,力求为越来越多样化的国内外旅游市场提供真正高品质的度假需求。

君澜大饭店定位于具有中国文化特征的城市休闲商务酒店,以"更多的关爱"核心服务理念,向入住君澜的客人传递一种发自内心的微笑、善意、体贴,并通过悄然优雅的专属服务,使客人在旅途中尽享舒适与惬意。"都市高端休闲商务酒店;具有浓郁的东方文化设计、陈设;提供相对独特的产品和服务;注重商务休闲及餐饮宴会功能;拥有中国文化特征的对客礼仪和服务品质"等五大特征是每一家君澜大饭店共有的鲜明标签。同时,"君澜大饭店"普遍拥有地理位置和体量规模优势,并具有十分丰富的高端会议和重要政务接待经验,塑造了一个个令人难忘的品质生活集聚地。

君亭酒店则是定位于中端精选酒店,通过文化精选、服务精选、产品精选,带给旅行者东方文化的体验积累,完美诠释了符合中国市场的中端精选酒店。作为国内中端精品酒店的领跑者,君亭从2005年以全新的非典型性不完全服务酒店模式问世开始,一直都呈现着自己独有的特征:投资规模中端;有品质的核心产品;适度的消费;吻合当地市场;精选的服务产品。每一家君亭都传承东方文化脉络,酒店氛围和陈设,都有鲜明的东方文化元素,给每一位旅行者带来东方文化体验;每一家君亭,都全心为顾客提供有品质的消费和体面的入住体验,在客房、早餐、环境等关键产品方面均达到五星酒店标准;每一家君亭,都有着江南细腻浓情的中国服务文化,着力营造都市桃源般的"第三休闲"空间,为客人打造优雅商旅之行程。

围绕"建立一个体现东方文化,极具中国特色的具有高尚品位和完美品质的酒店集团"的战略愿景,怀着创建中国酒店业民族高端品牌的使命感,君澜集团始终在探索一条适合自己持续发展的独特路径。而其核心,就是依托对中国文化的深入挖掘和准确把握,并赋予其更多的时代特征,进而塑造君澜鲜明而独特的品牌性格和文化。

一、在核心理念上镌刻中国文化的烙印

"君澜"之名,灵感来源于深厚的中国五千年文化,"君"者,谦谦君子,绅士、淑女

之谓;"澜"者,上善若水,感恩、宽容之意。"君澜"代表的正是一种中国式的内敛与豁达,也是君澜酒店集团为宾客提供优质服务的力量源泉。君澜酒店集团一直特别强调自己的"中国特点",围绕中国文化内涵,在酒店产品、服务设计、项目建设等方方面面突出中国元素,既注重打造中国文化的形,更关注中国文化的产品、中国文化的服务,在"西式的型和中式的魂"的结合上找到每个酒店的最佳契合点,围绕主题塑造植入中国文化特征的特色产品和服务个性。源于对中国文化的深入挖掘和努力实践,凭借着对中国酒店行业的深刻理解,君澜始终坚持不以豪华材料装饰取胜,而是以文化内涵取胜,不以硬件设施自豪,以软件、优秀员工自豪,不以常规服务自信,以差异个性服务自信的经营理念,为客人营造拥有如"俱乐部""博物馆""家"一般的时尚、文化、艺术、温馨氛围的舒适居住空间,为宾客提供期望的服务,为业主创造最佳的效益,为员工搭建最好的职业舞台。正是根植于中国文化,君澜逐步形成了独具特色的经营理念和君澜对外的品牌特征。

二、在发展策略上坚持差异化战略

基于集团战略和定位,君澜一直都践行差异化的发展策略,无论是君澜还是君亭,无论是大饭店还是度假系列,君澜都从时代出发,摒弃所谓的对标和复制,而是主动选择更加符合中国人消费特点和自身优势的发展策略,以"量身定制"的态度精心打造每一个品牌和酒店。一方面,在高端综合型饭店领域,君澜采取了"度假先导"的发展策略,选择在奢华高品质度假市场突围,创建了一个真正能叫得响的高端民族度假酒店品牌。每家君澜度假酒店都在"真正的度假,在君澜"的旗帜下,研究真正度假的内涵,推出自己鲜明的度假主题,形成与主题一致的度假专属管理和服务,放大君澜品牌的整体号召力,合力打造国内度假酒店的领军品牌。君澜度假酒店已经不仅是酒店品类的名称,还是度假产品及其组合的集大成者,更是度假方式和生活理念的风向标。在中国最重要的旅游目的地城市,如三亚、丽江、杭州等已经成功经营了一批富有特色和个性的度假酒店。与此同时,君澜也赋予了君澜大饭店系列更多的休闲元素,将许多在度假酒店中独有的休闲产品进行了引入和优化,打造独具君澜特色的城市高端休闲商务酒店,让人们能够在更加休闲的氛围中进行各类商务活动。

另一方面,瞄准酒店市场供给中高端酒店与经济型酒店之间出现的立基市场,君澜创造了满足人们"高品质、中价格"的需求的新型的酒店产品和品牌——君亭,并以极高的性价比迅速赢得了市场与口碑的双赢,创造出一个又一个的经营奇迹。而历经十余年的体验与品牌创新,君亭酒店在管理架构扁平化、产品设计、流程设计、成本控制等多方面都形成了中端酒店发展的君亭模式,而君亭的集团建设、平台建设、品牌推广、模式构建愈发成熟,具备了进一步做大、做强的基础。未来,君亭在继续保持租赁经营的基础上,还将积极开展委托管理和特许加盟等发展模式,进一步巩固君亭在中端精品酒店的领导地位。

三、在转型与创新上贯彻平台化思维

随着各方因素的叠加影响,中国饭店业已经进入一个深层调整期,转型与创新成为了当今中国饭店业发展的主要特征。而在转型与创新的过程中,无论是集团发展还是成员酒店,君澜都积极贯彻平台化思维,来适应新的发展阶段。在成员酒店方面,君澜积极实施的大饭店系列城市商务转型策略。具体而言,就是利用君澜大饭店系列酒店具有地理位置和体量规模的优势,将大饭店系列项目酒店转型成为平台型企业,让饭店里的每一个项目都成为强有力的资源吸附体,在饭店的大平台集聚更多资源,进而提升品牌效应和经营效益。在集团建设方面,君澜投入巨大的人力、财力构建了集团化管理平台,强化总部市场营销、人力资本、集中采购、工程管理、运营管控等五大平台功能,建立以职能线管控、支持为形式的集团化管理平台,建设完善的集团管控和考核体系,加强了对成员酒店的管控和支撑能力,形成了强大的集团化发展平台。在集团化大平台建设的基础上,君澜积极应用最新的技术手段,以互联网思维推行了三大智慧平台建设,包括基于"云端"的 IHOTEL 信息化平台、基于 O2O 系统的集团采购平台、基于大数据管理的市场营销平台,并通过这三大智慧平台的建设推进君澜酒店集团整个大平台的提升,运用集团管理优势和经营资源对旗下酒店实施全面经营管理和相关服务,推动成员酒店提升品质、声誉及业绩。

未来,君澜集团将充分发挥自身多年来在品牌文化、服务理念、产品特色等方面的积累优势,坚持中国文化特点,坚持以差异化发展策略。在布局上,完成对国内重要经济集聚区的布点,形成合理的酒店经营网络;在品质上,加快成为有东方文化内涵的风格独特的酒店供应商;在规模上,成为国内最具规模的有独特中国文化内涵的本土酒店集团,最终将君澜打造成为既具有中国文化特点又具有鲜明时代特征的民族酒店品牌,让更多的顾客感受"真正的度假"和"更多的关爱"。

第三十一章 成就梦想,创造传奇

——中州国际酒店管理集团有限公司的发展之路[①]

一、企业简介

中州国际集团管理有限公司(中州国际酒店管理集团有限公司、中州国际酒店管理公司、中州国际酒店管理集团)是中州国际集团投资管理酒店的专业化公司,拥有"中州国际大饭店""中州国际饭店""中州国际度假酒店""中州颐和酒店""中州商务酒店"等著名酒店管理品牌。

公司依托中州国际集团与英国洲际、法国雅高两大世界著名酒店集团多年合作下的管理、资源、品牌、文化、人才、市场运作能力等方面的优势,在经营发展过程中通过模式导入、人才开发、品牌输出、文化再造等手段,立足河南,辐射全国,与国际接轨,积极拓展市场,不断发展壮大,在河南、北京、海南、山西、江苏、云南等省、市管理酒店50余家,累计管理酒店100多家,客房1万余间。"中州国际"品牌已成为"民族品牌先锋",是目前中国中西部地区规模最大、实力最强、最具权威性的从事酒店管理、培训、咨询的专业化公司。

至目前,已将"中州国际大饭店""中州颐和酒店"及"中州商务酒店"三个品牌带出河南,分别接管了海南陵水乐龄中州国际大饭店、云南腾冲中州颐和酒店和海南三亚中州商务酒店。2014年1月7日,五星级帕劳中州国际海上度假酒店正式签约,荣耀进驻堪比马尔代夫的美丽岛国太平洋帕劳共和国,公司从此正式迈出国门。

多年来,中州国际始终如一专注于酒店经营,在实践中不断总结和创造,在与国际酒店集团的紧密合作中不断吸收其精华,并凭借其独具特色的管理模式以及在酒店行业的示范带头作用,先后被中国旅游饭店业协会等权威机构授予"中国饭店业民族品

[①] 作者:王志,中州国际酒店管理集团有限公司董事长兼总经理。

牌先锋""中国饭店业民族品牌20强""中国最具规模的30家本土饭店管理公司""中国饭店集团60强""投资方首选中国酒店管理公司"等多个荣誉称号。

二、品牌介绍

每一个企业的成功都有一个发展的过程,一个知名品牌的发展也都源于长期的积淀和不断的突破。中州国际这个品牌的形成,要从20世纪50年代末河南郑州的中州宾馆说起。1959年,毛主席回到了阔别已久的故乡,他对当时湖南省第一书记周小舟说:"你们省委研究一下,在这里修几间茅房,其他领导可以来休息一下嘛!我老了也想回来住一住。"主席的一番话,使得全国很多省市开始筹建"接待型"宾馆。在这样的历史背景下,河南省省直机关事务管理局于当年在郑州筹建了中州宾馆。宾馆在1961年正式开业,在外人看来充满"神秘"色彩的中州宾馆,接待的第一位客人就是英国的陆军元帅蒙哥马利。据说,蒙哥马利在中州宾馆住了一宿后,向人称赞说:"我在河南住了一家宫殿式宾馆。"几十年来,周恩来、邓小平、习仲勋、李先念、万里、华罗庚、启功、溥仪及越南前领导人胡志明、加拿大前总理特鲁多等国内外政要及社会名流都在中州宾馆下榻过,始建于1959年的中州宾馆就这样以奢华之身,在50多年时间里,雄踞河南宾馆之巅。

90年代初期,宾馆领导层审时度势及时抓住"中部崛起"战略机遇。大胆决策,对宾馆进行五星级改造,1995年,与全球最大的酒店集团"英国洲际"合作,引入洲际酒店集团高端品牌"皇冠假日"和"假日",2005年再引入其"智选假日"品牌。1995年,与中州宾馆一墙之隔有着30多年历史声名远扬的法国雅高酒店集团合资合作,先后引进"诺富特"和"索菲特"品牌并合资建设五星级索菲特国际饭店。2001年,在省委省政府大旅游思想的主导下,中州宾馆、国际饭店资源、资产整合,成立了中州国际集团。通过与外方的合作,在国际知名品牌的支撑带动下,"中州国际"品牌的含金量与日俱增,集团依托品牌优势,为使产业链的进一步延伸拓展,于1999年成立了对外输出品牌和管理的专业化酒店管理公司——中州国际酒店管理集团有限公司,公司依托中州国际集团与英国洲际、法国雅高两大世界著名酒店集团多年合作下的管理、资源、品牌、文化、人才、市场运作能力等方面的优势,在经营发展过程中通过模式导入、人才开发、品牌输出、文化再造等手段,立足河南,辐射全国,与国际接轨,积极拓展市场,不断发展壮大,目前在河南、北京、海南、云南等省市管理酒店74家,客房15 536间。其中,已开业酒店50家,筹备中的酒店24家,是目前中国中西部地区规模最大、实力最强、最具权威性的从事酒店管理、培训、咨询的专业化公司。在这五十余载一路风雨兼程的奋斗中，中州国际从小到大、孜孜探索；借他山之石，扬己之长，在品牌发展、市场拓展、组织管理、企业文化等方面，谱写了中国饭店集团民族品牌成长的新篇章。

多年来，公司秉承"品牌引入、品牌嫁接、品牌输出"的创新理念，在输出品牌过程中坚持科学的管理，成立了品牌管理部对酒店业市场进行研究分析，对公司品牌战略进行梳理和规划，并根据市场需求对"中州"品牌进行细分，针对不同市场对酒店品牌进行了清晰的定位，确立了复合型、多品牌的公司品牌发展战略。目前公司拥有定位于奢华市场的五星级品牌"中州国际大饭店"，针对中高端市场的四星级的"中州国际饭店"，适合休闲度假的"中州国际度假酒店"，具有高性价比的三星级"中州商务酒店"，而"中州颐和酒店"则为准四星级精品酒店品牌。复合型、多品牌战略避免了单一品牌市场发展的空间局限和风险，延展了多品牌战略的内涵。在资源配置上较好地发挥了"中州"品牌的影响力，满足了多元化市场需求，推进了公司项目的发展。品牌作为公司最有价值的资产之一，通过不断的创新、完善和推广，已成为中州国际的核心竞争力。

在品牌的布局过程中，集团严格根据市场要求进行品牌开发和精准定位。比如在2012年，集团适应市场需求，推出"中州颐和酒店"精品酒店品牌。"中州颐和"这一品牌相对于大而全的中州国际饭店而言，其特点是大客房小餐饮，定位为准四星精品酒店，面对中端市场。中端市场是一个庞大的连锁度比较低的市场，可以说是酒店未来竞争的一片蓝海，无论是国际酒店品牌还是经济型酒店大鳄都在纷纷布局这一市场，中州国际也早已把中端酒店品牌作为公司今后发展的重点。

在项目的发展过程中，我们严格按照公司品牌标准要求，对项目市场发展环境进行深入了解，对项目投资和品质进行认真分析，保证项目符合公司品牌发展规划和发展战略要求，进一步提升公司的品牌形象和影响力。

"品牌就是生命"。这些年来，公司秉承着对业主负责的态度，对项目坚持高标准的管理，在追求卓越的过程中树立了良好的品牌形象，成了国内酒店管理公司的佼佼者。不少酒店业主及广大消费者也常常夸赞：中州国际就是品牌，中州国际就是效益。

三、管理创新

1. 发展品牌战略，创新管理机制

中州国际之所以能够稳步发展，得益于公司在品牌、体制和机制等方面的不断创新并以创新引领企业前行。在品牌创新方面,从成熟的知名国际品牌的引进到双品牌模式的品牌嫁接,然后再到多品牌的输出,这"三步棋"为公司的发展铺垫了一条最优路径。具体表现为:引入国际著名酒店集团的品牌及管理模式支撑"中州国际"品牌的形成;以"中州国际"文化内涵为基础进行品牌延伸和输出;以人才和文化为动力,推动品牌和项目的发展,实现品牌扩张的战略。

集团的创新也体现在企业运作的方方面面,比如模式创新、技术创新、产品创新和组织创新,等等。在集团化品牌连锁支持和服务方面,集团在2005年成立集团呼叫中心,为成员酒店开通中央预订系统及打造中州行会员体系——饭店忠实客户计划优悦会(ZHC),中州行目前已有数十万会员,也成为饭店业内发展迅速的忠实奖励计划。在集团品牌推广和企业文化宣传方面,集团也独树一帜,2010年创办《中州 & 国际》季刊杂志,在全国同行业杂志评比中荣膺前三,2014年,集团开通中州国际酒店管理集团二维码和微信订阅号,使得集团信息得到更及时的传递,且在业界的关注度不断增加。集团深知中国酒店的地区差异、市场差异和项目的多变,集团一方面坚持统一的品牌形象和相对应的品牌服务标准,另一方面,集团坚持"因地制宜""因店制宜""一地一策""一店一策"的策略,实施托管酒店错位经营,使酒店管理公司最大限度地实现了管理项目接管一个,成功一个,这一策略已成为中州国际的竞争优势。集团积极推行人才制度和发展的创新,通过赛马机制发现人才,通过高星级母体酒店储备和输送人才,通过公司成立的中州国际酒店学院培育人才,通过感情、待遇和职业发展保留人才,通过"务实""坚韧""智慧""创新""共赢"的优秀企业文化凝聚人才。在组织创新方面,集团在国内酒店业率先实行矩阵式事业部制组织架构以及联邦制组织架构,既推动了饭店产品的市场化竞争优势,又整合了企业内部资源,既解放了企业的生产力,又极大地提升了饭店收益。可以说品牌的创新发展战略以及经营模式的多样化等形成的这一独创的"中州模式"已经成为公司快速扩张的原因之一。

当今的企业处于速变的环境中,无论是政策的变化还是经济的发展,无论是国际关系还是旅游环境,无论是科技的创新还是消费趋势的选择,这些都会影响或改变行业的方向。因此,在企业的经营过程中,唯有在常变常新中以新的理念、新的管理、新的服务、新的经营、新的文化来充分满足饭店目标客源市场的变化和需求,与环境相适应,才能把发展的路走得更好。作为中国酒店行业领先的专业化管理公司,创新从公司创立之日起一直伴随着公司的发展,形成了中州国际的核心基因和竞争优势,并将继续成为集团未来不断发展的原动力和基础。

2. 展现中州魅力,梦想演绎传奇

中州国际是一个非常重视企业发展战略的企业,20年前,集团就开始了与世界一流酒店集团的合作,在品牌发展和集团化建设方面集团一直走在前列,近期,集团重新分析了行业形势和发展趋势,并根据未来的发展目标修订了集团的发展规划。集团在逐步调整以往的快速扩张战略,现阶段发展项目量力而行,宁稳毋滥,坚持"做强为本、做大为宜"的发展策略,不断加强自身建设,保证自身的良性运营和机制完善,在有效保证管理效果和质量的基础上逐步扩大公司的管理规模,并紧紧围绕"以品牌信誉业主,以客源锁住业主,以系统支撑业主,以效益保障业主"的发展战略,努力提升以"管理、网络、品牌、人才"为主的核心竞争力,以"致力于打造代表中国民族品牌的特色酒店连锁品牌,实现与顾客、业主、员工和社会的多赢平台"的企业理念,主动参与竞争,在竞争中加快发展的步伐,最终为民族酒店品牌赢得一片天空。

未来,集团将进一步丰富集团的品牌结构和内涵,推出更多的符合时代需要的品牌,便于从多个维度渗透到各个细分市场,并根据市场发展需要完善和完成集团在全国和全球的合理化布局。集团将通过项目发展、项目运营以及集团化经营三位一体的模式并通过互联网、科技和文化的有机结合来提升集团的核心竞争力。集团的战略愿景就是要成为国内甚至世界一流的酒店管理集团,集团将通过品牌连锁、资本运作、企业金融和战略联盟等途径来实现。

作为中国知名的酒店集团,中州国际酒店管理集团代表了多元的文化,集团未来的发展将充分向世界展现中州国际的宽广视野和独特魅力。伴随着中国的强盛,只要集团敢于创新,善于创新,集团一定会用其智慧和勤奋赢取更大的市场和更加美好的未来,集团一定能管理出更加优秀的饭店。

第三十二章　康年国际酒店管理集团

一、企业简介

康年是由吴廷元先生于1992年创立的。在进入酒店行业前，吴先生是一位注册会计师，于1983—1986年期间担任德勤会计师事务所的中国首席代表，并于1986~1992年期间担任利园国际酒店管理集团的首席执行官。

康年是一家100%纯为酒店服务的软件管理联营集团，公司的一切资源都投放到人才、软件、网络和各种与酒店相对应的基本建设上，并不参与任何其他行业的投资经营。康年的管理班子在国内外有着多年的成功经验，本着以人为本、以效益为中心的管理哲学努力使康年的经营概念、管理软件和业内关系不断巩固及发展；以严谨、务实来达至高效率运作；利用自己的管理优势，致力发挥其成员酒店的综合能力。在成长与发展的道路上，康年始终坚持以"专、实、效"即"专注、专业、专诚；实力、实用、实在；效命、效率、效益"的经营理念为酒店服务。康年成立短短数年间已发展为遍布大江南北不同级别的酒店网络，各酒店经营成绩有目共睹，足以证明康年的管理及服务质量。

10年来，康年在董事长吴廷元先生的带领下，秉着业主为先的精神，专业、务实与创业、诚信并重的态度积极探索既有国际性先进水平又符合中国酒店业实情的管理方法，逐步完善管理公司的管理体系，增强管理公司的管理实力。如今，康年已在全国一些重要省市包括海南、河北、河南、山东、辽宁、四川、贵州、江西、湖南、广东、宁夏、广西、重庆、云南、新疆等地区设立了自己的发展中心，建立了覆盖全国及国际的市场营销网络。在国内，康年的品牌形象已逐步深入人心，康年的知名度也随着业绩的扩大而逐步增加。10年来，康年已在国内成功管理了十多家四、五星级酒店，并于2003年被评为"中国饭店业集团20强"，康年为酒店业树立了一面亮丽的旗帜。

二、品牌介绍

康年(CONIFER)代表着常青树的魄力。因为学名是"不落叶"的树和植物,意即俗称常青树,覆盖范围由两极到赤道,有亿年历史,是世界上最早的植物类之一,代表极强的生命力和极强的适应力,中文中,康年在含义、发音也相同。康年的酒店品牌有:分别是白金五星级(以上)品牌乌托邦(EVTOPIA)、国际五星级品牌康年(CONIFER)、精品酒店品牌康年华(CHRONICLES)、时尚酒店品牌方廷(FRONTIER)和精品酒店品牌雅宫(ACORN);经营品牌有6个:分别是妙思(LAMUSE)、荟萃(FUSION)、大丰堂(THE TAIPANS)、汇点(RENDEZVOUS)、酷得爽(COODYSSEY)和嘉贝利奥(GABRIEL'S)。

三、管理创新

康年的管理模式是:以严谨、务实来达到高效率的运作。酒店发展过程的每一个阶段的管理目标都需鲜明,一线与二线的分工明细,操作系统规范化,高度重视培训和严谨的控制质量。

康年明白每个物业都具有其独特的需求和个性,在开发、运营及指定管理策略的过程中尽可能发挥其最大的潜力。康年的标准建设为各物业特性的形成提供基石,而绝不是机械性的模仿。

康年集团的成员均来自于当地极具实力的龙头企业,从银行、金融业到房地产开发与投资,以及基础建设和自然资源行业,整个组织是强强相联的实体,而每个成员酒店都是投资者的掌上明珠。

参考资料:

[1] http://wenku.baidu.com/link?url=yijLmPO1HO4vfStDS5wyTQAsj3UgSqcc3LIALqgKjePOEzcnvJYNSp_s_bxL1jufBfDryzdU4JWjr-Xun6SFfefbyFGYHmMnP6iywBHgKGa.

[2] http://www.coniferhotels.com/v2014/brand.asp.

第三十三章 北京国宾友谊国际酒店管理有限责任公司

一、企业简介

北京国宾友谊国际酒店管理有限责任公司是一家以接管酒店、输出管理、培训酒店管理人才为主营业务的综合性国际酒店管理公司。公司成立于2002年9月，由北京中实集团和友谊宾馆集团共同组建。友谊宾馆集团在全国各大城市拥有连锁酒店达20余家。包括：北京友谊宾馆、北京共济国际酒店、山西朔州海苑酒店、山西榆次金融酒店、北戴河东经路宾馆、北戴河友谊宾馆、山东菏泽银盛酒店、张家口宏昊大酒店、湖南省张家界国宾酒店、山西大同市国宾酒店、内蒙古鄂尔多斯鄂托克酒店、江苏徐州云山庄等。北京国宾友谊国际酒店管理公司荣获2007—2012年的"最具规模的30家饭店管理公司（集团）"和中国饭店业"民族品牌二十强"等殊荣。

北京国宾友谊国际酒店管理有限责任公司目前立足于北京基地，致力于对全国范围内三星级以上酒店的业主提供管理和咨询服务。公司拥有非常熟悉中国市场的国际化专业管理团队，以能满足并超出客户的期望，为业主争取最丰厚的财务回报为己任。

北京国宾友谊国际酒店管理有限责任公司拥有独特的"国宾"服务标准和管理方式，其各种行之有效的市场策略和成本管理手段，在扩大高档客源市场份额的同时降低成本，旨在使每一个项目的经营状况始终维持在最佳状态。

二、核心理念

北京国宾友谊国际酒店管理有限责任公司以"企业与时代共同前进、企业与客户共创价值、企业与员工共同发展"的核心价值观，致力于实现股东、员工、客户和社会的价值最大化。

公司将本着"以人为本、绩效理念、团队精神、追求卓越"的核心理念。公司一贯坚持提供优质的服务,满足客户更高标准的需求,用公司的智慧和汗水竭尽所能,把产品做精。坚持以一流的专业水准、一流的敬业精神、一流的服务意识、勤奋细致的工作态度为客户服务。

三、品牌介绍

1. 北京国宾酒店

国宾酒店既是北京西部地区首屈一指的高档商务型豪华酒店,也是国宾友谊酒店管理公司五星级标志性旗舰式酒店,位于北京市西城区阜成门外大街甲9号,毗邻北京金融街,与国家部委、钓鱼台国宾馆、北京展览馆及多个商业中心相邻。国宾酒店共设有客房502套,包含豪华总统套房、行政套房、普通套房、高级间、普通间等多种房型,并拥有独具特色的中西餐厅、豪华的大宴会厅、完善的会议设施、一流的休闲娱乐设施和俱乐部。

2. 北京友谊宾馆

北京友谊宾馆拥有客房、公寓和写字间1728余套;25个风味各异的餐厅、宴会厅,可同时容纳2600人就餐;38个不同规格的会议室、多功能厅,可承办10人至1000人的国际、国内会议。一应俱全的商务、康乐设施会令商务之旅轻松惬意。

3. 北京共济国际酒店

北京共济国际酒店由中国国际扶贫中心投资,北京国宾友谊国际酒店管理公司经营管理。酒店坐落于北京市朝阳区太阳宫太阳星城,位于东北三环于四环CBD商圈及购物区,毗邻中国国际展览中心和2008年奥运会主会场"鸟巢"及"水立方",交通便捷。酒店按国家四星级旅游饭店设计建造,建筑面积三万平方米,楼高二十二层,酒店拥有风格各异的商务客房、豪华客房210间(套),房间设施配备齐全,商务功能强大,配有卫星国际电视、液晶宽屏电脑,全酒店高速宽带上网;设有中餐厅、西餐厅、宴会包间、咖啡厅和大堂吧等多个餐厅与酒吧;设有多功能宴会厅及会议室,可举办不同规格宴会与会议,配备有现代化高保真音响系统与同声翻译系统等;设有健身房、形体房、中医按摩、美容美发等康体娱乐设施;设有商务中心、旅游中心、旅游用品商店等商务旅游服务功能。酒店集国际商务、国际培训、智能办公为一体,是商务、会议、旅游宾客最从容的商务之选。

4. 江苏徐州云泉山庄

徐州云泉山庄位于徐州市南郊的泉山风景区,毗邻云龙湖、云龙山,环境优雅、风景秀丽。占地面积60余亩。

酒店的建筑风格为典型的园林式仿古建筑,集会议、餐饮、娱乐为一体的四星级酒店,主要包括综合楼、含会议室、多功能厅、客房,面积大约9000平方米,餐饮楼,面积约3000平方米,设备楼约2000平方米,及园林式花园、茶室、仿古式连廊、网球场等。聘请国宾友谊国际酒店管理公司实行全权委托管理,并预计新增加一栋约3000平方米的客房楼,4000~5000平方米的会议办公楼。

5. 北戴河东经路宾馆

北戴河东经路宾馆别墅位于四星级花园式宾馆东经路宾馆院内,独立、开放的空间,豪华的装修,齐全的设施为顾客打造精彩的度假之旅。别墅距离海边浴场步行仅五分钟,安全的环境,整洁的道路。

6. 山西榆次金融酒店

金融大酒店地处晋商故里腹地,与常家庄园、榆次老城、乔家大院等晋商旅游点相邻,距太原机场和108国道入口仅需10分钟车程。金融大酒店功能齐全,人才齐聚,管理规范,是晋中市旅游业的招牌企业,更是山西省连续五年的最佳星级酒店。

7. 山西朔州海苑酒店

山西朔州海苑酒店整个规划区域建筑面积达23 000平方米,位于山西省朔州市民福东街大运高速出口东北角,共有各类客房189间(套),将建有3个独立单元,包括客房、餐饮、桑拿、棋牌室、健身中心等。

四、管理创新

1. 多元化的管理项目

全权委托管理:酒店管理公司与开发商或业主方签订委托管理合同,派出以总经理为首的经营管理班子,对托管饭店进行全权委托管理,即对酒店的经营结果负责,按照经营业绩定期提取管理费。

顾问式管理:酒店管理公司与开发商或业主方签订顾问管理合同,派出酒店专家团队,对酒店的经营管理进行考察,提出有关增加收入、降低成本等方面的建议,但由业主决定是否采用。业主是酒店经营管理的负责人。

启动式管理的主要内容:酒店管理公司在项目前期即接受业主方的正式委托,进行设计咨询、市场调研、可行性投资决策分析、工地现场考察等,并对可能出现的问题提出意见和建议。

在前期筹备和开业筹备阶段,酒店公司为业主提供筹备顾问式服务,包括但不局限于挑选管理团队、招聘和培训员工、开业前工作进度安排和开业庆典策划等。

技术咨询服务的主要内容:协助业主及其指派的专业建筑、工程、设计顾问等对项目进行规划;协助决定有关酒店的适当的设计、施工、设备和装修;制定酒店施工、设备和装修所需的指标;在进行以上每一项工作时按照国宾友谊酒店管理公司的标准对业主提出建议。

2. 中西合璧的国际化管理团队

北京国宾友谊国际酒店管理公司从世界各地广吸人才,现公司拥有20多位来自中国、美国、加拿大、德国、奥地利、澳大利亚、新加坡等国家具有至少20年以上酒店管理经验的优秀的中外籍高层管理人员,将国际先进管理经验与中国的实际情况相结合,建立起了具有国际化管理标准和国际接轨的酒店管理网络。

3. 强强联手,积极参与市场竞争

在日趋激烈的市场竞争的背景下,国宾友谊酒店管理有限责任公司立足于北京、山东烟台等经济发达地区,发挥地理位置的优势以及人脉优势,在努力打造舒适优雅、提供优质服务的高档次酒店的同时,积极开发商务、会议、旅游市场。公司联手,努力发挥各自在本地的优势,致力于对全国范围内三星级以上酒店的业主提供管理和咨询服务。

4. 高质量的"国宾"服务标准和管理方式

北京国宾友谊国际酒店管理公司通过硬件设备和软件质量两者结合,向顾客展示国宾式服务。

5. 倡导安全责任,关心宾客、员工

国宾酒店自开业一直秉承着对社会、企业、宾客、员工的高度责任感,在经营管理中严格遵照国家和行业安全条例相关规定,在包括消防食品等安全方面未出现重大事故,所属餐厅均被北京市卫生局评比认定为食品卫生A级单位并多次赢得卫生先进单位等证书。

资料来源:

[1]北京国宾友谊国际酒店管理有限责任公司官方网站:http://www.sgfhotels.com/.

[2]中国经济网.北京国宾酒店被授予"最具安全责任感饭店"[EB/OL]http://district.ce.cn/zg/200909/02/t20090902_19924365.shtml,2009-09-02.

第三十四章　凯莱酒店集团

一、集团简介

凯莱酒店集团是一家不断发展与壮大的专业化酒店管理集团,系中国粮油食品集团(香港)有限公司于1992年投资建立。

凯莱酒店集团现已逐步扩展成为中国最具规模和实力的酒店管理集团之一,在旅游业内颇具影响力。同时,凯莱仍在进一步完善遍布于中国的酒店管理系统网络,以达到国际酒店标准化、现代化、系统化的经营管理模式。

发展至今,凯莱酒店集团麾下共有17家不同星级的连锁酒店,自1997年起,蝉联全球300强酒店管理集团(Hotels Magazine)之列。管理客房共计约4600间,分布在中国各大中城市。

凯莱酒店集团仍在继续强化市场销售体系,清晰品牌战略部署,不断完善标准化运作体系,其特有的"国际视野、中国风格"的中西合璧经营管理模式在中国本土市场散发着独特的魅力。随着凯莱酒店集团投资并洽谈酒店项目的不断增多,计划在未来三年实现管理60~70家酒店的目标。

二、品牌介绍

凯莱酒店集团旗下的每一家酒店都拥有完善的设施以及卓越的地理位置。通过行之有效的发展战略及在中国各大城市的迅速扩张,凯莱酒店管理集团麾下各酒店已逐步在中国国内外市场中占据越来越高的市场份额。首先,以北京为基地,在建立了第一家旗舰店之后,将发展重心延伸至东北区域的主要工商业城市;随后,进军沿海岸线的高速发展重点城市。

在海口、南昌设有五星级的凯莱大饭店;在徐州设有五星级度假酒店;在北京、上海、苏州、大连、沈阳、西安、重庆万州设有四星级的凯莱酒店;在秦皇岛的三星级凯莱商务酒店则提供更经济实用的体验。凯莱酒店集团在中国致力于提供最细致入微的人文服务,让全球各界的客人宾至如归。现在,凯莱已拥有中国境内十余家不同星级的连锁酒店,管理超过4500间各式客套房。

凯莱酒店集团旗下汇聚六大品牌:凯莱大饭店、凯莱酒店、凯莱度假酒店、凯莱商务,逸郡精品酒店及美宿馆精品酒店。

1. 凯莱大饭店

凯莱大饭店是凯莱酒店集团的奢华品牌。豪华的设施配备,极度个性化的礼宾服务,贴身管家以及24小时不间断的多种服务项目随时满足您的居停需要。从精心烹制的各地珍馐,到酒店中无处不在的独特氛围,全部元素成就了经典酒店独有的"辉煌"。这是凯莱大饭店不变的黄金准则。

此外,先进的商务、会议以及休闲设施为现今寻求工作与生活平衡的旅行者提供一切皆可行的无瑕体验。每个凯莱大饭店必备的行政楼层品牌 E – FLOOR 均配有商务行政酒廊,为旅行者们提供他们期待的极致舒适和专属服务。

选址于核心以及经济发展迅速之城市,凯莱大饭店是睿智旅行者们出行下榻的首选。

凯莱大饭店的分布城市:江西南昌,陕西西安,江苏无锡,安徽九华山,山西运城和四川成都。

凯莱大饭店即将开业的城市:山东威海,湖南长沙,吉首,广州,河南郑州,江苏邳州,四川巴中,山西侯马,贵州贵阳,福建厦门,西藏林芝和湖北罗田。

2. 凯莱酒店

凯莱酒店是凯莱酒店集团历史悠久的高档酒店品牌。超过20年的经营历史和遍布全球的客户赞誉是其稳定品质的保证。凭借高端服务设施的硬件支持,凯莱酒店为顾客提供一流服务和舒适体验、高端及休闲的不同用餐选择,以及具有先进设备支持的会议和康体服务。此外,酒店全部区域均覆盖网络信号,用于满足商务和休闲人士无处不网络的需要。

西式零点,自助美食以及高端中餐料理为顾客的休闲和聚会方式提供多种选择,更有房间送餐服务随时提供精美食品。凯莱酒店中必备的商务中心作为顾客在旅途中的"移动办公室"随时提供各项商务服务,此外,凯莱行政酒廊是顾客在忙碌的工作之余休憩放松的专属绿洲。通过专注于满足综合的商务活动需求,凯莱酒店品牌是顾客高效商务之旅的一流保障。

凯莱酒店的分布城市:北京,上海,辽宁沈阳,山东青岛,江苏苏州,安徽合肥,重庆万州和广东广州。

凯莱酒店即将开业的城市:山东青岛(城阳),河北承德,安徽合肥。

3. 凯莱度假酒店

凯莱度假酒店是凯莱酒店集团的度假休闲品牌产品。于海滨、湖畔或山岳等区域精心选址,提供多样化的精致休闲方式,环球美食精选以及丰富的休闲娱乐设施。无论是家庭假期还是商旅休闲,凯莱度假酒店都是您远离城市喧嚣的最优之选。

除商务及奖励旅游团队市场之外,凯莱度假酒店还可以同时满足商务会议及休闲放松的双重需求。不论是商务还是休闲,抑或是二者综合的需要,凯莱度假酒店总能达到顾客的期望。

凯莱度假酒店的分布城市:三亚—亚龙湾、三亚湾、海棠湾,河北秦皇岛,江苏徐州,湖南浏阳,山东青岛及云南安宁。

凯莱度假酒店即将开业的城市:辽宁辽阳,内蒙古赤峰,江西景德镇、庐山,广东翁源和江苏吴江。

4. 凯莱精品酒店
(1) 逸郡酒店

凯莱的基因现已植入精品酒店领域。

逸郡是归属于凯莱酒店集团旗下,独具格调的高端精品酒店品牌。该酒店品牌运用"艺术"为载体,传递着融合了"凯莱传统"和"绿色环保"的全新服务理念,一切的精心构思和努力最终以豪华精品酒店——逸郡的形式呈现在您的面前。

逸郡酒店具有独特个性,在专属、私密的酒店空间中,随处可见绿色环保的经营方式以及精心布置的艺术陈列。这一切的努力,只为给顾客奉献出奢华且温馨难忘的居停体验。

逸郡酒店相信每个酒店都具有其独特个性,除了对高度个性化定制服务理念的执着,逸郡绝对不会遵循传统观念。

第一家逸郡精品酒店,配备90间豪华客房及套间,已于2013年初在上海华丽登场。下一家逸郡精品酒店即将在重庆揭幕。

(2) 美宿馆酒店

美宿馆品牌是凯莱酒店集团最新推出的精品酒店产品。此品牌源自马六甲美宿馆酒店的诞生,这是一座位于马六甲城市中心的地标性酒店——其所在城市马六甲已经被联合国教科文组织列为世界文化遗产。融合亚洲的殷勤好客文化和英式优雅及怀旧风格,美宿馆品牌在中西文化紧密结合的地区,为顾客提供殖民地贵族风格衬托下的高端私密住宿体验。一切均为寻求不同体验的旅行者设计和打造,邀请顾客在舒适居停的同时,零距离感受殖民地文化及风情。美宿馆——旧日美丽的舒适再现。

5. 凯莱商务

凯莱商务——低调的舒适,鲜明的品质!

为追求极致性价比的差旅人士特别定制的时尚中端商务酒店品牌。全部凯莱商务均配有多项自助服务设施,使顾客在忙碌的差旅过程中仍可体会居家般的舒适。运用现代理念营造的客房融合了时尚摩登设计与众多便捷功能,使顾客尽享舒适居停延迟退房淋浴间以及会员酒廊为寻求品位与品质的旅行者们提供了最佳选择。

凯莱商务将于近期在湖南长沙、山东青岛及湖北罗田正式迎来开业。

三、管理创新

1. 独特的管理模式

区别于其他连锁酒店管理集团,凯莱具有独特而且性格鲜明的管理模式,开创了自己的经营方针并制定了准确的市场定位,使来自全球各地的宾客感受到专业化酒店管理所带来的细致入微的服务。通过行之有效的发展战略及在国内各大城市的迅速扩张,凯莱集团麾下各酒店已逐步在国内外市场中占据越来越高的市场份额。

2. 灵活机动的经营管理体制

凯莱国际酒店有限公司成功地创立出一套古今交融、中西合璧的"两权分离,责权明晰"的权限机制、"竞聘上岗,优胜劣汰"的激励机制、"立体滚动,纵横扩张"的发展战略、"推陈出新,奇特制胜"的营销战略,"物有所值,质量第一"的竞争战略和"防患未然,超前应变"的生存战略。从而有效地激发了内在的生命活力和外在的竞争实力,并使其在强手如林的中国酒店市场赢得了立足之地和生存空间。

凯莱酒店实施 MyCRM。与北京联成互动合作,由联成互动为其实施 MyCRM,实现对客户关系的管理,从而达到发掘客户价值、维护客户关系和提高客户满意度的目的。

3. 丰富的管理经验

具有 20 余年在中国开发以及管理四、五星级酒店的丰富经验,业主和开发企业通过将酒店项目交由具有丰富经验的管理团队进行管理,避免了在不熟悉的酒店运作业务中牵扯过多精力。

第三十五章 雷迪森旅业集团有限公司

一、企业简介

雷迪森旅业集团有限公司是一家以高端酒店运营为核心产业,同时不断开拓探索其他相关领域的旅游产业集团。旗下成员企业涵盖以酒店业为主的各种旅游业态。集团致力于培养自有民族品牌,强化和完善标准体系。"雷迪森"品牌在国内外旅游业各项评选中屡获殊荣,"雷迪森"已成为中国区域性著名商标,集团也成功跻身中国500强企业,投资经营管理覆盖上海、浙江、江苏、甘肃、江西、湖南等省市。雷迪森旅业集团于杭州开设首家雷迪森广场酒店,展开其在中国地区的业务。目前,雷迪森旅业集团已在全国10余个省市管理(含咨询管理)着逾50家酒店和度假村,拥有三大品牌:物超所值、高端奢华的雷迪森品牌,时尚新颖、精妙商旅的维嘉品牌,以及绿色环保、自由轻松的怡莱品牌。基于差异化竞争的战略发展目标,集团重视独特文化主题的注入。以"茶文化"为主题的雷迪森龙井庄园酒店和"禅文化"为主题的舟山普陀山雷迪森庄园酒店自开业以来,已成为业内翘楚;连锁式经营亦是集团发展的重心,屡获殊荣的夏宫中餐厅和具有泰国传统精髓的 T–Spa 等已开始连锁式发展。

二、品牌介绍

雷迪森旅业集团品牌涵盖雷迪森、维嘉、怡莱三大品牌,覆盖五星级高端产品系列包含雷迪森广场酒店、酒店及度假村、精品酒店;中端产品包含维嘉酒店以及怡莱风格酒店和怡莱快捷酒店七大不同的产品。

1. 雷迪森(LANDISON)品牌

雷迪森(LANDISON)品牌的核心价值是与众不同、非凡感受,定位五星。广告语——物超所值,奢华享受。超群的地理位置、别具匠心和尽显奢华的环境设施,自豪而不矜持的服务构成了酒店的主要特色。优雅、温馨、舒适的环境,精美的佳肴美食,细致入微的服务,无论从视觉、味觉、听觉都能给客人带来无比愉悦的入住感受与体验,并在合适的时机为客人创造特别感受。

2. 维嘉(VEEGLE)品牌

维嘉(VEEGLE)品牌的核心价值是活力、生气、典雅,定位四星。广告语——商旅精妙之选。舒适灵活、清新而人性化的酒店设计,为宾客营造了典雅的入住环境和氛围,充满热情与活力的酒店员工将为客人带来高效、友好的服务体验,让每一位入住酒店的客人都充分感受维嘉品牌特有的温馨与愉快。

3. 怡莱(ELAN)品牌

怡莱(ELAN)品牌的核心价值是自由时尚、绿色环保,定位是经济型。广告语——快捷住宿,轻松可得。无拘无束,追新逐异,崇尚适度、绿色及健康消费,热衷于人际互动的新兴部落人群。灵活多样的设计、清新自然的服务及节约能耗,物料再生循环使用,怡莱将和呵护环境的顾客共同降低对资源和环境的损耗。

三、管理创新

1. 以文化为主导的酒店定位

因为看好中国市场,不少国际大牌都加快了在中国国内二、三线城市的布点,而身为根植杭州的本土酒店,雷迪森是在杭州国大雷迪森广场酒店的基础上通过不断建立和完善标准体系,具备高质量管理水平和质量保证能力的自有民族品牌,在众多国际一线品牌的冲击下,如何保持自身特色和竞争力,是雷迪森面临的重要课题。

除了精准的市场定位,雷迪森旅业集团还为精品酒店注入了独特的文化主题,在星级酒店千篇一律的今天,以文化为主导、差异化竞争成为雷迪森旅业集团的主要战略发展目标。在雷迪森旗下,以"茶文化"为主题的龙井庄园酒店和以"禅文化"为主题的普陀山庄园酒店近年来在中国酒店业内,尤其是在浙江省酒店业内独占风骚。

其中,雷迪森龙井庄园在做市场定位时,就打包了美妙的景色、精致的环境和合理的价格,希望传达给消费者的就是一种"付得起的奢华体验"。置身于大茶园内,感受喝茶的艺术,乃至龙井庄园特别邀请了泰国经理主理的茶SPA,走进龙井庄园的顾客能完整地感受到茶文化的魅力。龙虎山庄园传递的道文化、普陀庄园贯彻的佛文化,这些文化主题的加入,让入住的客人感受到了酒店之外的高附加值体验。

2. 覆盖各消费层面的产品体系

酒店的大堂不再是传统的拘谨模样,而是有着轻松休闲氛围、提供畅通的WiFi无线网络信号和新款的苹果电脑,既是年轻人的会客室,又是一个开放式的商务中心。这是雷迪森旅业集团的第一家原创酒店"维嘉"打造的时尚商务风格。维嘉酒店及度假村是为灵动随意的生活方式和住宿体验而设计,具有最前卫的设计格调,提供最个性化的服务。有着难以言喻的吸引力,友好而充满活力,这就是维嘉。以现代中式精品酒店风格亮相的"维嘉"凭借其时尚、轻松的服务方式和风格敏锐地抓住了年轻化商务客人需求的空白点,受四十岁以下的年轻潮流追随者的追捧,从而迅速地抢占了商务市场份额。

新潮而不失和谐的设计风格,时尚而精巧的区域空间,友好热情的服务氛围、轻松愉悦的入住体验、经济实惠的价格,舒适、个性、便利,这是雷迪森旅业集团的另一个原创品牌"怡莱风格"酒店及"怡莱快捷"酒店的核心价值。绿色环保、自由时尚是"怡莱"酒店的核心价值,在带给客人非凡体验的同时,怡莱酒店的"低碳"行动计划致力于与住店客人一道善待环境,促进可持续发展,并积极唤醒客人的环保消费意识。

旅游业一直以来是国大集团公司的核心产业。国大集团公司全资子公司雷迪森旅业集团有限公司专注于旅游产品的投资开发及运营。目前,雷迪森旅业拥有"雷迪森""维嘉"和"怡莱"三个自主酒店品牌,形成了三大品牌、七个不同产品的全新酒店矩阵,涵盖了五星、四星和快捷酒店各个消费层面。其中,光是雷迪森品牌系列就包括了广场酒店、酒店及度假村、精品酒店。

3. 中央预订系统和常旅客忠诚计划

2011年,雷迪森旅业集团中央预订系统和中央呼叫中心4006-866-866建成和运行,其中,具有中央预订中心管理体系的CRS中央预订系统支持各集团成员酒店的营收策略分析,从而提高总体收益。此外,公司还推出了电子短信预订平台,网站预订系统,全球GDS预订渠道及电子商务渠道的链接,从而进一步拓宽了其预订网络。鼎尚会员俱乐部的宾客忠实计划伴随着中央预订系统和中央呼叫中心而同步推出,雷迪森的CRM客户管理体系支持雷迪森鼎尚俱乐部、集团尊荣会的管理与推广。鼎尚俱乐部包含鼎尚俱乐部常旅客积分计划、鼎尚俱乐部会议组织者积分计划以及订房人俱乐部,适用于雷迪森旅业集团分布于全国10个省市近30家雷迪森与维嘉品牌的酒店和度假村。雷迪森鼎尚俱乐部会员可依据不同的奖赏计划积分规则兑换集团旗下各家酒店和度假村的免费住宿、航空里程以及其他礼物,不同级别的会籍可于入住集团旗下酒店时尊享不同礼遇,合作伙伴囊括国航、赫兹汽车租赁、杭州大厦及西湖高尔夫乡村俱乐部等。

4. 充分利用社交媒体

随着社交媒体应用的日渐成熟，雷迪森旅业集团紧跟时代步伐，不断提升自身的传播、沟通和服务方式。2013年，雷迪森完成集团官网的全面更新，功能上在原网站基础上做了集中整合并开拓了新的功能模块，同时增设了腾讯QQ、新浪微博、淘宝用户的登录支持，提高了集团网站与广大网络用户的互动。在淘宝雷迪森官方旗舰店正式上线后，不定期举行类型丰富的活动，让宾客在网购旅游产品时畅享最大的便利。雷迪森旅业集团微信公众号完成服务号升级后，开通了客房预订、会员识别等功能。雷迪森旅业集团致力于打造酒店行业的"微标杆"，除了微信基础功能的应用外，微信系统与集团CRS系统打通，宾客只需通过微信手机移动服务，即可实现集团旗下各酒店的客房查询、预订和积分兑换等多重服务。在2013年12月3日的杭州路演活动现场，雷迪森旅业集团全程采用微信服务系统实现与来宾之间的互动。活动现场上，大屏幕实时呈现现场来宾发表的对路演的感受及对雷迪森旅业集团的期待、祝福。这也是雷迪森旅业集团公众微信服务号第一次正式对外见面，相信在不久的将来，雷迪森旅业集团将会在电子营销渠道为顾客带来更多超值的服务与完美体验。

第三十六章　德诚于中、礼形于外

——粤海（国际）酒店管理集团有限公司

一、企业简介

粤海（国际）酒店管理集团有限公司（以下简称粤海国际）是粤海控股集团有限公司（粤海控股集团是目前广东省在境外规模最大的综合性企业集团，资产总额逾516亿港元，员工12 652人，下属各级公司55家，其中4家为香港联合交易所上市公司）旗下的国际化酒店管理集团，成立于20世纪80年代中期，目前管理酒店遍布香港、澳门、珠江三角洲、长江三角洲及环渤海、中原、西南等区域，是中国唯一在香港、澳门拥有酒店的管理集团。集团位于香港和深圳。

粤海集团旗下目前有粤海酒店、粤海国际酒店、粤海之星三个品牌，包括筹备中的3家，共27家酒店。

粤海国际秉承粤海控股"诚信、廉洁、效益"的企业文化，强化现代化企业管理理念，以"国际水准，中国特色"的管理优势，"德诚于中、礼形于外"的服务宗旨，"以人为本，严格管理，善待员工"的人才观，以"专业化、个性化、差异化、特色化"创新服务与管理，不断提高酒店文化内涵，以集团化、连锁化有效实现成员酒店间的资源互补与客源共享，造就显著的竞争实力和盈利能力，在酒店业激烈的市场竞争中，取得了所管理酒店全部盈利的不凡业绩，较大幅度实现酒店资产的保值升值。同时，积极探索以资本为纽带的双轮驱动模式，推行品牌国际化，以质量带动规模、以品牌带动发展，努力创建具有良好投融资及运营能力的国内知名酒店管理集团。

目前，旗下酒店的平均房价、出租率、经营利润率、顾客满意度等指标在同区域同星级酒店中均处于领先水平，成为酒店资产保值增值、创造社会效益与经济效益的领跑者。《中国本土饭店集团发展报告》先后指出："粤海国际与数家同行都在原先较大规模的基础上，再度迅速扩张，成长力较强；在网络上基本完成全国性的布局；外派团队总部集中培训时间最为突出,保持了较低的骨干流失率,有利于未来输出管理的一致性。同时,粤海国际的盈利能力、品牌影响力、集团管控力、管理合同稳定性等指标均名列前茅。"

公司全资控股股东粤海投资有限公司是目前广东省在境外规模最大的综合性企业集团粤海控股集团有限公司在香港联交所上市的四家公司之一,是全国各省市驻港企业中第一个上市企业,在香港股市树立了红筹股的形象。1997年,受亚洲金融危机的冲击,粤海控股集团因债务危机重组,借力于国际知名咨询公司麦肯锡和高盛,并依托香港对上市公司严格的法律监管体系,构建了现代企业管理体系与"诚信、廉洁、效益"的企业文化。2000年,重组新生的粤海再次起步,经历了从"还债求生存"至"经营谋发展"的十年,并于2010年开始"二次创业",以建设一个规范运转、监管有序、与国际规范接轨的境外国有企业,率先成为国企国际化营商环境的表率为目标。

公司连续十年获"中国最具规模的30家饭店管理集团""中国最佳酒店管理公司",投资方首选"最佳中国酒店管理公司""十大品牌酒店管理公司""最受欢迎中国酒店集团""全国顾客满意品牌""中国创建绿色饭店优秀组织管理奖"等殊荣。

二、文化理念

1. 企业宗旨

以具有行业竞争实力、专业、优秀的酒店管理服务,实现顾客、业主、员工与管理方的共赢。

2. 企业文化

诚信:重承诺守信用,求真务实是其经营之髓;廉洁:重操守倡廉洁,公平公正是其立身之本;效益:重效益求卓越,业绩至上是其追求目标。

3. 服务理念

德诚于中,礼形于外。

三、品牌介绍

1. 粤海之星简介

"粤海之星(GDH Inn)"商务连锁酒店成立于2004年,是由粤海(国际)酒店管理集团斥资打造推出的商务连锁系列品牌。

"粤海之星（GDH Inn）"商务快捷连锁酒店在2007年8月经过优化升级为"粤海之星"商务连锁酒店，在市场不断发展过程中，"粤海之星"商务酒店坚持品牌发展战略，优化选址要求，提高产品品质，同时CRS网络会员系统、统一的管理标准（硬件和软件）和保障体系，专业酒店管理、中央采购支持，更为确保"粤海之星"商务酒店能迅速、健康地发展，让客人在"粤海之星"商务酒店消费感受到相同、快捷的服务。

品牌宗旨打造中档商旅酒店品牌，为中档商旅客人提供轻松、舒适、简约、高效的酒店产品。专注于酒店客房环境舒适，至心至诚解决商旅客人的商务活动需求。

2. 品牌特色

- 时尚：鲜明的建筑装饰风格，时尚的酒店设计，营造出轻松时尚氛围。
- 服务：高品质服务体贴入微，让客户处处感受到方便与周到。
- 管理：粤海标准的管理模式，让酒店变得有条不紊。
- 便利：绝佳的城市商务中心地理位置，使客户尽享商务出行的便利、快捷。

3. 服务宗旨

给我一份信任，还您百分真诚品质服务，超值享受。

四、管理创新特点

1. 品牌特色经营

粤海始终坚持以品牌为中心，践行特色经营。青岛粤海首家推出的"东方早茶"，东方虾饺、水晶碧绿包、紫金凤爪、叉烧肠粉、脱壳芝麻球、皮蛋粥等百余个特色早点品种，每日循环推出。深圳粤海被日本客人称作"日本人在深圳最温馨的家"。珠海粤海的行政楼层，个性化的房间布局，高贵典雅的设计格调……粤海集团下面的一个个单独品牌风味独特，但是他们同样支撑共同的品牌——粤海。

粤海还有一个特色就是"傍高校"，粤海在高校商务市场的口碑良好，市场份额可观。上海粤海酒店利用毗邻著名学府复旦大学、同济大学、上海财经大学等高等院校的优势，以高校商务市场为利润增长点，投入更多精力和时间进行市场开发和拓展。粤海在品牌管理上还善于借力打力，将品牌战略管理推向高潮——粤海喜来登酒店的开工，是粤海品牌创新战略的又一个结晶。粤海与喜达屋（喜来登是喜达屋的一个子品牌）的联合既可以学习国际酒店管理经验，亦可以提高其国际知名度。

2. 层级品牌管理

粤海拥有的"粤海"和"粤海之星"将粤海的市场化成两个，初步打造出一个金字塔式的品牌模型。粤海等级式的品牌结构可以形成对顾客有意义,并能实现品牌差异化的价值陈述。这种品牌战略为不同系列的粤海产品构建了个明晰的框架,每一种新品牌都有与粤海的识别相关的意义与特征——粤海和粤海之星。然而,在这个复杂的环境中管理众多的粤海品牌,关键是不要把它们当作一个个相互独立的粤海,而是把它们看作一个粤海品牌系统中的成员,在这个系统内它们必须相互支持。粤海这个品牌系统可以作为新产品或新品牌发布的平台,也可以作为粤海系统内所有品牌的基础。当然,为了让粤海这个品牌系统能够茁壮成长,系统内的品牌之间必须有一定的相互关系准则。例如,粤海是星级酒店,而粤海之星却是快捷式商务酒店。

3. 品质管理标准化

粤海一边借鉴了国际公司先进管理模式,一边充分发挥了国内公司的优势进行管理输出。酒店的管理输出既完善了粤海自身的管理系统,更扩大了粤海在市场上的品牌魅力,先后于北京、南京、苏州、郑州、广州、海口、深圳、青岛等地接受业主全权委托管理酒店项目,在四、五星级酒店的开业筹建、委托经营管理等方面积累了丰富的经验。

标准化是能够进行管理输出的基础。粤海经过十多年酒店管理实践,在商务会议酒店、旅游酒店、休闲度假酒店及小型精品酒店方面形成了一套成熟、规范、完整、符合国际惯例的管理体系及经营模式——《粤海(国际)酒店管理公司管理规范手册》。粤海精心总结所辖酒店的实践经验,在科学分析酒店顾客需求变化趋势的基础上,提炼形成了内容翔实、范围广泛、可操作性强的《粤海(国际)酒店管理集团专业管理制度与标准手册》。手册建立健全了酒店服务的各项质量标准、工作流程和相应的考核制度,充分体现了公司下属酒店令客人感到宾至如归的个性化、定制化、极致化服务特色,成为公司各成员酒店提高服务水准、达成顾客满意目标的有效保障。

4. 信息化交互式客户关系管理

围绕信息化的客户关系管理,粤海借助国际酒店业信息协同化应用的企业资源管理计划(ERP)、客户关系管理(CRM)、供应链管理(SCM)和电子商务技术等来改造粤海的信息系统。粤海通过设在深圳的CRS(中央订房中心),外接国际分销网络,同时在港澳地区及国内重点商业城市销售中心和销售网点,以及与国内外大型集团公司的多年合作关系和稳定客源,使销售中心与成员酒店客源互补,形成立体化的庞大营销网络,为成员酒店提供强大的客源支持。同时,公司推出的"粤海常客"计划使成员酒店能够共享资源,形成优势互补。

粤海不仅订房系统先进,而且积极引入智能化系统。如系统设定后可以根据客人对温度、声音、光线等偏好自动调节,无匙门锁系统,可以用指纹或视网膜鉴定客人身份;虚拟现实的窗户,可以提供由客人自己选择的窗外风景等。智能化的系统记忆功能对客户的管理是有相当帮助的,它可以帮助你记住客人的身份、头衔、爱好,甚至某年某月某日在某个房间住过,在哪个餐桌用过餐,吃过什么东西等。

5. 开发式人力资源管理

人力资源的培训和开发系统是粤海吸引人才的亮点,也是粤海文化的彰显,它被誉为酒店管理的黄埔军校。粤海拥有一支由国内及日本、欧美、香港、澳门等地专业人士所组成的国际化管理团队,他们均有良好的高等专业教育背景,其中,相当比例人员拥有博士、硕士学位,并且具有在中国和世界知名酒店工作的丰富经验,是长期实践于酒店管理界的精英。管理人才变成开发人才是粤海人力资源管理的创新亮点,也是员工支持的基础。粤海理顺管理权责,建立扁平机制,突出中央管理权威,加强诚信与执行力,让管理层的战略意图能顺利执行,这就使得粤海管理的执行力增强。推行国际质量体系与标准化考核,打造专业化精英管理团队。实行阳光工程与阳光采购,建立激励与约束机制。推行有内涵的个性化服务,推行酒店与酒店赛马式竞争,让每一个员工有动力、有激情地去创造优良独特的服务,这为粤海独特个性的体验式服务打下基础。加大输出管理项目拓展力度,新投资与建造酒店,让更多有才华的人才有用武之地和有晋升通道,等等。员工认同组织的价值观和计划是非常重要的,粤海规定:派往业主酒店的中高层管理人员均需符合"人品加能力"的用人标准而且必须在粤海管理公司系统任过职,认同粤海企业文化,有优秀的经营管理业绩等基本条件。

第三十七章　绿地国际酒店管理集团

一、集团简介

绿地国际酒店管理集团系世界500强企业绿地集团全资子公司,是全面负责绿地集团酒店业务经营、管理和发展的综合性产业集团。绿地集团自2005年涉足酒店产业,凭借其雄厚的资本实力与开放包容的国际化视野,先后与洲际、万豪、喜达屋、朗廷、豪生、欧恒、锦江、衡山等国内外知名酒店管理集团缔结战略合作关系。2011年,绿地国际酒店管理集团正式成立,全面负责绿地集团酒店业务运营,并推出全新自有高端酒店品牌铂瑞和铂骊。

目前绿地控股集团旗下投资酒店逾70个,项目遍布全国20个省,35个城市,拥有各类客房20 000间,酒店资产超过200亿元,为国内最大酒店物业持有商和管理运营商之一。

二、品牌介绍

1. 豪华五星——铂瑞酒店(Primus Hotel)

作为奢华酒店,铂瑞品牌的目标受众锁定于中国成熟型的高端商务人士。随着事业的稳定与成就,他们的消费自由度与经济驾驭能力也上升到了相当的高度。他们游刃有余地驾驭着事业与生活的和谐关系,追求与自己内心平衡吻合、有深度内涵的体验。同样,他们希望自己所入住的酒店能够给予充分的地位认可、品位彰显以及平衡事业生活的选择自由度。生活对于他们而言是一场成功与享受的华尔兹。

铂瑞酒店的整体设计尽显奢华尊贵风格,其品质匹及国际一流水准,为酒店客人提供一个契合内心平衡、格高意远的住店体验。酒店的客房拥有超大空间并配有各种符合人体工学的办公家具以及管家式服务。而独具当地风味的中式餐饮将是酒店的重要特色。酒店内的高科技设施与会议宴会设备全方位地满足客人的商务工作需求。同时,除了酒店内将设有的各类高端娱乐休闲设施,酒店客人还可以以最近的距离、最大的优惠享受到周边丰富的城市生活资源,如星级影院或是高端购物环境,这得益于每一个铂瑞酒店所处的黄金地理位置以及绿地良好的集团产业协作效应。

铂瑞为客人缔造旅途中的美好时光,令他们不想离开,而这也是激发酒店品牌标识的创意。标识中所隐含的静置沙漏的图形让人联想到时光的逗留。铂瑞的珍贵足以让时空驻足。

2. 商务四星——铂骊酒店(The Qube Hotel)

铂骊酒店的品牌个性是多元与创新的。其整体设计风格趋于时尚的前端,并结合现代科技的功能价值。铂骊酒店的客房具备设计前卫的办公设置以及优质的影音系统,同时装有符合环保概念的植物空气净化系统。酒店的餐饮将体贴考虑目标客人的实际需求,比如酒店的早餐在美味之余,还能便于商务人士携带外出。商务空间是铂骊酒店的重要元素之一,设计时尚简洁、配有完备的高科技多媒体设备。此外,酒店内将设有24小时健身房、概念水疗和时尚酒吧等,连同周边的购物娱乐资源,酒店将帮助客人消除工作、旅途的疲惫感,实现商友社交、自我放松的愿望。

正如铂骊酒店的标识,如果把一场旅途比作一个圈,铂骊酒店如同一个魔方,正是这平凡曲线上最精彩、缤纷的一个多面体。它娱乐休闲的多样性和生活工作的兼容性为旅途注入了无穷的乐趣与生机,铂骊酒店品牌标识的创意就源于这"精彩旅途、快意人生"的概念。

三、管理创新

1. 配合"城市综合体"发展

目前,国内商业地产公司都将目光瞄准"城市综合体",城市综合体中高端酒店不可或缺,因为高端酒店能拉动区域地块价值的整体提升,实现其他物业形态的销售溢价。与此同时,城市综合体的发展也为酒店带来发展机遇,其周边配套的商业综合体项目可以提升酒店的附加价值。

2. 产生良好的集团产业协作效应

绿地国际酒店管理集团隶属于绿地集团,绿地集团是中国第一家也是目前(截至2013年)唯一一家跻身于《财富》世界500强的以房地产为主业的企业集团。绿地集团房地产开发项目遍及全国主要省区市,特别在超高层、大型城市综合体、高铁站商务区及产业园开发领域遥遥领先,这为绿地酒店带来得天独厚的地理条件和开发优势。此外,绿地集团在能源、金融、商业、建筑、汽车服务等产业也具有较大规模和较强实力,这为绿地酒店的发展带来良好的集团产业协作效应。

3. 积极拓展海外业务

随着绿地集团2014年海外拓展步伐的不停,绿地酒店也积极跟进海外业务。"铂瑞"和"铂骊"目前已经在欧洲的法兰克福、马德里和巴塞罗那等地成功营业。巴黎、伦敦和欧洲其他主要城市也即将开业。2014年1月末,绿地宣布海外将与洲际酒店集团联手合作美国洛杉矶市中心高端商务酒店绿地英迪格酒店,同时,"铂瑞"(Primus)亦将登陆悉尼市中心。自绿地2013年布局海外市场以来,不论是直接投资、合资经营还是企业并购,都已有自己的一套管理模式,跨国经营经验也渐渐丰富。绿地的海外项目,正在加快形成效益产出,这为绿地酒店的海外扩张和发展带来强大的推动力量,也使得绿地酒店成为具有国际化运作能力的国际酒店管理集团。

4. 委托管理与自行管理的双驱动

绿地酒店不完全推崇委托管理和外资酒店品牌管理,认为企业一定要有自己的特色、自己的品牌,具有开拓精神的本土酒店品牌在借鉴外资品牌的先进管理经验的同时可以凭借着对本土文化更深入了解以及更人性化的管理模式形成别具特色的经营理念。所以从企业的经营效益出发,绿地酒店实行委托管理和自行管理的双管齐下,通过竞争达到共同提升的效果。

5. 坚持走市场化道路

绿地酒店一直在做适应酒店市场的事,首先产品定位更加适合市场需求,铂瑞和铂骊是绿地专门为高端酒店市场的商务、会议及休闲客人开发的,这一部分消费者是高端酒店市场的主要消费群体,铂瑞定位于一二线城市,铂骊除了一二线城市,也可设在三四线城市;其次运营模式更加符合市场规律,绿地酒店的运营主要根据城市综合体发展来体现,这是未来市场发展的主要方向,同时绿地注重迎合当地特色和当地市场需求;再次服务更加注重标准化基础上的个性化,这也是当今酒店客人注重的酒店消费体验。

资料来源:

[1]绿地国际酒店管理集团官网:http://www.gihg.com/.

[2]"绿地"的飞跃,打造具有国际化运作能力的国际酒店管理集团——专访绿地国际酒店集团总经理郑申根先生.

附录：

表37-1 绿地国际酒店管理集团发展大事记

年份	大事记
2006	2006年02月，与洲际酒店管理集团签约，一举拿下Intercontinental、Holiday Inn、Express三大品牌
2009	2009年12月，与朗廷酒店管理集团签署品牌"逸东华""逸东智"酒店管理协议，委托其管理旗下的上海南桥、上海新桥、南昌红谷滩三个酒店项目
2010	2010年04月，南京绿地洲际酒店、南桥绿地逸东酒店和绿地东海岸豪生酒店、绿地海外滩酒店联合开业。这是集团全力承担世博会接待任务的积极举措
2010	2010年10月，与锦江国际集团签署战略合作框架协议，将在酒店管理和酒店投资领域结成战略合作伙伴关系
2011	2011年04月，旗下首家五星级酒店——上海绿地万豪酒店开业迎宾，地处卢湾南部滨江、绿地海外滩CBD核心区域
2011	2011年08月，与万豪酒店管理集团签署品牌"丽思卡尔顿"酒店管理协议，委托其管理旗下的武汉、大连两家顶尖摩天酒店
2012	2012年04月，万豪国际集团总裁兼首席营运官苏安励一行莅临绿地集团，并与绿地集团副总裁张蕴就双方合作进行了卓有成效的洽谈
2012	2012年05月，正式发布自主豪华品牌"铂瑞Primus"和商务品牌"铂骊TheQube"，两大品牌将发展成国内一流、品牌影响力领先、国际知名的民族酒店品牌
2012	2012年12月，绿地集团与全球最大的酒店管理集团之——西班牙MELIA酒店集团就双方在中、欧多地自有资产高星级酒店经营权置换达成合作协议，拟在绿地自主酒店品牌海外输出领域开展全面战略合作

资料来源：绿地国际酒店管理集团官网 http://www.gihg.com/AboutGIHG.aspx#2012.

表37-2 营业绿地酒店一览表

国家	等级	酒店
中国	五星	南京绿地洲际酒店
		上海绿地万豪集团
		郑州绿地JW万豪大酒店
		沈阳绿地棋盘山铂瑞酒店
		徐州绿地皇冠假日酒店
		江西前湖迎宾馆
		上海南桥绿地逸东华酒店
		上海新桥绿地逸东华酒店
		上海绿地会议中心
	四星	上海浦东绿地铂骊酒店
		上海绿地万怡酒店
		上海绿地全套房酒店
		上海绿地九龙宾馆
		西安绿地假日酒店
		扬州绿地福朋酒店
		郑州郑东新区雅乐轩酒店
		合肥绿地福朋酒店
		济南绿地美丽亚酒店
	三星	上海绿地普陀智选假日酒店
		上海绿地梅陇智选假日酒店
德国	四星	德国法兰克福绿地铂骊酒店

注:正在筹建的绿地酒店未列入。

第三十八章 贝斯特韦斯特(北京)国际酒店管理有限公司

一、集团简介

贝斯特韦斯特(北京)国际酒店管理有限公司是鼎立国际控股(香港)有限公司在中国大陆的全资子公司,公司注册日期为 2006 年 12 月,注册地点为北京市。

鼎立国际控股(香港)有限公司于 2006 年 7 月与美国贝斯特韦斯特国际集团正式签署了区域特许经营协议,从而成为了贝斯特韦斯特国际集团"Best Western"在中国大陆、香港特区、澳门特区和台湾地区的区域总代理。

贝斯特韦斯特国际集团自 2002 年正式开展中国区业务以来,取得了令酒店行业瞩目的业绩,并且积累了在中国运作酒店特许经营的宝贵经验。为了能给贝斯特韦斯特国际集团在区域的发展创造更大的空间和更有利的条件,集团决定对原代表处的模式进行重大调整,并将特许权授予集团在大中华区域业务的创始人原中国代表处首席代表董卫民所控股的鼎立国际控股(香港)有限公司。

贝斯特韦斯特(北京)国际酒店管理有限公司将遵循美国贝斯特韦斯特国际集团及鼎立国际集团的一贯宗旨,以成员酒店为本,以发展创新为纲,全力打造建立在 60 余年全球运作成功经验基础上的全新酒店连锁服务公司。其目标是最终成为中国最大的单一品牌国际酒店连锁。

迄今为止,贝斯特韦斯特拥有 4200 余家会员酒店,分布于全球 80 多个国家和地区,客房总间数达到 30 余万间,是全球单一品牌最大的酒店连锁集团。除在美国和加拿大外,贝斯特韦斯特在法国、意大利和德国也已成为了当地规模最大的酒店集团。全世界每天有超过 25 万人下榻贝斯特韦斯特集团旗下酒店。

二、品牌介绍

1. 北京亚奥国际酒店

北京亚奥国际酒店属于全球最大单体酒店集团——美国贝斯特韦斯特酒店管理集团,位于奥运商圈内,酒店东侧为新建的国家会议中心及原奥运会运动员村,紧邻奥林匹克森林公园以及鸟巢、水立方等奥运场馆,交通方便,地理位置佳。

酒店设计风格现代独特,拥有雅致客房430间(套),配备高速宽带无线上网,可提供远程视频会议、保险箱、熨衣板、境外卫星电视等设施,客房舒适温馨。酒店同时配置了大小不同的会议室供会议需要,提供专业会议秘书服务,还提供商务中心、翻译、旅游机票等服务。酒店还提供大型酒会、冷餐会、各种风格不同的西餐美食、宴会。特色商场、美容美发、足疗保健、美体健身是您停居栖息时的休闲放松之地。

2. 义乌海洋酒店

海洋酒店是由中国小商品城集团股份有限公司投资兴建的豪华商务酒店,坐落在商贾云集的义乌市商业中心,地理位置优越,交通便利。

酒店已于2005年9月30日盛大开业。建筑面积2.7万平方米。酒店在装修风格、装饰工艺中运用了大量的儒商文化符号,将几千年的儒商文化及义乌民间艺术演绎得淋漓尽致。酒店在服务上力求创造"最佳"和"精品",在功能上力求打造真正意义上的商务酒店。精心为每一位客人度身定做房价特惠,来自马来西亚、日本的厨师为您奉献多种美味。

酒店现与全球酒店连锁集团——贝斯特韦斯特国际酒店管理集团签订合作协议,海洋酒店将凭借崭新现代化的设施、一流的服务为顾客提供家外之家的感觉!

3. 上海浦东圣莎大酒店

最佳西方上海浦东圣莎大酒店位于上海浦东新区金桥开发区,西连陆家嘴金融贸易区,北靠外高桥保税区,南接张江高科技园区,紧邻碧云国际社区。

酒店拥有210间装修风格迥异、时尚温馨的客房及套房,所有客房均可免费宽带上网,所有公共场所均可无线上网。无论是城市景观房,还是行政楼层及行政酒廊,都可让宾客感受到无与伦比的贵宾礼遇。

酒店拥有维纳斯西餐厅、潮阳宫中餐厅、禾月日式料理、多功能厅及大小会议室、健身房、24小时自助商务中心、爵士吧、礼品店、桑拿中心、美容美发等。

无论是商务还是休闲旅游,圣莎大酒店的专业服务为顾客消除旅途的疲倦,尽享甜美酣眠。马上在线预订这座上海酒店,方便又省钱。

三、管理创新

1. 经营理念

贝斯特韦斯特国际集团的成员酒店均由不同业主独立拥有和自主管理。由于酒店行业的特殊性,酒店需要在经营活动中充分考虑地域文化和客源结构等诸多方面对经营管理的直接影响。而贝斯特韦斯特集团可为酒店拥有者和管理者提供高质量和高价值服务的同时,更可使成员酒店享有独立运作和个性化管理的自主权,使得每一间贝斯特韦斯特成员酒店都能在反映当地的魅力和特色的同时,使客人在旅途中享受全新的体验。

这种合作方式使得加盟酒店能够借助"贝斯特韦斯特"的国际知名商标品牌和强大全球市场推广销售网络,获得优质的客源。随着经济的发展,中国已有了相当数量的酒店专业管理人才,我们与成员酒店的合作方式为这些专业人员创造了展示各自管理才华的舞台。这意味着业主可以自行雇用管理人员从而每年节省相当数量的经营成本,也充分发挥酒店经营管理队伍自身的各项优势,从而进一步提高酒店的经营管理水准和经济效益。

2. 运作模式

贝斯特韦斯特国际集团为成员酒店提供全方位的专业服务,包括知名酒店商标品牌、全球营销网络系统和运作支持。

3. 全球营销网络系统

酒店拥有专业网站:www.bestwestern.com,是全球第一个投入运行的酒店集团专业网站。截至2006年为成员酒店提供了超过十亿美元的预订;同时酒店还使用中央预订中心(CRO),运用 LYNX 系统通过1-800-WESTERN 24小时接受来自于全球各地的预订。

酒店设立区域营销办公室集团直属机构,设立于区域中心城市。代表着集团全面协调区域内的市场营销活动;设立由资深旅游服务机构组成区域销售总代理,分布在全球各地的近百个销售代理为集团在特定市场开发方面发挥着巨大的作用;设立全球分销系统,集团与全球主要分销系统有着长期稳定的紧密合作。

酒店建立全球质量保证体系,全球统一的标准,统一的检查程序。提高酒成员的质量,成员酒店得分必须达到800分(满分1 000分);设立成员酒店专用网站 mybestwestern.com 为集团成员酒店内部联络专用网站,酒店可以通过网站调整酒店在集团营销系统的有关信息;建立客人意见反馈体系(GSS),集团聘请专业的跨国公司与集团自身系统配合获取入住集团酒店客人的反馈意见。2006 年,40% 通过集团系统入住的客人反馈了他们的意见和建议。

附录:

表 38 – 1　集团规模——酒店名录

筹备中酒店	运营中酒店
安阳	北京
安阳博地国际酒店	北京亚奥国际酒店
北京	北京碧云天国际酒店
北京天道长城酒店	福州
长春	福州财富·品位酒店
长春广泽大饭店	福州财富酒店
长乐	福州高湖国际酒店
最佳西方长乐恒申酒店	海阳
成都	望海温泉大酒店
成都金韵酒店	杭州
福州	杭州瑞丰格琳酒店
福州海悦酒店	杭州梅苑宾馆
广州	哈尔滨
广州圣雅克酒店	哈尔滨财富酒店
杭州	合肥
杭州富邦丽佳酒店	合肥贝斯特韦斯特精品酒店
黄山	香港
黄山之江宾馆	香港铜锣湾华丽精品酒店
黄山龙恒酒店	香港华丽海景酒店
呼和浩特	香港华丽酒店
呼和浩特世邦国际酒店	黄山
会泽	黄山温泉度假酒店
云南会泽御圣唐朝大酒店	金华
惠州	金华世贸大饭店
太东时尚岛酒店	开封
吉安	开封财富大酒店
吉安新世界广场酒店	澳门
兰溪	澳门新新酒店
兰溪亿丰国际大酒店	南平
连江	南平财富酒店

续表

筹备中酒店	运营中酒店
连江西方财富酒店	宁波
聊城	宁波凯利大酒店
聊城御润大酒店	宁波江花宾馆
宁德	平潭
宁德新天地大酒店	平潭豪威酒店
启东	青岛
贝斯特韦斯特启东奥森国际大酒店	青岛麒麟皇冠大酒店
三明	秦皇岛
明溪红豆杉大酒店	秦皇岛君御大酒店
三亚	上海
贝斯特韦斯特精品三亚国际度假酒店	上海浦东圣莎大酒店
深圳	深圳
深圳宝立方酒店	深圳富临大酒店
泰宁	深圳鹏福大酒店
金湖半岛度假俱乐部酒店	宿迁
威海	宿迁威尼斯假日大酒店
威海九龙湾国际酒店	天津
五家渠·新疆	天津空港白云酒店
贝斯特韦斯特青湖大酒店	天津巨川国际商务酒店
梧州	武汉
梧州联华国际酒店	武汉五月花大酒店
烟台	芜湖
贝斯特韦斯特烟台大酒店	芜湖升辉西方财富大酒店
郑州	武夷山
郑州西班牙文化交流中心	武夷山九曲度假酒店
郑州洲洋国际大酒店	厦门
	厦门宏都大酒店
	西安
	西安高新百事特威酒店
	徐州
	徐州友谊宾馆
	义乌
	义乌海洋酒店
	张家界
	张家界韦斯特大酒店
	乌兰巴托
	BEST WESTERN PREMIER Tuushin Hotel
	BEST WESTERN Gobi's Kelso

第三十九章 濯蜀锦之清江 扬千帆行万里

——四川锦江旅游饭店管理有限责任公司[①]

追溯一个企业存在的历史根基,无疑是体察其现在时态以及洞悉其未来发展态势的研究方法之一。作为全国首批成立的饭店管理公司,与美誉度显著的四川锦江宾馆拥有50多年血缘关联史、21年独立法人成长史,携几代人在五星级饭店管理和多元化发展的集团式饭店管理经验,在前行的路上仍孜孜以求,这样的企业无论在中国西南部还是放眼全国并不多见。传承和创新、稳健和进取、积淀和衍生,到今天,四川锦江饭店管理公司已成为中国西南地区连续七年荣获最具规模本土品牌30强称号的饭店管理公司。

一、关联、延伸和构架

2010年,四川旅游发展集团成立,四川锦江宾馆成为其第一家全资子公司,同时为了整合集团资源,完善产业链构建,锦江饭店管理公司从锦江宾馆分离出来,以注册资本2500万元亦成为川旅集团全资子公司。追本溯源,锦江饭店管理公司在创立之初即依托锦江宾馆的品牌影响力,在企业文化、人才支撑、经营理念、运行机制、管理制度、服务流程等方面均以锦江宾馆为母体,同时融合东方传统价值观和西方饭店管理集团的管理思想,不断构筑起具有东方独有的情感文化与西方科学严谨相结合的本土品牌管理公司。风华二十载,锦江饭店管理公司业已形成以高星级酒店委托管理为核心的主营业务,涵盖着管理技术研发、品牌推广、项目规划、项目运行控制、项目建设与筹备、顾问咨询等业务方向。同时借助高星级酒店管理模式和锦江宾馆的品牌影响力实现以服务为核心的关联性延伸,在探索无边界竞争的商业趋势中,重新定义业务范畴,通过越轨竞争策略跨界进入大型市政项目、高端写字楼、旅游文化景区、公共环境、

[①] 作者:武国强,四川锦江旅游饭店管理有限责任公司。

高档会所、党政机关后勤保障服务、大型企业总部物业和经济型酒店连锁运营等方向开展业务,集合多个品牌在市场的深耕,挖掘品牌核心价值,从而实现企业品牌体系和多元化发展格局的构建。

截至2013年年底,锦江饭店管理公司在管项目68个,涉及7个业种,其中管理酒店39家,客房数量10 752余间,管理规模同比增加38.9%。管理业务遍及全省各地市州和西南地区各大中心城市和4A级景区。

二、使命感,实现托管酒店高品质

锦江宾馆在50多年的历史中缔造了一系列优秀的成绩,造就了它独具的雍容大度和从容淡定的历史文化韵味,在西南地区形成了强大的影响力,一脉所系,锦江饭店管理公司一直以源出锦江宾馆为荣,并因此产生了高远的使命感。在现代社会里,古典经济学中单一追求利益最大化的原则,已经越来越不适应当今社会的多元利益诉求,作为一个有着深厚历史积淀的国企,除了企业需要自身发展,创造经济价值以外,同时亦承担着创造社会价值的责任。在这个一切以"快速扩张""资本运作"为主要特征的时代,浮躁和挣快钱的思潮正模糊着人们对实体经济本质的坚守,为了避免在追求"快"的过程中流失企业所坚持的操守,锦江饭店管理公司一直以稳健发展的态度步步进取,把坚守品质作为服务的生命线,以细微、精进的管理风格,用"知正行正、做精做细、勤勉谦逊、互助共赢"的精神和朴实的工作作风,最终与雇主建立了良好的信托关系,获得业主信任和认可,赢得了同行的尊重。

服务行业的核心竞争力首先立足于"人",锦江饭店管理公司以管理团队的甄选来实现委托管理酒店的品质保证,在管理团队的选择上有着严格要求。符合外派条件的管理人员,必须要认同企业的生存原则发展目标,具有强烈的责任感,深谙企业文化理念,保有良好的职业操守,同时也是相应领域的技术骨干,每一位管理参与者都经历过从基层一步步做起的职业磨炼和锦江文化的浸淫,严于律己,不在乎一时得失,更看重长远的职业发展。这样的团队成员,至少需要在锦江宾馆磨炼十年以上,有三到五年以上部门管理的经验,才能经过层层遴选,承载起公司"为雇主创造价值"的责任,前往托管酒店去播撒带有锦江基因的种子。

锦江饭店管理公司要求外派管理团队的成员必须做到身先士卒、率先垂范,以"背影效应"带动管理项目的员工,带队伍就是带作风,传统未必过时。"背影效应"是管理人员深切领会"说不如做,坐办公室不如到现场"的实效管理手段,它以管理人员在敬业精神上的显现和在实操过程中的业务示范,直接带动员工领会"贴近客人、用心服务"的服务思想。"创造感动"是锦江创造的企业文化理念,它以"真情、细节、敬业、智慧、诚信"为内涵体现,让客人从"满意"到"惊喜",最后升华到"感动",实现服务境界的层层递进。"创造感动"以一种从内在到外显的运作机制,体现出一级牵引一级、一级服务一级、一级感动一级的驱动模式,也就是时下大家提倡的所谓正能量,而锦江人早就知道,能量是可以传递的。"背影效应"是"创造感动"的内涵延伸,管理层和执行层以此为纽带统一思想,从而形成管理合力,通过精神变物质的辩证关系达成所委托管理的酒店与锦江宾馆保有一样的高质管理水准。

三、标准,是可复制的坚持

标准是一种态度,锦江饭店管理公司认为,标准不仅是装订成册的管理手册,不仅是会议厅所要求的水杯、记事笔、便笺本、座椅这些不同水平面上的四样物品必须在一横排全部摆成一条直线,标准的全部含义应该是每一次这四样物品都能够在最短时间内摆成一条直线,就是在不断重复中形成的一种能力。要实现这个标准定义,需要刻苦的、机械的练习和流畅精确的技术把控。锦江饭店管理公司根据锦江宾馆的管理经验,借鉴国际酒店管理集团的操作模式,建立了一套集软、硬件为一体的标准体系。

客房是住店客人在酒店停留时间最长的地方,在酒店的经营管理中提供最高的收益率,客房的舒适度因此在很大程度上影响着入住率和回头率。锦江饭店管理公司很早就意识到影响客房舒适度的不仅是床品、高档的家具陈设和浴具品牌等硬件设施,那些看不见的隐藏在客人视野之外的标准化管理流程在很大程度上更能影响着客房的舒适度。在客房的动态管理中,房间的色调、卫生间的器具、灯光的效果、空调的出风口开口方式,力求通过合理的室内空间布局,舒适优雅的装潢风格与健康环保的居住理念融合,提供更适应市场需求的高性价比客房产品。实施专业化的管理和精品化、个性化的服务,为客人创造恰到好处的感官体验和心理感受是锦江公司一直坚持的立足点和出发点,以"尊重专业、恪守标准、崇尚细节"为核心理念,标准成了一种坚持,一种通过不懈努力提供精细入微管理服务的态度。

锦江饭店管理公司在管理规模上并不追求贪多、求大。"善弈者谋势,不善弈者谋子,落子当谋篇"。经过对国际和国内饭店管理集团的成长轨迹和经营模式进行分析后,借鉴香港半岛集团的发展思路,力求使自己成长为中国西部的半岛,以做精做细、深耕市场和标准化规范管理为根基,锦江宾馆成为了四川省旅游标准示范单位。在将每一个个体酒店做到管理和运营中近乎于愚钝地追随这种标准的标准化是锦江近年来在技术层面强力推行的工作,通过标准化管理制度和对应的支持体系来实现对管理标准的严格把控,最大化地消解管理团队中由于个人质素和管理风格的差异而带来运营质量的不一致性,从而实现标准化管理的聚合力。

四、生态位法则,差异化提升区域竞争力

锦江管理团队深谙同质化产品在同一市场区间发生竞争时难以同时生存的生态位法则,在针对二三线的地级市酒店项目管理中,通过差异化管理提升项目在区域市场的竞争力,实现管理项目的增值。

追随着集团的发展战略,锦江的酒店管理主要将集中在景区旅游接待型酒店和城市商务休闲型酒店两种类型,不同类型的酒店在具体运营时有着较大的差别,针对这种差别而进行的差异化经营策略会带来良好的经济收益和市场反响。譬如在景区旅游接待型酒店中,客人以旅游观光的游客为主,他们的早餐时间通常很局促,提供这种早餐的基本核心是:要满足游客当天观光的体力需要、要满足当地特色需要、要满足进餐时间短的需要。通过对这一服务群体的消费需求分析,在具体的产品设计上削减了都市大酒店早餐品种繁多、现场制作耗时、花样精巧、需要更多时间坐下细细品嚼的菜品,转而提供结合地方风味特色、制作精良、健康营养、品质上乘、食不厌精的本土菜肴,在成本控制、服务流程、绿色环保、当地特色的显现等方面都有自身的考究。

东旭锦江国际饭店是一家大型五星级城市商务酒店,锦江饭店管理公司在前期的规划中,针对酒店毗邻涪江河畔国家4A级观音湖湿地公园景区的独特地理位置,在传统商务酒店大堂吧的设计中,创新提出将大堂吧与酒店外部绿意盎然的自然环境融为一体的理念,更加体现城市酒店的休闲氛围。由于显著的地理位置和精致高雅的室内外环境设计,开业至今,大堂吧成了当地商务沟通与友人聚会的平台,通过酒店为这座城市增添了一处标志性的会客厅。

在差异化竞争中,每一点微创新其实都是管理团队对"为业主创造价值,为社会创造财富,为员工创造机会"经营哲学的再一次重新认识和提升的过程。酒店行业是一个以提供综合性服务为主要产品的行业,服务品质的高下体现在一切细节中,在各

种细节中迈出的一小步，就是对人性化服务本质理解得更深的一步。差异化超越酒店自身的审美和自足的功能范畴，通过对酒店所在城市的区域条件、地理位置、旅游资源、人口规模、消费习惯等近百项市场调研指标所呈现的综合指数，经过科学精细的分析，以市场需求为主导，以维护业主利益为目的，对酒店进行功能性定位，从而使管理项目成为所在城市的功能保障和特色鲜明的消费平台，也成了旅行者了解所在城市生活景致的一扇窗口。

五、蓝海初显，创新带来服务增值

企业的价值取向是立身之源，源清则流清，源浊则流浊。锦江饭店管理公司一直秉持着为业主创造财富、为社会创造价值、为员工创造机会的核心价值观，从立身之初即以回馈社会、回馈合作伙伴、回馈员工为正源，利用创新产生更多的服务增值，从而引导公司和雇主共同走向相互依存的发展方向。

市场分工越来越细，专业化程度越来越高，是现代社会发展的必然趋势。从2010年开始，在互联网思维的冲击下，锦江饭店管理公司逐渐构设公司平台化模型，在转型升级调结构的驱使下，管理公司将由单一的管理技术型公司转变为核心技术＋资源整合型公司，朝着更加开放和平台化方向迈进，利用公司平台化实现为业主的增值服务。其基本模式是全面整合行业资源，与酒店建筑规划、艺术设计、软装饰、旅游整合商、OTA、电商、酒店用品供应商等关联机构展开广泛合作，通过战略联盟、产业链整合、网络信息化等途径，提供一个综合的酒店管理与对客服务解决方案，使业主最终运营的酒店在绿色环保、高效低耗、信息网络技术、市场运营、物资供应等方面以最低的成本实现最佳的管控成效。通过公司平台化这种模式形成强力的资源支撑，从而实现从专业角度提供更多满足客户需求的前沿产品，在这一过程中提供更多超越委托管理内容的增值服务，在粉丝经济时代，逐渐培养出更多的品牌追随者，逐步提升业主对锦江饭店管理公司的专业认知。公司还广泛与四川各大专业旅游学院密切合作，把人才培养与服务产品深度研发相结合，确保在平台竞争中不丧失技术与人才优势。

在合作模式的创新上，锦江饭店管理公司跟随四川旅游发展集团战略布局，依附于集团强有力的资源，突破原有单一委托管理的合作模式，代之以参股形式开展合作管理。参股管理可实现与业主成败共进退，通过联股联心，降低双方信任成本，管理团队进入董事会，强化了管理控制权，一定程度上更能保证运营管理的质量，抵御市场风险。经过三年的运作，该参股模式在项目经营业绩、市场反响、管理质量和业主考评等方面均获得了显著成效。公司将不断创新持股经营的合作模式,在股权分置、入股方式等方面不断完善,将合作模式本身转化成企业的竞争能力和竞争优势。

2014年,立足于国企所应承担的社会责任,用现代企业制度下的管理模式,充满人本关怀的管理思想作指引,锦江饭店管理公司致力于成为中国西部地区顶级旅游服务供应商的时代已悄然开始。

第四十章　雅阁酒店管理集团(澳大利亚)

一、企业简介

雅阁酒店管理集团(澳大利亚)(Argyle Hotel Management Group Australia)是一家来自于澳大利亚的专业酒店管理公司,成立于澳大利亚新南威尔士州。雅阁集团为全球业主提供与酒店管理相关的一系列的服务,包括酒店管理及度假村管理与预开业管理。雅阁酒店集团拥有成熟和完善的运营管理机制、专业而高效的管理专家团队,集团拥有六大品牌:"雅阁大酒店""雅阁度假酒店""雅阁酒店""澳斯特酒店""雅阁璞邸酒店"和"METRO酒店",在奢华五星、度假、四星级、城市经典商旅酒店及精品酒店市场内均代表着澳洲优秀水平。雅阁旅佳卡常旅客奖励计划,为经常入住雅阁成员酒店的客人进行住房积分累计,免费早餐,优先预订,预订保留,快速入住和离店,以及延时退房等丰富奖励,借此提高客人对酒店的忠诚度、美誉度。

雅阁集团能够帮助成员酒店成功地实现利润最大化和物业的升值。2013年,耕耘了中国市场8年的雅阁获得了中国澳大利亚商会颁发的2013年度"卓越大企业奖"。在这一奖项的六位得主中有一半是石油等资源类企业。截至2014年5月,雅阁集团中国区拥有成员酒店52家,客房数11405间/套,合同受托全权管理资产137亿元人民币,在全球管理资产超200亿,并蝉联"世界酒店300强"殊荣。

商旅人士是雅阁最主要的目标客户。中国的城镇化和中产阶层的崛起导致了商旅市场的不断扩大,这对雅阁来说意味着机会。预计到2015年,雅阁中国区成员酒店数量将达75家,雇员数达6300位,在华管理酒店资产180亿元。

二、品牌介绍

雅阁源于英文Argyle,意指一种粉红色钻石,盛产于澳大利亚西澳。这个非常具有澳大利亚风格的单词,象征了雅阁旗下管理的酒店所具备的钻石般品质与百年品牌生生不息的传承精神。标识采用英联邦国家最为推崇的"皇家红",寓意着雅阁品牌为业主与顾客带来的尊贵与优雅之美。2012年中国权威评估机构再次对"雅阁"在华品牌价值进行评估,得出:"雅阁"品牌于评估基准日(2012年8月31日)的在用价值为人民币14.23亿元。这代表着雅阁集团对于中国业主及顾客最坚定品牌承诺。

1. 雅阁大酒店(Argyle Grand Hotel)

雅阁大酒店是雅阁集团五星级酒店,它的理念是巅峰品质,超越期望。雅阁大酒店具有澳大利亚Argyle粉红钻石般高贵品质的豪华酒店品牌,她华贵而内敛,热情而含蓄。雅阁大酒店优质独特的服务给您带来非凡的高贵体验、自然的和谐风度,我们诚心追求服务的真谛,从而超越您的期望。

2. 雅阁度假酒店(Argyle Resort)

雅阁度假酒店是雅阁集团五星级酒店,它的理念是自然领略,怡情体验。清新的微风,自然随意融入自然的空间,雅阁度假酒店使顾客得以放松心情,尽情享受自然赋予的惬意,雅阁度假酒店——隔绝世俗喧嚣,热爱生命与自然,享受别样的雅阁度假休闲时光。

3. 雅阁酒店(Argyle Hotel)

雅阁酒店是雅阁集团四星级酒店,它的理念是魅力商务,品质典范。雅阁酒店个性化更趋鲜明,针对性更强,使得雅阁酒店在四星标准的商务酒店领域更加出类拔萃,尤其是雅阁服务专家为顾客带来的个性化的高雅服务,体贴入微触手可及,使商务之旅轻松高效,尽享难忘假期。

4. 奥斯特酒店(Ausotel)

澳斯特酒店的定位在于三星级与四星级之间,它的理念是舒雅于心,商旅相随。这是为商旅人士量身定制的经典商旅酒店品牌,它代表澳大利亚最高的商旅酒店水平,并一直领导着中国城市商旅酒店发展方向,她把目标受众定位于中高档商旅客人这一中国最具潜力的蓝海客源,从而具备了令业主惊羡的盈利能力。

5. 雅阁璞邸酒店(Argyle Boutique Hotel)

雅阁璞邸酒店属于精品酒店,它的理念是艺术饕餮,非凡礼遇。"璞邸"源于法语的"Boutique",是私密、精品、艺术酒店的代名词,雅阁璞邸酒店提供静谧且独具品位的居住和服务体验,在位置选择、文化设计、管理服务等方面均超越国际五星酒店标准,自诞生之日起即为追求品位的高端贵客所青睐。

6. Metro酒店(Metro Hotels)

Metro酒店是澳大利亚历史最为悠久的酒店品牌,良好的声誉缘自多年的历史积淀,出众的服务使之成为澳大利亚游客出行的理想之所。在澳大利亚,Metro 就是酒店优良品质的代名词。

三、管理创新的特点

1. 扁平化管理

雅阁的使命是与投资者携手合作,充分利用雅阁酒店集团的国际化资源和成熟的酒店管理经验,为投资者奉献回报丰厚、管理规范的酒店。扁平化的管理结构使雅阁集团能够迅速适应不断变化的商业环境,从而获得成功。

2. 精准化定位

雅阁的目标客户是商旅人士,这一阶层对于酒店会有较高的品位要求,会扩大中档偏上酒店的市场。来自携程的数据也显示了这一趋势:50%以上的通过携程预订的酒店都是中档商务酒店。而在雅阁,澳斯特的特色被归结为"3B":bed,breakfast 和 business facilities,分别代表舒适睡眠、营养早餐和完善商务设施。这一战略雅阁已经摸索多年。作为一家商旅酒店,它的床铺软硬适中、餐厅直到中午仍然供应自助早午餐(Brunch)、酒店各个角落都有 WiFi 覆盖——这些细节都是商旅人士最为关注的。

3. 重点发展中档酒店,向二、三线城市扩张

在一线城市站稳了脚跟,雅阁很快做出了进军二三线城市的战略。雅阁酒店集团北京公司商务发展总监林峰将这一市场定位为中国酒店业的"蓝海":2008 年奥运会后,北京酒店房量已近饱和;上海在 2010 年之前酒店行业的竞争已经惨烈。雅阁酒店集团(澳大利亚)中国区 CEO 张黎明认为三四线城市是酒店业的未来方向。

澳大利亚雅阁酒店管理集团董事局主席、悉尼会议及旅游部部长孔奈哲表示要继续其"发挥集合优势,植根中国市场"的战略,在继续做好四五星级酒店市场的同时,把项目拓展,特别是酒店投资重点放在三星级酒店领域。

现在中国酒店市场中最活跃的是经济型酒店市场,这个市场的不俗表现已经引起了全球酒店业、金融投资领域的关注。而与之形成鲜明对比的是中档三星级市场,一些三星级酒店提供的服务与客人的期望有相当的差距,可以说是目前中国酒店业管理水平、盈利水平、品牌认知等最薄弱的环节。主要表现为客房的平均利润低,没有国际性或全国性品牌等。雅阁认为,中国的中档酒店只要处理好管理经营模式、市场推广等问题,将会是新的增长点。

4. 电子商务和多品牌战略

除了瞄准商务市场,下沉到二、三线城市、电子商务和多品牌战略都帮助雅阁成为了迄今为止澳大利亚在华酒店管理公司中规模最大的一家。

澳斯特酒店每一家都带有"在线订房"按钮。只花几分钟,即可实现在线预订、电子支付等功能。客户可以直接付款给酒店,也可以选择第三方支付平台。这样的便捷一方面来源于雅阁聘请的澳大利亚知名网络服务商为其旗下各个品牌分别打造的网站;另一方面则是雅阁与百度、谷歌、必应等的合作。只要输入任何与酒店相关的关键词,均可轻松找到集团品牌网站。

多品牌发展也是雅阁在华战略之一。根据中国旅游局统计数据,目前中国中档酒店数量近10 500家,占全部酒店总量的54.6%,其中90%为无品牌的单体酒店;另外一个数据显示,当前中国基于商务及旅行的住宿需求占住宿总量70%以上,而商旅客人往往对品牌的识别度和忠诚度比较高。这无疑给了如雅阁这样的国际品牌以机会。

5. 绿色低碳的经营理念

雅阁鼓励绿色消费、使用清洁能源、减少污染及温室气体排放,坚持绿色管理,倡导低碳消费,保护生态和合理利用资源,使得雅阁比同类别酒店能耗降低20%~25%。

雅阁酒店"绿色"低碳理念的核心在于:通过节约和合理利用资源,减少对资源的消耗;减少废料和污染物的生成和排放,降低酒店对环境的危害;宣扬绿色文化,引导客人认同和遵循绿色低碳方式。除了使用环保节能材料和用品之外,雅阁酒店在客房放置低碳关怀卡片提醒客人注重环保,通过主动提醒客人勿过量点餐,主动给予剩余餐饮打包服务的方式传递环保理念,并举办"绿色就在身边,歆享低碳生活"主题活动等。

资料来源:

[1] http://baike.baidu.com/view/6246501.htm?from_id=9359327&type=syn&fromtitle=%E9%9B%85%E9%98%81%E9%85%92%E5%BA%97&fr=aladdin.

[2] http://argylehotels.com/.

[3] 雷纳德.雅阁酒店集团澳斯特酒店践行"绿色"低碳理念[J].饭店现代化,2010,08:63-65.

[4]汤向阳.雅阁酒店管理:环境可以安静,高端可以下沉[N].经济观察报,2013-06.

[5]雅阁酒店集团入围澳大利亚商会"在华大型企业卓越成就奖"[J].中国民商,2013,06:15.

[6]记者王涴.雅阁酒店管理集团进一步拓展中国市场[N].中国旅游报,2007-03.

第四十一章 服务创造价值,品质铸就经典

——浙江南苑控股集团有限公司

一、企业简介

浙江南苑控股集团是以酒店业为核心产业,以房地产开发、商贸、资源投资、食品加工等为相关产业发展的民营企业集团,是"中国十大旅游投资浙商、中国服务业企业500强"。

公司秉承着"服务创造价值,品质铸就经典"的经营理念,发扬"追求创新,追求一流"的企业精神,坚持"酒店和地产双向发展的模式",两大产业板块互为联动,得到快速发展。酒店拥有豪华商务型、豪华度假型、商务连锁型三大酒店品牌系列,客房总规模5000多间,在北京、天津、上海、杭州、哈尔滨、苏州、宁波、台州、嘉兴、舟山等地拥有酒店40余家,被评为"中国饭店业最具规模的30家饭店管理公司(集团)""中国饭店业30年最具影响力饭店管理公司(集团)"。地产实行酒店、住宅、商贸、旅游的联动开发,打造高品质、极具特色的复合地产,已在宁波、台州、嘉兴等地投资开发了多个复合地产项目,总投资逾70亿元。其中,投资20亿元开发的台州国际塑料城是目前全国规模最大、档次最高的塑料日用百货制品专业市场。另外,公司还以橄榄油等高档食用油开发及"南苑月饼"的生产为基础,致力打造绿色、健康、安全的食品品牌。

地产实行酒店、住宅、商贸、旅游的联动开发,打造高品质、极具特色的复合地产,已在宁波、台州、嘉兴等地投资开发了多个复合地产项目,总投资逾70亿元。其中,投资20亿元开发的台州国际塑料城是目前全国规模最大、档次最高的塑料日用百货制品专业市场。同时,公司在柬埔寨投资开发了10 000公顷特许林地,用于林地伐木销售、种植橡胶树和工农作物,是公司跨出国门、涉足资源投资的重要一步。

在不断的升级转型过程中,南苑始终坚持以优质酒店管理塑造企业品牌形象的发展战略,专注于打造一流品牌,其服务理念是"细意浓情,高效快捷,努力为宾客提供

'满意+惊喜'的体验与感受"。在乐志明看来,只有不断地提高酒店的硬件和软件实力,才能做百年企业。南苑集团的目标是通过积极发挥核心品牌优势,以产业互动推动整个企业的持续、健康、快速发展,成为行业领先、全国知名的优秀民族品牌。

面对洋品牌酒店的纷至沓来,最好的防守就是主动出击。在南苑成为宁波和浙江的区域品牌和高端酒店市场的领军者之后,乐志明决心让南苑品牌走出宁波,走出浙江。

企业获得的荣誉:浙江省知名商号企业、中国十大旅游投资浙商、中国饭店业最具规模的30家饭店集团、中国饭店业30年最具影响力饭店管理公司(集团)、中国服务业企业500强;南苑饭店获得:中国名酒店组织、中国十大会议酒店、浙江省首家"国际五星钻石奖";南苑温泉山庄荣获:中国十佳温泉度假酒店;南苑月饼:被中国食品工业协会授予"中国名饼",荣获中国最高、最权威食品荣誉;南苑e家:中国酒店星光奖"最具发展潜力酒店品牌"中国酒店投资论坛"最佳酒店品牌"。

二、品牌介绍

南苑控股集团将坚持以地产投资来夯实企业发展基础,以酒店管理塑造企业品牌形象的发展战略,积极发挥核心品牌优势,努力培养优秀人才团队,通过规模化发展、专业化管理,以产业互动推动整个企业的持续、健康、快速发展,致力于成为行业领先、全国知名的现代化品牌企业。

集团遵循"宾客至上、服务第一"的服务宗旨,始终在服务产品、管理模式、经营理念、企业文化等方面向一流企业看齐。

集团在思维方式、行为举止、道德品质、文化素养等方面适应时代发展,努力塑造具有优良品质、优秀智慧、优异魅力的南苑人形象。

集团永远坚持以人为本,发扬追求创新、追求一流的企业精神,努力营造公司竞争、团结协作、奋发进取的企业氛围,激励和调动广大员工的积极性和创造性,做到人尽其才、才尽其用,为实现公司的目标而努力奋斗。

2006年南苑集团推出了经济型酒店"南苑e家"这一连锁酒店品牌。南苑决策层认为,建立一个五星级酒店需要五六亿元资金,而通过租赁改造设立一家"南苑e家"只需要八百万到一千万元资金。随着国内旅游、商务人士的增多,对经济型酒店的需求也日益增加。"南苑e家"要把五星级南苑饭店的服务理念植入经济型连锁酒店以满足这些旅游、商务人士的需求,打造五星级服务理念的经济型酒店。

基于此，南苑集团以"南苑e家"开始了其进军全国的跨区战略。在不到5年的时间里，至今已有40多家高品质商务连锁酒店分布于北京、天津、上海、重庆、哈尔滨、宁波、杭州、苏州、绍兴、台州、丽江等全国重点商旅城市。同时，南苑还看准国内度假产业的蓬勃发展，结合南苑的五星品质，利用独特的自然资源，发展高档主题型度假酒店。目前已有南苑温泉山庄、南苑桃花岛休闲山寨和东钱湖四季花卉苑度假酒店等。至此，南苑酒店业已形成了以南苑饭店和南苑环球酒店为代表的高档城市商务型酒店；以温泉、养生等为主题的高档度假型酒店；以南苑e家为代表的商务连锁型酒店三大酒店品牌系列，客房总规模达到近6 000间，成为了"中国饭店业最具规模的30家饭店管理公司（集团）"，其规模还在不断发展壮大中。

三、管理创新

坚持"稳中求进"的总方针，提振信心，改革激励机制，巩固酒店业，发展食品业，把握投资机遇，创新经营，开创经营发展新局面。具体涵盖以下五方面内容：

1. 立足市场，稳定经营确保效益增长

面对国家有关政策对高端酒店经营带来的不利影响，各酒店一要树立信心，积极、主动地应对市场变化，通过各种促销手段和政策，千方百计提升人气，稳定经营业绩；二要通过创新管理体制，提高菜肴质量，提升各酒店的餐饮经营水平；三要整合酒店产品资源，增设大客户服务职能，提高高端客户服务价值，稳定高端客户市场；四要充分发挥南苑的品牌影响力，积极推行"南苑绿卡"的销售。

2. 转型升级，实现食品产业全新发展

2013年，要紧紧围绕橄榄油的销售，实现食品公司由生产型为主向营销型为主的转变。通过完善组织机构，建立专业招商销售团队等方式，引导市场消费，推广南苑食品品牌，树立南苑食品新形象。

3. 审时度势，合理把控项目投资方向

2013年是公司房产项目的收尾之年，做好各项目的验收交付与工程决算工作，同时根据市场形势的变化，择机合理选择新的投资项目。

4. 优化管控，提升集团化治理水平

要进一步梳理集团各部门的管理职能，明晰职责权限；完善信息化建设，优化管理手段；立足市场变化，改革激励机制；完成资产重组，焕发全新活力。通过一系列手段，充分发挥集团管理的优势，促使管理水平再上新台阶。

5. 提炼总结,企业文化建设上新台阶

总结、归纳南苑二十多年来所形成的企业文化,加强员工对本企业价值观的理解。同时,继续加强人本管理,为员工创造良好的工作生活环境。

附录:

表41-1 企业发展大事记

1990 年	南苑饭店成立
1999 年 5 月 26 日	按五星级标准改建的南苑饭店正式对外营业
2000 年 3 月 10 日	南苑饭店荣膺浙江省首家五星级饭店
2001 年 2 月 20 日	南苑开发桃花岛景区签约
2004 年 9 月	宁波南苑集团成立
2004 年 9 月 6 日	南苑温泉山庄正式开业
2005 年 6 月 26 日	南苑洗涤公司开业
2005 年 11 月 8 日	首家南苑 e 家宁波中山店开业
2006 年 9 月	南苑月饼被中国食品工业协会授予"中国名饼",荣获中国最高、最权威的食品荣誉
2007 年 5 月 18 日	成功举办南苑·2007 环球小姐中国赛区总决赛
2008 年 6 月 21 日	宁波南苑控股有限公司创立
2009 年 3 月 28 日	宁波南苑新城名苑公寓项目正式动工
2009 年 9 月 17 日	公司投资近 20 亿元,全国规模最大、档次最高的塑料日用百货制品专业市场——台州国际塑料城盛大开盘
2009 年 9 月 26 日	嘉兴平湖南苑国际酒店综合项目举行动工奠基仪式
2009 年 9 月 30 日	钱湖四季花卉苑项目举行开工奠基仪式
2009 年 10 月 20 日	宁波南苑控股集团有限公司更名为浙江南苑控股集团有限公司
2010 年 3 月 30 日	按白金五星标准建造的宁波南苑环球酒店盛大开业

第四十二章 明宇集团游文洲："酒店＋地产＋金融"支撑形成驱动力

——明宇酒店集团

一、公司简介

明宇现在开业的酒店有十几家，加上在建的一共有30多家。原来要求2015年到达30家，但现在明宇集团放缓了，2014年只开2家，原来至少要开5家。面对这种形势必须要调整，要研究。

在各大城市综合体中，高星级酒店已经成为不可缺少的一个业态，"地产＋酒店"模式也成为开发商普遍的操作逻辑。然而，由于大部分开发商不具备酒店运营能力，酒店往往成为发展中的一个包袱。

不过，在近几年商业地产开发队伍中，明宇集团异军突起，发展势头强劲，尤其明宇在成都核心商业区域手持两大精品城市综合体——已建成的成都第一高楼明宇金融广场、明宇·西部国际金融中心，以及位于成都城南金融城的临江城市综合体明宇大厦等项目，在行业内引发震动。与其他开发商的做法不同的是，明宇集团是在经过多年成功的酒店经营后再进军地产业，并确定了"高星级酒店＋超甲级写字楼"等相结合的商业业态发展模式。

明宇酒店集团总裁游文洲在接受赢商网记者采访时表示，明宇集团2008年起开始在成都楼市发力，仅用5年时间，在全国的开发规模便已超过1000万平方米，更把对其他开发商而言是"包袱"的酒店运营成为不断赚钱的优质项目。

二、"酒店＋地产＋金融"三驾马车稳健前进

众所周知，酒店地产投资大，回收资金周期长，压力显而易见，如何才能做到稳健

扩张？对此，游文洲介绍，明宇是以酒店为主业、以地产为支撑，以金融投资为纽带，三者相互支撑，形成稳步前进的驱动力。

游文洲表示，商业地产的核心是运营，这就要求开发商不仅能建，关键还能自己经营。在明宇集团的产业格局中，地产板块为集团贡献了较大的利润，而酒店的营运、出租的商业又能够为集团产生持续稳定的现金流。正是由于集团的酒店与地产形成互补，这种模式使得明宇自身拥有良好的造血能力，通过"自建、自持、自营、自有品牌"的经营模式，让明宇开创了商业地产的新蓝海。

值得一提的是，目前，明宇集团共拥有四个自有品牌——"明宇·雅"系列五星级酒店品牌，包括奢华五星级尊雅、豪华五星级豪雅、标准五星级尚雅，以及精品商务五星级丽雅四个子品牌，"宇豪"四星级酒店品牌。此外，明宇还有"怡品堂""珍鲜坊""和清"三个独立高端连锁餐饮品牌。

三、寻找改变　调整经营思路

在2013年，中国酒店业受国家政策制约、高端政务接待锐减等诸多因素影响，面临着严峻的考验，业绩严重下滑。高端酒店吹来的阵阵寒风，让游文洲和明宇酒店集团也颇感凉意。

他坦言："酒店行业最怕问到业绩，入住率下滑、餐饮利润下降、国外客人减少，整个成都高星级酒店的去年出租率下降了20%。不承认在成都下降的是说假话，但是我们下降的幅度在成都酒店算是好的。因为我们把成都十家酒店完全整合在一起，实行集约化经营。"

面对困境，明宇集团也在不断调整经营思路。例如整合营销，原来在一个酒店的营销团队里有十几个人，现在全部取消，改为在区域设一个集中营销平台，称为"区域集中营销中心"，然后，再让他们负责集团这十家酒店的营销。

"目前，成都整个客房入住率的下降都是比较大的，尤其是高星级酒店和地产的结合有一种过剩的趋势。成都客房供给量超过了38%，国际上超过5%也许这个区域就不给你发牌照了。所以这个供大于求的矛盾需要用很长时间去化解。"游文洲表示。

对于这些高星级酒店的经营者来说，他们或许最能感受到这股寒风的冷意。从表面上看，似乎是受到八项规定、中央出台政策的影响，但实际上，从本质来说，这几年商业地产风起云涌,和酒店地产的结合产生了一定过剩的趋势,应该说在新政下诱发了矛盾的提前爆发。

四、利好:旅游地产带来新一轮的机遇

但值得注意的是,随着开发商大举进军旅游地产,这或许为目前身处寒风的星级酒店业带来了新契机。对此,游文洲认为,几年前大家说商业地产是一片蓝海,现在则是一片红海,但是红海和蓝海是相对的。

"不是所有的地产都可以和酒店结合,比如说成都在三环以外,做住宅地产都很好销,但是酒店不一定能够生存。我们试想想,一般一个甲级写字楼能够生存的地方,高星级酒店通常也同样能够生存,而且这两个产业还能形成互补。"游文洲说道。

据介绍,目前,明宇有以下三种产品业态:

第一,精品城市综合体。即高端酒店+甲级写字楼,以及少量精品商业,这类产品通常位于城市核心 CBD,并将五星级酒店的服务复制到甲级写字楼的物业管理,这样使得服务品质更高,而管理成本相对降低。

第二,复合城市综合体。在精品城市综合体的基础上,加大商业比重及服务式公寓,发展区域引擎城市地标综合体,这类产品一般位于城市次 CBD,或者是城市郊区、有发展前途的位置,这种地块相对弹性比较好。

第三,旅游度假综合体。比如明宇集团即将开盘的都江堰明宇豪雅青城项目和正在建设中的明宇·版纳四季国际度假区。

游文洲透露,如今,明宇集团也启动了国外的投资发展,目前在非洲加纳、安哥拉和东南亚地区都有明宇的战略布局规划,也正在谋划欧洲和北美一些高星级酒店的收购与建设。

目前,越来越多的国内企业"走出去"进行资本扩张,对品牌进行外转内销的尝试,对于本土企业海外收购一些酒店,再回来嫁接会不会形成水土不服的质疑,游文洲表示,"明宇强调一点,国际化过程中本土化优势的塑造。首先你应该弄明白你的客源主体是什么,像我们酒店 80%、90%都是中国客源,所以本土化非常重要。因此,我们提倡在国际化过程中,重要的是塑造你本土化的优势"。

五、摆脱困境　打造品牌与个性

虽然眼下酒店业难以摆脱行业困境,但未来成都高星级酒店仍有很大的自我提升空间。

如何让酒店和文化、艺术、生态这些概念结合起来,选择适合自身项目的体验方式,打造出一个自己的品牌特色,也成为酒店管理层一个思考的方向。

游文洲表示,明宇集团在酒店经营上坚持几个方面。第一,总成本领先。也就是说要通过投资的成本控制来创造良好的性价比,因为对国有本土品牌来说,品牌的背后是文化,而文化的形成需要积淀。

比如,一个十多年品牌和一百年的品牌抗衡,这个怎么办?明宇从投资成本上控制,比如说你的客房卖800元才有利润,我700元就有利润。通过投资总成本控制来创造产品的性价比,让消费者感觉值和超值。这是明宇第一个要坚持的。

第二,明宇坚持自建、自持、自营、自有品牌。这样有自身的血统,明宇的酒店基本上都是明宇自己管理的,除了一家是委托希尔顿的康莱德品牌,其他都是自持的,明宇有自己的专业管理团队。

六、练好内功　度过洗牌期

对于明宇集团未来的发展,游文洲透露,明宇因时而变、顺势而为,第一点就是思考如何放缓速度。因为一个企业的发展表面上是速度拉开了距离,最后还是依靠内功逐步拉开距离。

第二,调整产品结构,要体现它的投资价值。所以要优化产品结构,放缓节奏,度过这个洗牌期。

这个洗牌的周期应该为两到三年,从转型来说,现在高端遇冷,转型比较困难,原因在于高星级酒店有一个特点,就是进入门槛高,退出门槛也不低。

"通过这次遇冷会使我们的投资人更加的理性。如果大家能够做到理性分析投资,加上在现在的政策环境下,政府也不会像以前一样非要你做一个什么样项目,非要做一个豪华酒店。"

"明宇现在开业的高星级酒店有十几家,加上在建的有30多家。原来要求2015

年到达30家,但现在我们放缓了,今年只开2家,原来计划至少要开5家。面对这种形势必须要调整,要研究。"游文洲对记者说道。

成都酒店业,作为西部酒店、甚至是全国酒店发展的风向标,不论是努力调整经营思路,还是采用各种创新手段进行营销,或者是苦练内功,更新管理模式,压缩运营成本,都希望这阵寒风能成为检验行业水平的一次契机,并在困境中实现发展与超越。

对于未来,游文洲表示乐观。阵痛是必然的,如果不经过这个阵痛期,大家就没有一个清醒的概念去做。通过这次阵痛,酒店可以走上更加良好、健康、持续的发展道路。

第四十三章 强化管理 筑百年品牌根基 创新变革 寻持续突破发展

——世纪金源酒店集团[①]

一、公司简介

世纪金源集团是著名实业家、旅菲爱国华侨黄如论先生创办的综合性跨行业国际集团,其产业涉及领域有房地产开发、星级大饭店、大型购物中心、金融资本运营、物业管理、核桃油生产。

世纪金源秉承着房地产开发的成熟理念,致力于打造规模庞大、服务完善的酒店集团。凭借着对国内市场的独到把握,探索形成"自主设计、自主建造、自主经营、自主管理"的中国式酒店管理运营模式。自2001年首次涉足酒店业,在短短的十几年内,以平均每年超过一家的速度,从无到有地构建起一个拥有19家五星级饭店、客房总量超过10 167间的五星级酒店集团,其中已开业饭店17家,已开业客房数为9 064间套,拥有员工超过9 200人。酒店遍及北京、西安、合肥、重庆、长沙、福州、福州贵安、福州罗源、贵阳、宁波、昆明、腾冲、西双版纳等城市地区,形成了品牌化、连锁化、规模化的发展模式,成为行业举足轻重的力量。

迄今,世纪金源酒店集团已经连续六年获得亚洲钻石奖,获评2013年饭店集团规模30强。世纪金源酒店管理模式受到业内和市场的双重认可,走出了一条属于自己的发展之路。

二、公司品牌定位及特征介绍

品牌定位:世纪金源酒店集团以"以情服务、用心做事"为企业理念,以"务实高

[①] 作者:兰洋,世纪金源酒店集团副总裁。

效,开拓进取"为企业精神,坚持"自主设计、自主建造、自主经营、自主管理"的运营模式,致力于打造集团化发展平台和管理体系,成就具有卓越品牌影响力的中国酒店行业民族品牌。同时,始终贯彻产品质量的追求,用细致、殷勤的专业服务,为宾客带来宾至如归的温馨感受,务求使宾客无论下榻哪一家世纪金源酒店,都能体验始终如一的世纪金源品质,尽享殷切贴心的世纪金源关怀。

世纪金源酒店集团 LOGO 的设计创意来源于世纪金源酒店集团英文"EM-PARK",取其中"PARK"公园的联想,产生"喷泉"形态的创意构思。其中,喷泉代表着一种朝气蓬勃、积极向上的力量,为企业提供着源源不竭的动力;同时,表达了集团力求以真诚主动、热情细致的服务款待八方宾客的意愿。其金色的外观,更是以其强烈的国际感和价值感体现着到店宾客的豪华气度与尊贵风范。整个标识大气而含蓄,时尚中透露着平易,寓意着世纪金源酒店集团将以最完备的设施、最优雅的环境、最真诚的态度、最温情的服务为入住宾客打造一个温馨、宁静的港湾,象征着企业持续、永恒发展的美好愿景。

品牌特征:世纪金源崛起于二线城市福州,从一个单一业务的公司,逐渐发展壮大为全国性、多元化、综合性的中国 500 强企业,在企业二十三年的年轮之上,每一圈都印刻着改革创新求发展的痕迹。在布满荆棘的创业道上,贯彻始终的是世纪金源人发展企业、造福社会的决心和追求;在起伏变化的市场环境中,唯一不变的是世纪金源人以变制变、创新发展的举措和方向。

世纪金源的品牌,是变革与创新的智慧汇聚而成的,世纪金源旗下饭店,屡屡成为当地"敢为人先"的行业表率。在福州,企业涉足饭店业伊始,就创造了康体部分社会化经营的思路;在北京,企业发挥技术优势,打造出千余平方米无柱式大宴会厅、北京规模最大的地下 24 小时不夜城等;在昆明,建设了西南第一家超五星级白金酒店,高级客房单间面积达 60 平方米,将卫生间创造性地挪至阳面,设置了下沉式浴缸。在长沙、贵阳、合肥,发挥创意将大宴会厅设在一楼,并单独设立出入大门,降低了损耗,方便了管理,更方便使用场地的客人。在其他地区,世纪金源的饭店也都创造当地"之最",每一家酒店在当地都极具声望,推动了所在地高端接待能力的提升。

三、主要经营管理创新

作为一家民营企业,世纪金源的成长历程,是不断接受市场洗礼的跋涉过程。主动适应市场变化、把握市场局势,不断自我突破、自我更新,走出了一条"适者生存、能

者发展"的具有世纪金源特色的企业发展之路。集团的主要经营管理经验可从如下七方面具体阐述:

1. 不断深化企业理念与价值体系的建设

世纪金源自成立之初,即奠定"以情服务、用心做事""务实高效、开拓进取"两大理念精神,以此统御企业投资与日常经营管理。在成立的头十年,企业理念为"务实高效、开拓进取",企业精神为"以情服务、用心做事",十年之后,两者内容互换,以适应企业在新阶段的发展。2013年,集团董事局整合企业二十余年发展思路,提出世纪金源六大核心价值体系,明确企业信仰、行为准则、工作纲领、企业目标、企业精神、企业理念,使企业核心价值体系得到充分梳理与明确,使之与企业规模实力相匹配[1]。

2. 全面树立对内对外服务观念,确保服务理念深入人心

(1) 引入服务型工作理念:坚持"说清楚、讲明白、心踏实、事办好"的工作纲领,摒弃官僚、生硬的工作方式,从服务部下、服务同仁、服务平级部门和单位的角度出发,主动改进工作作风和工作方法,以内部合作质量的新提升,配合集团整体改革和发展步伐。

(2) 树立"服务创造效益"的经营理念和管理重心:落实服务规范化体系建设的培训要求、管理要求、员工成长要求和宾客服务要求,全面展开服务规范化培训管控和服务质量暗访常态化工作,加速服务流程再造,提升宾客消费体验;将服务质量纳入管理干部绩效考核内容,促使其主动梳理、规范、改进固有流程,细化服务内容,为服务品质的提升打下基础。

3. 不断调整经营模式,优化客源市场结构,完善品牌传播渠道

(1) 不断加强集团层面组织架构体系、管理体系、培训体系和服务质量控制体系的完善和建设,进一步提升经营管理质量,丰富客源结构,推进产业整体品质提升。

(2) 以实际举措提升产品和服务的质量,全方位开拓市场空间,关注企业与优质客户,将"市场化、人情味"的服务理念落到实处,突出产品内容打造的独特性,关注对客服务接触关键点;升级餐饮系统,综合出品、服务、销售、成本等多重优势,打造既符合当地市场需要,又符合五星级层次的餐饮竞争力。

(3) 深入开展营销管理工作,建立中央预订、客户管理、收益管理三项营销管理系统,加强集团化管控和产业中枢统筹。与美国RCI公司合作,发行酒店集团分时度假卡,整合各地饭店旅游资源优势,拓展产品销售渠道;升级酒店集团官方网站,关注客户使用体验,提高官网点击率和在线预订量[2]。

4. 将"人"的管理作为关键突破口

(1) 全面提升工作效率：以抓节奏、抓工时为关键点，改进工作部署方式，坚持粗线条管理、精细化经营，通过抓大放小，合理授权，运用数据化管理工具，结合内部流程设计，发挥一线员工工作的积极性和创造性，带动全员提升工作绩效。执行中，选取三四家酒店作为"快节奏、高效率"用工试点单位。以技能提升、管理扁平、用工充分、绩效激励作为主要内容，深入组织架构优化工作，总结模式，进行产业整体推广联动。

(2) 贯彻全员培养和人才升级：人才队伍的革新，是企业最重要的革新，是世纪金源持续稳健发展的保障，集团规定"世纪金源人十大准则"，提出"不换头脑就换人、不转观念就下岗"。在培养人才方面，将育人作为推动企业持续发展的核心机制，全面落实内部"传帮带"模式，建立后备人才梯队培养计划，采取以内部提拔制度为主的选材模式，培育出与企业同步成长的人才队伍，为干部员工提供宽阔发展平台。

集团定期举办多层级、系统化、专业化的内部大培训。结合行业实际摸索人才培养模式，启动春蕾计划对储备干部进行招聘培养，为行业持续发展储备力量，以此巩固、推进企业的发展。

(3) 优化福利待遇、落实员工关爱：集团秉承着以人为本的宗旨，推进薪资福利待遇改革，拨出巨额资金与全员共享企业发展成果。2013 全年分配部门副经理级以上管理干部福利住房 336 套，实现企业部门副经理级以上管理干部全部分房。

为表彰为企业发展做出突出贡献的集体和个人，集团特别设立年度六大经营突破奖、四大管理创新奖，及九大年度先进集体、十五名年度标兵、六十三名年度先进个人；进一步改善员工食宿条件，通过加强食堂管理，完善宿舍配套设施等，让每一位世纪金源人都能感受到企业对员工的关爱和重视。多举措拴心留人，成熟人才队伍得到有效充实。

(4) 优化管理、革新机制：出台《世纪金源集团工作问责制管理办法》，建立"恪尽职守、有错必究、有责必问、上下监督"的责任管理与追究机制，以制度手段督促管理干部严守职业道德，尽职尽责工作。

5. 坚信最低的成本就是最高的利润

利润的"开源"，受经济大环境、市场条件以及行业特点所制约，有时难见显著成效。但控制成本，进行"节流"，却能在任何情况下，都获得立竿见影的效果[3]。

(1) 人力资源管控：人力成本是经营的重要开支，根据业务量安排人手，确保每个员工都有明确的职责和饱满的任务量，人力资源才能得到充分发挥。集团前瞻提出

"计工时、讲时效、快节奏",通过控制用工成本,深挖内部潜力,为企业"减负",收效明显。这一成果有待深化到通过推敲工作"角色",进而真正挖掘出人力资源潜力的层面。

(2)物资采购的管控:"节约下来的每一分钱,都是来之不易的纯利润",是世纪金源长期以来奉行的经营信条。企业采购在确保质量品质的前提下,主动把握市场动态,减少物品采购中间环节,掌握价格变化周期,实施产业集中采购,在确保质量和效率的前提下,严控物品采购成本,提升采购专业化和信息化水平。

(3)项目违纪、违章、违法的管控:遵规守纪是企业持续发展的底线,也是个人持续发展的底线。世纪金源一直大力强抓企业廉政建设,强调岗位职能的廉洁性,打造廉洁自律、正直向上的整体氛围。

6.构建企业信息化体系,提高企业运营整体效率和质量

以新媒体和IT技术的有效运用,搭建企业信息化管理架构,提高企业经营管理效率。规范、完善产业专业软件应用,收集、留存企业经营数据,为实现企业数据化管理打好基础。

组建集团和行业的视频沟通平台,采用"面对面"的视频方式,缩短现实距离,降低交通成本,提高跨区域管控质量,优化沟通交流效果,使集团和各产业集团对下属公司的管理更加严格有效。

以信息化、网络化方式,优化企业经营管理。有效利用微博、微信等新媒体资源,提升信息沟通互动效率,提高市场影响力,增强品牌黏性;探索并实践新媒体资源在管理、办公领域的应用,提高管理、沟通和监督效率,提高内部管理的沟通协同效用[4]。

7.肩负企业社会责任与公益慈善事业

在推动企业发展同时,世纪金源集团董事局黄主席以兼济天下的仁者情怀,鼎力支持公益事业,造福民生,2013全年各类捐赠高达9.64亿元,以实际行动践行"好企业、招好人、育好人、办好事、有好报"的铮铮诺言。

各集团公司在集团的激励引领之下,积极承担社会责任,各级干部员工全年参与无偿献血235次,参与维护周边治安6941人次,捐助贫困学生、困难职工309人,充分体现企业以造福社会为己任的胸怀与抱负。企业全年涌现各类好人好事3 492次,获得各类牌匾、锦旗、证书、表扬信等1 638件。其中,安徽世纪金源大饭店员工张建林等个人或集体的突出事迹受到多家媒体广泛报道,获得政府及社会机构嘉奖。

无论是企业历史积淀还是内部人才结构,都决定着企业唯有坚守服务业的阵地。以坚定的意志、强烈的责任感和强有力的措施手段,以内部管理机制改革和经营举措

的创新,不断提高企业管理质量,持续提升内部工作绩效,加强对市场变化的掌控能力,才是世纪金源实现百年发展的不二路径。

资料来源:

[1]《世纪金源集团黄如论主席在"计工时、讲时效、快节奏"宣讲班开班仪式上的讲话》。

[2]《世纪金源集团2013年工作总结》。

[3]《世纪金源集团黄如论主席在年度经营情况通报会上的讲话》。

[4]《世纪金源集团2014年工作报告》。

第四十四章　含蓄、高雅、时尚与众不同

——桔子酒店集团

一、企业简介

桔子酒店集团是国内知名设计师酒店集团,成立于2006年,目前运营近30家酒店,覆盖了北京、天津、杭州、南京、大连、宁波、扬州、上海等城市。旗下包括桔子水晶酒店、桔子酒店·精选和桔子酒店三个品牌。桔子水晶酒店面向高端市场,除了现代、另类设计感之外,酒店为旅客提供高水准客房设施。北京和杭州的桔子水晶酒店分别于2010年、2011年获得中国酒店金龙奖的中国最佳设计酒店和中国最佳精品酒店大奖。桔子酒店·精选面向中高端市场,客房设施接近桔子水晶,价格低于桔子水晶。桔子酒店面向中端市场,提供一种预算内的小奢华。桔子系列酒店的特色包括两方面:

1. 简约,并不等于简单

桔子酒店定位于时尚、简约的美式全球连锁酒店,自从由Mandarin Holdings引入中国以后,就一直坚持自己的时尚路线,以区别于那些简单提供住宿服务的低星级宾馆和一些由招待所直接演变而成的商旅酒店。桔子酒店坚信简约并不等于简单,并由此赋予酒店以新的概念,即除了满足基本住宿需求以外,还有时尚的氛围可给予房客好的心情。因此,桔子酒店特别适合那些在乎住宿品质和住宿心情的商旅客人,而经济、合理的价格也不会使大多数人望而却步。

2. 时尚,但排斥奢侈

桔子酒店追求的时尚并不是奢侈,而是一种建立在便捷和舒适基础上的文化氛围。这包括橙色斑斓的大堂,水彩画与镜子装点的走廊,安静、纯白一体的浴室,弥漫在走廊中的轻音乐,以及原本属于部分星级酒店才配备的液晶电视和无线上网等科技设施。这一切皆为了创造一个充满自由格调的环境,一种尊重创意渴望差异的文化氛

围和为商旅生涯体贴至深的人性关怀。

二、品牌介绍

桔子酒店集团旗下包括桔子水晶酒店、桔子酒店·精选和桔子酒店三个品牌。

1. 桔子水晶酒店

桔子设计师酒店高端品牌。桔子水晶酒店的客房设施已经超过绝大部分国际五星级酒店水平,客房音响支持 iPhone、iPod 和 iPad;设计上强调将经典和创新结合。目前已开业城市有北京、南京、宁波、大连、杭州、上海、扬州、无锡、青岛、秦皇岛,另外,苏州酒店正在筹建。

(1)独特个性:豪华(绝不是奢华)、优雅、自由和叛逆。您可以观看桔子水晶星座微电影来了解品牌、个性与设施。

(2)完美缺陷:旧建筑改造。优点:风格各异、房间不规矩、有 LOFT(错层)房间、有带阳台、阳伞的房间、有榻榻米的房间等。

(3)豪华设施:客房设施设备应该不会比大部分五星级差,客房配备 42 寸国际品牌液晶电视、科勒洁具、独立音响系统。桔子水晶酒店音响检测效果报告超过了 B&W 和 Bose 同级别音响。

(4)安静睡眠:房间隔音方案由清华声学所设计,保证了高达 60 分贝的隔音效率,窗户隔音玻璃如此之厚,以致枪击实弹射击都未击穿,请参见桔子水晶酒店实弹射击窗户玻璃真实记录。

(5)科技现代:免费 WiFi 无线上网,智能灯光控制,支持 iPhone、iPad、蓝牙连接的音响,用 iPad 或笔记本电脑播放电影时即形成家庭影院:图像可以从电视出来、声音从音响出来。

(6)优雅设计:每家酒店均由两位美国设计师 Amy 和 Zen 设计,每家酒店均有不同风格,从"后现代"设计风格,到美国 60 年代的 Pop culture,到地中海复兴建筑风格等。

(7)高性价比:我们没有游泳池、健身房、大宴会厅和大餐厅等赔钱设施,我们把钱都花到了房间上。这样,我们才能提供极高的性价比。

(8)酒店荣誉:连续三届获得"中国最佳设计师酒店""中国最佳精品酒店大奖"。

(9)分布较广:北京——北京桔子水晶·建国门;北京桔子水晶·安贞;北京桔子水晶·崇文门;杭州——杭州桔子水晶·西湖;南京——南京桔子水晶·夫子庙;大

连——大连桔子水晶·友好广场。

（10）未开业酒店：上海桔子水晶·北外滩；上海桔子水晶·康桥；扬州桔子水晶。

2. 桔子酒店·精选

桔子酒店·精选是桔子酒店集团的新创品牌，客房设施接近桔子水晶，但价格低于桔子水晶。与桔子水晶相比：少了浴缸、进口石材少、房间面积略小、未用实木家具。酒店客房系国外著名设计师设计，客房音响系统支持蓝牙、iPhone、iPad 和笔记本，并且可与电视直接相连；房间全部可无线上网，配备液晶电视、电动窗帘等。客房隔音系统由清华声学所设计保证安静睡眠。

覆盖城市：目前有北京三元桥桔子酒店·精选开业运营。

3. 桔子酒店

桔子设计师酒店价值品牌，预算内的小奢华。普通桔子酒店没有配备桔子水晶酒店的高端设施，提供了非常高的性价比；设计上强调将现代设计感和东方人外表的含蓄和内心的躁动结合，一种含蓄的张扬。特点：高性价比、个性十足，有国外小精品酒店的设计感，但是设施设备达到了三星级水平。

北京桔子酒店都有不同的特色，在东北四环边，现代而古老的酒仙桥望京区域，您可以发现有像北京798艺术车间一样的桔子酒店（桔子望京酒店）：一个曾经的大大的厂区里；在草坪和绿树中，一个代表这个历史上汽车配件厂的一个重新油漆过的汽车驾驶室；所有酒店客房都是两层楼，客房有榻榻米形式，也有小错层的套房（LOFT），屋外的鱼池和竹林，秋天的窗外一片片红叶。而在北京桔子劲松东酒店，又惊奇地发现另一个不一般的北京酒店，当走进大堂时，玻璃顶下是10米高四面纯白的墙壁，墙壁上投影着黑白的卓别林的默片。

覆盖城市有：北京、杭州、南京、天津、宁波、上海（在建）。

三、管理创新

1. "摒弃浮华"的商业模式

桔子系列酒店的一个优势是强调设计感，强调艺术性和酷，这点对于传统五星级酒店来说比较难逾越。

桔子酒店在创立之初，就由毕业于知名设计学院 UC Berkeley 的美国设计师 Amy 操刀设计。以坐落于杭州西子湖畔的"桔子水晶酒店"为例，其不仅传承了自身原有的时尚风格，同时在设计上更加突出了前卫、艺术和与众不同，充分体现了美国现代精品酒店的设计理念。酒店大堂全玻璃挑空15米,设有全玻璃观光电梯及波普风格的艺术油画;高级水晶灯饰遍布酒店各楼层,被美国《旅游家》杂志评为"2008年中国最酷的规模酒店"。

桔子水晶酒店的个性是"含蓄、高雅、时尚、与众不同",这与桔子酒店的客户群定位一样,心态年轻也比较自我,他们不需要国际五星级酒店的品牌来炫耀自己的地位或财富,而是以一种低调、有品位的方式来表达自己的与众不同。

品味、个性其实还是虚的,管理层看到,生意毕竟要做符合市场规律的事情,桔子酒店是设计师手下的"艺术化"作品,同样也是个经济学命题。桔子系列酒店在市场中的价位一般比同等星级的酒店低,但是设施、设备却要精良,更注重客人的个性化体验,注重设计感展示。这对于追求高性价比的客人来说无疑具有很大的吸引力。

桔子酒店在商业模型上采用了"摒弃浮华"的做法,不让客人为很少使用的游泳池、宴会厅买单从而能够提供合理价格,并为追求个性和实际的高端客户提供更好的"艺术化"选择。"其实,通过不同的模型,我们节约的成本和客户为了我们艺术感和设计感而多掏一些钱,已经让我们的回报率不输给任何一家酒店。"吴海说。

2. 互联网思维来做酒店

桔子酒店集团是在互联网的快速发展给酒店业带来了新的机遇的环境下催生出来的,创始人非常善于运用互联网思维进行宣传、推广,抓住人们眼球,进而扩大酒店的知名度和关注度。2012年10月12日,上海桔子水晶酒店北外滩店装修完毕、开始试营业,临街的一侧道路上人山人海,人们都是在欣赏站在对面桔子水晶酒店临街落地窗前40位猛男的肌肉秀;11月29日,桔子酒店、桔子水晶酒店CEO吴海在微博上放出上海桔子水晶酒店试营业那天拍摄的微电影《女王的盛宴》,宣告上海桔子水晶正式全面营业。借着年底大片《王的盛宴》的热映,《女王的盛宴》又在微博上火了一把,引来不少人的关注。

3. 颠覆传统,更加关注顾客的体验

酒店是一个体验性消费,任何细节的方面都非常重要。比如,在浴缸方面,传统酒店的浴缸都是长方形,在不影响顾客使用质量的同时桔子水晶酒店将浴缸设计为圆形,并设计建造一间可以看天空和星星的客房,大大颠覆人们对酒店的认知,客房设施都力求为客人提供极致体验,将客人的感受摆在更加突出的位置,将酒店做成艺术品,使其不仅是客人外出暂居的地方,更是可以休憩、放松和欣赏的"艺术之地",为客人提供超预期的住店体验,桔子水晶是酒店的高端品牌,是根据国外五星级酒店最新流行的标准打造的,不过分张扬奢华,但强调舒适和个性。例如,一般五星级酒店的标准只有40~50分贝,北京建国门桔子水晶酒店的隔音标准是60分贝,超过了绝大多数五星级酒店的标准。在其他硬件上,除了没五星级酒店常备的游泳池和大宴会厅外,也与他们不相上下,同时,桔子水晶更加强调设计感和时尚感。还有,在服务上,桔子水晶的大多数员工都曾在五星级酒店任职,这保证了服务的水准。

第四十五章　品牌绽彩　疾步前行

——白天鹅酒店集团有限公司[①]

一、公司介绍

白天鹅酒店集团有限公司成立于2008年8月,是一家以酒店投资和管理为主业的国有企业集团公司,公司注册资本5.3亿。目前拥有白天鹅宾馆等7间酒店、广州白天鹅酒店管理公司等下属企业。

白天鹅宾馆是白天鹅品牌的旗舰店,建成开业于1983年,是由霍英东先生与广东省政府投资合作兴建的国内首家大型现代化高星级酒店,也是国内首批三家五星级酒店之一。开业以来共接待副总理以上级别贵宾400多位,曾接待英女王、布什等国家元首80多位,"白天鹅"品牌蜚声海内外。

白天鹅酒店集团历年来严格依法经营,恪守商业信用,连续21年获评重合同守信用企业先进称号,在全球旅游市场积累了极高的商誉。目前管理项目37个,客房数量9595间,酒店项目分布在广东省的广州、揭阳、云浮、清远、从化,以及广西、湖北、海南、湖南等地。2011年以来,白天鹅酒店集团及其属下的管理公司分别当选为"中国杰出本土酒店管理集团""广东十大金牌酒店管理公司"及"中国饭店集团化发展60强"。目前客房总数9595间,其中开业营运4090间,筹建筹备5505间。

二、品牌介绍

1. 品牌定位

"从容闲雅,品致生活"是白天鹅的品牌定位,也是推动白天鹅发展的品牌核心驱

[①] 作者:陈晞,白天鹅酒店管理公司副总经理。

动。让宾客以一种从容不迫的心情，感受白天鹅人提供的优雅及富含特色文化的服务体验，从而认知白天鹅品牌的历史传奇，享受融入其中的闲雅情操与品位，享受品质与逸致的酒店体验；面对行业市场激烈的竞争环境，白天鹅人从容不迫，秉持优越的品牌传统，严格把控产品与服务质量，致力于为宾客打造闲适优雅的品质生活。

2. 品牌价值

• 开怀正面：白天鹅永远保持乐观、感恩的态度，以真挚笑容感染别人，让所有宾客能放松心情，尽情享受身处白天鹅的写意氛围及优质体验；

• 和谐交融：白天鹅对内团结一致，对外和谐包容，着重共同创造互惠互利的关系，为各方增加价值。白天鹅也主张不同观点、文化的结合、交流。通过交流，共同成长；

• 细致追求：白天鹅不断坚持对卓越品质的追求，希望每个细节也能尽善尽美，为顾客提供超越期望的服务；

• 持续创新：白天鹅紧贴顾客的诉求，推动产品与服务的创新，为顾客提供更贴心的服务，同时推动行业的进步。

3. 目标客户群

在激烈的市场竞争中，盲目地发展客户群体势必会导致产品及服务质量的中庸，埋没品牌个性。综合自己的品牌定位，白天鹅锁定了两类人群为自己的目标客户群体：成熟的商务及休闲旅客、较年轻的商务及休闲旅客。

4. 品牌体验

结合商务与休闲的需求，设计真正贴心的顾客体验，设计体验从以下三方面出发：

• 心——白天鹅紧贴顾客诉求，细致追求，不断创新，通过真挚细致的服务，让宾客忘却都市烦嚣及压力，从容不迫享受旅程；

• 商——高端完善的设施、专业尊贵的服务，让宾客享受品质、逸致的完美结合，享受高端闲雅的商务体验；

• 品——白天鹅的选址、环境、氛围、餐饮文化到服务体验无一不彰显着独特的历史、文化、格调。

三、集团管理特色

1. 营运管控的支持系统

白天鹅酒店集团按照世界一流酒店组织质量标准和运营规程，发扬白天鹅精神，创造品牌优势，以科学、高效的管理为客人创造惊喜与感动的居停服务体验，致力于推动行业繁荣发展,为中国人赢得尊严和自豪。为了能高质量地完成旗下酒店的筹建筹备与营运管理,白天鹅集团自2009年起,着手打造酒店板块的营运支持系统,有力地支持了相关项目的推进,深受业主好评。这些系统的主要功能简介如下:

(1)营销与会员系统

白天鹅宾馆是国内最早建立营销系统的酒店,但旧有的模式随着互联网时代的到来而迅速落伍,白天鹅集团紧紧抓住移动互联网这两年超高速的发展,通过手机客户端、微信、微博、APP、朋友圈等工具更加贴近粉丝,增加品牌黏性。

(2)移动互联网渠道的整合与筛选

我们对微信营销需要有一个更成熟的界定,成就两个目标:一是积累用户、可以快速建立营销数据库,提高用户黏性;二是通过这种应用与自身订房进行结合,将访问用户引导成为消费用户。微信会员或客户毕竟是在第三方平台上形成,也可能存在操作不规范而导致的关闭行为,所以这部分客户资源在合适的情况下尽可能引向自己的直销网络平台上。

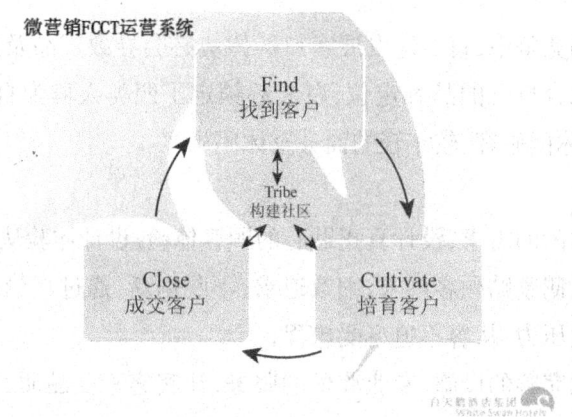

图45-1　白天鹅酒店集团有限公司微营销FCCT运营系统

移动互联将拉动全网体验:关键要打通现有集团成员酒店总体的IT架构,通过移动互联网逐步与其他相关业务系统统一接口,打造一个大的集团系统营销平台。使现有酒店集团IT架构的层面应用给用户提供出个性化、有创意、智能的入住体验。

(3)移动互联网时代白天鹅集团营销中心的主要成果

分销系统方面:

①利用集团化优势,与OTA展开集团化框架合作,降低佣金比例,减少佣金支出,

在OTA网站进行集团品牌宣传展示。

②使用便捷直连的分销渠道系统,对接主要分销渠道,实现分销渠道无缝直连。

直销系统方面：

①打造白天鹅特色的集团官网及WAP网站,建立直销预订引擎,通过SEO.SEM优化搜索排名,提高官网访问量,开通官网在线预付功能,增加官网直销预订。

②2012年开始开发移动端APP软件,不断完善和开发,已经升级至第四版。

③随着微信热潮在2012年的出现,白天鹅开发以营销推广品牌宣传为主的公众微信订阅号及会员客服服务为主的公众微信服务号,两个微信号均开通微信在线预订和会员注册通道。

④制订集团的LPS常旅客奖励计划——悦翔荟,丰富服务体验,增加客户黏性,提高客户忠诚度。开通支付宝钱包爱生活线上会员卡,微信微会员卡。

最终所有的CRM、CCM、微信、APP、官网、OTA等内外部的直销,分销系统都将无缝对接白天鹅酒店集团的核心系统石基昆仑CRS中央预订系统,实现大平台营销系统。

(4) 标准体系

白天鹅集团目前对以下部分规范了相关标准：

①宾客体验部分：按部门规范了从入住到离店的全程居停体验标准,这份标准融合了白天鹅三十年的服务精髓及世界一流酒店的相关标准,尽可能地进行了量化,使成员酒店能方便、直观地落实。

②后台管理部分：以营业的高效益为导向,设计了各后台部门的服务标准,涉及危机管理、食品安全、仓储管理、工程运行管理与节能等近20余个专业模块,凝聚了白天鹅的经验与心血。

③酒店设计与建造标准：根据白天鹅旗下品牌的定义与内核,基于近百个项目的筹建筹备与营运经验,集团制定了近20万字的酒店设计与建造标准,细致地规范了空间要求、设施设备需求、机电标准、智能化设计要点等细节,对于指导投资方建设酒店有较大的帮助。

④筹建筹备标准：为了确保筹建筹备的高效推进,集团建立了筹备管理系统,细致的筹备清单及远程跟踪可以优化各项目的筹备事项管理,使得筹备效率及效果均能保持在较高水平。

2. 采购系统

为了获得更好的运营收益,集团对降低采购费用这个环节为业主提供了便利与实惠,集团与酒店用品电商公司合作建立了集团采购系统,涵盖从包装食材到办公文具的全方位酒店用品供应,并设立了9个不同层次供旗下酒店选购。

(1) 产品系统

白天鹅品牌系列在数十年的营运中积累了相当多的优质产品,集团整合了相关经验,开发了白天鹅睡眠系统、经典厨艺系列、月饼系列、香薰系列等,使得顾客体验更好地保持一致性。

(2) 招聘与培训系统

为了解决旗下酒店的招聘难问题,集团积累了30年与各专业旅游学校的合作经验,建立了广泛的战略合作关系,覆盖了从中专到本科的各个层次,同时与国内各大招聘网站及专业猎头公司均有合作。集团为了各成员酒店的培训体系更加高效,对培训系统的建设及培训师的养成、新员工培训、英语使用等都进行了规范。

(3) 质量管理系统

集团建立了旗下酒店内部质量管理系统的建设要求和规范,并设立了各个专业模块的质量检查手册,可以量化酒店各个专业的得分情况,便于成员酒店间的比较。

(4) 营运手册系统

在统一了各类标准后,集团为了便于成员酒店统一流程,设计了在线的营运手册系统,内容包括SOP、服务案例库、培训资源、知识库、标准集等。该系统可以设置浏览权限及后台浏览记录,未来将与研发中的e-Learning系统整合。

(5) 收益管理体系

为了提升旗下酒店的收益水平,集团一直在推进收益管理系统(RMS)的使用,继白天鹅宾馆在多年前启用后,白云品牌系列的酒店也已完成导入,并发挥了一定的提升作用。

(6) 品牌管理体系

白天鹅酒店集团目前拥有3个品牌系列,共7个品牌,为了使消费者的体验更为清晰,集团初步完成了几个品牌系列的整合,下一步将梳理各品牌主张及内涵,使之与营运标准更紧密地结合。

未来集团将继续强化各个品牌线的相关系统,使白天鹅集团的卓越服务体验能够为客户带来更大的价值。

第四十六章　上海衡山饭店管理公司

一、企业简介

上海市衡山（集团）公司成立于1988年5月，是上海市国资委投资监管的以饭店经营为主，集酒店管理、休闲度假、公寓租赁、汽车服务于一体的综合性集团公司，也是上海市人民政府的重要接待基地。

集团目前共拥有上海大厦（五星）、衡山宾馆（五星）、扬子饭店（精品酒店）、浦江饭店（全国著名老饭店）、衡山马勒别墅饭店（精品酒店）、衡山度假村（三星）、宛平宾馆、衡山国际发展有限公司、衡山汽车服务公司和衡山集团饭店管理公司等九家企业。其中，上海大厦、衡山宾馆、扬子饭店、浦江饭店均为有着70年以上悠久历史的沪上知名老饭店；马勒别墅饭店是全国文物保护建筑，在同行中享有一定声誉。

上海衡山集团饭店管理公司是上海市衡山（集团）公司的全资子公司，代表着集团专业管理饭店，代表集团专业实施酒店品牌输出、管理输出及咨询服务业务。1994年，经国家旅游局批准成为全国首批18家专业饭店管理公司之一。其核心业务是：酒店类项目前期策划、基建咨询、开业筹备、营运管理。十余年来，本着"为业主负责，达到双赢"的原则，管理公司先后在全国十多个省市受托管理了近60余家星级酒店，被中国旅游饭店协会连续三年评选为"中国饭店业民族品牌"。

近20年来，上海衡山集团饭店管理公司（简称"衡山酒店"Hengshan hotels & resorts）凭借品牌优势、专业优势和集团独特资源，积极打造"衡山酒店，我们的家"的公司文化，将不同股东、不同体制和不同区域的酒店，通过创建"衡山品牌"文化融合在一起，本着"为业主创造价值，为客人创造惊喜"的使命，先后在全国各地管理了60多家高星级酒店、国宾馆、度假村及精品酒店，管理项目的总资产达上百亿元人民币。

公司先后荣获"第一财经""全球房地产基金中国年会"授予的"首届金砖价值排行榜星光盛典"之"2012最值得信赖的中国酒店知名品牌"、第五届中国酒店职业经理人国际精英论坛"最具投资价值民族酒店品牌"、第六届"中外酒店"白金奖之"全国

10强品牌酒店管理公司"、第十届中国饭店金马奖之"2009—2010中国最具发展潜力民族酒店品牌",连续六年被中国旅游饭店业协会授予"中国民族饭店品牌先锋""中国饭店业最具规模的30家饭店管理公司(集团)"等称号。

二、企业文化及使命

- 企业文化:公司以"接待第一,质量至上,员工第一,宾客至上"为企业文化。
- 公司使命:为业主创造价值,为客人创造惊喜。

三、管理创新的特点

1. 输出管理方式

全权委托管理:接受酒店项目业主委托,按衡山集团的管理模式对酒店实施全面的营运管理。

顾问管理:提供酒店管理专业咨询,供酒店项目经营者决策参考。

2. 原则和使命

作为经营管理境内外饭店和餐厅的企业,公司始终坚持诚信和让利于客户,坚持用自己的服务去打动客户。本着"为业主负责,达到双赢"的使命,本着"为业主创造价值,为客人创造惊喜"的原则,不断开拓市场。

3. 集团实力和品牌优势

凭借品牌优势、专业优势和集团独特资源,积极打造"衡山酒店,我们的家"的公司文化,将不同股东、不同体制和不同区域的酒店,通过创建"衡山品牌"文化融合在一起。

4. 专一的酒店管理方式

公司主要接管星级酒店,对管理星级酒店方面经验丰富,并形成了良好口碑,对于进一步接管更多的酒店奠定了坚实的基础。

附录：

表46-1　上海衡山饭店管理公司里程碑

1994年	经国家旅游局批准成立
1995年	受托管理酒店4家
1996年	受托管理酒店5家
1997年	受托管理酒店5家
1998年	受托管理酒店6家
1999年	受托管理酒店6家
2000年	受托管理酒店8家
2001年	受托管理酒店6家
2002年	受托管理酒店12家
2003年	受托管理酒店14家
2004年	受托管理酒店11家
2005年	受托管理酒店11家
2006年	受托管理酒店15家
2007年	受托管理酒店12家,被中国旅游饭店业协会授予"中国饭店业最具有规模的30家饭店管理公司(集团)"称号,成为"全国饭店管理公司联席会议"成员单位
2008年	受托管理酒店12家,被中国旅游饭店业协会授予"中国饭店业最具有规模的30家饭店管理公司(集团)"称号
2009年	受托管理酒店14家,被中国旅游饭店业协会授予"中国饭店业最具有规模的30家饭店管理公司(集团)"称号
2010年	受托管理酒店16家,被中国旅游饭店业协会授予"中国饭店业最具有规模的30家饭店管理公司(集团)"称号,荣获第十届中国饭店金马奖之"2009~2010中国最具发展潜力民族酒店品牌"
2011年	受托管理酒店15家,被中国旅游饭店业协会授予"中国饭店业最具有规模的30家饭店管理公司(集团)"称号,荣获第六届"中外酒店"白金奖之"全国10强品牌酒店管理公司"
2012年	荣获第五届中国酒店职业经理人国际经营论坛"最具投资价值民族酒店品牌",被中国旅游饭店业协会授予"中国饭店业最具有规模的30家饭店管理公司(集团)"称号

表46-2　上海衡山饭店管理公司旗下在管酒店

已开业	
-南昌·江西前湖迎宾馆	-太仓·衡山娄东宾馆
-上海·衡山北郊宾馆	-上海·衡山金仓永华大酒店
-上海·衡山蓝天宾馆	-井冈山·衡山大酒店
-扬州·衡山明珠国际大酒店	-苏州太湖·衡山涵园国际俱乐部
-上海·君顶华悦俱乐部	-上海·梅陇君衡城市新锐酒店

筹建中	
-三亚·三亚湾衡山国际大酒店	-郑州·衡山易元国际大酒店
-新疆·库车饭店	-上海崇明·衡山东平草堂精品酒店
-镇江·衡山紫泉宫温泉大酒店	-吴江·顺利衡山国际大酒店
-宜兴·衡山云湖神山度假村	-安庆·马山衡山国际大酒店
-吴江汾湖·温哥华度假酒店	

第四十七章 创造价值 实现共赢

——驿家365连锁酒店发展之路[①]

一、企业简介

驿家365连锁酒店,专业致力于经济型酒店和中档连锁酒店的投资与管理,根植京津冀,辐射华北和环渤海,已成为华北区域的强势领导品牌,进入中国连锁酒店20强榜单、中国饭店集团60强、全球酒店300强第210位。

几年来,驿家365连锁酒店以"成为大众旅行者的首选酒店品牌"为愿景,以推行特许连锁为主线,以实施品牌战略为抓手,以提升产品品质和优化体系建设为根本,专注于为顾客提供物有所值的住宿体验和创新服务,实现了快速扩张。目前,公司发展迅猛,截至2014年8月,旗下酒店数量150家,含筹建数量57家,拥有13900间客房,会员数量300万,区域覆盖河北各地级市、北京、河南、山东、山西、辽宁等省市30余个县。

作为河北省经济型酒店行业领军品牌,驿家365连锁酒店以高成长性和影响力被河北省推举为经济型酒店行业标准和规范的起草单位,并担任河北省商业联合会特许加盟连锁专业委员会的主任单位。

二、主要品牌

自2005年11月组建后,公司成功运营了河北省首家经济型酒店。2007年,河北省内第一家自主品牌——驿家365连锁酒店开门迎宾。本着发展一代、研发一代、创新一代的方针,2009年在驿家365快速发展情况下,开始创立子品牌——千里行客

[①] 高树军,驿家365连锁酒店董事长兼CEO。

栈,2012年研发了中档连锁品牌——唐年商旅酒店。截至目前,旗下三个品牌实现了差异化经营。

几年来,品牌影响力不断提升。2014年6月,荣获中国饭店协会颁发的金鼎奖"2014最具成长性连锁饭店品牌",2013年5月,以强劲的发展势头荣获中国特许经营新锐奖,这是中国经济型酒店首个获奖品牌。公司先后荣获"中国最具发展潜力经济型酒店品牌""中国优秀雇主企业""河北省明星企业""河北省服务名牌""河北省特许经营重点培育品牌""石家庄五一劳动奖状""中国经济型酒店潜力榜十强"等荣誉称号,被河北省商务厅列为特许经营重点培育品牌,发展经验被列入河北省政府工作报告(冀政[2013]37号文件)。

在发展区域上,不搞摊大饼式的点式布局,而是以确保实现单店盈利为目标,抓住机遇,稳步推进,点线并举,系统成片。

三、经营管理创新

公司自组建后,稳健快速发展,呈现出"驿家365特色"体系:

1. 三项价值理念,缔造和谐生态圈

驿家365得以健康稳定发展、社会美誉不断,与驿家365独特的三项价值理念是分不开的。作为特许经营为主业的连锁品牌,驿家365连锁酒店以全程支持、共享未来为承诺,创造了独特的"三项价值理论",即创造业主价值、顾客价值、员工价值。珍视业主的每一分投入,最重视业主价值是驿家365连锁酒店的突出特色。三项价值理论营建了尊重、沟通、共赢的和谐生态圈,被业界专家称为"驿家365价值模式"。

2. 特许体系建设做保障,实现持续发展

建立体系,夯实基础。酒店快速发展,体系是保障。一个企业要想快速发展,保持基业长青,必须有强大的体系做支撑。公司成立之初,就把建立完善运营体系当成一项系统工程常抓不懈。在只有几家店时,就建立了较完备的酒店标准手册和运营手册,组建了运营支持中心,建立了CRS全国订房中心。

在产品更新换代方面,公司持续对驿家365修订品牌的升级版标准,从外观形象到产品品质都有了较大提升。在硬件技术上,实施了新风系统和酒店无线网络全覆盖,将整体卫浴、门禁安防系统引入快捷酒店,使酒店硬件水平上了一个大台阶。公司还针对客源市场的细分策略,在标准版的基础上,制定了标准版、县域版、小微版等产品模型,以满足不同市场投资商对产品的需求。

驿家365聘请国内著名专家搭建并完善特许经营体系,实施了以健全完善特许经营为重点的全生命周期特许体系建设。该体系共有9大模块、6个阶段、17个子系统的全生命周期管理体系,形成具有驿家365特色、适应连锁加盟发展的特许经营管理体系。

3. 重视业主价值,实现沟通共建共赢

高度重视业主价值的实现,是驿家365在特许体系建设方面的一个突出特色。成立了专门的业主咨询管理委员会,搭建沟通、共建、共赢的平台。公司每周召开的周例会,都会邀请一位特许加盟业主和特许店长参加,为在销售和管理上遇到问题的酒店,共同讨论确定解决方案;建立了高管拜访制度,为加盟业主提供一站式服务。通过真诚、尊重、沟通达成合作共赢的目的。业主还可以参与制定年度经营预算、参与对店长业绩的评估,为业主创造信任、沟通的良好氛围。

2014年3月20日至22日,驿家365邀请美国佩珀代因大学(Pepperdine University)MSOD工作组代表团一行共同举行为期三天的特许体系建设专题工作访。驿家365连锁酒店管理团队、加盟业主等30余人参加了工作坊,用未来探索工具就如何构建共赢、发展的特许体系进行了研讨,品牌方和加盟业主方坦诚交流、积极互动,就共同关心的问题探寻根源、共建共赢,充分体现了驿家365连锁酒店倡导的"支持加盟商就是支持我们自己"理念,更是驿家365独特的三项价值理念"顾客价值、业主价值、员工价值"的融合与印证。本次工作坊,中西方管理体系的互相借鉴、融合,拓宽了特许经营管理的理念和眼界,提高驿家365特许经营体系的持续优化能力,提升了企业的核心竞争力。未来,驿家365连锁酒店与美国佩珀代因大学(MSOD项目组)将会建立长期的合作关系,在更广阔的领域深度合作。

4. 产品服务不断创新,提升顾客体验价值

驿家365在产品和服务上注重创新,在设施上注重维护,时刻关注顾客体验,推出了神秘顾客体验入住、会员优惠等各项活动。在产品理念和服务理念的优化上,我们聚焦于客人的感受,在顾客最关心的隔音、淋浴、睡床、网速等方面进行了优化与提升。在服务中倡导对客服务中营造轻松的氛围,并在交谈、互动中提供有效的服务。同时,驿家365还提倡两种精神,即女主人精神和老板娘精神。要求管理者要有老板娘精神,把店面管理当作自己的事业,员工要有女主人精神,以女主人的身份和感觉来待客,真正把客人和同事当成家人、朋友,用一种亲切、随和的语气和语言拉近彼此之间的感情,为客人创造一种轻松的氛围,住店犹如到朋友家串门一样轻松、愉悦。

5. 自主研发管理系统,增强集团管控

自主研发适用于连锁酒店行业的人力资源管理系统,对人员档案管理,员工流失率分析,培训经历,工资审批,人力资源成本分析,个人战略管理,年度工作目标分解等内容进行集团化管理,实现了公司总部对人力资源的时时管控与分析,对降低人力资源成本及员工流失起到了积极的作用。根据经济型连锁酒店特征自主研发酒店网络检测工具,实现对各门店网络状况的时时监控并保证酒店跟公司总部的网络正常连接,提升客户体验。

6. 加强战略合作,共建大数据平台

在渠道合作、客源拓展上,驿家一方面加强信息化管理平台,另一方面扩大战略联盟,与春秋航空、神州租车等建立了战略合作关系,企业与企业之间的会员共享,使得品牌在客源上有了强有力的补充保障。在品牌宣传、会员发展、市场营销等方面持续优化变革,保障品牌在竞争日益激烈的市场中占据一席之地,也极大地推动了品牌的整体发展。在体系建设上,以会员为核心,中央预订为基础,网络营销为平台,不断完善出一整套适合自身品牌的营销系统。

7. 树立行业标准,承担发展重任

以开放的心态勇于承担行业沟通、发展重任,担任了河北省特许加盟连锁专业委员会主任单位一职,以树立标杆企业、资源整合、专业培训和研讨、建立规范和标准为目标,创建了特许行业提升管理健康发展的平台。

驿家发起了中国连锁酒店发展大会组委会,为成长型连锁酒店品牌搭建资源共享、战略合作的平台,成功承办五届中国经济型连锁酒店高峰论坛。

未来,驿家365连锁酒店将在"五年百城千店"的战略规划的引导下,继续保持快速、稳健、持续发展的态势,进一步抢抓机遇,全力提速,加快迈入中国经济型酒店前十强、全球酒店前50强的行列。

第四十八章 跨越十年,品质铸就辉煌
——陕西旅游饭店管理集团[①]

陕西旅游饭店管理(集团)股份有限公司成立于2004年,经过十年的发展,自2007年以来连续被中国饭店业协会评为"中国最具规模的本土饭店管理公司(集团)30强"及"中国饭店集团60强",已成为中国西北地区规模最大、实力最强的饭店管理集团,被誉为"中国最具发展潜力酒店管理公司"。

十年来,公司从最初的管理几家国有老酒店,发展成为跨地区、跨行业的大型酒店管理集团公司——陕西旅游饭店管理(集团)股份有限公司。从公司培养起来的企业经营管理者们,也从只管照章办事的"国企人",成长为纵横千里、执掌各类星级酒店的职业经理人,这其中不乏有志在远方能打硬仗的经营高手;更有能在男人闯荡的江湖上绽放的"铿锵玫瑰"。管理公司之所以能在短短几年发展中,成为雄居中国西部酒店业市场的一个强者,正是依靠了这样一支可以信任、吃苦耐劳、忠于企业的职业经理人队伍。

这些从国企成长起来的酒店人,有着共同的事业梦想和企业价值观。在中国酒店业发展到今天,公司也在与时俱进,始终遵循和坚守了创新、奉献、诚实、守信的事业准则。在坚持与变革、在变与不变的博弈中,公司践行了自己的企业核心价值观——积极开拓拼搏,把脉市场动向,顺应趋势发展,"创新驱动,转型升级,全面发展"使公司成长为大型企业集团。员工也正以国际先进管理理念与本土企业管理经验相融合,以规模化扩张和科学化管理提高企业核心竞争力;以资源的有效整合和产品创新提升企业经营效益;以深化企业体制改革促进其可持续发展;以构建企业核心价值观和企业文化促进企业的科学发展,努力实现以酒店管理为主业的多元化经营的中国一流酒店管理集团。

[①] 作者:茹明亮,陕西旅游饭店管理(集团)股份有限公司总经理。

一、创业发展,稳步前行

曾几何时,作为西北内地的一家名不见经传的本土酒店管理公司,要在竞争激烈的管理市场中闯出一片天地谈何容易。公司起步于国有老企业,在市场经济条件下,其管理机制落后、设备设施陈旧、人员沉积臃肿、经营利润率低下,这些都成了阻碍公司发展的"硬伤"。公司的管理者们清楚地意识到,公司要拓展市场,必须充分利用现有资源盘活资产,挖掘自身潜力、扬长避短,走出一条自我创业发展之路。公司的优势在于以经营管理四星级酒店为主业,了解和熟悉中高档酒店在二三线城市的运营和管理。我们的经营管理者成长于国有企业,具有忠于企业、吃苦耐劳的职业道德和敬业精神,熟悉和掌握在这一领域的经营管理经验拓展市场。

酒店管理市场也崇尚"外来和尚好念经",公司在建立初期,时常会有酒店业主原本请了知名品牌酒店管理集团来管,但由于种种原因未能达到预期效果,业主才又转来找我们,所以公司开始所做的一些项目往往是人家管不好、经营不下去的饭店。为了在市场上占有一席之地,只要有项目公司便不挑地域、不挑酒店、选派最优秀的管理人员全力以赴,只有比别人做得更多、做得更好,力争管一家成功一家,把管理和经营的美誉度做到最好。凭着国企人的认真和锲而不舍的拓荒精神,我们用了不长时间就在西安及西部地区的酒店管理市场中站稳了脚跟。

为提高管理经营业绩,公司对所管理的国企饭店的管理流程和经营模式进行梳理和研究,聘请行业、院校、机构的专家和学者组成"专家委员会",深度研发陕旅饭店管理集团运营体系,对服务流程进行科学再造。同时吸取国际饭店业管理模式的先进经验,按照公司的发展战略,以科学化、专业化、可操作性、可复制性为原则,完善管理运营规范。逐步建立了一系列适合公司战略发展规划要求的管理制度、管理标准和管理模式,使所管理的各饭店能够按照统一的经营管理规范进行运营。

公司定期和不定期地对所管理的项目酒店进行"明察暗访",寻找项目运营管理中存在的问题。针对企业经营管理中的各类问题进行深入解剖,召开经营分析会、专题研讨会、项目论证等,从实际到理论,再从理论到实践,全面监督指导项目的健康运行。根据市场需求,再造服务流程,努力使精细化服务做到极致,使公司的管理"秘籍"成为"宝典",有效保证了公司拓展酒店经营管理品质的可复制性。

饭店管理公司在规模扩张的同时,不断深化企业改制,通过借助资本的力量强化公司的经济实力,以拓展更宽的业务领域。也通过自身机制的不断完善提升人力资源质量。优胜劣汰是市场的游戏规则,也是企业遵循的必然准则。公司通过绩效考核评业绩,通过竞聘考核选用人。企业用能干的人,更愿用积极的人。公司花大力气规范企业经营管理模式,花大力气培养帮助企业经营管理者成长,就是要让每个企业人跟上企业发展的步伐。为了选拔后备人员,打破论资排辈的固有模式,公司通过企业内部摸底、部门推荐、人才库选拔、公开报名等方式把长期在一线部门工作,踏实勤奋、忠诚企业的年轻有为的业务骨干选拔到基层管理岗位做见习经理。我们对见习管理人员实行统一管理和考核,以实际能力和工作评估,选拔任用到合适的岗位。与旅游院校建立校企合作联盟,吸纳优秀学生进入公司,开展形式多样的培训活动,建立职业生涯规划,这一举措极大地调动了企业员工积极进取的工作热情,涌现了一大批年轻有为的企业经营者,为公司的发展注入了新的活力。

饭店管理公司所处的是完全的竞争市场,每个企业都在瞬息万变的市场中自主沉浮。职业经理人身处其中,不进则退,不变则亡。我们强调,企业经营管理者要有敏锐的市场洞察力,要善于根据市场变化及时调整企业市场定位和产品结构。总经理在企业就要有高人一筹的能力和眼光,宏观上要能把握大局,适时为企业调整经营方向;管理工作要扎实深入,管理的"气"要运行到企业机体各路的"神经末端"。在微观上要能从脚下地毯的污迹了解到设施设备的运行状况,从一线员工的眼神和表情洞察到服务质量的优劣。

同在市场环境中,有的人就能捕捉市场变化的端倪,快速反应积极应对,带领企业在逆境中寻找新的利润增长点,创造良好业绩,这不是聪明过人,而是勤奋的结果,积极地想点子、积极地想办法、积极地去改变。市场不眷顾懒惰者,如果你不思求变,懒得动脑筋,总是按照固有的思维方式想问题,一成不变的模式搞经营,在激烈的市场竞争中你就难以立足。当今社会"变"是永远不变的法则,明确了这个认识,树立了与时俱进的观念,才能克服惰性,积极适应企业的要求和市场的变化,职业经理人的聪明才智才能在企业发展的过程中激情释放。

二、创建品牌,凝结企业品质

经过多年发展,公司已经形成了一定的管理规模,积累了一定的市场影响力,同时正在实施创建公司自己的品牌谱系。公司花大力气规范管理制度,不断完善已有的经营管理模式,进一步提炼其产品品质,就是要将所有的努力凝结在品牌中。公司的品牌谱系包括:"海市"——高端酒店、"欣源国际"——精品酒店、"海厦"——中档酒店、"欣源万家"——商务型酒店、"海市阁"——餐饮,以及"海盟"——酒店用品。

三、积极转型,把脉市场创新制胜

近两年来,酒店消费市场瞬息万变,政府宏观政策调控,抑制了公款消费,许多高星级酒店遭遇"寒流"。但陕旅饭店管理集团没有故步自封,而是依据市场需求,不断调整产品类型,创新营销理念和服务方式,指导旗下酒店积极转型,将市场的风浪起伏化为前进的动力。

面对新形势,公司明确提出,让酒店成为都市高密度消费区和商业区,提高酒店综合消费。酒店要积极探索多元化经营模式,盘活资产,创新经营思路。

入住西安宾馆的网络客人投诉酒店设施陈旧"像兵马俑一样老"。为了改变现状,宾馆千方百计地进行装修升级,改善酒店硬件设施。同时,为了盘活酒店经营,西宾充分挖掘闲置资源引进社会餐饮进入,以合作分成形式,将停车场、地下室、旧锅炉房等可利用的资产,通过改造,以租赁、合作经营、承包、资产置换等形式多元化经营,以获取利益最大化。为了节能降耗,总经理从源头抓起杜绝浪费,物料采买严格把控,连每天的蔬果价格都要求严格经过市场调研;更换节能灯、改造天然气等节约了能源;通过岗位核编,减员增效,在工资总额不变的情况下,力争对员工的工资福利上调,调动了员工的积极性,让"像兵马俑一样老"的酒店焕发了青春。

贵阳西湖花园大酒店受到整体大环境影响市场冲击较大,加之贵阳新增酒店陆续开张。酒店采取了多种营销渠道,不但按照传统销售思路,即走访式销售、电话销售、网络销售等直接销售途径,还大力开发网络中心,推出团购、限时抢购、限量特价等优惠政策,入住期间由HK特别关注,住房期间执行多项优惠政策,如免费洗衬衣、送饮料、延迟退房时间等,使得网络中心客源比去年同期收入大有增加。

西安唐城宾馆设计推出了符合现代高端时尚需求的唐宫宴,整个宴会中穿插古乐演奏和《琵琶舞》《踏歌》等仿唐舞表演,将气派、尊贵、美食、艺术、文化等元素合为一体,更将活着的历史呈现于当下。

消费市场的变化,使餐饮原材料价格递增,人工成本加大。公司采取多种方式和措施提高企业盈利能力,公司与加拿大海鲜渔业公司进行战略合作,由加拿大海鲜渔业公司直接为公司旗下所有酒店提供优质的来自北大西洋深海海域的新鲜海鲜,如此一来不仅降低了海鲜采购成本,更保证了海鲜的纯正。同时举办"深海鱼品菜盛宴",酒店高级厨师聚集一堂,没有"高大上"的昂贵菜肴,所带的皆是新研制出的当季美味,价格更符合大众消费,在做到色、香、味俱全的同时,更具当地特色,以更优质的产品赢得了大众的味蕾和欢迎。

饮食与文化相结合,以提升饮食的内涵价值。公司积极推出以老西安传统习俗为特色的餐饮文化,聘请西安文化名家和陕菜传人做顾问,研究历史、文化和餐饮的结合,让厨师们了解陕菜历史、研发新品,为更多关注陕菜、热爱陕菜的各界人士提供了了解陕菜、体验古老文化的机会。公司突出文化资源发掘的作用,形成了自己独特的具有创意的酒店餐饮文化。在着力推进饮食文化、旅游资源的形象化、愉悦化、生活化和商业化的同时注重饮食文化的保护、推介、创新和品牌打造。

四、聚力再升,踏上多元化发展快车道

2013年,公司通过深化企业改制完成了股权结构质的转变,是"里程碑"式的一年,这标志着饭店管理公司已经摆脱了体制束缚,从此开始了自主经营发展的新起点。目前,公司通过多种经营和管理方式成功管理了50余家星级饭店和服务型企业;积极发展电子商务、旅行社、商贸等相关产业;同时通过资本运营开展旅游地产业务,公司业务范围辐射至省内外十多个省市和地区,规模和实力不断增强。

公司从单一酒店管理发展为集团化产业布局,除了酒店管理业主之外正在向更多经营领域发展,其中,河南洛阳"百家姓文化创意园"古玩城项目的开发,其经济效益和文化带动效益非常显著;在上海浦东酒店项目的建设,随着自贸区和迪士尼项目的建成开放,将为酒店带来非常乐观的市场效益;在陕西韩城投资建设的温泉度假酒店,将打造成为陕西文化休闲的精品项目。公司通过开发多元化盈利模式来拓展市场,增强企业实力,在此基础上创建自主品牌体系,建立品牌延伸的支持系统,把企业做强,使企业成长为真正有实力和有发展后劲的企业集团。

成为中国一流的酒店管理集团,始终是公司不变的目标。新的形势下、新的发展机遇中,公司将积极"调整产品结构,科学管理流程,创新产品特色,提升服务品质"。做长青基业,而不是昙花一现,这就意味着我们要始终如一,坚定信心,面对瞬息万变的市场,未雨绸缪,为实现我们的梦想而不懈奋斗。

第四十九章 阳光酒店管理集团有限公司

一、企业简介

阳光酒店集团是以酒店旅游为核心业务的专业化管理公司,具有商务酒店、票务预订、国际旅游、汽车出租、装饰装修等配套完善的旅游产业服务体系,可为各类会议、商务活动、出国考察、旅游、培训、疗养、度假等提供全方位的服务。目前拥有和管理国际、国内各类商务酒店、假日酒店、疗养院50余家,国际酒店分布于法国、新加坡、柬埔寨等亚欧国家,国内酒店遍布于北京、重庆、南京、成都、西安、深圳等中心城市和三亚、大连、苏州、桂林、北戴河等重点名盛旅游风景区;拥有中油阳光国际旅行社、阳光出行网、北京阳光出租汽车公司、阳光丽景装饰公司等专业化服务机构。

阳光酒店集团全体员工始终秉承"创新、精细、关爱、奉献、和谐"的阳光文化理念,发扬"激情创业、感动服务、享受奉献"的企业精神,坚持用心用情、求细求精,以精细和规范的服务,不断为客户创造价值,为企业和社会创造效益。集团以打造"阳光"民族知名品牌为己任,全面实施"品牌、市场、人才、企业文化"四大发展战略,持续推进集团化、专业化、信息化建设,全力打造国际一流、国内领先、具有较强核心竞争力和行业影响力的民族酒店品牌。

二、企业文化

阳光文化是一个以创新、精细、关爱、奉献、和谐为文化核心的、符合阳光酒店集团发展和行业特征的企业文化理念系统。

- 创新:阳光每天都是新的,在新的一天里,让我们在新的起点上出发。
- 精细:用我们的心去温暖顾客的心,像阳光一样,丝丝缕缕照进人的心怀。
- 关爱:太阳是遥远的,而阳光无所不在。阳光给了生命博大精深的创造和无微不至的呵护,这是来自阳光的爱。

- 奉献:太阳默默地、无私地传输着热量和光芒,燃烧自己,滋养万物。
- 和谐:世界只有一个太阳,阳光融汇一种色彩。

三、品牌介绍

阳光酒店管理集团有限公司为华油集团下属公司,其背后中石油集团实力雄厚,为阳光酒店管理集团有限公司提供良好的发展平台。中石油品牌经多年积累,已形成品牌资产。阳光酒店从中石油酒店系统内部酒店开始,到如今的发展、壮大,主要经历了三个主要阶段,分别为粗放自然阶段、探索成长阶段、整合扩张阶段。

1. 自然成长阶段

阳光酒店最初的发展来源于中国石油的各地办事处和招待所。随着市场经济的改革和渗透,"招待所""培训中心"更改为"宾馆""饭店""酒店"。在兰州,现甘肃阳光大酒店原来是玉门石油管理局的在兰州的西部大厦;在成都,成都阳光酒店原来是玉门油田管理局在成都的办事处——成都石油宾馆改建而来;现三亚阳光大酒店有限公司(三亚阳光大酒店)就是中石油在三亚的度假村改建而成。然而当时中石油下属的上50家招待所和度假村分属不同的区域油田公司和石油管理局,没有形成统一的区域品牌效应。

2. 创建成长阶段

阳光酒店的成立壮大,源于甘肃阳光大厦有限公司的成立和发展。2002年10月,甘肃阳光大酒店荣膺五星并正式开业,成为甘肃省首家五星级酒店。12年来,酒店找准了市场定位,依靠品质吸引宾客,形成商务协议、订房中心、综合会议、旅行社四大支撑客户群体。同时,酒店推陈出新和不断创新的营销理念,使阳光始终引领本地区酒店业的品位和潮流。在这一阶段,由于缺乏经营酒店的相关经验,阳光在整合利用自己现有资源的基础上,主要依靠借鉴国外经济型酒店成熟的经营模式,"阳光"正式被公司定位品牌名,同时申请商标注册曾用名。

3. 整合扩张阶段

2010年11月14日,中国华油集团公司在北京石油培训中心召开了干部大会,宣布组建阳光酒店集团和阳光物业集团,同时宣布了两个公司的领导班子成员。从此,阳光酒店驶入快速扩张阶段,阳光首先将"直营店"作为酒店发展的重点,直营店的发展在扩大规模的同时也可以提升品牌的印象概念和知名度。伴随规模的扩大以及酒店品牌效应的不断增强,阳光开始逐步采用管理合同、加盟连锁等方式。当前的任务是继续完成资源重组,包括外部资源的划入重组和内部资源按照地理布局、功能性重组,对重组进入的资源作进一步梳理定位,推出"阳光"标识品牌、企业文化体系、管理制度体系。

四、管理创新

1. 多渠道营销模式

其旗下的中油国旅借网络平台销售农业嘉年华门票得出:依托活动设计主题参观产品的想法为应季旅游产品提供了新思路新线路;依托价格优势,通过上线团购为打开更广阔的销售渠道提供了新尝试新经验。同时公司旗下的中油阳光国旅借助 CCTV 网络推介阳光品牌。

2. 积极面对竞争局势,稳中求升

面临当前严峻的经营形式,酒店推出在开拓市场的同时加大酒店节流力度;全面做好酒店各项设施设备维护保养工作,并制订相关保养计划,避免酒店旺季客源增多时出现投诉;不断加大宣传力度,全面提升餐饮业绩;一以贯之地持续提供优质服务,并保持服务质量常抓不懈,全面提升酒店整体服务水平。

3. 实施"指尖上的阳光"活动

成都阳光酒店于 2014 年 3 月 28 日全新开发并完成了酒店官网在线直销及移动营销平台的搭建。实现了 PC 官网、酒店微信公众平台以及手机网站在线查询、预定、支付等服务功能,客人可以通过酒店官网、扫描(关注)酒店二维码或下载手机 APP 客户端随时了解酒店服务产品和最新优惠资讯,网络在线预订服务功能更快捷、更方便、更准确。

4. 大力推进绿色环保理念,狠抓节能降耗

石家庄阳光大酒店结合酒店的硬件和资金现状,在保证酒店服务品质和舒适度的前提下,制定了降低夏季空调能耗的措施:优化空调主机运行模式;优化空调热回收与热水锅炉设置;有效控制空调水循环压力;实施分区温控标准;集中清理所有房间风口积尘及空调滤心,提高风机盘管工作效率;优化夏季排房机制;大力实施热阻隔;实施定期新风散热。

5. 认识安全与经济效益的关系

阳光酒店集团召开了输出管理酒店安全工作专题会议,要求各单位要切实落实安全生产主体责任,要全面建立 HSE 管理体系,认真贯彻落实 HSE 的"两书一表",要认

识到"两书一表"是安全工作的基础,是基本的保障措施。夏季来临,各单位要突出重点做好防火和防食物中毒工作。

6. 注重个性化服务

甘肃阳光大酒店在规范标准化服务的基础上,在各个服务流程上大力推进个性化服务建设。一是将员工日常对客服务行为规范归纳和提炼成"卓越服务九点程式"。从"尽可能称呼宾客姓名""五米之内目视宾客并展现笑容"到"陪伴宾客到他想到的地方,而不是仅仅指引宾客"等,在每月工作中融入一项主题培训活动,实行一对一的演练培训,循环往复,坚持不懈。二是制定了《员工开展个性化服务奖励方案》,提高奖励基数,鼓励员工从本职岗位入手,注意宾客需求的多样性,依据具体情况灵活地提供个性化服务。三是每月召开个性化服务表彰大会,通过每月通报个性化服务开展情况、现场进行物质奖励、个性化服务明星照片展示、个性化优秀案例分享点评及个性化服务明星讲述服务心得体会等,极大地提升员工被认可和肯定的职业自豪感。四是在服务流程上下足了功夫,大到为常住客人举行欢迎仪式、为过生日的住店客人赠送生日礼物;小到客房员工留言提醒客人按时吃药,主动帮助客人洗衣物,清理鞋子表面污渍,前台员工为抵店晚的宾客赠送热牛奶,西餐员工为生病客人赠送白粥,为感冒客人熬制姜汤,中餐员工为醉酒客人提供蜂蜜水等个性化服务已步入了常态化。

7. 人性化管理模式

阳光酒店管理集团旗下的各家酒店展开各项活动,如敦煌阳光沙洲大酒店举办"2014,梦想起航"员工迎新文艺汇演、节前苦难员工慰问活动,重庆阳光酒店举办2013年现金表彰暨是个朗诵大会,开封阳光及对岸进行客房坐床、清扫流程培训,中油阳光国旅举办"微营销、大市场"培训班、专题民主生活会等活动,对员工进行德智体各方面的培训。

资料来源:

[1]阳光酒店品牌建设[EB/OL]. http://www.docin.com/p-785663810.html, 2014-03-30.

[2]阳光酒店集团官方网:http://www.soluxe.com.cn/index.php? ac = article&at = list&tid = 67.

第五十章　服务从心开始
——浅谈八方连锁酒店异军突起之路[①]

一、企业介绍

东莞是屡创奇迹的创业热土,每个行业每天都在绽放新精彩。

2006年,在星级酒店林立的东莞,涌现一家并不起眼的八方连锁酒店公司,没有自有物业,没有雄厚资本,安徽籍创始人潘家兄弟凭借经济、便捷、舒适的服务理念,用8年时间有别于星级酒店而走上差异化发展道路,为百年基业做好扎实的铺垫。

八方连锁酒店集团秉承"服务从心开始"理念,向国内外宾客展示着良好的服务形象。旗下有八方连锁、八方精品、东方客栈三大酒店品牌,建立了现代酒店管理运营模式。经过近8年发展,已经成为莞深经济型酒店行业的领军品牌,遍布于东莞32个镇(街)、深圳、广州、佛山、湛江、增城、惠州、珠海等省内经济发达区域。

集团目前拥有连锁店规模80家,拥有客房约9000间,年接待客流达300万人次。每家连锁店均坐落于当地繁华的中心商圈,交通便利,周边生活娱乐设施齐全,极具发展潜力。随着会员积分制、网上及微信平台预订的启动,注册会员总数已超过200万人。

经过8年的奋斗,八方连锁酒店集团凭借80家连锁店、三大品牌的规模,培育起一个以莞深市场为主的珠三角区域经济酒店最大品牌,成为竞争激烈的酒店行业中一颗新星。

二、品牌介绍

无论在经济酒店领域还是其他业态,多元化都是企业发展进入成熟期的一种扩张

[①] 作者:张勇,广东东莞八方连锁酒店集团有限公司销售部总监。

策略。在母品牌成熟的基础上,八方连锁酒店集团品牌开始尝试迈出多元品牌差异发展的步伐,充分挖掘经济、商务两大领域的市场空间。

1. 母品牌带动,树立全品牌

八方连锁酒店集团深耕以莞、深为主的珠三角市场,八方连锁品牌为市场所熟知,也是集团最有市场影响力、最有市场美誉度的母品牌。

对母品牌的经营,八方连锁酒店集团以扎根区域市场、紧扣区域特色、深挖区域潜力的策略,在经济酒店密集的东莞,仍得以稳健扩张,以40家门店成为当地规模最大的经济连锁酒店。

为了差异化发展,八方连锁酒店集团在母品牌基础上,衍生发展了服务细分市场的两大子品牌,分别为八方精品和东方客栈。

2. 子品牌驱动,切分全市场

2012年3月,在深圳创立第一家的精品型酒店,就是八方精品酒店,精确客户为高收入群体,提供商务接待、会议等服务。按商务客人的需求量身定做,设施标准介于星级酒店和经济酒店之间,价格是主要的优势。2014年4月,八方精品酒店首家东莞门店在寮步金凯悦酒店试营业。

八方精品酒店连锁店规模达到了6家,其中深圳4家、东莞2家。根据八方连锁酒店集团规划,计划3年内在广东的精品酒店达到30家,将以租赁、收购物业等方式扩张。

在创建东方客栈时,八方连锁酒店集团就定位为中档文化主题酒店。浓厚的东方文化味是其显著特征,不管是装饰还是用品,都溢出了浓浓的中国文化特色。在经济酒店如云的市场,东方客栈开创了新的连锁模式。

东方客栈倡导为拥有善心的人们提供一个修身、养性、治心、怡情的宁静之所,同好之人可以在此交流心得,相互成长。儒家、佛家、道家、师道、孝道、书、艺术、茶,在这里交融,这就是东方客栈:精致、优逸、品质、自然。东方客栈将智慧运用在日常生活,基于温馨、舒适的入住体验,让人感受生活的宁静、安详、回归自然、向上向善、缔造和谐生活、追求物质满足的舒适性和精神满足的愉悦和惊喜。东方客栈正在东莞市场稳健扩张,规模达到5家。

三、经营创新

1. 服务求创新:零秒入住、退房开创先河

八方连锁酒店集团创立以来一直推崇对客户、对员工的感恩文化,以"服务从心

开始"的宗旨,向海内外客户传递本土经济连锁酒店的良好形象。凭借时尚、干净、舒适的酒店产品,为客户提供安心、便捷的旅行住宿服务,传递着"让宾客有期而至,并超越您的期待"的服务。

八方连锁酒店集团的成功利器独到之处,是它对产品服务的持续创新。不论是感恩的服务理念,创设会员积分制、网上及微信平台预订服务,还是后来最为业内关注的零秒入住、退房服务,都一如既往地贯彻了集团对产品创新的运营策略。

在东莞,星级酒店承接商务业务是惯例,且行业竞争非常激烈。八方连锁酒店集团把八方精品酒店推进东莞市场时,就以"低于星级酒店的价格、享受星级酒店的服务"来争夺市场,而且还大胆尝试提供"零秒入住、退房"服务。

目前,八方连锁酒店集团开设的24小时订房平台已经在试运行测试,从而实现客户在24小时内都可以订房入住的愿望,同时通过系统平台还能够提供不排队退房的服务。相信很多人都对一旦酒店退房高峰时的排队感到纠结,客户的烦恼就是八方连锁酒店集团着眼解决的问题。一旦这种服务在八方连锁酒店品牌全面实施,将带来一场市场冲击。

八方连锁酒店集团对产品创新,还体现在精准切入区域市场。

以八方精品酒店进入东莞为例,众所周知东莞繁荣的工业经济,决定了商务市场蛋糕的庞大。八方连锁酒店集团承租了180多个客房,用于八方精品酒店专业运营商务酒店业务。

面对东莞各类酒店激烈竞争的现实,八方连锁酒店集团分析市场面临转型,受大环境影响,高星级酒店的客户被细分,如一些公务接待活动就流向了有价格优势的商务酒店。

八方精品按商务客人的需求量身定做,设施标准介于星级酒店和经济酒店之间,价格是主要的优势。对锁定城市中产阶级的八方精品酒店来说,东莞经济正处上升通道,给商务酒店带来了市场空间。

同时,八方连锁酒店集团是专业的连锁酒店运营商,会员基数、服务上有优势。以专业和价格优势进入东莞或者其他区域的商务酒店市场,都是一股冲击波。

2. 经营重稳健:不求快实现区域扩全国

从2006年创立第一家经济酒店起,八方连锁酒店集团就把目标客户定位在往来"世界制造业名城"的海内外商旅客户。它以经济、便捷、舒适的服务为东莞制造业链条提供便捷配套。

八方连锁酒店集团的迅速成长,有创始人独到的经营智慧、与时俱进的企业管理制度、东莞经济加快转型升级等关键因素的推动。其中,稳健扩张战略始终贯彻于公司发展的始终。

相对于国内知名的连锁酒店品牌,八方连锁酒店集团的扩张速度并不算快。迄今为止,八方连锁酒店集团的门店数量刚接近80家。而业内龙头7天连锁,到2013年6月被铂涛酒店集团私有化收购时,门店规模达到了2 000多家。

事实上这正是八方连锁酒店集团的一直能够处于上升发展的经营特点——稳健,在东莞星级酒店业受到2008年全球金融危机、2010年欧债危机双重冲击的情况下,八方连锁酒店集团一直保持稳健增长,年均增加10家。与此同时,八方连锁酒店集团的全部投资资金都是自有资本,并且深耕于区域市场。

在东莞经济连锁酒店市场,八方连锁酒店集团可谓是最懂东莞市场的一个。东莞各镇街都有工业,往来贸易考察的商务人士很多,品牌连锁酒店多在市区,八方连锁酒店就成为他们的选择。八方连锁酒店集团也不讳言自己"最懂东莞":与外来品牌的竞争,就在于更了解东莞商务实际。

东莞的星级酒店承接商务业务是惯例,且行业竞争非常激烈。八方精品酒店的独到之处在于,以低于星级酒店的价格争夺市场,即顾客以经济酒店价格,就可享受星级酒店服务,而且还尝试开创业内先河的"零秒入住、退房"服务。

从八方连锁酒店的选址看,多在当地繁华的中心商圈,交通便利,周边配套齐全,极具经营发展潜力。八方连锁酒店集团之所以能够异军突起成为全国连锁品牌,就是凭借公司管理层敏锐的市场洞察力、完善的连锁管理体系和健康的资金优势。

2014年,八方连锁酒店集团正式宣布启动全国扩张战略,计划在2年内分店规模达到300家,把莞深经济连锁酒店品牌打造成为全国连锁酒店品牌。具体而言,根据八方连锁酒店集团的扩张计划,通过直营和加盟的模式,2014年底达到100~150家,2015年开始拓展全国市场达300家,2018年突破800家。

今天的八方连锁酒店集团,不排除在适当时引进合适的财团、民间资本、风投加盟集团的发展。公司管理层敏锐的市场洞察力、稳健的连锁管理体系和健康的资金优势,加上外界资本的加入,将使集团走上新的台阶!

第五十一章 华侨城国际酒店管理公司

一、企业简介

华侨城国际酒店管理有限公司成立于2005年4月,是华侨城酒店集团在成功建设和经营了威尼斯酒店、海景酒店和城市客栈之后的又一战略举措,它标志着华侨城的酒店业步入了一个新的阶段。华侨城国际酒店管理公司在成立伊始,就把品牌战略作为企业发展的核心。经过精心策划,公司将旗下品牌进行产品细分:海景酒店作为高端产品的旗舰店,将不断提高管理水平和服务质量,精心提升品牌的含金量;而城市客栈则作为经济型精品酒店品牌,致力于开发中端酒店市场。两个品牌交相辉映,涵盖了今后酒店品牌发展的方向。

华侨城国际酒店管理有限公司除管理华侨城酒店集团的下属酒店外,还作为投资、经营、管理的经济实体,通过新建、租赁、合作改造、输出管理、特许经营等多种形式实现快速扩张。目前,公司已拥有的酒店品牌包括:华侨城酒店、奥思廷酒店与城市客栈,遍及广东、北京、四川、江苏、湖北等地。

二、品牌介绍

华侨城国际酒店管理公司目前拥有华侨城酒店、奥斯廷酒店和城市客栈3个酒店品牌,并构建了从便捷商务、城市商旅到奢华度假的完整酒店品牌架构体系,满足精品酒店白金五星级、五星级、四星级和经济型等多元需求,覆盖近20个大中城市,管理并拥有超过40家酒店,8000间客房,与华侨城旗下主题公园、生态旅游、都市娱乐、主题社区产品交相辉映,相得益彰。企业致力于为不同的业主提供最为恰当的品牌选择,并使其在当地最大程度发挥潜能。无论客人是需要商务、聚会、旅游、休闲还是家庭度假或者新婚旅行服务,都可在酒店序列中找到所需。未来,伴随华侨城战略布局,华侨城酒店还将在深圳前海、昆明、北京、上海、武汉、成都等地继续贡献佳作。

1. 华侨城酒店

华侨城国际酒店管理公司旗下拥有白金五星级华侨城洲际大酒店、五星级威尼斯皇冠假日酒店、以茵特拉根华侨城酒店为代表的东部华侨城主题酒店群等。

其中,值得一提的是深圳东部华侨城酒店群,酒店群由八家不同文化主题风格酒店组成,散落在山海之间,包括:深圳茵特拉根华侨城酒店(瑞士风情主题)、东部华侨城普提宾舍(禅宗文化主题)、东部华侨城黑森里酒店(德国咕咕钟主题)、东部华侨城瀑布酒店(瀑布元素主题)、东部华侨城房车酒店(汽车文化主题)、东部华侨城咖酷旅馆(低碳环保主题)。

2. 奥思廷酒店

目前开业的奥思廷酒店有:深圳海景奥思廷酒店及泰州温泉奥思廷酒店。

深圳海景奥思廷酒店(原名海景酒店)于1992年由华侨城集团投资建立,并于2005年由华侨城国际酒店管理有限公司输出管理,2007年7月正式启用旗下奥思廷品牌,致力于为现代商务和休闲客人提供亲切的服务、齐备的设施和卓越的体验。酒店拥有东南亚风格的客房435间,大多数房间可鸟瞰海景,遥望香港元朗景观;会议、餐饮、娱乐、健身设施齐备;提供个性化服务,如自助洗衣、旅游购物向导,免费宽带上网,充分照顾客人商旅途中的所有细节需求。

泰州华侨城温泉奥思廷酒店于2010年8月开业。酒店坐落于美丽溱湖畔,极富创意地将江南风情与京韵文化完美结合,打造出特有京剧文化主题酒店。酒店建有各具特色湖景套房、复式套房等精美客房168间。高雅温馨而又浪漫氛围的西餐厅可为客人提供商务午餐、茶歇和浪漫晚餐。酒店设有两个功能齐全的会议室,影音像俱全,接待功能完善。

3. 城市客栈

城市客栈是华侨城国际酒店管理公司在开发高端酒店产品的同时,成功开发的经济型主题精品酒店品牌,是以自然、舒适、简约为特色的连锁经济型主题精品酒店,以干净舒适的客房给旅行者一个简约的"家",以经济实惠的价格给旅行者一个流动的"家"。酒店吸纳了国际著名酒店连锁品牌的优良品质,保留了中国传统文化特色,将中华文明几千年的传承予以发扬光大,给客栈以文化的气息,让客栈走进城市,古典融入现代,客来远方,行脚天涯,精致简约,温馨如家。

优越的地理环境、便利的交通和无微不至的悉心服务使得城市客栈成为当地快捷酒店的首选。酒店设计现代简约,客房拥有独立的现代洗浴间和中央空调,有线数字电视、免费快速上网、国内国际直拨电话、茶具、电热水壶、洗衣等服务设施一应俱全。

酒店还设有方便快捷的自助洗衣房，城市商旅更添轻松。餐厅提供了自助早餐和中西简餐，还有自助商务午餐可选，美味与实惠并存。酒店设有会议室，可举行课桌式、剧院式、董事会等多种会议形式的会议。会议室配备投影仪、电脑、文具、无线网络、影音系统等设施，并提供专人茶点服务。酒店还拥有独立的商务中心，可提供机票、火车票预订和打字、复印、传真、特快专递、景区门票代售等服务。

三、管理创新

1. "主题酒店群"模式

华侨城酒店由单体的主题酒店迈入了"主题酒店群"的模式，深圳东部华侨城主题酒店群以其创新的开发模式震动了中国酒店业。东部华侨城主题酒店群坐落在东部最美丽的海岸线和梧桐山森林氧库之间，其中包括以瑞士风格为主题建造的茵特拉根酒店，以咕咕钟为主题的德国黑森林酒店，以汽车为主题并提供德国原装豪华房车的茵特拉根房车酒店，展现禅宗大乘境界的大华兴寺菩提宾舍，以低碳环保理念设计的咖酷旅馆，以及充分融合水文化的茵特拉根瀑布酒店。每家酒店各具特色，其设计理念、建筑风格以及整体氛围都是特定文化的集中体现。

无论是主题酒店的建设还是服务，华侨城都赋予了特定的文化内涵。从建设方面来说，以某一特定的主题来体现酒店的建筑风格和装饰艺术，通过特定的文化氛围，使顾客获得富有个性的文化感受；从服务方面来说，将服务项目融入主题，以个性化服务取代一般化的服务，让顾客获得更佳的体验。华侨城无愧于"中国主题酒店的领跑者"的称号。

2. 深思熟虑，精益求精

华侨城酒店另一则值得分享的经验是：先想清楚"要做什么、怎么做、做成怎样"后再动手去做，确保做出来的东西经得起市场和时间的考验。以华侨城大酒店的筹建为例，继威尼斯酒店开业后，华侨城便开始了华侨城大酒店的筹划，但并不是想到了就立即去做，而是通过了近两年时间的反复调研、考察，不断修改和完善方案，最终才敲定，这在酒店行业中并不多见。威尼斯酒店在当时已算是深圳最好的五星级酒店，但华侨城方面并不满足于现状，管理人员积极思考如何使新建酒店超越威尼斯酒店，同时，又避免威尼斯酒店在设计和施工过程中所遇到的问题，为此，集团派出一个包括建筑师、室内设计师等在内的专业小组前往欧洲、澳洲、日本等地考察，最后决定建一座以西班牙文化为主题的五星级酒店。

高星级酒店的筹建是一项宏大的系统工程,其中,建筑、室内设计、机电、景观、隔音、厨房、灯光、音响等问题错综复杂。华侨城聘请了10多位来自国内外,具有高级酒店管理经验的专家,在酒店的筹建期间,专家对酒店设计方案多次探讨、辩论、现场指导,最终形成了一套完整、规范的优秀方案,这充分体现了华侨城酒店管理团队的专业素养和职业态度,值得业界学习。

3.发挥团队力量,尊重每一位员工

华侨城的管理理念认为:干好一件事,需要一个团队的共同努力,就酒店来说,这个团队包括设计、施工、业主和管理者四方。这四方结合好,擦出火花,才能做出一个精品。没有一个好的建筑和室内设计方案,后面再好的施工和管理团队都是空谈;没有一个好的业主,就容易在组织、协调和监督方面出问题;没有一个好的施工单位,就无法实现建筑和设计方案,甚至出现质量问题;没有一支好的管理团队,就不能实现预计的经济效益。协调好设计、施工、业主、管理者四方的关系,彼此尊重,才能获得最大的效益。

华侨城十分重视发挥每位员工的作用,包括在流水线上作业的一线工人,都会激发他们的热情和主人翁精神,早在开工的时候,施工地点就贴出了已经很少在公开场合见到的大幅标语"我们的工人有力量!",工人们看了这样的标语,心头便会涌起一种被重视的温暖和力量,打从心底更愿意为集团做出贡献。

第五十二章 东方礼 尊茂情

——尊茂酒店集团

一、集团简介

尊茂酒店集团是中国电信旗下专业酒店资产管理和运营公司,成立于2008年,于2012年成功重组上市,成为中国电信集团第三家上市公司——号百控股(股票代码:600640)的下属控股子公司。

集团拥有酒店逾40家,遍布北京、上海、浙江、湖北、安徽、广西、新疆等14省市区,总客房数达7000余间。旗下"尊茂""辰茂""之茂"三个酒店品牌及特色餐饮品牌"茹仙古丽",立志成为酒店行业中中端的佼佼者。酒店装修风格迥异,或繁华或幽静,或古朴或典雅,彰显了不同的地域文化及历史情怀。客房、餐饮以及娱乐等设施齐全,带给客人足不出户的便利,以及感官上的多重享受。

2013年,尊茂酒店集团全面启动品牌重塑。雄厚的资本,强大的背景,以及专业的管理团队,打造出统一而稳定的品牌化形象。

二、集团文化

1. 文化精髓

"东方礼、尊茂情",是尊茂酒店集团的精髓所在。我们秉承东方哲学中的"礼遇"与"尊贵",融入至点滴服务中,我们记录下客人的喜好、习惯,适时、适宜地给予反馈。旗下五大元素"热诚、尊重、专业、贴心、精确"被贯彻至每家酒店,令宾客体会到殷切隽永的东方式待客之道。

企业文化口号是:"同一个团队,同一个目标。"

2. 企业愿景及使命

企业愿景:打造卓越的酒店管理集团,并成为国内酒店业中端市场的佼佼者。

企业使命:集团化管理、品牌定位及重塑、出色的回报、成为国内最令人推荐的最佳雇主酒店集团。

三、品牌介绍

旗下有"尊茂""辰茂""之茂"三个酒店品牌及特色餐饮品牌"茹仙古丽",立志成为酒店行业中中端的佼佼者。

1. 尊茂酒店及度假村

尊茂:至尊之选,力求完美的尊贵服务。

尊茂为事业有成的企业家提供专属定制服务。五星级酒店设施完备,经典美食美居,尽显东方以客为尊的款客之道,独特空间体验和时尚生活方式,为您尊享私人管家服务,尊茂特有的细致和纷繁的创意期待阁下到来。

尊茂是定位为奢华、五星级的品牌。

酒店服务设施齐全,交通便利。酒店拥有 299 间装修舒适典雅的标准间、豪华间、套间及行政楼层,所有房间预设宽带上网接口。6 个风格迥异的餐厅和 1 个大堂。预定价格 598 元起。

2. 辰茂酒店及度假村

辰茂:至诚之选,惬意的家和高标的办公之家。

舒适便利,佳肴荟萃,惬意休闲的环境,完善会议设施,畅享网络便捷与快乐,体验当地人文情怀,是商务人士理想之选。

辰茂是四星全服务品牌,除了为客人提供舒适的客房之外,还有完善的会议设施。辰茂的餐饮是能提供当地特色美食的。所以,辰茂是一个中国的、本土的、中端的品牌。现在中国酒店业有很多单体酒店,竞争进入白热化,集团希望辰茂能成为中国单体饭店联盟的形式。它的发展方式可以是顾问咨询、委托管理、品牌加盟,辰茂是一个全服务型的品牌。

3. 之茂酒店

之茂:至真之选,简洁实用的精品酒店。

便捷、高效的入住流程,简洁、实用的服务设施,拥有小型会议室、让您体验完全崇尚简单、自由和不经意的低调时尚风格,感受真诚而温馨的酒店服务,为热衷于风格与设计,追新求异,爱好交际的时尚前卫的年轻一族而特别设计。

装修、设计、分隔方面非常的简约时尚,色调明快。第一家分店在西安开业。产品结构方面则是以客房为主,客房的舒适度要达到四星级酒店的舒适度。比如说床垫、沐浴、棉织品等的核心客人体验因素都是比较注重的因素。相对不会花费太多的精力在打造餐饮、会议方面,有一个全日制的餐厅为客人提供早餐跟简餐。WiFi 当然也是会提供的。这个品牌针对的客户群主要是中产阶级,年轻的白领,以 80 后居多。所以在客房设计方面集团也会有一些"小清新"的因素,比如会在客房放置一些可爱的杯子、小便笺、小摆件等。希望能令客人在商务出行、旅游度假的时候获得心灵的放松。未来集团的目标是在五至十年内将之达到十家直营店。

4. 茹仙古丽

茹仙古丽餐厅位于北京市东城区广渠门内大街 27 号鼎新大厦三层,共拥有 14 间包厢,6 个卡座,散台 400 个餐位,主打新疆特色美食文化及各类小吃菜品。餐厅内饰具有浓郁的民族气息,风格独特,尽显出伊斯兰建筑风格。

四、集团管理、运营、发展模式及创新

1. 管理架构

2012 年 4 月,中国电信剥离酒店资产,由中卫国脉进行重组。2012 年 9 月 12 日,中卫国脉更名号百控股,更名后,号百控股主营酒店和商旅两大业务板块。酒店业务板块主要由尊茂酒店集团实施运营。

2. 运营模式

尊茂酒店集团不会只关注一线城市,也将专注聚焦于中端市场,所以尊茂集团将加大力度在二、三线甚至四线城市的发展。做一个有差异化、有自己特色的品牌。

尊茂还注重本土化与国际化的结合。

酒店已经分布在全中国,一般中国的酒店是从区域起步的,但是尊茂是采用全国布局的方式,所以这就是我们的第二个优势;它不仅是新的酒店集团,还被置入中国电信,被置入上市公司,其他的商业板块"号百商旅""易积分""自由行""携程艺龙"。都可以与互联网发挥协同效应;聚焦专注做中端市场。未来 5～10 年我们非常看好我们集团中端市场的发展。我们希望我们的辰茂品牌能形成中国三、四星酒店的联盟,而之茂这个精致商务品牌能在二、三线城市迅速发展,从而为酒店行业发展起到很好的促进作用。

3. 传承与生俱来的互联网基因

2012 年,中国电信将 7 家酒店资产,合共 17.7 亿的资产成功地与另外一个板块

叫作"号百商旅",也是OTA合并,同时置入了我们上市公司号百控股600640。

酒店板块会使用像微信、易信等手机软件推送信息并将能实现微信、易信订房。同时,也跟惠品网和亚洲酒店论坛合作方——STR Global合作去获取基础的数据。

还有上市公司号百商旅板块是从事OTO的业务模式,就是指线上预订、线下消费。我们的号百商旅在订房、机票、订餐方面在国内的排位是比较靠前的,能跟酒店板块发生有机协同效应。同时,号百上市公司还有一个板块叫"易积分",能动用中国电信1.2亿手机用户积分。现在这个积分业务也被置入到上市公司。易积分能打通外部的更多的合作商户,形成一个积分联盟。

于是OTO、商旅和自由行是我们的线上部分,酒店的产品与服务是我们作为线下服务的部分。再加上中国电信的积分项目以后就形成了OPO的新商业模式。在今天这个互联网飞速发展的时代,酒店行业也要用移动互联网的思维模式去打造我们实体店经营行业。所以这些就是尊茂的优势。

4."尊茂之星"人才发展管理理念

尊茂酒店集团执行董事梁晓京:"我认为酒店业发展至今,最重要最核心的竞争力和酒店最宝贵的财富还是人才。因为所有的经营业绩、管理水平、品牌发展、客户认知、利润等一切都是由我们的员工去创造的。所以在酒店成立的第一天我们就注重酒店员工的培养与发展。好的优秀的员工都是培训出来的。"

现在酒店业主要招收的都是80后、90后的人群,他们的特性,就是流动率比较高,会寻求更多的外部发展机会。所以在酒店内部会提供专业的课程去帮助员工掌握技能,实现个人的发展。所以有"尊茂之星"的培养计划,在尊茂的员工里选择未来能够担任各级管理人员的后备人才,例如有一些课程就是为了培养未来总经理而开设的。尊茂会为部分员工进行全方位的管理、营销、财务等,为他们未来成为总经理做准备。尊茂有"成长之树"的概念,为员工提供:员工——主管——经理——总经理这样四个层面的专业课程,为员工定制专业的培养课程,让员工在酒店找到自己的个人发展计划,实现自己价值。这也是在酒店行业进行人才大战的关键。

5.无处不在的餐饮设计

尊茂认为与国际品牌相比它更了解中国客人的消费习惯。举例说明,重要客户到店的时候,尊茂会奉上中式的欢迎茶。除了欢迎茶,还会在酒店的特色服务上用心思,比如说开夜床的时候,国际酒店品牌会放鲜花和巧克力,但是中国客人不一定会在睡前吃巧克力,所以尊茂在上海的酒店会放一颗"大白兔"奶糖;在北京的酒店会放小糖葫芦或者驴打滚;在新疆的酒店会放干果等这些具有地方特色的小点心。酒店会通过这些差异化的贴心服务去突出我们"东方礼,尊茂情"的服务理念。

6.独具特色的宴会服务

集团收入的50%来自于餐饮服务,各地的特色美食也是酒店与国际品牌有区别的地方。旗下饭店的特色宴会服务是非常有竞争力的。举个例子,在扬州的酒店会有"春江花月夜"主题宴会,温州的酒店会有新派瓯菜,北海有广西的海鲜美食,北京有地道的炒肝、烤鸭等传统美食。新疆的宴会也是会结合当地西域美食的主题宴会。尊茂集团是在细节处体现中国特色的宴会主题的。

第五十三章 坚持主题个性并不断创新的品牌探索之路

——深航酒店管理公司发展报告[①]

2005年,深圳航空公司在进入第二个发展十年阶段时正式确立了公司的使命("立志成为世界上最受推崇和最有价值的航空公司,推动民族航空成为世界首选")和愿景(成为"特色航空的领跑者"),同时,明确了深圳航空公司相关多元化的发展战略:以创新和进取为动力,进一步加快发展速度,提升发展品质;发展价值链、服务链产业集团,大力发展机场、酒店旅游等与主业相关度较大的产业板块。正是在这样的历史背景下,为了全面落实公司的相关多元化战略,打造更加完整的"天地相连"商旅服务链,深航酒店管理有限公司(以下简称"深航酒店管理公司")应运而生。

一、初创阶段(2004—2007年)

随着深航酒店管理公司的成立,深航酒店板块业务由前期外请酒店管理公司开始走向自组专业团队自行管理之路。

2004年,深航酒店管理公司成立,由于前期缺乏专业人才及实际运作管理高星级酒店项目的实践经验,首个投资的酒店项目决定交给锦江国际酒店管理集团进行全权委托管理并于2005年1月开业。直至2007年初,深航酒店管理公司主体处于未实际运营状态。

随着深航多元化发展战略的实施,一方面,主业在酒店方面的投资项目有所增加,另一方面,酒店方面的管理人才经过两年多的积累得到了一定的充实,公司开始尝试着迈出第一步:2007年4月,深航酒店管理部成立,作为公司专职负责酒店业务规划与管理的职能部门,设立的主要目的就是进一步统筹管理深航投资各酒店项目的发

---

① 作者:言恂,深航酒店管理公司品牌总监。

展,并为实际运作深航酒店管理公司做好前期准备工作。

2007年8月,深航酒店管理公司开始实际运营,与酒店管理部实行"两块牌子、一套人马"的运作方式。对内为酒店管理部,主要从事职能管理、业务研发、管理专业支持;对外为深航酒店管理有限公司,专门负责深航酒店板块业务的拓展、管理和运营。

二、成长阶段(2008—2009年)

找准定位,以"航空特色、主题文化"的鲜明品牌个性迅速在酒店市场争得一席之地,与此同时,中国首家航空文化主题酒店——深圳深航国际酒店精彩面世。

1. 板块效应成型

2008—2009年是深航酒店板块迅猛发展的两年,这一时期的中国酒店业可谓风起云涌。全球排名前十位的酒店集团已全部进入中国市场,其中,洲际、万豪、凯悦、喜达屋集团在中国的饭店数量均已超过除本土以外的其他国家。巨大的行业成长空间、迅速增长的目标客源、大规模休闲度假旅游消费市场的兴起,为酒店行业带来了前所未有的希望;同时,中国酒店业市场同质化、同区域的竞争日趋白热化,市场面临洗牌,国际、国内酒店管理公司纷纷针对中国市场开始了更为大张旗鼓地攻城略地,出于对市场的敏感,深航集团看到了其中的挑战,也看到了难得的机遇。

2008年1月1日,深航酒店管理公司正式运营,同年7月,深航酒店管理公司在与锦江集团间的委托管理合同到期之后,开始自行管理深圳深航国际酒店。通过对竞争对手及市场的准确判断与分析,时任深航酒店板块副总经理的黄俭先生果断地提出了"走主题文化打造之路,创优秀民族酒店品牌"的发展思路。于是,中国首家以航空文化为主题的商务酒店——深圳深航国际酒店以全新的面貌横空出世,在管理团队的正确指引及全体员工的共同努力下,2009年7月,深圳深航国际酒店正式通过国家星评委审核成为首家挂牌五星级航空文化主题酒店。

准确的市场定位及良好的市场反馈使得深航酒店管理公司在正式运营之初便得到了深航集团的高度认可及大力支持,2008年8月,深航酒店管理公司协助深航集团北京办事处开始了北京深航酒店公寓的筹备工作。同时,开始了外接管理项目的接洽及板块职能的深入研究并成功接管了常州丰泽宾馆、郑州酒店、沈阳高登大酒店、江西三清天堂国际大酒店、武汉木兰阳光谷度假酒店等项目,深航集团也明确了逐步实现深航自有酒店项目统一到深航酒店板块集中管理的指导思想,深航酒店管理公司正式肩负起深航酒店板块发展的重任并正式走向规模化发展的道路。

2. 品牌体系明晰

由于板块效应的初步形成,品牌建设开始提上日程,借助"深航"母品牌的优势,深航酒店管理公司根据市场需求及自身定位,推出了"深航国际""深航假日""深航精品"三大子品牌系列,为了进一步提升深航酒店板块的整体品牌形象,2008年顺利完成了基础VI体系的设计;为了加强酒店板块的品牌形象建立和营销推广工作,深航酒店管理公司官方网站(www.szahotel.com)在同年上线,2009年7月1日,深航酒店板块中央预订系统正式建立并开通400-882-2202、800-830-4700订房热线。至此,深航酒店管理公司开始以专业、专职的企业形象,扬着"航空特色 主题文化"的旗帜一路向前。

3. 人才储备保障

板块的发展离不开人才的培养与建设,在发展阶段,深航酒店管理公司想在前面,积极进行人员储备力量的培养,除了通过极具竞争力的薪酬及良好的发展态势,积极网罗业内优秀人才的加盟,在基础人才储备及培养方面,更开展了多种形式的"校企合作"活动,建立多层次的人才培养模式。2008年5月,公司邀请美国普渡大学蔡利平教授来公司考察及交流,并最终达成"店企合作"意向;此外公司还与深圳职业技术学院、华西师范大学、江西旅游商贸职业学院等多所旅游院校签订了合作协议书,深圳深航国际酒店正式成为各院校的对口实习基地,夯实了深航酒店板块的人才储备基础。

至2009年底,深航酒店管理公司经过两年多的发展壮大,凭借深航集团的品牌和资源优势,一方面全面接管自有酒店并逐步将其发展成为旗舰店;另一方面积极在全国布局和积极拓展,深航酒店管理公司以一个全新的品牌形象进入市场,在行业评比中获得多项荣誉,迅速进入我国本土酒店管理行业的主流。在短时间内取得了显著的行业地位和品牌价值,并为深航主业的发展提供了支撑和服务。

2009年,深航酒店板块自有业务经受住了国内金融危机的考验,深圳深航国际酒店多项经营指标均领先于同类星级酒店;深航酒店管理公司的对外托管业务从零起步,形势喜人,截至当年12月份,对外承接的酒店项目达到12家,成员酒店分布于沈阳、武汉、上海、北京、山东等十多个城市,实现年管理费收入约1200万元,所有已开业管理酒店年营业额近5亿元,同年,深航酒店管理公司顺利成为中国旅游饭店管理公司(集团)年度30强,在短时间内异军突起成为中国酒店管理行业一家不容忽视且发展迅速的专业酒店管理公司,"深航"品牌也随着酒店项目的扩张而为更多的业内人士和投资酒店业主所知晓和认可。

三、战略发展阶段(2010—2011年)

着力于打造企业核心竞争力,提升内部管理水平,夯实管理基础,在"品牌建设、模式研发、平台搭建、风险管控"等方面日趋完善且成果显著,深航酒店板块发展战略由做"大"转向做"强"。

2010年是深航酒店板块承前启后的一年,随着行业口碑的迅速建立及管理基础的不断夯实,深航酒店管理公司频频发力,旗下酒店业务遍地开花,至2010年底,接管成员酒店项目总数共计25个,项目增幅达到125%。深航酒店板块营业收入及利润水平均超出当年预算,从板块业务模式来看,形成了以顾问咨询、委托管理为主,以自有酒店带资管理为辅的发展模式并由原来单一的管理合同延伸出专业的顾问管理合同、工程技术顾问合同、全权委托管理合同、酒店市场调研合同等一系列的专业合作模式及合同文本。

在"航空特色,主题文化"的研究方面不断深入,梅州客天下深航国际酒店、兖州圣德深航国际酒店、西安世园精品酒店等项目主题文化的成功打造及良好运营表明,深航酒店管理公司独辟蹊径的差异化发展之路不但赢得了市场,也赢得了业界的尊重。

2010年,深圳市政府就2011年承办的世界大学生运动会运动员公寓管理项目进行公开招标,深航酒店管理公司凭借良好的业界口碑及优秀的项目运营管理能力成功中标,成为2011年深圳世界大学生运动会首批官方合作伙伴并圆满完成运动员村中最大体量共1560间运动员公寓的管理工作,旗下深圳深航国际酒店更成为首批大运会官方指定接待酒店。

2010年5月15日深航酒店管理公司一举摘取中国酒店业金樽奖"中国十佳酒店管理公司""中国最具投资价值酒店管理公司"两项大奖;同年7月荣膺"广东省十大金牌酒店管理公司"称号;9月,深航酒店管理公司连续两年成功入选"中国旅游饭店管理公司(集团)30强",深航酒店管理公司官方网站被授予"国家级优秀行业网站"荣誉,自有酒店——深圳深航国际酒店更荣获"最能代表30年深圳形象的深圳名片——杰出品牌酒店"殊荣。

2011年,深航酒店板块总经理黄俭先生针对板块发展形势做了重要的战略部署,在以其为首的管理层的正确领导下,深航酒店管理公司由最初的做"大"向板块做"强"转移,开始进一步思考如何夯实现有板块力量,提高自身竞争力。在围绕"品牌建设、模式研发、平台搭建、风险管控"等方面做了大量的工作,取得了显著的成果和进步。

1. 品牌建设

(1) 品牌标准建立

2011年由深航酒店管理公司品牌部经过前期大量的行业调研及品牌对比分析,结合深航酒店板块现有品牌使用情况,撰写了《深航酒店管理公司品牌标准与管理手册》并在同年向所有深航旗下成员酒店发布,该手册的发布规范了深航酒店板块品牌标准落地与管理工作,深航酒店板块的品牌建设逐步走向国际化、规范化。

(2) 企业文化建设

从深航酒店管理公司成立之始,即确立了"十诺十诚"为核心价值观。2011年,深航酒店管理公司为更好地弘扬企业文化,更真实地反映深航酒店板块发展现状,更贴近员工生活,管理层研究决定发行企业内刊,第一本以《深航酒店》命名的酒店板块创刊号于2011年3月正式出版并对所有旗下成员酒店发行。内刊的成功出版及发行标志着深航酒店管理公司在企业文化建设及品牌宣传推广方面迈出了重要的一步,《深航酒店》截至目前已成功发行十四期,该内刊得到了业主、同行、集团总部及酒店板块全体员工的一致好评,是深航酒店管理公司品牌文化建设及企业理念宣传的重要阵地。

同年,随着移动互联网媒体的迅猛发展,深航酒店管理公司顺应潮流,及时推出了管理公司官方微博与官方微信两大移动终端宣传推广平台,目前关注人数已经过万,口碑及声誉均在不断上升中。

2. 模式研发

2011年,深航酒店管理公司各职能部门根据公司领导的统一要求,开始着手整理提升深航酒店管理公司运营管理模式,并以深圳深航国际酒店为模式复制基地,结合旗下成员酒店特点,总结运营及管理实践经验,归纳发展历程中的重点、难点,经过不断地讨论、研究、调整、修改,历时半年,最终形成了具有显著深航酒店管理公司特色的全套运营管理手册,该套手册包含了《深航酒店管理公司运营管理与控制手册》《深航酒店管理公司酒店筹备开业手册》《深航酒店管理公司成员酒店运营手册》与《深航酒店管理公司总经理工作手册》共四本,系统、全面地介绍了深航酒店管理公司在酒店运营管理方面的制度流程、管理规范、特色方法,具有浓烈的品牌印记,在中国酒店管理行业尚属首创,为打造国际化民族酒店品牌奠定了坚实的基础。

3. 平台搭建

国内酒店管理公司的竞争,不但体现在管理运营方面,平台及系统的建设将是各管理公司核心竞争力打造的重要一环,深航酒店管理公司领导层意识到了这点,2011年,深航酒店管理公司在内部平台的搭建方面取得了重要突破。

(1) 中央采购平台的搭建

2011年,本着"合作共赢,共促发展"的理念,深航酒店管理公司第一期中央推荐供应商招商会隆重召开,会上,来自酒店上下游各个产业的知名供应商参与了合作竞选并就合作模式及产品开发等方面交换了意见,本着对深航酒店管理公司的信任及认可,各供应商纷纷表示将与管理公司携手共创品牌未来。经过管理公司就品牌契合度、产品标准及公司资质等各方面的综合考量,最终确定了12家供应商作为第一期深航酒店管理公司中央推荐供应商加入深航酒店管理公司中央采购系统,为业主解决后顾之忧,携手行业精英、共创美好未来的构想初具规模。

(2) OA办公系统的全面上线

2011年深航酒店管理公司正式脱离了深航集团OA系统,并成功搭建了独立的内部办公系统平台,该平台免费开放给旗下所有成员酒店使用,业主方亦可通过登录该平台了解管理公司实时经营及管理状况,在真正意义上实现了管理公司总部与旗下成员酒店在管理工作上的无缝对接,增强了板块意识,提高了工作效率,加大了行业竞争筹码。

4. 风险管控

2011年,随着外管项目的不断增加,从项目管理、品牌管控、人力资源等各方面都存在隐形的各项风险,为了更好地规避风险,实现板块良性、可持续地发展,公司一方面对可预见的潜在风险进行排查和监控,及时发现和解决问题;另一方面加强内部控制,引进法律专业机构并建立常年法律顾问关系,通过与顾问律师的合作,对所有的合同、协议以及重要文案进行审核,通过双方的默契配合及管理层的高度重视,2011年全年,公司未发生任何由于项目合作、品牌使用、人力资源管理而引起的相关法律纠纷和诉讼,保证了板块的正常运营及可持续发展。

截至2011年,深航酒店管理公司已逐步形成了外抓品牌建设、内抓基础夯实的可持续发展的管理模式,通过一系列企业核心竞争力的打造,使得深航酒店管理公司在真正意义上实现了质的变化,与众多国内顶尖酒店管理公司一起站到了行业发展的前列。

但时任深航酒店管理公司总经理黄俭先生指出,企业的核心能力表现在这套系统、模式和流程上,但系统、模式不是万能的,因为系统与模式的执行是有成本的。而以"管理十诺"和"行为十诫"为核心的人文精神和企业价值观的形成和认可,才是这套系统正常运转、模式真正落地、制度充分执行的基石,这才是深航酒店管理公司最珍贵的财富。

四、稳步扩张阶段(2012—2013年)

板块工作重心向"稳规模、求质量"迈进,连续四年入选中国旅游饭店业协会"最具规模饭店管理公司(集团)30强",公司只与一流品牌比肩。

2012年,酒店管理公司的工作重心放在了"稳规模,求质量"上,公司对旗下外管成员酒店进行了梳理,放弃了部分档次不高、收费偏低、拖欠费用的非优质项目,在一轮优胜劣汰后,成员酒店项目总数经过缩减总计为25个,承接管理的酒店项目也由原来的三、四线城市发展为一、二线省会城市及国内热点旅游度假城市(如三亚、大理、桂林等),深航酒店板块发展已日趋成熟。2013年,由中国旅游饭店业协会统计审核,深航酒店管理公司与众多国际酒店管理集团及优秀经济型酒店品牌共同入围2013年度"中国最具规模饭店管理公司(集团)60强"。

2013年深航酒店管理公司无论从板块发展到品牌建设,从业务模式到内部管理都已形成了一套完整的理念、制度、流程及模式,我们的管理团队日益精进、专业、务实,我们将内部职能进行了专业划分,目前已形成总经理室、发展部、品牌部、拓展部、项目管理部、技术支持部、财务部、人力资源部、采购部"八部一室"的公司规模,更快、更好地为我们的业主服务;我们进行了第三期中央推荐供应商的招商,开放更大的平台给我们的合作伙伴共同发展。

公司专注于为业主创造核心价值,在品牌输出的基础上,将航空特色的高端服务理念与传统服务理念完美结合,我们在主题文化的研究上不断深入,通过始终如一的理念传承与专业团队的高效执行,为业主带来品牌与效益的双丰收。

五、发展创新阶段(2014年起)

在新形势、新环境下,开始冷静地思考未来公司及行业发展的方向,开始探究不同形态的酒店发展趋势。

1. 有的放矢地将酒店式公寓管理模式导入航空基地等物业管理

酒店式公寓是一种前瞻性的物业形态,是酒店管理派生出的一种比较高端的产品形式。在软件方面的定位要求完全不同于普通的物业管理。简而言之就是:"酒店式的服务,公寓式的管理"。既吸收了星级酒店的服务功能和管理模式,又吸收了现代大型综合物业管理特点,可针对性地提供客房打扫、洗衣送餐,叫醒服务等个性化服务,概括地说,就是将星级酒店的高标准服务融于居住公寓客人的日常生活之中。

公司隶属于航空企业,国内各大航空公司及分公司都有自己的后勤基地,一般包括空勤楼、办公楼和景观庭院,具备住宿、餐饮、办公、会议等功能的大型综合性物业。目前该类物业由所属分公司自行管理,但在现有企业转轨变型的新形势下都面临着三个主要问题:一是占用体制内人员编制;二是专业管理和服务水平有待提高;三是成本费用控制能力不强。

面对纷纭复杂的酒店市场和越来越精细的服务领域划分,深航酒店管理公司开始全面分析接管此类业务的可行性及优势:

(1)具备资质。公司在2008年注册了"深航物业酒店管理公司",有着五年多高级酒店托管经验,在业内获得了很好的口碑,并连续四年被中国旅游饭店业协会评为"中国最具规模饭店管理公司(集团)30强",2013年再次入选60强。

(2)承接26届世界大学生运动会的大运村服务外包工作,酒店管理公司取得了成绩也积累了经验。不仅培养了一批来之能战,作风严谨的管理团队,也系统总结了对服务外包项目迅速组织的工作经验和严密的服务体系及流程。

(3)参与过多家航空基地的规划设计和技术顾问咨询工作。

(4)了解和掌握航空基地运营特点和空勤人员住宿及餐饮的规律。由酒店管理公司管理的原深航酒店北京分店积累了多年的服务机组的工作经验。

(5)前景可期。专业承接服务于航空基地或空勤楼业务,目前在国内属空白阶段。

针对于此,我们确定了管理方式和目标:

- 采取完全市场化的投标承接基地及空勤楼的外包服务工作;
- 全面导入公寓式酒店管理的模式,研发适合服务对象特点的服务规范和标准以及工作程序;
- 科学调配人力物力等各种资源;全面提升服务质量,减少和降低成本费用;
- 成立项目公司,对接人员招募、服务管理、财税流程等事务;
- 在收取一定合理的费用保证利润空间的情况下,成本费用也会明显低于现状。

公司计划在深航总部和南宁分公司的新建基地先行先试外包服务业务,并希望以此积累经验并获得口碑。公司将会把酒店式公寓管理模式延伸到企事业单位的大型物业,目前正在与两家大型国有企业的培训基地按此管理模式商谈合作之中。

2. 前瞻性地将物业管家管理模式研究纳入公司年度发展计划

深航酒店管理公司目前拥有市场调研、工程咨询、委托管理、顾问管理、品牌特许经营等全业务模式,为业主提供酒店项目一站式服务流程。然而,随着市场化程度的日益提高及国家新政的实施,酒店业竞争已趋向于白热化,公司在不断改进服务和创新产品的同时,也在思考自身及酒店业未来发展的方向。

传统管家服务的概念起源于法国,成于英国。一般指掌管餐厅、厨房、酒窖、客厅、书房等家政服务的事项,是高级别的服务范畴,其职责范围包括分配厨师、司机、佣人、花匠等家政服务人员的工作,管家需全面安排和照顾雇主的生活。随着管家服务的发展演变,目前在我国已出现私人管家会所,锁定高端市场,提供高标准、高素质、高效率的家庭管理服务。

行业资料显示,截至2010年,我国除港澳台地区之外的千万富豪人数已达96万,亿万富豪达6万个。美国波士顿咨询公司提供的统计和预测数据表明,我国的中产阶级和富裕人士将超过4亿。我国中产和富裕人士对高端度假别墅物业的消费已经大量涌现,从目前情况看,对别墅度假物业的开发和建设的程度远远超出了其经营与服务提升的速度,为大量已建和在建高端别墅物业的业主提供定制化和高标准化的管家式服务,将具有长期持续扩大的市场空间。

目前,管家式物业管理模式已经有物业公司开始尝试,而酒店业是否也可以以业务主导者的身份进入?与物业公司相比,我们又有怎样的优势?酒店与物业应该怎样更好地融合?酒店业是否可以开辟一条全新的业务发展道路?带着这些问题,深航酒店管理公司于2014年年初正式开始了管家式管理的模式研究。公司组建了专门的研究小组,深入市场开展专项调研,并在征得业主支持的情况下率先以广西金秀盘王谷深航假日酒店二期别墅项目作为模式研究试点项目开展专项调研结果的落地。通过高星级酒店管理的技术标准与管理能力的植入,加之具有国内近60家高星级酒店筹建筹备与运营管理的技术积淀,公司在模式研发及落地方面进展顺利,目前,在项目渠道配置、平台融合、人力资源结构优化、成本控制及服务资源共享等方面取得了突破性进展并赢得了该试点项目业主的首肯并继续推进深化。

通过对该项目的成功管理,公司积累了宝贵的市场及管理经验,目前,有别于物业管理公司并具有酒店管理特色的管家服务模式已初具雏形。公司计划在年内完成模式研发,届时,深航酒店管理公司将能根据不同业主的需求设计和提供不同的服务产品。既可以为顶级客户提供专属纯粹的深度管家服务,也能为高端别墅业主提供私人管家服务和别墅物业酒店化经营服务。我们希望成为行业领先的私人定制度假服务商,也能成为业主方别墅物业实现增值、带来财富的金字招牌。

  从板块成立之初的外请管理公司管理到如今的与众多国际国内优秀企业共同入围的"中国旅游饭店管理集团(公司)60强",深航酒店管理公司走过了艰辛而又硕果累累的道路,深航酒店人一直坚信,只要我们万众一心、坚定不移地走在打造一流国际化民族酒店品牌的道路上并坚持实践,终有一天,我们将实现伟大的理想。在此,祝福我们中国的酒店行业明天会更好,也祝福所有的酒店人明天会更好!

第五十四章 传承、出新、致远

——福建中旅饭店管理有限责任公司

一、企业简介

福建中旅饭店管理有限责任公司成立于2007年,系福建中旅集团的全资子公司。全资自主产权的酒店(7家)包括:厦门华侨大厦、厦门鼓浪别墅酒店、泉州华侨大厦、武夷山庄、福建省闽江饭店、漳州华侨饭店、石狮华侨大厦七家星级饭店,其中,四星级3家,三星级4家。受托经营管理的酒店(7家)包括:三明亿龙山庄、福建泰宁大饭店、福建泰宁明珠大酒店、福建泰宁丽景大酒店、福建君悦大酒店、福清顺华君悦大酒店、福建大唐明珠度假村,均为准四星级酒店,正在为参加四星级评选做准备。霞客商旅酒店(2家)包括:厦门霞客商旅酒店、泉州霞客商旅酒店。福建中旅饭店管理公司管理酒店客房总数超过3000间,覆盖福建省主要中心城市福州、厦门、泉州、漳州以及武夷山、三明、福清等主要侨乡和风景名胜区,服务人员数千名。

公司发展至今,管理福建中旅集团十家自有产权酒店。同时,择机拓展对外输出管理等业务,管理二十余家高中星级酒店,覆盖福建省福州、厦门、泉州、漳州、武夷山、三明等主要侨乡和风景名胜区,管理酒店客房总数近5580间。

公司按照"三系列""五统一"的模式实行酒店集群管理。自2009年起,连续三届蝉联中外酒店白金奖,分别获得"十大品牌管理公司""十大民族品牌""最佳管理奖"等荣誉;自2011年起,连续两年被评为"中国饭店业最具规模的30家管理公司"。

2009年11月,在中外饭店论坛、直通VIP联合商会、中外饭店杂志社亚太国际资讯集团及全国著名饭店管理专家共同举办的"中外饭店论坛五届峰会暨四届中外饭店白金奖"评选活动中,通过与国内外3000余家同行的角逐,饭管公司和其余九家著名的饭店管理公司一道,被评为"十强品牌饭店管理公司"之一,卢晓麟总经理获得"十大巾帼成就奖"的荣誉称号;

2010年,成为中国饭店业协会会员单位,并获得中国饭店业"最具规模的30家中国饭店管理公司(集团)"称号,同时获评《中外酒店》杂志论坛"全国十大民族品牌饭店管理公司"及"最佳管理奖"等荣誉;

2011年,公司及各托管饭店入编《中国旅游年鉴》《第七届海峡旅游博览会会刊》。

二、品牌介绍

福建中旅饭店管理有限责任公司以"传承、出新、致远"为企业精神,在继承福建中旅集团六十年辉煌发展的基础上,公司秉持"内外兼收,稳步发展"的经营理念,按照"优势互补、做大总量、精细管理、节支增效"的总体思路,致力于酒店管理业务。

福建中旅饭店管理公司经营管理福建中旅集团酒店事业群,定位于打造成为本土化中档酒店的专业品牌,目前在福建省各地拥有十几家星级酒店。福建中旅饭店管理公司在继承福建中旅集团六十年辉煌发展的基础上,对酒店事业群进行了一系列创新,采取新的经营策略,致力于拓展酒店管理事业。着重提升自主产权酒店的运营与管理效益,全力发展委托经营管理酒店,同时创建以"霞客商旅酒店"为连锁名号的旅游商务酒店品牌,抢滩旅游商务配套酒店市场。

三、管理创新

1. 加强服务质量管理平台建设

服务质量是酒店的生命线,也是酒店经营管理永恒的话题。销售龙头,服务保障,构建起酒店经营管理的两个支点。随着酒店管理逐步与国际行业管理接轨,服务质量理念日渐深入现代酒店管理人的意识,尤其是国家推行星级饭店划分与评点标准以来,更是将酒店服务放在异常重要的位置,只有达到相应的标准水平,方可成为对应星级的挂牌饭店。福建中旅饭店在历史悠久的发展历程中,广纳经验,兼容并蓄,逐步建立起一套酒店质量管理体系。饭管公司成立以后,进一步加强酒店服务质量建设,加强内部交流学习,质量共建,并在此基础上,形成福建中旅饭店管理公司《管理模式》,为各店提升服务水平及规范操作流程构建起坚实的基础,同时将酒店服务质量建设工作纳入绩效考核范畴。公司为进一步推进酒店服务质量建设工作,在各店日益重视服务质量建设的基础上,加强服务质量管理统一平台的建设,并通过借鉴金钥匙服务等同行经验,结合《星级饭店访查规范》与《星级饭店划分与评定标准》的要求,经过长时间的酝酿与多方考量,形成福建中旅饭店管理公司《服务质量评估手册》(以下简称《手册》)。

为使该手册更具有实用性及更好地服务于旗下酒店,公司于2012年8月2日在厦门华侨大厦召开《手册》的讨论与培训专题会议。各酒店高度重视,分管服务质量的高管及具体的酒店质检人员参加,蔡振煌书记做重要讲话,公司李军副总参加并主持会议。会上各店参会人员积极发言讨论,认为《手册》内容细致、全面,要求高,规范强,并对《手册》修订完善提出诸多建设性意见和建议。公司营运部对《手册》的形成过程、量化方式、评估方法等进行了诠释。李军副总强调各店要重视服务质量建设工作,在具体为客服务中多发现并解决问题,为客人提供满意的服务环境、住店体验。要将《手册》运用到服务建设过程中,不断加强培训,消化落实,作为酒店质量管理的规范依据和培训的材料。公司日后检查也将以《手册》为准,在统一的平台上对各店服务工作进行考核评估,同时将逐步构建起更为完善的服务质量管理体系,通过顾客满意度调查等形成内、外评价结合的多方位的全面的服务质量建设管理平台。最后蔡振煌书记对酒店服务质量建设工作提出相关要求:加强对《手册》的贯彻落实。该手册将作为日后公司质量考核的依据,也是系统内酒店质量建设的重要平台;目前各店在质量建设和管理上仍水平不一,参差不齐。各店应根据统一质量标准及要求,对照实施,多学习、多交流,共同推进服务工作,提高服务水平;质量工作要常抓不懈。酒店服务质量在日常的每个环节、每个细节均存在,不应因接待繁忙等因素影响对质量的重视,降低质量标准;加强质量管理制度的落实,从管理层开始,勇于面对质量问题,承担管理责任,稳定和提高服务质量水平;加强培训及自我培训,掌握服务标准,提高服务意识;加强服务督导,以督导促进质量的提高;加强服务创新,从各环节中给客户提供更具人性化、个性化的服务体验,形成特色服务。

2. 搭建培训平台,打造人才梯队,助力人才兴企

为了打造饭店管理人才梯队,实现人才兴企,饭管公司正着手培训平台搭建工作,着力培育饭店管理团队。公司首次导入在线问卷调查系统,实现无纸化操作,对累计219名领班以上管理人员进行了问卷调查,收集了其大部分培训需求与建议,并为建立内部培训师资库奠定了基础。

依据自身的战略及培训计划,饭管公司在充分分析培训问卷的基础上,设计了包括饭店管理人员必备的法律常识、成就一个成功的饭店业职业经理人、预算管理、财务基础知识及内控管理、饭店全面质量管理与控制、团队凝聚力、人力资源管理、饭店信

息化、管理沟通等课程,并安排了茶艺文化鉴赏课程及同行参观考察。课堂上老师讲解生动,学员积极参与,使得培训班取得良好的效果,得到学员的较高认可,培训反馈表对本次培训班"整体评价"为"好"和"非常好"的比率之和达问卷总人数的100%。通过培训,在一定程度上促进饭店中层、基层管理人员掌握现代旅游饭店经营管理的理论专业知识,提高其综合素质。

3. 积极探索中旅集团板块集约化经营新思路

为了更好地推动板块互动,加强内部业务整合,实现资源利用最大化,在福建中旅集团公司的带领下,福建中旅饭店管理有限公司与福建中国旅行社、福建中旅旅运三大集团支柱板块联合起来,开展了集约化经营活动。

饭店与旅行社板块合作,本着资源共享、互惠互利的原则,由旅行社组织团队和散客入住饭管公司下属酒店,弥补其每日在客房出租方面的空缺。在依照市场行情的基础上,饭管公司将根据各家酒店的自身情况有条件地给予房价优惠。双方每月根据具体合作的数量进行结算,由此省略掉各酒店和地方下属旅行社之间的繁琐手续,真正意义上的实现人力与财力的控制,节约经营成本。12月13日,饭管公司营运部及公司下属酒店营销部负责人,与旅行社负责人在闽江饭店就此进行了专题讨论,研究出一套有利于双方的执行方案,并计划于12月下旬投入试运行阶段,进入初期的磨合。

饭管公司营运部将作为组织和协调方,每日与旅行社和各托管酒店联系,保持沟通渠道的畅通。双方相信,在集团领导的大力支持下,两大板块一定能从中获益,并在不久的将来磨合出更多的合作契机,实现板块的有机整合与利益最大化。

第五十五章 像"竹子"一样生长

——远洲酒店集团

2014年6月26日,在第十一届中国饭店集团化发展论坛暨第八届中国酒店品牌建设国际论坛上,远洲酒店集团作为"2013年度中国饭店集团60强"的获评单位受邀参会并接受颁奖。之前,参与"60强"评选的有200多家酒店集团,同时入选的酒店中也包括了希尔顿、洲际、万豪等知名品牌酒店。

在谈及本次评选活动时,远洲集团董事长卢诚说:"远洲在品牌发展的道路上,一直坚守品质为先的理念,管理重心主要放在'练好内功'上。但同时也很感谢此次评选带来的交流机会,让远洲在这个开放的平台上,看到自身的优势和差距,非常有意义。"

远洲集团一直致力于实现"中国特色高星级连锁酒店领跑者"的酒店产业愿景,借本次评选的契机,希望客户和酒店同行多方位了解这家本土酒店集团在发展模式、行业优势、核心竞争力方面的思想与做法。

一、入围酒店60强不求赞

"入围酒店60强不求赞",这是本次评选时的观点。"远洲酒店集团以'亲近关怀每一刻'为服务理念,结合绿色食品与健康养生理念,为客户提供优质的产品和服务。目前,远洲酒店业下辖豪廷、丽廷和轩廷三个品牌,通过股权投资、自主投资及建造经营和技术咨询服务等多种合作方式稳健发展。远洲酒店集团经过16年在酒店行业的坚守,一步一个脚印,踏踏实实走好每一步,认真对待每一个酒店项目。远洲酒店集团旗下有18家酒店分布在全国各地,其中,远洲豪廷品牌酒店8家,远洲丽廷品牌酒店4家,远洲轩廷度假村6家,客房总计5 821间。本次能够入选中国饭店集团60强,不仅是意味着远洲酒店集团已取得了一定的社会影响力和主流业界的肯定,而且也表明公司步入了规范管理、品牌创立、规模经营的良性发展的轨道。但是,我们深知自己还须苦练内功,先求品质、再图发展,才能把路走得更扎实。中国酒店行业的泰山北斗俯拾皆是,我们虽拿到这个60强的称谓但不敢求赞"。

事实上,在此之前,远洲酒店集团也曾在各类同行评比中获取多项殊荣,如中国市场监测中心多次授予的"中国餐饮行业50强"、远洲酒店集团获得"中国最佳酒店管理集团"、九江远洲国际大酒店获得"中国饭店金星奖"等一系列行业认定。2014年"60强"评选中,经济型酒店、国际酒店品牌均纳入60强的评选范围,竞争异常激烈,远洲酒店集团能占据一席之地,实属不易。7月7日,在刚刚结束的"2014最具影响力酒店集团"的网络评选中,远洲酒店集团又以100 294的票数进入到了前十位。

其实,何止在评选活动里中外品牌开始同场竞技,目前在酒店市场上,国际品牌和本土品牌在不同维度的竞争,也呈现出此消彼长的态势。一方面,国际品牌凭借品牌标准、国际预订系统、政府和融资渠道信任度等优势,在国内酒店市场攻城略地,快速扩张;另一方面,国际品牌与投资业主的"离婚案"频发、高端消费市场遭遇瓶颈、移动互联网快速发展,又给了本土品牌一个新的发展机遇,那就是经营如何实现"平米效益"、产品如何实现"接地气"、营销如何实现"决战移动终端",这些方面直指国际品牌发展的软肋,却不乏本土品牌的实践亮点,在和叶泰山的沟通中,可以发现远洲在这些方面的敏锐和耕耘。

二、经营业绩逆势上扬"拼什么"

在本土酒店经营优势上,"2014年是饭店业经营持续严峻的一年,是经济大形势艰难的一年,很多酒店倒闭、转让的相关报道层出不穷。面对不断紧缩的"三公消费"和行业的白热化竞争,远洲酒店集团却能够逆势上扬,旗下酒店整体经营业绩比去年同期增长了32%,这些成果的取得,拼的就是远洲酒店人"迎难而上的精神"和产品升级、营销转型、体系建设等"创新思路的推行"。

在产品升级方面,比如上半年,在各店婚宴市场低迷期间,远洲丽廷凤凰山庄异军突起,凭借独特的婚宴经营模式,通过敞篷婚宴、露天婚礼、主题婚宴、产品附加值设计等成为了台州地区婚宴市场的金字招牌。而远洲花园山庄沉稳应对升级改造,打造台州地区面积最大且最具特色的自助餐厅,二月份面世以后,收到了很好的市场回馈。

在营销方面,一靠稳扎稳打建立渠道,从官方预订网站到微信、微博等各种网络客户端服务都已覆盖,并且充分利用第三方平台,以合作伙伴的方式推动营销。目前,通过这些渠道的销售收入比重已占据了较大份额,而且增长速度惊人。今年,远洲"悦廷会"会员体系建设也取得了突破性进展,在忠诚客户回馈方面有了更好的支撑;二靠关系营销到服务营销的转型。在 2013 年临海和九江两家远洲标杆酒店的创新尝试下,大连、宁波、巢湖迅速复制体系,并以"不断超出客人期望值,创造永无止境的服务体验"打造亲近 E+1 核心服务体系,使得远洲的服务口碑快速提升,目前已有两家远洲酒店的网评分升至区域第一的位置。三靠与粉丝的积极互动。目前已经是移动互联网时代,人们的消费观念和习惯已经发生了巨大变化,谁能够快速捕捉到客户的"痛点"和"兴奋点",谁就能与客户"互粉"!今年我们通过"重口味"的策划、与粉丝们的积极互动,定期的亲近自然的郊游活动,为"远洲米粉"定制的旅游套餐等方式塑造了很好"重口碑"传播效应。

在管理方面,远洲打破了传统僵化的组织架构,实现人人关注经营。酒店管理层将营收目标设为绩效保底,进行经营模块、服务支撑模块、后勤保障模块的划分,模块独立进行营收考核,营收完成获得绩效奖金,并运用百分比权重化考核法,开启人人关注营收的管理之路。而且远洲酒店模块负责人在早会和员工大会上都需要进行路演展示、时时刻刻清楚自己模块的营收保底目标。

三、人才战略的多个"干货"

"远洲学院""8020 战略""鸿鹄计划""校企合作"这些都是远洲人才战略中的"干货"。

这三个方面其实是反映了远洲在人才培养、人才晋升、人才储备方面的思索和实践。远洲在 2006 年就成立了远洲中心,近 10 年来一直致力于培养酒店业高素质人才的目标。2013 年正式成立了远洲学院,通过完善的运作体系、全面的培训课程和专业化的讲师团队助力远洲的人才培养。在师资团队上,除了集团内部有着长年管理经营的管理者外,核心团队的老师都有专业的资质认证。我们先后聘请了浙江大学饭店管理研究所所长邹益民、香港旅游协会执行总干事吕尚怀、上海旅游专科学校等众多知名学者、教授,以及北京锡恩英才咨询公司、上海酒店咨询机构的多名专家莅临远洲授课。

和其他企业大学做法不同的是,远洲学院的管理人员同时还兼任酒店管理公司的职能岗位,课程体系从集团、产业管理公司和子公司三个层面搭建,促进全员参与的程度,增强了培训有效性,从而真正让组织支持业务落地,不空谈培训。

"8020"人才发展战略是指 80% 人才内部培养,20% 人才外部引进,这种发展模式更有利于远洲优秀文化的传承和外部先进理念的融入。由于有了学院的支撑,内部人才得到了大批使用,远洲酒店集团总部高管以及下辖酒店总经理大部分已由内部培养人才担任。

"鸿鹄计划"是在内外部人才培养体系上进行的专项规划,是自 2008 年 10 月开始在国内相应城市的高校开展的全国校园行招聘活动。主要是根据远洲集团的发展战略规划和人才培养发展战略,在未来 3~5 年内,能够弥补中高层人才需求的缺口,搭建管理人才梯队,满足后备人才储备需要。2014 年 4 月,公司邀请了全国 13 个省市的 22 家院校代表召开了校企人才合作交流会,并签订了实习、实训、双师型师资等合作协议,为下一步与各大院校的人才合作奠定了扎实基础。

四、体系和模式持续创新是一种硬实力

酒店集团立足于整体实力的打造和呈现,所以"体系和模式的持续创新"才是实现发展的原动力。如今的远洲正致力于在服务体系、绩效体系、IT 体系、采购体系、营销体系等这些"看不见"地方来构建一种硬实力。

目前,远洲有自己独立的 IT 研发团队,用近 10 年时间自主研发了一套更适用于本土酒店管理的 IT 应用系统,并且获得了国家多项专利。远洲可以用一个强大的操作系统,将很多难以兼容的管理软件集成在一起,实现财务与业务一体化、前台与后台一体化、服务与管理一体化。各类管理系统全面打通,大大提高了工作效率和服务精准度,并大幅降低了办公和管理成本。

借助与远洲房产业的联动,远洲还拥有独立的设计和筹建团队,特别是针对二、三线高星级酒店,这支队伍经过近 5~8 年的磨合与实践,并加盟了具有国外品牌设计公司资历的专业设计师,所以你会发现远洲的酒店既有外观的奢华极致,又有功能的舒适匠心,而在采购体系的支撑下,酒店的成本投入上还能控制在业主的预期之内,这都是很多本土酒店集团所不具备的优势和实力。

今年,关心远洲的朋友会知道一个数字,那就是远洲酒店集团体的慧评分达到 90.6 分,像临海远洲国际大酒店、九江远洲大酒店都是区域网评分最高的酒店。我们可以把网评看成是客户的口碑和体验,在这点上,我们能够不止一家酒店做到区域第一,为什么?得益于模式创新。

五、从传统经营到"搭台唱戏"

在管理思路上,从概念上看,远洲经历了三次变革,从最初的"A 管理模式"到"4R 执行力"管理,再到现在的"阿米巴"管理,是一个不断演化进步的过程,可以说是从 1.0 版本升级到了 3.0。最初的"A 管理模式"就是传统的组织结构管理,属于企业初步集团化阶段,强化组织管理是当时所需,随着公司进入快速发展期,我们果断导入了"4R 执行力"管理体系,通过将近 4～5 年的时间,在咨询公司的辅导下,成功导入了这套执行体系;2012 年底,随着市场的变化,我们又率先尝试了"阿米巴"模式,通过一年试行效果良好,于 2014 年在集团全面展开,自此我们的经营管理模式正式进入了 3.0 时代。

在服务上,远洲也搭了一个台子,那就是亲近"E+1"服务模式。宾客满意度能保持在 4.8 以上的网评分,与这套模式存在着很大的关系。E 即英文 expectation(期望)的第一个字母,代表着顾客在五星级酒店所享受到的体验式服务都要满足他们的预期,"+1"就是要让顾客的体验超出他们的期望值,获得意外的服务体验,同时也是把这个空间更多的留给员工,让他们主动发挥个人才智,展示他们的智慧,充分调动服务意识的主动性。一杯欢迎茶、一块湿毛巾、充满微笑和关注的引领,每位走进远洲的客人都能在休息区享受到简单而又周到的服务。让每位员工主动找事做,哪怕是洗袜子、送一份营养粥,都可以成为他们的绩效,得到客人的好评会有不同程度的奖励。

在经营上,远洲有较高的应对市场变化的能力。面对 2013 年的特殊形势,远洲果断投入,升级了三家酒店婚宴场地的硬件配套,花巨资推出台州首家户外婚礼,全新推出了远洲的自助餐产品,在当地获得了良好口碑,并确立了相对的引领位置;在客房方面,远洲也推出了远洲健康客房等特色产品和服务,宾客满意度得以持续提升;在上海,远洲正在建设一家远洲的旗舰店,将打造成为具备最先进硬件设施和服务理念的城市商务酒店,专为商界精英和文艺界名流提供最高品质的服务。今年远洲又充分整合房产与政府资源,承办了"远洲墅·台州美食节"大型展销活动,不仅收益颇丰,而且赚足了眼球。经营创新与消费升级是经营者永恒的话题,远洲人正在不停地践行中。

在创新上,远洲酒店希望搭起一个资源共享的"平台",让顾客能够在这个舞台上实现最美的生活感受。目前,远洲酒店正致力于健康养生酒店的研究和打造,并与很多知名养生组织和优质资源进行了积极合作,希望未来有一天,客人下榻远洲酒店时,不仅仅是一次平凡的停留,而是一次'身·心·灵'的多维度体验,能够完全兼顾商务与休闲的平衡、工作与生活的和谐。"现在的远洲就像一张正在逐渐成形的拼图,在这张图上,远洲人已拼出了安吉有机食品、上海高端医疗资源、庐山风景名胜以及温泉、九华山禅修、仙居美景⋯⋯一张健康养生酒店集团的大拼图即将全面呈现。

前段时间,微信的朋友圈里盛传《竹子故事》的分享:毛竹在笋期,遇雨就长,但是等到长成竹时,就几乎不长了。可此时,它的根部却在地下发疯似的生长,根系最长的可以铺开几里,能够轻而易举获取自己需要的营养和雨水。所以,三五年之后,竹子会突然发力,成长速度极快,如果在夜深人静的时候来到竹林里,你都会听到竹子在拔节成长的声音。

远洲酒店集团就是当今酒店业里的"竹子"。

第五十六章　恒大酒店管理集团

一、企业简介

1. 集团概况

恒大地产集团于2007年注资进军酒店业,并成立了恒大酒店管理集团,负责地产集团下属酒店的筹建与管理自有酒店品牌——恒大酒店,管理团队均聘请拥有至少五年以上国际品牌酒店管理背景的酒店专业管理人才。

借助丰富生态资源,以世界顶级的设计理念、豪华五星级的硬件设施,细致入微且高尚优雅的服务,"使每一位顾客感受到生命价值"的服务理念传承于每一家恒大酒店。传统与现代相结合的酒店管理模式使恒大酒店集团时刻走在尊贵时尚的最前沿。以"完美每一个细节,惊喜每一位顾客"作为使命,为每一位顾客提供齐全、完善、全方位的感受。

2. 集团的企业文化

- 待客之道:完美每一个细节,惊喜每一个顾客。
- 战略目标:规模一流,品牌一流,团队一流。
- 恒大酒店宗旨:"我们触及每一个细节,感动每一个瞬间;我们想在客人之前;我们尊重顾客的独特性;我们不是无所不能,但我们竭尽所能;我们用细节关怀,用心赏识每一位员工;我们不断提高员工的专业水准;我们创造有利于员工的事业环境,在客人的惊喜中找到富有乐趣的人生;我们致力于取得最佳经营业绩。"

3. 集团酒店分布现状

恒大系列酒店致力于成为中国奢华酒店品牌中的典范之一。秉承恒大地产集团"精品战略"的理念,自2008年打造首家白金五星级旗舰酒店——广州恒大酒店后,恒大酒店管理集团陆续在上海、天津、南京、重庆、成都等中国20多个大中型城市兴建或规划奢华五星级恒大系列酒店,以及"日本钱汤式"温泉酒店及拥有国际标准高尔夫球场的高球俱乐部等奢侈项目。截至2014年7月,恒大酒店集团在营酒店7家,即

将开业酒店9家,具体分布如下:

(1)成都恒大世博中心(即金堂恒大酒店)

- 开业时间:2013年
- 地理位置:坐落于金堂,位于沱江支流毗河沿岸,坐拥2.8公里原生江岸线,酒店距成都市中心、火车站只需20分钟,距机场只需30分钟车程。
- 规模及配套设施:超60平方米的品质客房310间。葳格兰咖啡厅致力打造纯正法兰西风情;23 600平方米的国际会议中心,拥有30个规格多样的会议室,其中,3200平方米的超大型无柱宴会厅空间广阔、装饰奢华,能承接1600人的各式宴会及超大型婚礼,联合国式会议厅、阶梯会议厅、剧院会议厅等彰显国际气质,宴会团队一站式全程服务更让您轻松无忧;21 600平方米的超大型运动中心,拥有奥林匹克标准恒温游泳池、室内外网球场、篮球场、排球场、羽球场、乒乓球场等,配备专业的器械设施和专业的私教全程指导,至臻完善的服务。

(2)天津恒大世纪旅游城(即恒大酒店)

- 开业时间:2012年
- 地理位置:天津蓟县盘山风景区。
- 规模及配套设施:天津恒大酒店独创"6+1"模式,集客房、会议、美食、运动、娱乐、SPA、购物于一体。酒店精心打造多套豪华的客房及8幢别墅;会议中心拥有各类型会议室32间,层高9米的无柱国宴厅可同时容纳千人开会,并配备了十六国语言同声传译的高端多媒体会议系统,可承接大型国际会议;酒店饮食中心汇聚天下美食;运动中心按国际专业比赛标准设计,恒温泳池、各类球馆、健身中心等一应俱全,健康中心内更配备了专业的体检中心、沐足中心、桑拿按摩中心;酒店娱乐中心引进了顶级的电影城、儿童欢乐中心、御景世界会所,豪华KTV包房配备顶级音响;动感演艺大厅,商业中心内设大型超市,各类商业品牌进驻其中。

(3)增城恒大酒店

- 开业时间:2012年
- 地理位置:毗邻千亿中新知识城核心区,地处广汕公路旁,距新塘工业区、经济开发区10分钟,地理位置得天独厚。
- 规模及配套设施:增城恒大酒店拥有各档次的优质客房;酒店内茶室、棋牌室、桌球室、乒乓球室、网球场、健身室、桑拿浴室、SPA、足浴、室外游泳池、舞厅、KTV、夜总会等一应俱全。

(4)清远恒大世纪旅游城恒大酒店

• 开业时间:2012 年

• 地理位置:位于清远恒大金碧天下内,广清连高速龙颈出口,距离城市广场只需 20 分钟的车程,交通便捷,地理位置优越。

• 规模及配套设施:酒店建筑传承欧陆新古典主义风格并独创"6 + 1"功能配套模式,包括会议、饮食、娱乐、运动、健康、商业六大中心;会议、运动功能尤为强大,是商、旅宾客选择下榻的上佳之选。

(5)重庆恒大世纪旅游城恒大酒店

• 开业时间:2010 年

• 地理位置:酒店地处重庆西大门核心区——江津双福新区缙云山下,成渝高速走马出口 3 公里处。

• 规模及配套设施:坐拥 62 000 平方米的白金五星级标准酒店,客房面积均为 60 平方米以上,设施齐备;配备 10 000 平方米的国际会议中心,包括联合国式圆桌阶梯会议厅,28 个大、中、小多功能会议室,凸显恒大酒店特有的国际气质。饮食中心、运动中心、娱乐中心、健康中心等配套从容坐落其中,依山傍水,打造纯正至臻的欧洲风情。重庆恒大酒店推行"一站式"服务理念,24 小时私人管家更可随时为您提供周到服务,让您在商务旅行中感受"家"一般的温馨与惬意。

(6)广州恒大酒店

• 开业时间:2008 年

• 地理位置:位于广州金沙洲中心地带,独享 2.8 公里珠江水岸自然美景,距广州市和佛山市繁华闹市区均只需 20 分钟的车程。

• 规模及配套设施:酒店内拥有装修豪华高雅的客房和套房百余间,全部采用欧式洛可可风格的设计理念,结合传统典雅的家具,空间宽敞明亮,客房面积均为 45 平方米以上,配备有 VOD 视频点播设备、高速互联网接口和 DVD 播放机,确保每位入住的客人都能称心如意。

酒店内配套有商务中心、多功能会议室、豪华中餐厅、欧陆西餐厅、KTV、豪华休闲水会、健身中心、国际标准恒温游泳馆、网球馆、篮球馆、羽毛球馆、乒乓球馆和桌球室等,为每一位入住客人呈上超越期待的尊贵品质与体验。

此外,恒大酒店管理集团还拥有双鸭山精品酒店(翻新装修中),以及即将开业的酒店、武汉恒大酒店、上海启东威尼斯水城恒大酒店、南昌恒大酒店、成都恒大酒店、石家庄恒大世纪旅游城、天津恒大世博中心、南京恒大世纪旅游城、新疆五家渠恒大国际度假城、济南恒大世纪旅游城恒大酒店。

二、品牌介绍

1. 恒大品粤绿色酒家

恒大品粤是恒大集团按照五星级酒店标准鼎力打造的高端餐饮品牌,旨在为客人提供纯天然、绿色有机食品。恒大品粤主打新派"粤菜",在保留了粤菜原汁原味的基础上,集南北风味、中西风格,品粤博采众长,大胆创新独特菜式。更以自由、无公害农场为依托,以绿色、有机为特色,为您奉上健康养生的美食之旅。"一菜两制"系列秉承了恒大品粤有机、健康的理念,讲求食材搭配,养生理念与新派粤菜交织融汇,完美呈现给宾客兼具视觉及味觉的双重体验。

2. 大三元酒楼

恒大酒店集团与北京大三元餐饮集团达成联姻合作,标志着恒大酒店高端餐饮正式落户京城。恒大酒店集团宣布,今后全国范围内的恒大酒店都将设立"大三元"中餐厅,让"大三元"品牌遍布中华大地。此番与餐饮业界合作,不仅可以让百年老字号"大三元"品牌重新焕发光彩、为更多国人所熟知,更能将传统的粤菜精髓与现代绿色餐饮理念有机结合,形成新派"养生粤菜"发展的风向标。

3. 大江南北美食街

以中外美食汇聚为主题,云集了江南美点、川味火锅等中国南北经典美食,并包罗西、日、韩、东南亚的异国风味美食。大江南北美食街将致力于成为中国最具风味特色的精品美食餐厅。

4. 恒大运动中心

恒大运动中心致力于满足公众对健康、优质生活的需求,超过60种运动项目及专业私人教练的科学指导参与其中,将深切体验平衡健康的运动生活方式。恒大运动中心将致力于成为中国最著名运动俱乐部品牌。

5. 静 SPA

恒大酒店集团推出全新SPA高级护理品牌——静SPA。静SPA独特配有由东南亚田园派SPA大师研发的"活、色、天、香"四项SPA内容,采用香氛护理品牌欧舒丹及知名品牌欧莱雅,通过恒大健康中心营造的五感,并配合芳疗师的操作以及"静SPA"独有的前茶、后汤、冥想,给您带来"活力、色彩、天然、芳香"等非同寻常的感受。

"活色天香SPA"系列为顾客分别呈献"活之韵""色之魂""天之灵""香之神"四

项SPA疗程项目,让顾客在繁忙的都市尘嚣中也能健康养心、舒缓压力、补充能量和焕发肌肤。

三、管理创新

1. 人才素质标准

恒大酒店以独到的全球化视野广聚贤才,管理团队聘请具有多年国际知名品牌酒店管理背景的专业人员,人均从业年限达15年以上,同时引进了高素质人才,博士、硕士、本科以上学历比例达50%,阵容豪华、志存高远。

2. 服务质量

尊贵源自价值,价值源于品牌。借助丰富生态资源,以世界顶级的设计理念、豪华五星级的硬件设施、细致入微且高尚优雅的服务,恒大酒店管理集团让"使每一位顾客感受到生命价值"的品牌理念传承于每一家恒大酒店;传统与现代相结合的酒店管理模式,更令恒大酒店管理集团时刻走在尊贵与时尚的最前沿,让每一间恒大酒店都为您华美呈现非一般尊崇感受。

3. 标准化管理模式

恒大酒店项目首创了"酒店及六大中心"的标准化管理模式,规划定位为融酒店、会议、休闲、旅游、健身、购物为一体的超大型旅游度假区。

恒大集团在经过过去几年大规模的多元化拓展后,有意参照万达模式,在自有商业综合体中引入恒大百货、恒大超市、恒大影院以及恒大酒店在内的集团自营主力店,解决招商难题,打造升级版万达城市综合体,这为恒大酒店集团的发展提供了无可比拟的发展契机。

第五十七章　北京天伦国际酒店管理有限公司

一、企业简介

北京天伦国际酒店管理集团于2001年成立,以振兴民族酒店品牌为己任,本着务实、高效、科学、严谨的经营管理理念,开展酒店委托管理、顾问咨询等服务,凭借发展速度和规模,已跻身于全球酒店集团300强,名列中国北方区第二大酒店管理集团。集团拥有五星瑞廷、四星瑞格商务及度假酒店品牌,截至2011年,管理的总客房间数已达7199间,建立了天伦国际酒店管理学院,初步形成全国性的战略格局。

荣誉奖项:2004—2006年蝉联中国酒店业民族品牌先锋;2004—2005年蝉联中国酒店业民族品牌20强;2006年,中国最具规模的30家本土饭店集团;2006年,全球酒店五星金钻奖——中国十大品牌酒店集团;2006年中国酒店星光奖——中国最佳酒店管理公司;2007年中国酒店星光奖——中国最佳本土酒店管理集团;中国酒店业最佳雇主。2008年奥运服务突出贡献酒店管理集团(北京市旅游局颁发),2008年服务奥运贡献突出奖(奥运村部颁发),2008年中国饭店业30年最具影响力饭店管理公司(集团),2008年全球五星金钻奖——全球最具影响力品牌酒店集团20强。

二、企业文化

以人为本、真诚信任、默契协作、创新进取。

三、品牌简介

1. 集团品牌

集团名称"天伦"蕴含了中国传统文化中对美好生活的向往——天伦之乐,表现了集团将为每一位宾客提供幸福生活的极致,又在"天伦之乐"中让大家感受到温馨、舒适、个性的浓浓情怀,并独创了关爱、细腻的丝一般的传奇服务。

顾客的需求,就是我们的方向。根据顾客的差异化需求而确立的品牌,更能满足不同层次顾客的期望。

随着集团市场发展和品牌管理的深化,为了满足不同客户群体对产品的需求,进一步清晰品牌划分,天伦国际酒店管理集团将隆重推出三大细分品牌——天伦皇家(Tianlun Royal)、天伦瑞嘉(Tianlun Rega)、天伦精致(Tianlun Elite),分别针对五星级酒店、四星级酒店和中档商务酒店。集团高层称,这三个子品牌是天伦集团早已成熟的产品,今年在原有基础上进行了更加明确的整合划分,目的是为不同的细分市场提供更具针对性的服务,使集团品牌在不同产品线上延伸发展。

天伦国际酒店管理集团及其三个子品牌随即将启用新的标志。集团标志在原有基础上进一步简化,更加突出视觉形象。天伦皇家和天伦瑞嘉的标志将采用与集团标志相同的图形,只是在颜色和字体上加以区分,既突出不同的产品特色,使天伦国际酒店管理集团旗下的品牌划分更加清晰,又体现集团管理的一致性和权威性,且便于识记。天伦精致作为特色品牌,展现出优雅干练的商务气质。整体设计端庄稳重、简洁内敛、充满质感,凸显天伦集团品质。

品牌细分是市场细分的结果,是天伦品牌的纵向延伸,也是天伦国际酒店管理集团完善市场营销体系和优化品牌的重要战略。在入选行业权威媒体HOTELS杂志的"全球酒店集团300强"之际推出新品牌,这一举措将更加统一天伦集团的品牌形象,同时为不同品牌的个性化发展奠定基础。

2. 子品牌介绍

(1)瑞格酒店(四星级酒店)

瑞格酒店(四星级酒店)——瑞格代表卓尔不群,时尚典雅。

瑞格代表着一种时尚优雅的格调,乐活随性的精神,它崇尚简约而又富于灵感的设计,喜欢在变化中体会人生⋯⋯

品牌故事:品牌标志包含吉祥鸟与花的概念。用瑞格酒店英文大写字母"R&G"作为原型演化为一只展翅飞翔灵动的"吉祥鸟",象征着瑞格品牌酒店对高品质的不断追求。"吉祥鸟"是中国古代传说中的神物,寓意品牌雅致、脱俗的格调以及追求高品质的永恒精神。视觉上呈现着奢侈感和现代感。而宛若兰花的造型又呈现酒店产品的多元化及商务休闲的产品属性,形态优雅时尚。标志体现了为客人创造一种舒适的尊贵感受和温馨服务,给客人带来吉祥、幸福、美满的寓意。

(2) 瑞廷酒店(五星级酒店)

瑞廷酒店(五星级酒店)——瑞廷代表尊贵奢华,气度不凡。

瑞廷品牌源于我们的忠诚客户对天伦无微不至的服务理念的依赖,他们睿智而儒雅,崇尚亚洲文化的亲和与细腻情感,并自然融入,乐享其中。

品牌故事:品牌标志既简洁大方又高贵柔美,体现了一定的亲和度。图形结构为竖立的细长椭圆,高挑挺拔,中间反白线条和板块看似抽象画中长发披肩的美女。白色线条和板块图形源于瑞廷的英文名字 Radegast 的首字母 R,顺畅的曲线犹如柔滑飘逸的丝绸,恰似天伦丝一般的柔情。英文名 Radegast 源于希腊神话中代表款待客人之道的女神,体现天伦国际酒店管理集团致力于为客人提供无微不至的贴心服务的理念。英文名字在先,强化品牌国际化的感觉,标志置于英文和中文之间,达到一个视觉上的理想比例和平衡,使标志更具整体性,品牌个性更突出。

四、管理创新的特点

1. 服务理念

天伦国际酒店管理集团品牌名称"天伦"蕴含了中国传统文化中人们对"家庭之乐"的至高向往——天伦之乐,承载了天伦人为每一位宾客奉献"家一样关怀"的美好服务理念。天伦集团用"丝一般的情"创造温馨,舒适,个性,宾至如归的酒店氛围,使宾客充分享受到浓浓的"天伦情怀"与非凡体验。

2. 市场营销

天伦国际酒店管理集团经过多年集团化管理建设,形成了自己的市场营销体系,它由集团化中央系统及客户资源平台两部分组成。以天伦国际酒店管理集团中央预订系统(CRS)为基础的一体化电子营销平台是集团成员酒店共享的预订网络,是集团利用中央数据库管理旗下酒店的房源、房价、促销等资源信息,使其能支持酒店集团的网站及呼叫中心的实时预订,并同其他分销系统—全球分销系统(GDS)和互联网分销商(IDS)连接,使旗下酒店能在全球范围实现实时预订。

集团的客户资源平台主要由集团常客计划及旗下酒店客户资源库构成。常客计划是酒店品牌的重要组成部分,保证集团在输出管理的同时,输出客户资源。

3. 人力资源管理

在总结十几年管理经验基础上,天伦集团开发出了一套完整的人力资源开发体系。内容涵盖绩效管理体系、职业生涯规划体系、培训教育体系、招聘管理体系、薪酬体系和服务奖励体系。

(1)绩效管理是天伦人力资源开发体系的载体。通过长期、稳定、统一和规范地对管理人员实施工作业绩和职业素质的指导、培训和考核,将天伦集团的企业文化和价值观植入每一位管理人员心中,以规范工作方法和管理行为,推动良好品质和行为模式的塑造,增强集团核心竞争能力,实现业绩的持续提升。

(2)职业生涯规划是天伦人力资源开发体系的核心。以人才培养和储备体系为基础,形成持续、稳定的人才供给渠道,实现可持续人才发展战略。通过建立全方位、多层次的人才培养与生成机制,包括:帮助新人融入与成长的新员工跟踪辅导制度、为优秀大学毕业生量身定制的管理见习生制度,帮助员工职业拓展、塑造复合型人才的员工第二技能拓展实施方案、帮助员工晋级培养的后备人才培养办法、帮助管理人员成熟成长的职业导师制度等,为每一位员工提供"无天花板"的晋升通道,促使员工自觉自愿地将自身的发展与企业的命运结合在一起。集团目前培养储备了上千名见习职业经理人、五千多名具有复合型酒店服务技能的服务人才。

(3)培训教育是天伦人力资源开发体系的重要组成部分。天伦集团将培训教育体系与员工的职业生涯发展紧密相连,从长远对各级管理人员进行规划,使管理人员在文化、素质、能力、专业知识等方面不断得到系统培训,用天伦的文化培养出一支高素质、职业化,既有丰富的实践经验又有雄厚理论基础的管理队伍,塑造一批职业经理人精英。天伦集团致力于打造学习型团队,成立了"天伦讲师团",形成了管理者即是训导师的培训氛围。集团高层管理人员每年接受不少于70课时的集中培训,中层管理人员每年接受不少于140小时的集中培训。

(4)招聘管理是天伦人力资源开发体系的基础。为准确及时开发吸纳人才资源,有效应对集团业务拓展,天伦集团以资源共享为切入点,建立了统一招聘平台。通过招聘渠道、人才资源的共享、甄选手段的规范、入职流程的统一,提高了招聘的效度。

(5)薪酬管理是天伦人力资源开发体系的根本。集团实行职务岗位绩效薪酬制。实施职务岗位绩效薪酬制是将激励机制与实现目标和上级评估业绩相联系,薪酬与业绩挂钩。职务岗位绩效薪酬制可以使管理人员认识到薪酬与业绩成正比,可以突出一种关注绩效的企业文化,促使管理人员将个人努力投入到实现组织目标的重要工作中去,也有利于吸引和留住成就导向型人员。

(6)服务奖励天伦人力资源开发体系的延伸。天伦集团在各酒店推行统一积分制"金帆奖"服务奖励体系,包含十种奖励积分:金拇指服务大使、金拇指服务班组、服务之星、铜奖章、优秀实习生、表扬信、合理化建议、拾金不昧奖、荣誉积分、优秀督导,让酒店最优秀的员工在全集团系统交流传播他们的服务经验,使集团服务更具有自己的特色。

4. 信息技术运用

信息化管理是现代企业管理的最佳工具。天伦国际酒店管理集团对酒店的信息化建设尤为重视,星级酒店信息化服务、信息化管理是集团追求的目标。

天伦集团以自身的中央预订系统为核心,为各酒店搭建统一的预订和会员服务平台,使单一酒店的预订、入住、会员管理等业务上升到集团层面,既简化了酒店日常对销售渠道的操作又实现了集团内部资源的共享,提高酒店综合效益。同时,酒店管理系统是酒店业务的核心。主要完成客房的预订、入住登记与结算、客房管理、客史资料的管理以及餐厅的点餐与结账、菜品的维护与传递等日常工作。天伦集团对于系统选型、系统设置、系统应用、系统管理都有严格的执行标准,通过系统的标准化来实现集团内部各酒店对客服务的标准化和日常经营管理的标准化。

天伦集团还针对集团及酒店后台管理系统,摒弃传统各酒店独立建设系统的模式,管理集团统一搭建"云"模式系统,为酒店提供统一的后台财务、人力资源及日常办公业务的操作。大数据分析系统的建立、"云"模式系统的应用为集团内大数据分析提供了平台,通过这个平台可以为酒店对客服务及经营决策提供数据支撑。

天伦集团还制定了标准化的网络搭建结构,以及包含域名、电子邮箱、网站的统一集团搭建的互联网应用系统,针对移动互联应用的趋势,集团重视集团整体在移动互联网上的宣传与应用,努力把传统会员向粉丝型会员转化,提高会员的忠诚度,实现对粉丝精准营销的目的。

集团未来的发展战略非常关注提高酒店科技含量建设智慧酒店,实现提高服务品质、智慧营销、智慧管理、降低运营成本、增加营业收入的战略方向。

5. 节能减排

作为专业的酒店管理集团,天伦集团本着对业主、社会负责的态度,一直推崇环保理念,从建造到管理尽力做到节能减排。

在建造阶段的节能减排标准主要体现在:建筑材料、设备节能、供电照明节能及节水、节天然气等。

附录：

截至2013年12月31日，共有成员饭店(23)家，客房共计(5356)间，其中：

已开业								筹建中							
五星级		四星级		三星级		经济型		五星级		四星级		三星级		经济型	
客房(间)	饭店(家)	客房(间)	饭店(家)	客房(间)	饭店(家)	客房(间)	饭店(家)	客房(间)	饭店(家)	客房(间)	饭店(家)	客房(间)	饭店(家)	客房(间)	饭店(家)
2289	9	1636	6			71	2	1360	6						

注：1. 仅对中国内地的成员饭店进行统计。
2. 不含由管理公司持有饭店产权(全部或部分)，但交由第三方管理的饭店项目。
3. 五星级、四星级、三星级、经济型(含二星级、一星级)饭店包括正式挂牌或按照相应星级标准建设的饭店。
4. 筹建中的饭店，指2013年12月31日前已签订正式合同但尚未开业的饭店项目。
5. 此表可复印使用或另制同式样表。

第五十八章　中青旅山水酒店投资管理有限公司

一、公司简介

中青旅山水酒店投资管理有限公司是旅游业上市公司中青旅控股股份有限公司（SH 600138）的直属企业，专业从事连锁酒店投资、开发、经营、管理。公司创始人蔡海洋先生于2002年创立了"山水时尚酒店""设计师酒店"等酒店品牌，并以其别致的风格、个性的体验、便捷的服务、超值的价格填补了中端精品酒店市场的空白，在业内独树一帜，获得了社会的广泛赞誉。先后被广东省旅游星级饭店评定委员会评为"绿色饭店"，深圳市政府会议及公务住宿接待定点宾馆，并荣获"十强连锁品牌酒店""十大低碳主题酒店""2011世界大运会大运村住宿服务外包供应商"等殊荣。

目前，公司已在深圳、广州、北京、东莞、肇庆、成都、海丰等地投资并管理14家个性鲜明、风格突出的品牌时尚商务连锁酒店。

中青旅山水定位于时尚商务连锁酒店，主要客户为追求优雅品位的中端商务人士及游客，在本质性运作规律方面，公司是经济型酒店，但公司坚持以经济型的投资模式、中高星级定位，提供给客人高性价比的超值的产品和服务。

二、企业核心服务理念

中青旅山水认为产品与服务同等重要，提出了"分享、无边界、领先半步"的核心服务理念。

- 分享：始终以创意、品位、超值的多样化优质产品和专业服务真诚地与顾客分享；永远关注顾客的需求，与时俱进，变革创新，为顾客创造更高价值。
- 无边界：市场需求千变万化，顾客满意永无止境，服务追求也是无边界、无止境的。每一位顾客都是公司的顾客，服务并不存在部门和区域边界，不受地域或环境的限制，不因对象大小而不同。

● 领先半步:领先的服务,就是追求卓越的服务,就是领先顾客需求的服务,就是贴近顾客需求的服务;追求全程关注、倾力解决,始终寻求更好的服务方式、更好的解决办法。

三、品牌介绍

中青旅山水旗下拥有三大品牌,分别为中档商务酒店品牌——山水时尚、主题式设计精品酒店品牌——设计师、度假式精品酒店——丽江山水。

1. 中档商务品牌——山水时尚

"山水时尚"是中青旅山水体系的核心品牌,山水文化的主要载体,全国首家"时尚"概念中档商务连锁型酒店。酒店装饰将绿色环保理念及亲近自然的人文和中国元素融入其中,建有透光玻璃、阳光天棚,引入小桥流水、花香虫鸣,让宾客在喧哗的闹市中感受到城市绿洲的清新气息,旨在为中高端商务人士打造一个时尚、高雅、健康的住宿环境。

2. 主题式设计精品酒店品牌——设计师

"设计师"是中青旅山水体系的高端品牌,是山水倾力打造的高端主题式设计精品酒店。由23名国内外顶尖设计师联合打造的个性鲜明、风格迥异、立意新颖的时尚客房,打破了传统酒店空间格局,让宾客感悟时空交错,体会视觉、触觉、听觉的冲击力,以时尚、新颖、舒适为基点,提供给宾客至高的享受。

3. 度假式精品酒店——丽江山水

"丽江山水"是中青旅山水体系的全新品牌。从喧闹都市到风景秀美的旅游度假区,酒店不再只是一个住宿的场所,其本身也融为旅游目的地的重要元素。伴随时空的转换,在度假式酒店可放松心灵,洗涤尘埃,还可欣赏当地特色的传统文化和风俗习惯。中青旅山水第一家度假式酒店将于2014年在丽江诞生,将会呈现出浓郁的"人与自然是兄弟"的纳西族传统文化建筑风格。

四、管理创新

中青旅山水酒店投资管理有限公司的核心经营理念体现在差异性、优越性两个方面:差异性就是有自己的风格、内涵与别人不一样的独特性;优越性来自于物业价值发现能力、工程与经营的成本控制能力,以及资源集约共享的连锁经营能力。

1. 增强激励机制，提升服务技巧

中青旅山水始终以顾客满意度为服务衡量标准，针对商务型中端客户，提供有别于一般商务型酒店的人性化与个性化服务，为山水宾客打造：优质睡眠服务、营养早餐健康每一天及无限畅游——WiFi无缝全覆盖等服务。在沟通平台上，中青旅山水建立了7×24小时客服电话预订、投诉、咨询服务；官网互动平台；官方微信、微博等及时互动沟通平台，旨在为宾客提供更优质的服务。与此同时，集团展开诸如酒店职业英语大赛等活动以正面激励机制推动员工学习动机，提升服务技能。

2. 加强对员工培训，学以致用

中青旅山水时尚连锁酒店第一、二届"优秀督导培训班"，符合公司实际，通过大量深入浅出的案例，分督导入门、督导原则与管理功能、在职培训、人际关系、沟通技巧、员工投诉与抱怨、辅导、员工纪律处分共八个章节，与学员进行了全方位分享，并在考核方式上大胆创新。同时公司重点强调了品质管理、人本管理、业绩提升和管理者心态、创新意识等几个方面的。要求员工在学习上中成长，学以致用，用其所长。

3. 勇于创新，推陈出新

深圳区域在中青旅山水全集团率先实行"免押金免查房"的零秒退房服务，同时通过完善内部规范流程将风险控制在可控范围内。更加关注宾客的入住感受，让客人享受自由自在。

4. 对外展示品牌，提升品牌形象

2013年10月，在澳门威尼斯人酒店举行的澳门国际旅游博览会上，公司首次对外正式提出公司旗下的三大品牌：中档商务酒店品牌——山水时尚、主题式设计精品酒店品牌——设计师、度假精品酒店——丽江山水；参加中国国际旅游交易会时，公司展现了目前三大产品品牌的发展情况，也向各界合作者传递公司将以"直营、并购、加盟"模式并驾齐驱加快全国扩张的信息。对外展示品牌有益于拓展公司酒店业务、宣传企业品牌形象、搭建网络沟通平台、促进业界的深度交流及合作。

5. 坚持可持续发展，追求人与自然的对话

公司在中档酒店品牌"山水时尚"的装饰中，将绿色环保理念及亲近自然的人文和中国元素融入其中，建有透光玻璃、阳光天棚，引入小桥流水、花香虫鸣，让宾客在喧哗的闹市中感受到城市绿洲的清新气息；在运营中，旨在为中高端商务人士打造一个时尚、高雅、健康的住宿环境。公司在度假式酒店品牌"丽江山水"的建设中，为不破坏自然遗产地的风貌，将原建筑中的木头等材料都存留下来，用到新的房屋建筑，建造过程凝聚了"人与自然是兄弟"的纳西族酒店风格。

6. 节能减耗,倡导绿色环保

自 2003 年成立,山水时尚酒店始终致力于绿色环保事业,倡议低碳出行、减少能源消耗、呼吁入住宾客使用可循环利用的物品尽量不用一次性洗漱用品。山水时尚酒店还在客房内摆放低碳温馨提示牌,与宾客一起为低碳行动奉献力量。

附录:

表 58-1　公司的发展历程

2003 年 1 月	山水大酒店(深圳梅林店)正式开业
2004 年 9 月	山水时尚酒店(深圳华强北店)正式开业
2004 年 12 月	山水时尚酒店被评为深圳最具影响力的酒店、荣获年度品牌企业
2005 年 5 月	山水时尚酒店(深圳罗湖店)正式开业
2005 年 10 月	中青旅注资 9600 万成立中青旅山水酒店投资管理有限公司
2006 年 12 月	山水时尚酒店(北京航天桥店)正式开业
2006 年	山水时尚会正式成立,会员管理体系开始建立
2007 年	山水时尚酒店七家分店相继正式开业,分别为肇庆店、广州花都店、广州东站店、广州黄埔店、深圳坂田店、东莞店、北京芍药居店;中青旅山水酒店(北京)区域分公司正式成立
2008 年 1 月	山水时尚酒店(北京六里桥店)正式开业
2008 年 2 月	连锁酒店 VI 识别系统及管理体系全面建成使用
2009 年 7 月	山水时尚酒店(成都九眼桥店)正式开业
2010 年	公司资产达 30 703 万元,创利 2 056 万元
2011 年 4 月	中青旅山水酒店国信项目正式签订;中青旅山水酒店投资管理有限(北京)公司与澳门青旅(集团)旅游投资有限公司共同出资设立北澳青旅山水国际酒店投资管理有限公司
2011 年至今	多家分店开业:山水时尚酒店番禺市桥店、山水时尚酒店北京前门店、山水时尚酒店北京天竺店、山水时尚酒店广州中山大道中店、山水时尚酒店广东中山中店、山水时尚酒店北京八角店、山水时尚酒店北京梨园店、山水时尚酒店深圳华南城店正式试营业、山水时尚加盟店广西巴马店、山水时尚加盟店(湖北赤壁店)、山水时尚加盟店(湖南宁远店)、山水时尚加盟店(河南郑州店)、山水时尚加盟店(广州夏园店)

资料来源：

[1] 山水时尚酒店 [EB/OL]. http://baike.so.com/doc/6919562.html.
[2] 中青旅山水酒店投资管理有限公司官方网站：http://www.shanshuihotel.com/.

第五十九章　勇往直前不忘初心

——城市名人酒店集团

城市名人酒店集团是以一家单体酒店(杭州浙江饭店)为基础逐步发展起来的高星级连锁酒店管理集团,从1995年筹建至今,集团已经历了19年的风雨征程。目前,经营管理的酒店已达25家,遍布四川、湖北、山东、浙江、江苏、吉林、云南等地,其中已开业23家,正在筹建中的2家,总计客房数量为5 636间。2013年跻身于中国酒店集团60强。

"城市名人酒店",英文名Celebrity City Hotel,简称CCH,具有十余年的品牌历史,意为集团酒店为城市中名人之居停场所,名人服务名人、名人成就名人。10多年来,城市名人酒店集团坚持以市场和宾客为中心,不断创新,顽强拼搏,取得了可喜的成绩。

一、产品是酒店的根本

站在客户的立场,提供给客户需要的产品,为客户创造实实在在的优惠。随着家庭消费在市场的持续升温,城市名人又打造了家庭套餐、家庭房、宝贝卡、儿童俱乐部、儿童餐饮等。无论是商务客户,还是家庭客户,总能在名人找到适合自己的优惠便捷的产品。在度假型酒店打造一价全包"HAPPY GO"度假模式,包括住宿、一日三餐、温泉、运动项目、娱乐项目、儿童俱乐部,宾客可以随心所欲按照自己的节奏度过每一天。设计客户需要的产品,让客户去体验再口口相传,让满足客户需要的产品,成为城市名人最好的营销产品,成为集团发展的根本。

二、品牌的价值 是客户的口碑

集团董事局主席谭守盛曾指出:"有人估价说我们城市名人酒店品牌价值多少多

少个亿,但我一直觉得,城市名人的品牌,是客户真真实实的口碑。"所以城市名人酒店集团自创建以来,一直追求的是客户体验式营销,追求的是客户实实在在的优惠,追求的是客户在城市名人酒店老板式尊崇。

城市名人在过去的十几年中,一直采用了"开发客户多多益善,维系客户朝朝暮暮"的直销模式,不像其他企业铺天盖地的广告。每每有新的产品、新的服务、新的酒店开业,名人总是邀请一大批客户去免费体验,用客户的体验营销去替代媒体广告。

宾客在城市名人能尊享老板的礼遇,除了集团的理念,各酒店还有一个特色部门"名人会"作支撑。名人会以"YES,BOSS"为服务理念,以"您是我们的老板,我们是您的皇金管家、商务秘书"为服务形象,精心设计推出BOSS皇金卡、BOSS卡及VIP卡,是常客优惠奖励与服务计划的集结,包括常客优惠、管家服务、商务服务、积分奖励等,让您的居停倍感舒适、便捷、贴心与尊贵。无论宾客身在何方,一个电话,一个指令,名人都能让您及您的宾客尽享完美商务体验,目前拥有各类会员40余万人,而且随着会员数量的加大,集团还推出了宝贝卡,小宝贝儿们在城市名人也有了欢乐天地。

三、资源整合是发展必需

大资源整合为城市名人平台提供无限可能。与房产项目开展经营、客户层面的合作,对高端住户免费赠送BOSS卡或打包城市名人客房、餐饮、娱乐等产品及消费券,让业主的一个电话就能尽享在全国"吃、住、行、游、购、娱"的城市名人服务,让业主有个固定的家,在城市名人有个流动的家。与银行合作推出联名信用卡,在发卡、服务平台合作、手机支付、网上商城、营销渠道、社区服务、对公信贷等领域开展广泛深入的合作,推动金融与酒店行业共赢发展。

当信息不再是稀缺资源,当全球化、地球村进一步实现,唯有跨界合作、资源共享,打造企业生态模型,构建不同于竞争对手的全新的营销、产品模式,创造不同于竞争对手的定制服务,才能在时代竞争中奔跑,才能取胜。

四、移动互联是名人趋势

国家强调智慧旅游,企业讲究互联网化,互联网就这样扑面而来。城市名人积极拥抱互联网,组建了CCH互联网平台,以集团官网、官方微信、官方微博、APP、店报五位一体构成集团中央宣传渠道,以各酒店微博、城市名人每一位员工的微博、微信为矩阵支撑,打造了独一无二的城市名人互联推广平台;集团官网名人商城、天猫旗舰店,以及即将投入的微信小店、京东直连商城为销售平台;中央客服系统提供线上无缝服务,各酒店提供极致线下服务,为客户打造极致互联体验。

五、勇往直前,不忘初心

城市名人酒店集团在不断发展的同时,始终不曾忘记对社会的责任、对客户的承诺、对员工的关心。每一个逆境后面都有城市名人酒店稳健的后盾。因为有爱,所以得到员工的忠心、社会的肯定。

城市名人的努力拼搏、快速发展,赢得了业界和社会的认可,先后获得了一系列的荣誉:2007年被评为中国饭店协会优秀会员;2008年被授予中国饭店与餐饮业改革开放30周年功勋企业、中国饭店业著名品牌企业;2009年获评年度中国最受欢迎本土酒店品牌、中国酒店文化象征企业;2010年授评为优秀民族品牌、中国饭店集团十佳品牌企业;2011年获评中国饭店协会功勋会员;2013年被评为"全国都市文化旅游服务产业知名品牌创建示范区骨干企业";2014年被评为"民族酒店最具成长力奖"。集团下属的许多酒店、部门和个人也分别获得了优秀单位、先进集体和优秀总经理、职业经理人、中国服务大师和烹饪大师等诸多荣誉。

而现在,城市名人带着沉甸甸的社会责任感,带着5 000多名员工的希望,带着对40万会员3.0时代的深度支持合作伙伴的承诺,再次上路,只要找到了路,我们从来不怕路远。

第六十章　不凡的历程　腾飞的玉渊潭

——玉渊潭酒店集团[①]

在上风上水的北京市海淀区西部,在中关村玉渊潭科技商务区的核心,有一个服务资源雄厚、服务层次宽广、服务产品丰富、服务质量上乘的酒店集群——北京玉渊潭酒店管理集团有限公司(简称玉渊潭酒店集团)。30年来,集团坚持务实、创新,取得了喜人的成绩。这使集团成为中国集体企业在酒店行业成功发展的典范,更见证了改革开放以来酒店行业的兴起与蓬勃发展。

一、审时度势——玉渊潭酒店业之崛起

紫气东来,贵气天成。1984年,玉渊潭酒店集团的第一家酒店——紫玉饭店应运而生,成为上世纪80年代初期我国酒店业为数不多的涉外星级酒店之一。它的诞生,得益于玉渊潭酒店集团的母公司——玉渊潭农工商总公司的前瞻性战略眼光和对市场发展机遇的敏锐把握,同时也标志着玉渊潭酒店业的一个高起点。

自此,玉渊潭酒店业自强不息,开启了令人瞩目的发展历程。自1984年至2011年,继紫玉饭店开业后,玉渊潭酒店集团旗下自主投资兴建的裕龙国际酒店、金龙潭大饭店、永兴花园饭店、中裕世纪大酒店、中意鹏奥酒店、裕龙大酒店、瑞成大酒店、如意商务酒店、天天假日饭店、永兴花园商务酒店、玉都饭店都相继开业运营。在积累与沉淀了20余年酒店管理经验、把握酒店业发展方向与脉搏的基础上,玉渊潭农工商总公司整合资源,于2009年8月18日正式对外宣布成立玉渊潭酒店集团。

虽然玉渊潭酒店集团成立仅有5年时间,但玉渊潭酒店的30年丰富酒店管理经验已经成为玉渊潭酒店集团蒸蒸日上的不竭动力之源。2013年,玉渊潭酒店集团自

[①] 作者:关艳丽,供职于玉渊潭酒店集团总经理办公室。

主投资兴建和受托管理的酒店涵盖经济型至五星级,客房总数高达4000间,年经营利润3.6亿元。

二、步步登高——玉渊潭酒店业方兴未艾

千里之行,始于足下。玉渊潭酒店集团成立后,把无形的深厚底蕴扎实地注入管理中,转化成为有形的集团化作用与优势。"管理和服务追求一贯一流"的企业精神,是玉渊潭酒店集团企业文化的核心体现,也是他励精图治、奋发图强的外在表现和持久强劲的推动力。玉渊潭酒店集团的企业文化伴随着他30年的发展实践孕育而生,是玉渊潭酒店集团全体员工的心声和信念,恰如有源之水,生生不息。

有了这种精神追求,秉承务实、创新的工作作风,使得玉渊潭酒店集团成立以来,阔步向前,步步攀登,在联合营销、集团采购、人才培养与培训、产品和服务创新等各个方面有力彰显了专业化的管理水平,取得了实实在在的收益。

5年来,玉渊潭酒店集团在指导成员酒店经营管理,提高成员酒店的增收节支能力与服务品质上下真功夫,并不盲目追求"新"和"鲜",而是厚积薄发,重在成效。事实证明了这种稳扎稳打的正确性。无论是运用酒店管理公司通用的管理方法,还是经营策略上的推陈出新,玉渊潭酒店集团总能在短时间内取得不一样的成功和工作效果。

联合营销方面:玉渊潭酒店集团2013年正式运行了中央预订系统,搭建了供成员酒店共享的扩大销售的新平台。中央预订系统的建立及运行,不仅能使寻订酒店客房的客人可即时看到玉渊潭酒店集团各成员酒店的客房信息,实现在线预订,而且还能与开发的酒店客房分销商的渠道直接连通,进一步增加了预订成员酒店客房的客源量和收入。

2013年以来,面对严峻的市场环境和愈发增加的经营压力,酒店集团带领各成员酒店拿出增强市场竞争力、扩增客源市场的新举措,为成员酒店的经营克难减压。一方面,统一组织、指导成员酒店有效地开发外埠市场,推介玉渊潭酒店集团所有成员酒店各具特色的产品和服务项目,对部分重点客户进行回访,进一步巩固和扩大营销成果。2014年,玉渊潭酒店集团还正在陆续与青岛、大连等地多家酒店达成点对点的企业间合作,共享商务客户,取得共赢,使其成为促进玉渊潭酒店集团成员酒店提升外埠市场占有率及客源收入的重要支撑。另一方面,经过两个月的试用后,玉渊潭酒店集

团于2013年9月份正式上线推出了"御享会"会员体系,内容包括会员优惠政策、会员专享服务等。客户可以凭会员卡在玉渊潭酒店集团内不同星级档次的任一家成员酒店消费、积分,享受颇具特色的会员专享服务。会员体系的推出,不仅对成员酒店当前的经营有拉动作用,更是开辟了建立玉渊潭酒店集团直客市场、培育忠诚客户的重要途径。截至2014年6月底,酒店集团成员酒店已发展"御享会"会员近13 000人。会员体系的运行为成员酒店增加了收入,更传播了玉渊潭酒店集团的品牌声誉。

集团采购方面:近几年,集团一方面通过严格、规范的招标、评标方式,认真考察和挑选供应商,一方面加强对集团采购的管理,把10多家成员酒店的大宗物品采购统管起来,增强议价能力,为成员酒店降低了运营成本,使这项工作取得实质进展和良好效果。截至2014年6月底,玉渊潭酒店集团的集团采购覆盖率已达81.76%,为成员酒店降低采购成本14.39%,成为玉渊潭酒店集团各成员酒店挑战机遇、缓解经营压力的有效利器。

人才培养与培训方面:玉渊潭酒店集团以集团化管理的视角,着眼于成员酒店的未来成长,给成员酒店注入了可持续发展的强力后劲儿。集团面向所有成员酒店在岗的中层管理人员,启动了专业后备人才选拔和培养工作,与北京第二外国语学院酒店管理学院开展合作,深度培养人才,并准备与该校联合制定玉渊潭酒店集团中高级管理人员和后备人才MBA和MTA特设培养课程的学习计划。

此外,玉渊潭酒店集团近两年加大了校企合作力度,先后与北京农业职业学院、北京联合大学旅游学院开展多领域合作,分层培养和充实集团现有人才及储备,充分运用学中干,干中学相结合的方式培养人才,共同探讨如何将酒店专业理论与酒店实际相结合,发挥各自优势,携手共赢。

产品和服务创新方面:玉渊潭酒店集团不断推陈出新,精雕细琢,开发新的酒店产品和服务。一方面,积极探索、研究将制造业中的精细化管理原理与酒店实际情况及运营特点相结合,并融入了玉渊潭酒店集团成员酒店管理特色的运营体系,打造出彰显玉渊潭酒店集团独家特色的产品和服务。另一方面,计划与国际金钥匙组织深度合作,充分利用其所在区域的资源优势,特别是建设中关村玉渊潭科技商务区的战略机遇,为客人提供"满意加惊喜"的超值服务,进行产品品质提升与创新,提升园区内的商务环境。

5年来,玉渊潭酒店集团的辛勤耕耘,获得了经济效益和社会效益的双丰收。在集团成立后,成员酒店的营收能力不断增强,营收水平持续提升,经济效益连年递增。至2013年年底,成员酒店的客房出租率达75%,比成立之初提高了13%;每房产值为

345元,比成立之初增长了43%。所有成员酒店依托集团化管理的优势因素,迸发出新的能量。玉渊潭酒店集团成员酒店2013年的经营总收入,比酒店集团成立之初增加了1.6亿元,平均年增加5 291万元;2013年的经营利润为3.6亿元,是酒店集团成立之初年经营利润的1.7倍,平均年增长4 764.6万元,增幅显著。

在取得可观经济效益的同时,玉渊潭酒店集团多次受到国家行政主管部门和主要行业组织的肯定和嘉奖,先后荣获"2009中国最具发展潜力酒店集团""民族酒店集团卓越成就奖""中外酒店白金奖""民族酒店品牌影响力奖""全球酒店业金樽奖——2014年度全球酒店业最具投资价值酒店管理公司"奖项及"中国饭店集团60强"等荣誉称号,获得了业内外人士的一致肯定与广泛认同,标志着其在激烈的市场竞争中,一次次站到了更高的新起点。

在刚刚圆满结束的2014世界葡萄大会期间,由玉渊潭酒店集团管理输出和业务指导的大会各定点接待酒店的各项接待工作广受赞誉。世界葡萄大会是世界葡萄研究以及葡萄酒产业最重要的国际大会。玉渊潭酒店集团圆满完成了对本次大会接待酒店的驻店指导工作,得到了"世葡会"组委会以及北京市旅游委给予的充分肯定和高度评价。

玉渊潭酒店集团不断获得了市场的广泛认同及社会影响力的持续提升,是北京市、海淀区及相关部门关心支持的结果,是酒店集团母公司——玉渊潭农工商总公司正确领导的结果,是业内同行和社会各界鼎力帮助的结果,更是酒店集团几千名员工团结奋进的结果。这些成绩是玉渊潭酒店集团不懈努力的有力见证,更是对他未来发展的鼓励和鞭策。

三、志存高远——玉渊潭酒店业未来之路宽广绵长

玉渊潭酒店集团凭借丰富的酒店管理经验、多样的酒店业态类型、相得益彰的产业布局、不断增长的影响力和良好口碑,正以星火燎原之势跻身于国内酒店集团中的佼佼者。30年的成功探索与实践、自强不息的奋斗精神以及矢志不渝的务实、创新的工作作风,奠定了玉渊潭酒店集团未来发展之路必将日益宽广绵长。

在内因具备、外因力促的情况下,玉渊潭酒店集团经过这些年的精心准备,决定从今年开始,正式推出集团的两大酒店品牌。一个是定位为城市高端商务酒店的"裕龙国际"品牌,所依托的主要实体酒店是已荣获多项行业大奖和广受赞誉的北京裕龙国

际酒店,以及即将要建成的北京裕龙国际会议中心。另一个是定位为城市中端商务酒店的"裕龙"品牌,所依托的主要实体酒店是集团下属的北京金龙潭裕龙大酒店、北京裕龙大酒店等。

在经营酒店多年的基础上自然发展出来的这两个品牌,能够提供给酒店业主的,不是一套尚未经过实践检验的体系,而是支撑这两个酒店品牌最可靠的所有建酒店、管酒店的方法、体系和资源平台。这些都是眼见为实的,都是经得起考量的。这对于国内众多业主和企业而言,尤其是对和玉渊潭酒店集团有同样成长背景的集体企业、中小型国有企业、改制形成的股份制企业,以及在城市核心商业区拥有酒店集群的业主和企业而言,玉渊潭酒店集团打造的这两个品牌将是性价比极高的可靠选择。

面向未来,玉渊潭酒店集团信心满怀。酒店业良性发展的机遇、中关村玉渊潭科技商务区得天独厚的优势、社会各界的关注与支持,是玉渊潭酒店集团不断发展的引擎;日益积累的集团管理经验,与时俱进的企业经营模式,团结、奋进、专业的员工队伍,更是玉渊潭酒店集团勇往直前的动力之源。未来,玉渊潭酒店集团将不断学习,自我砥砺,志存高远,阔步前进,书写出更加璀璨的崭新篇章。

附录:2013年度中国饭店集团60强排行榜

排名	名称	门店数	客房数
1	如家酒店集团	2341	275 875
2	华住酒店集团	1852	194 779
3	铂涛酒店集团	1998	188 646
4	格林豪泰酒店管理集团	1698	171 498
5	上海锦江国际酒店(集团)股份有限公司	1178	160 777
6	洲际酒店集团	360	115 745
7	温德姆酒店集团	695	82 140
8	喜达屋酒店与度假酒店国际集团	231	75 492
9	希尔顿酒店管理(上海)有限公司	184	63 739
10	雅高酒店集团	260	61 333
11	万豪国际集团	158	56 605
12	开元酒店集团	154	48 750
13	青岛尚客优城际酒店管理有限公司	732	43 920
14	维也纳酒店集团	265	42 305
15	金陵酒店管理有限公司	136	35 747
16	山东蓝海酒店集团	89	30 099
17	北京首旅酒店(集团)股份有限公司	119	28 575
18	城市便捷酒店集团	306	28 535
19	碧桂园凤凰国际酒店管理公司	84	27 219
20	港中旅酒店有限公司	78	27 168
21	凯悦酒店集团	88	26 295
22	香格里拉酒店集团	54	24 161
23	杭州住友酒店管理有限公司	326	22 976
24	万达酒店及度假村	71	21 232
25	山东银座旅游集团有限公司	187	20 736
26	海航酒店集团	77	18 363
27	湖南华天国际酒店管理有限公司	70	18 163

续表

排名	名称	门店数	客房数
28	广州岭南国际企业集团有限公司	65	17 472
29	湖南和一酒店连锁有限公司	87	17 016
30	君澜酒店集团	54	15 650
31	中州国际酒店管理集团有限公司	74	15 536
32	康年国际酒店集团	53	15 526
33	北京国宾友谊国际酒店管理有限责任公司	48	13 495
34	凯莱酒店集团	55	13 320
35	雷迪森旅业集团有限公司	56	13 197
36	粤海(国际)酒店管理集团有限公司	43	12 885
37	绿地国际酒店管理集团	44	12 106
38	贝斯特韦斯特国际酒店管理有限公司	63	11 891
39	四川锦江旅游饭店管理有限责任公司	39	10 752
40	雅阁酒店集团(澳大利亚)	47	10 700
41	浙江南苑控股集团有限公司	76	10 365
42	明宇酒店集团	27	10 339
43	世纪金源酒店集团	20	10 167
44	桔子水晶酒店集团	81	9629
45	白天鹅酒店集团有限公司	37	9595
46	上海衡山集团饭店管理公司	37	9473
47	驿家365连锁酒店	115	9255
48	陕西旅游饭店管理(集团)股份有限公司	48	8334
49	阳光酒店管理集团有限公司	37	7673
50	东莞市八方连锁酒店集团有限公司	70	7000
51	华侨城国际酒店管理有限公司	40	6985
52	尊茂酒店集团	42	6900
53	深航酒店管理有限公司	25	6338
54	福建中旅饭店管理有限责任公司	29	6257
55	远洲酒店集团	18	5821
56	恒大酒店集团	15	5750
57	北京天伦国际酒店管理有限公司	23	5356
58	中青旅山水酒店投资管理有限公司	41	5234
59	城市名人酒店管理(中国)股份有限公司	20	4593
60	玉渊潭酒店集团	17	3986